# AFO e Orçamento Público

O GEN | Grupo Editorial Nacional – maior plataforma editorial brasileira no segmento científico, técnico e profissional – publica conteúdos nas áreas de concursos, ciências jurídicas, humanas, exatas, da saúde e sociais aplicadas, além de prover serviços direcionados à educação continuada.

As editoras que integram o GEN, das mais respeitadas no mercado editorial, construíram catálogos inigualáveis, com obras decisivas para a formação acadêmica e o aperfeiçoamento de várias gerações de profissionais e estudantes, tendo se tornado sinônimo de qualidade e seriedade.

A missão do GEN e dos núcleos de conteúdo que o compõem é prover a melhor informação científica e distribuí-la de maneira flexível e conveniente, a preços justos, gerando benefícios e servindo a autores, docentes, livreiros, funcionários, colaboradores e acionistas.

Nosso comportamento ético incondicional e nossa responsabilidade social e ambiental são reforçados pela natureza educacional de nossa atividade e dão sustentabilidade ao crescimento contínuo e à rentabilidade do grupo.

MARCUS **ABRAHAM**

# AFO e Orçamento Público

- O autor deste livro e a editora empenharam seus melhores esforços para assegurar que as informações e os procedimentos apresentados no texto estejam em acordo com os padrões aceitos à época da publicação, e todos os dados foram atualizados pelo autor até a data de fechamento do livro. Entretanto, tendo em conta a evolução das ciências, as atualizações legislativas, as mudanças regulamentares governamentais e o constante fluxo de novas informações sobre os temas que constam do livro, recomendamos enfaticamente que os leitores consultem sempre outras fontes fidedignas, de modo a se certificarem de que as informações contidas no texto estão corretas e de que não houve alterações nas recomendações ou na legislação regulamentadora.

- Fechamento desta edição: 09.09.2024

- O autor e a editora se empenharam para citar adequadamente e dar o devido crédito a todos os detentores de direitos autorais de qualquer material utilizado neste livro, dispondo-se a possíveis acertos posteriores caso, inadvertida e involuntariamente, a identificação de algum deles tenha sido omitida.

- **Atendimento ao cliente: (11) 5080-0751 | faleconosco@grupogen.com.br**

- Direitos exclusivos para a língua portuguesa
  *Copyright © 2025 by*
  **Editora Forense Ltda.**
  *Uma editora integrante do GEN | Grupo Editorial Nacional*
  Travessa do Ouvidor, 11 – Térreo e 6º andar
  Rio de Janeiro – RJ – 20040-040
  www.grupogen.com.br

- Reservados todos os direitos. É proibida a duplicação ou reprodução deste volume, no todo ou em parte, em quaisquer formas ou por quaisquer meios (eletrônico, mecânico, gravação, fotocópia, distribuição pela Internet ou outros), sem permissão, por escrito, da Editora Forense Ltda.

- Capa: Bruno Sales Zorzetto

---

**CIP-BRASIL. CATALOGAÇÃO NA PUBLICAÇÃO**
**SINDICATO NACIONAL DOS EDITORES DE LIVROS, RJ**

A139a

    Abraham, Marcus
        AFO e orçamento público / Marcus Abraham. - 1. ed. - Rio de Janeiro : Forense, 2025.
        288 p. ; 24 cm.

    Inclui bibliografia
    ISBN 978-85-3099-555-3

    1. Finanças públicas - Brasil. 2. Administração financeira - Brasil. 3. Orçamento - Brasil. I. Título.

24-93899
        CDD: 336.0120981
        CDU: 336.14(81)

Meri Gleice Rodrigues de Souza - Bibliotecária - CRB-7/6439

*"Do plano que adotardes sobre a discriminação da renda para o orçamento geral e para os dos estados, depende, senhores, a durabilidade ou a ruína da União, a constituição do país, ou a proclamação da anarquia, a honra nacional, ou a bancarrota inevitável."*

**Rui Barbosa**

*Organização das Finanças Republicanas*

*(discurso na Assembleia Constituinte)*

*16/11/1890*

# AGRADECIMENTOS

À Mariana, pelo amor, companheirismo e amizade diários. Por me ajudar a crescer, superar as dificuldades e transcender a minha individualidade. Por me acolher emocionalmente e compartilhar um lar cheio de luz e paz. Obrigado.

À minha amada Sophia, que recentemente chegou nas nossas vidas para iluminar os dias e nos completar.

Aos meus pais, Herman e Clara, e a minha irmã, Patrícia, por me mostrarem o puro e verdadeiro sentido de família. Por deles ter recebido, desde a minha infância, amor, carinho, segurança material e educação, alicerces imprescindíveis para a construção de uma vida íntegra, significativa e feliz. Obrigado.

Agradeço a toda a minha equipe de gabinete no TRF2, pela dedicação, pelo comprometimento e pelo profissionalismo, com destaque aos meus assessores, Dra. Ana Cristina, Dra. Inez Galhardo e Dr. Dalmo Rufino. Obrigado.

Agradeço ao meu amigo e assessor jurídico, Dr. Vítor Pimentel Pereira, pela valiosa e imprescindível colaboração nas pesquisas e na revisão geral do texto. Obrigado.

Agradeço aos meus professores de Direito Financeiro, José Marcos Domingues e Ricardo Lobo Torres (*in memoriam*), estando suas aulas ainda vivas na memória e seus livros ao alcance de minhas mãos.

A todos vocês, obrigado.

# SOBRE O AUTOR

É Desembargador Federal do Tribunal Regional Federal da 2ª Região (desde 2012). Foi Procurador da Fazenda Nacional (2000-2012). Foi advogado de escritório de advocacia e de empresa multinacional (1992-2000).

Pós-Doutorado na Universidade Federal do Rio de Janeiro – FND/UFRJ (2019). Pós-Doutorado na Universidade de Lisboa (2018). Doutor em Direito Público pela Universidade do Estado do Rio de Janeiro – UERJ (2005). Mestre em Direito Tributário pela Universidade Candido Mendes (2000). MBA em Direito Empresarial pela EMERJ/CEE (1998). Graduação em Administração pela Universidade Candido Mendes (1996). Graduação em Direito pela Universidade Candido Mendes (1992). Ex-Diretor da Associação Brasileira de Direito Financeiro (2006-2013).

É atualmente Professor Titular de Direito Financeiro e Tributário da Universidade do Estado do Rio de Janeiro – UERJ (ingresso como professor adjunto em 2006). Foi o Diretor-Geral da EMARF para o biênio 2021-2023, tendo sido membro da Diretoria da Escola da Magistratura Regional Federal da 2ª Região – EMARF desde 2013. É Coordenador do Núcleo de Estudos em Finanças Públicas, Tributação e Desenvolvimento da Faculdade de Direito da UERJ – NEFIT/UERJ desde 2010. Foi Diretor da Escola Superior da PGFN (2003-2004). Foi Diretor da Associação Brasileira de Direito Financeiro (2006-2013). Foi Professor da Universidade Candido Mendes Ipanema (1996-2007). Foi Professor da Pós-Graduação da Fundação Getulio Vargas – FGV (2000-2006) e do Instituto Brasileiro de Mercado de Capitais – IBMEC (2003-2010). Foi Professor da Faculdade Carioca (1996-1997).

É autor de diversos livros jurídicos, dentre eles o *Curso de Direito Tributário Brasileiro*, 5ª edição, Editora Forense, 2024; *Curso de Direito Financeiro Brasileiro*, 7ª edição, Editora Forense, 2023; *Lei de Responsabilidade Fiscal Comentada*, 3ª edição, Editora Forense, 2021; *Raízes Judaicas do Direito*, 1ª edição, Editora Forense, 2021; *Teoria dos Gastos Fundamentais – Orçamento Público Impositivo*, 1ª edição, Editora Almedina, 2021. É autor de mais de 100 artigos e capítulos de livros, publicados nos mais diversos meios, inclusive em jornais de grande circulação e no exterior.

# PREFÁCIO

Os indicadores de governança do Banco Mundial constituem um ótimo termômetro para aferir as perspectivas de desenvolvimento econômico-social sustentável dos países avaliados. Desde 1996, são apurados, por metodologia consistente, seis indicadores de mais de duzentos países – Brasil incluso –, envolvendo (i) voz e responsabilidade (*voice and accountability*); (ii) estabilidade política e ausência de violência ou terrorismo (*political stability and absence of violence/terrorism*); (iii) eficiência do poder público (*government effectiveness*); (iv) qualidade regulatória (*regulatory quality*); (v) estado de direito (*rule of law*); e (vi) controle da corrupção (*control of corruption*). Em praticamente todos, o Brasil vem obtendo avaliações abaixo da média, o que, na visão otimista, demonstra haver ainda muitas oportunidades para avanços institucionais.

Esses indicadores servem, ademais, para espelhar a evolução dos direitos fundamentais na sua perspectiva substantiva – notadamente daqueles que exigem a atuação positiva do Estado –, no sentido de indicarem a velocidade com que os objetivos fundamentais da República, formalizados no art. 3º da Constituição de 1988, vão se tornando (ou não) mais próximos da realidade concreta vivenciada pela maioria do povo brasileiro. Com efeito, todos os referenciais adotados pela instituição mundial, em maior ou menor intensidade, guardam consonância direta com os ideais de construção de uma sociedade livre, justa e solidária; com a garantia do desenvolvimento nacional; com a erradicação da pobreza e a redução das desigualdades; e, enfim, com a promoção do bem de todos.

É nesse contexto que, na atualidade, se discorre sobre o direito fundamental ao bom governo, do qual dependem todos os demais direitos de natureza prestacional, e que, portanto, demandam planejamento e execução de políticas públicas. A atuação estatal positiva, dever fundamental que decorre da própria Constituição da República, requer, por sua vez, o adequado tratamento da relação incontornável entre recursos finitos e demandas sociais que, conquanto legítimas, tendem ao infinito. A boa governança somente terá espaço se essa equação estiver, antes de tudo, corretamente diagnosticada e, ainda, houver o devido equilíbrio, diante de tantas necessidades sociais, na alocação e distribuição dos limitados recursos disponíveis.

Essa é a razão pela qual tem se tornado imperativo para os gestores públicos conhecer e dominar os conceitos essenciais da Administração Financeira e Orçamentária (AFO), incluindo o Orçamento Público. Essa condição pode até não ser suficiente, mas seguramente é imprescindível para o êxito de qualquer gestão. Assim como um piloto de avião necessita conhecer o plano de voo, além de operar corretamente os inúmeros instrumentos de navegação, o gestor público necessita conhecer não só o orçamento que lhe diga respeito, mas toda a principiologia e os conceitos essenciais que o guiarão na condução de um bom governo.

Essa singela constatação confere ao livro do Dr. Marcus Abraham, expoente Desembargador do Tribunal Regional Federal da 2ª Região, singular importância para todos os operadores do direito interessados na matéria. Cumpre ressaltar que o valor desta obra, que tenho a honra de prefaciar, transcende o mundo jurídico. Em verdade, constitui objeto de primeira necessidade para todos os servidores públicos que lidam, direta ou indiretamente, com a Administração Financeira e Orçamentária. Aos gestores públicos, aliás, minha recomendação é de que este livro, por agregar impecável rigor técnico com linguagem didática, seja utilizado como permanente fonte de consulta, companheiro inseparável daqueles que aspiram a uma boa governança.

É oportuno ressaltar que, da esfera temática do primeiro índice de governança do Banco Mundial – *voice and accountability* –, extrai-se o dever de prestação de contas imposto a todos quantos lidam com recursos públicos. Esse dever resta consagrado em nosso país a partir de diversas esferas de responsabilização, o que, portanto, também pelo aspecto dos riscos pessoais, robustece a necessidade de domínio da matéria. A inobservância de regras atinentes às finanças públicas pode resultar desde uma simples recomendação do controle interno da administração, até à responsabilização pessoal criminal, com penas privativas de liberdade, passando pelas sanções do controle externo, pelo risco de ações judiciais diversas, inclusive de improbidade administrativa, além da responsabilização política para determinados cargos, como é o caso do *impeachment*.

Na presente quadra histórica, um dos maiores desafios do Brasil é a recuperação e aceleração do seu desenvolvimento econômico e social, sem prejuízo do compromisso com a sustentabilidade ambiental e fiscal. O equilíbrio fiscal não é apenas uma garantia do cidadão decorrente do direito fundamental ao bom governo. Trata-se de um dever fundamental da presente geração, à luz do conceito de *equidade fiscal intergeracional*, abordado em tópico específico nesta obra. Sobejam razões, portanto, para que os gestores públicos brasileiros atuem de modo comprometido com a governança pública.

A leitura do presente livro e, sobretudo, a observância dos seus ensinamentos pelos gestores públicos, contribuirão não somente para o incremento da performance do Brasil no que se refere aos indicadores periodicamente medidos pelo Banco Mundial, mas também à efetiva concretização das políticas públicas e, portanto, à progressiva realização dos objetivos fundamentais do nosso Estado Democrático de Direito.

Brasília, agosto de 2024.

**André Luiz de Almeida Mendonça**
Ministro do Supremo Tribunal Federal

# APRESENTAÇÃO

O estudo da Administração Financeira e Orçamentária (AFO) e do Orçamento Público (OP) envolve o conhecimento e a compreensão do conteúdo de dois ramos das ciências sociais – Finanças Públicas e Direito Financeiro –, importantes instrumentos de gestão dos recursos públicos e ferramentas imprescindíveis para todos aqueles que integram qualquer área na administração pública.

Suas regras sofrem constante evolução e o seu estudo faz-se necessário na busca pelo aperfeiçoamento do sistema financeiro público brasileiro, cujo intento é conferir maior justiça fiscal e transformá-la em justiça social para toda a coletividade.

A Administração Financeira e Orçamentária (AFO) e o Orçamento Público (OP) se revelam como ferramentas para melhor gerir o dinheiro público e combater malfeitos ao erário, tendo como desafio a superação da velha e enraizada cultura de instabilidade e irresponsabilidade fiscal, na busca pelo desenvolvimento econômico e social. Para tanto, é necessário que os dois institutos sejam conhecidos, bem compreendidos e corretamente aplicados.

O velho adágio popular que diz que "o dinheiro não nasce em árvores" se aplica ainda com mais propriedade aos recursos públicos de que o Estado dispõe para realizar as suas atribuições, já que estes pertencem a toda a coletividade e, sobretudo, porque as disponibilidades financeiras estatais são limitadas diante das intermináveis e sempre crescentes necessidades públicas. Por consequência, o governante não poderá gastá-los livremente, de forma subjetiva, descontrolada ou desarrazoada.

Os parâmetros de justiça e moderação na arrecadação, eficiência e ponderação na aplicação, transparência e clareza nas informações e rigor na fiscalização e controle das contas públicas devem ser seguidos por todo gestor público, constantemente acompanhados pelos órgãos competentes e sempre exigidos pelo cidadão.

O nosso objetivo nesta obra é estudar o relevante instituto jurídico-financeiro que é o Orçamento Público (OP), levando ao leitor, de maneira didática e pragmática, uma visão técnica, sistematizada e detalhada das suas características, de cada elemento que o integra e sobre as normas que o regem, tudo sob a ótica da Administração Financeira e Orçamentária (AFO).

Este livro destina-se para estudantes de graduação ou pós-graduação – como manual ou para pesquisas acadêmicas –, para aqueles que se dedicam a concursos públicos e, também, poderá ser utilizado pelo profissional da área orçamentária ou das finanças públicas em geral, sendo aplicável a qualquer esfera federativa do nosso país (União, Estados, Distrito Federal e Municípios).

Na primeira parte deste livro, identificamos e apresentamos os aspectos gerais e os elementos que integram a Administração Financeira e Orçamentária (AFO), tais como atividade financeira, receitas, despesas e crédito público, sistemas de informação fiscal, dentre outros. Na segunda parte, estudamos detalhadamente todos os aspectos do Orçamento Público, analisando a fundo cada uma das três leis orçamentárias (PPA, LDO e LOA), os princípios orçamentários e todo o processo de elaboração, de execução e de controle do orçamento público. E, na terceira parte, apresentamos um glossário de termos e conceitos orçamentários que visam facilitar a consulta direta e rápida ao leitor.

Não podemos deixar de registrar que consideramos o Orçamento Público uma das mais importantes ferramentas jurídicas para o desenvolvimento da nação, por ser instrumento de desenvolvimento econômico e social, de expressão democrática e de missão republicana.

Por derradeiro, revelo como modesta pretensão pessoal com este livro, além de oferecer um conjunto de lições sobre administração financeira e orçamento público, iluminar os debates sobre a qualidade e o dimensionamento das receitas e despesas públicas, a efetividade das normas orçamentárias e o amadurecimento da cultura de responsabilidade na gestão fiscal.

**Marcus Abraham**

# SUMÁRIO

INTRODUÇÃO ........................................................................................... XXI

## PARTE I

**Capítulo I – ADMINISTRAÇÃO FINANCEIRA E ORÇAMENTÁRIA (AFO)** ..... 3

| | | |
|---|---|---|
| 1.1. | Administração Financeira e Orçamentária e o Direito Financeiro.................................................................................. | 3 |
| 1.2. | Administração Financeira e Orçamentária e o orçamento público ................................................................................... | 4 |
| 1.3. | Administração Financeira e Orçamentária e a contabilidade pública.................................................................................... | 4 |
| 1.4. | Administração Financeira e Orçamentária e a economia política ................................................................................... | 5 |
| 1.5. | Atividade Financeira do Estado (AFE)................................. | 6 |
| 1.6. | Administração financeira e receita pública ......................... | 7 |
| 1.7. | Administração financeira e despesa pública........................ | 11 |
| 1.8. | Administração financeira e crédito público ......................... | 14 |
| 1.9. | Fiscalização e controle de contas........................................ | 16 |
| 1.10. | AFO na Constituição Federal de 1988................................. | 16 |
| 1.11. | A Lei nº 4.320/1964 (LGO) e a LC nº 101/2000 (LRF)....... | 18 |
| 1.12. | A Lei nº 10.180/2001 e o Sistema de Planejamento, Orçamento e Administração Financeira Federal......................... | 20 |
| 1.13. | Sistemas de gestão e informações financeiras e orçamentárias................................................................................ | 23 |
| | 1.13.1. SIAFI.................................................................... | 25 |
| | 1.13.2. SIOP...................................................................... | 26 |
| | 1.13.3. SICONFI .............................................................. | 27 |

# PARTE II

**Capítulo II – ELEMENTOS GERAIS DO ORÇAMENTO PÚBLICO** .............. 31

    2.1.    Evolução histórica do orçamento público ........................... 31

    2.2.    Mudanças orçamentárias introduzidas pela Constituição Federal de 1988 ...................................................................... 38

    2.3.    A conceituação de orçamento público ............................. 40

    2.4.    Aspectos do orçamento público ....................................... 41

    2.5.    Funções regulatórias do orçamento público ..................... 42

    2.6.    As espécies de Orçamento público .................................... 43

    2.7.    Orçamento público: natureza jurídica, forma e conteúdo .. 44

        2.7.1.   O orçamento como lei formal ............................. 46

        2.7.2.   O orçamento como lei material ............................. 51

    2.8.    Cabimento de ADI em face do orçamento público ............. 61

    2.9.    Teoria das causas do orçamento público ............................. 64

    2.10.   Recomendações internacionais de boas práticas orçamentárias ...................................................................... 65

    2.11.   Justiça orçamentária ......................................................... 68


**Capítulo III – AS LEIS ORÇAMENTÁRIAS** ......................................... 77

    3.1.    Previsão constitucional ...................................................... 77

    3.2.    Lei do Plano Plurianual – PPA ......................................... 80

    3.3.    Lei de Diretrizes Orçamentárias – LDO ............................. 89

        3.3.1.   Anexo de Metas Fiscais ....................................... 96

        3.3.2.   Anexo de Riscos Fiscais ....................................... 101

    3.4.    Lei Orçamentária Anual – LOA ......................................... 103


**Capítulo IV – PRINCÍPIOS ORÇAMENTÁRIOS** ................................. 107

    4.1.    Conceituação, finalidade e espécies de princípios .............. 107

    4.2.    Princípios da atividade administrativa ............................. 109

    4.3.    Princípios orçamentários .................................................. 110

        4.3.1.   Princípio da legalidade ....................................... 111

        4.3.2.   Princípio da anualidade ....................................... 112

| | | |
|---|---|---|
| 4.3.3. | Princípio da unidade | 115 |
| 4.3.4. | Princípio da universalidade | 116 |
| 4.3.5. | Princípio da exclusividade | 117 |
| 4.3.6. | Princípio da programação | 118 |
| 4.3.7. | Princípio da discriminação | 120 |
| 4.3.8. | Princípio da não vinculação | 121 |
| 4.3.9. | Princípio da limitação | 123 |
| 4.3.10. | Princípio da publicidade | 124 |
| 4.3.11. | Princípio da tecnicidade | 125 |
| 4.3.12. | Princípio da transparência | 126 |
| 4.3.13. | Princípio da sinceridade orçamentária | 127 |
| 4.3.14. | Princípio do equilíbrio fiscal | 128 |
| 4.3.15. | Princípio da sustentabilidade orçamentária | 130 |
| 4.3.16. | Princípio da equidade fiscal intergeracional | 131 |

**Capítulo V – ELABORAÇÃO DO ORÇAMENTO PÚBLICO** ... 133

| | | |
|---|---|---|
| 5.1. | Requisitos preliminares | 133 |
| 5.2. | Normas de contabilidade pública aplicada ao orçamento .. | 134 |
| | 5.2.1. Codificação das receitas públicas | 140 |
| | 5.2.2. Codificação das despesas públicas | 147 |
| 5.3. | Planejamento, programas e metas orçamentárias | 150 |
| 5.4. | Planejamento orçamentário e financeiro na Lei nº 10.180/2001 | 155 |
| 5.5. | Unidades orçamentárias | 155 |
| 5.6. | Estimativa das receitas públicas | 157 |
| 5.7. | Fixação das despesas públicas | 158 |
| 5.8. | Despesas públicas constitucionais | 161 |
| 5.9. | Parâmetros, limites e teto das despesas públicas | 164 |
| 5.10. | Renúncias de receitas | 169 |
| 5.11. | Prazos orçamentários | 172 |
| 5.12. | Processo legislativo das leis orçamentárias | 173 |
| 5.13. | Créditos orçamentários | 180 |
| 5.14. | Precatórios | 182 |
| 5.15. | Cidadania fiscal e orçamento participativo | 187 |

**Capítulo VI – EXECUÇÃO DO ORÇAMENTO PÚBLICO** ............................... 189

6.1. Procedimentos para a execução orçamentária ..................... 189

6.2. Etapas para realização das despesas orçamentárias ............ 190

6.3. Restos a pagar ........................................................................ 192

6.4. Execução da programação financeira e cronograma de desembolso ............................................................................. 194

6.5. Acompanhamento da execução orçamentária e relatórios: RREO e RGF ........................................................................... 196

6.6. Limitação de empenho .......................................................... 198

6.7. Ajustes e correção de desvios ............................................... 200

6.8. Impositividade da execução orçamentária ........................... 202

6.9. Excepcionalidades na execução orçamentária ..................... 205

**Capítulo VII – O ORÇAMENTO PÚBLICO E SEU CONTROLE** ..................... 209

7.1. Considerações iniciais ........................................................... 209

7.2. Conceitos de acompanhamento, fiscalização e controle orçamentários ......................................................................... 209

7.3. Princípios gerais de controle orçamentário ......................... 210

7.4. Modalidades de fiscalização orçamentária ........................... 211

7.5. Momentos de controle orçamentário .................................... 211

7.6. Estruturas de controle orçamentário .................................... 212

7.7. Controle orçamentário pelos Tribunais de Contas ............. 217

7.8. Sanções por infrações ao orçamento público ...................... 220

**Capítulo VIII – ORÇAMENTO E POLÍTICAS PÚBLICAS** ............................... 223

8.1. Conceito de Políticas Públicas .............................................. 223

8.2. Tipos de Políticas Públicas .................................................... 224

8.3. Ciclo de Políticas Públicas .................................................... 225

8.4. Avaliação das Políticas Públicas ........................................... 226

# PARTE III

**Capítulo IX – GLOSSÁRIO DE CONCEITOS ORÇAMENTÁRIOS** ................. 233

**BIBLIOGRAFIA** ........................................................................................... 255

# INTRODUÇÃO

Um dos grandes desafios que a humanidade sempre enfrentará é a universal certeza de que as necessidades de qualquer sociedade e de seus integrantes são inúmeras ou mesmo infinitas, ao passo que os recursos financeiros para o Estado as atender serão sempre limitados e, por vezes, até mesmo escassos.

Diante da restrição financeira para satisfazer adequadamente as necessidades públicas da maneira mais ampla possível, seus governantes não podem desperdiçar tais recursos ou gastá-los de forma subjetiva, incoerente e desenfreada. As escolhas alocativas dos recursos públicos devem ser realizadas de maneira criteriosa.

Não podemos descuidar do tratamento das fontes e mecanismos de arrecadação, assim como não devemos negligenciar as formas e regras para a correta gestão e adequada aplicação do erário. Afinal, receitas e despesas públicas – duas faces de uma mesma moeda[1] – integram o processo da atividade financeira estatal, regido por normas constitucionais, legais e infralegais.

É imperativo possuir um instrumento jurídico-financeiro suficientemente capaz de gerir, da melhor maneira possível, as finanças públicas, identificando as receitas e estabelecendo prioridades e destinações para as despesas que o Estado irá realizar, dentro de um planejamento coerente e eficiente.

Este instrumento é o **orçamento público (OP)**.

Da mesma maneira que qualquer pessoa ou empresa precisa elaborar seu orçamento privado para identificar os recursos financeiros de que irá dispor para atender suas despesas no dia a dia, no âmbito público o mesmo ocorre, já que o Estado deve administrar e controlar eficientemente as finanças públicas, do contrário não será possível oferecer de maneira adequada os bens e serviços de que a coletividade necessita.

Por isso é fundamental também conhecer a **administração financeira e orçamentária (AFO)**.

Temos no orçamento público um importante instrumento de planejamento, gestão e controle financeiro, fundamental em qualquer Estado de Direito. Por meio dele procura-se identificar e atender às reais necessidades, prioridades e interesses da sociedade, conjugando-as com as pretensões de realização do governante e as possibilidades de que dispõe.

Conhecer com exatidão o montante de recursos disponíveis e determinar a sua destinação, de maneira justa e competente, é fundamental para qualquer nação que pretenda o florescimento e o bem-estar dos seus integrantes.

A definição das políticas públicas e as escolhas feitas pelo Estado (por intermédio de seu governante) sobre o que fazer com os recursos financeiros arrecadados devem seguir sempre

---

[1] Ricardo Lobo Torres afirmava que "a despesa e a receita são duas faces da mesma moeda, as duas vertentes do mesmo orçamento, que implicam-se mutuamente e devem se equilibrar" (TORRES, Ricardo Lobo. Curso de direito financeiro e tributário. 18. ed. Rio de Janeiro: Renovar, 2011. p. 194).

o interesse coletivo, pautarem-se nas prioridades e necessidades mais urgentes da sociedade e serem conduzidas a partir dos valores constitucionais e regras legais voltadas para a consecução e o atendimento prioritário dos direitos fundamentais e sociais, além de permitir criar programas de desenvolvimento econômico e social, realizar investimentos em infraestrutura, em educação, saúde e segurança pública, sem descuidar de importantes temas como meio ambiente, cultura, desporto, dentre outros.

Como vivemos em um Estado Democrático de Direito, no qual o administrador da coisa pública não está livre para empregá-la de forma discricionária ou da maneira que lhe convier, este encontrará os parâmetros e regras para sua atuação na lei e na Constituição, razão pela qual as despesas públicas deverão estar adequadamente previstas no orçamento público. Adverte Regis Fernandes de Oliveira[2] que "todas as despesas devem encontrar respaldo constitucional ou legal, sendo necessário que gerem benefício ao Poder Público, seja como aumento patrimonial, seja como retribuição a serviços prestados ou compra de bens ou serviços etc.".

Aliás, sob a ótica da ética de Aristóteles, em chave teleológica, preceitua-se que é próprio do ser humano direcionar suas ações a uma finalidade a ser alcançada, sendo moralmente congruente o ato que se adequa ao fim próprio do objetivo a ser atingido. Assim, a intencionalidade dos elaboradores e executores do orçamento só pode ter por fim eticamente adequado satisfazer necessidades coletivas, as quais dão suporte e justificativa de legitimidade à própria atividade de arrecadação e dispêndio público de recursos.

Para o orçamento público ser dotado da estrutura jurídica que possui hoje em dia, foi necessário um longo e complexo processo evolutivo, que paulatinamente desenvolveu, ao longo de séculos, parâmetros e regras para a sua criação e utilização.

Na Antiguidade Clássica e na Idade Média, não havia qualquer instituto similar ao orçamento público atual, uma vez que os imperadores e reis exerciam o seu poder fiscal conforme seus próprios interesses, desprovidos de qualquer limite ou razoabilidade, e sem distinguirem a coisa pública dos bens e rendas privados.

Foi na Era Moderna que se desenvolveu, a partir do constitucionalismo, a ideia de limitação e controle dos atos do governante. Primeiro, surgiram as regras para restringir e controlar os abusos dos governantes na cobrança de tributos dos seus súditos. Em seguida, vieram as normas que disciplinavam a aplicação desses recursos, buscando atender as necessidades e o interesse público. Só nos idos do século XVIII, na Inglaterra, é que surge o primeiro modelo de orçamento público cujas características se aproximam do atualmente adotado.

No Brasil, apenas a partir da Independência é que as nossas Constituições passaram a contemplar normas orçamentárias. Observamos ao longo da história brasileira uma alternância entre o Poder Executivo e o Legislativo no processo orçamentário, chegando-se, em certos momentos, a concentrar sua elaboração e aprovação nas mãos de um ou de outro.

Com a promulgação da Constituição Federal de 1988, advieram relevantes e positivas mudanças no orçamento público brasileiro. Além da criação de um novo arcabouço estrutural e legal para as peças orçamentárias – leis do plano plurianual, diretrizes orçamentárias e orçamento anual –, a participação do Poder Legislativo em conjunto com o Poder Executivo na aprovação do orçamento público passou a garantir efetividade ao processo democrático nas finanças públicas. Suas subsequentes alterações trouxeram também os ideais de sustentabilidade financeira, equilíbrio e responsabilidade fiscal.

---

[2] OLIVEIRA, Regis Fernandes de. Curso de direito financeiro. 7. ed. São Paulo: Revista dos Tribunais, 2015. p. 453.

Nos dias de hoje, percebe-se que o progresso tecnológico, além de ampliar o acesso à informação e permitir ao cidadão conhecer melhor seus direitos (assim como seus deveres), possibilita demandar da administração pública maior transparência e eficiência na gestão dos recursos financeiros e melhor qualidade nos gastos.

É evidente que sem dinheiro não é possível garantir o oferecimento de bens e serviços que dão efetividade aos direitos humanos e sociais constitucionalmente assegurados ao cidadão. Por isso, o orçamento público precisa ser adequadamente compreendido e bem utilizado para possibilitar uma justa arrecadação e correta aplicação dos recursos públicos, direcionando os governantes na realização e materialização daqueles objetivos que todos almejam, constantes do artigo 3º da nossa Constituição: construir uma sociedade livre, justa e solidária, desenvolver o país, acabar com a pobreza e a marginalização e minimizar as desigualdades sociais e regionais, promovendo o bem de todos.

PARTE I

*Capítulo I*

# ADMINISTRAÇÃO FINANCEIRA E ORÇAMENTÁRIA (AFO)

## 1.1. ADMINISTRAÇÃO FINANCEIRA E ORÇAMENTÁRIA E O DIREITO FINANCEIRO

Este capítulo inicial tem como objetivo apresentar ao leitor o conteúdo e o alcance da disciplina Administração Financeira e Orçamentária (AFO) dentro da temática das finanças públicas e diferenciá-la do Direito Financeiro.

A **Administração Financeira e Orçamentária (AFO)** nada mais é do que a disciplina que estuda a forma com que os recursos públicos são geridos, ou seja, compreende o conhecimento da atividade financeira do Estado (AFE), suas normas jurídicas e contábeis e seu principal instrumento, que é o Orçamento Público (OP).

Ao desdobrarmos a nomenclatura AFO, a sua primeira parte, representada na expressão "administração financeira", refere-se à gestão dos recursos públicos, desde a sua arrecadação (receita pública) até a sua destinação (despesa pública), incluindo-se o seu controle por algum dos órgãos fiscalizadores, interno ou externo. Por sua vez, na segunda parte de AFO, ao abordarmos a expressão "administração orçamentária", trataremos do principal instrumento de planejamento e gestão das contas públicas, que é o Orçamento Público, cujo estudo envolve todo o ciclo orçamentário, que vai desde a elaboração do projeto das leis orçamentárias – da LOA, da LDO e do PPA – até a sua execução, por meio da realização dos gastos públicos, incluindo-se, também, o seu controle.

Com certa frequência, confunde-se a AFO com o **Direito Financeiro**, na medida em que esse último contempla o estudo do conteúdo de AFO, porém sob o viés jurídico e não sob a ótica da gestão pública (viés administrativo e contábil). Por isso, o público-alvo a que se destina o estudo de AFO não se limita apenas aos operadores do direito, englobando também os profissionais da administração, de economia, de contabilidade pública e todos os demais ligados à área de planejamento e finanças governamentais, de políticas públicas e, sobretudo, da área orçamentária.

Dentro de AFO, há três conceitos distintos, porém imbricados, que devem ser destacados: a *atividade financeira*, que envolve a arrecadação, a gestão, a aplicação e o controle dos recursos estatais; a *Ciência das Finanças*, campo científico que se ocupa dos princípios e normas reguladoras do exercício da atividade financeira estatal, sistematizando os fatos financeiros; e o *Direito Financeiro*, que é o ramo do Direito que regulamenta juridicamente a atividade financeira do Estado.

As principais normas estudadas em AFO – as quais já são objeto de estudo no Direito Financeiro – são: a Constituição Federal de 1988, a Lei nº 4.320/1964, a Lei Complementar nº 101/2000 e a Lei nº 10.180/2001.

Não há um ementário ou conteúdo formal e universal para o estudo de AFO. Para alguns, o conteúdo de AFO seria o mesmo que o do OP ou, mais amplamente, o conteúdo do Direito Financeiro.

Todavia, podemos identificar, nas obras literárias sobre o assunto e nos programas de concursos públicos – a depender da esfera de que se estiver tratando, seja federal, estadual ou municipal –, temas que são típicos e recorrentes. Em nível federal, podemos identificar os principais tópicos, tais como: funções do governo, regulação no mercado e políticas econômicas governamentais (alocativa, distributiva e estabilizadora); federalismo fiscal; receita pública, despesa pública e crédito público; orçamento público: conceitos, funções, princípios, legislação, LOA, LDO e PPA, créditos orçamentários, emendas parlamentares, classificação da despesa pública e da receita pública, elaboração, execução, controle e ciclo orçamentário; restos a pagar; suprimento de fundos; gestão organizacional das finanças públicas: sistema de planejamento, de desembolso e de programação financeira; conta única do tesouro nacional; sistemas de informação da Administração Pública (SIAFI, SIOP, SICONV e SIDOR); normas constitucionais de finanças públicas, do controle interno e externo, e do orçamento público, Lei de Responsabilidade Fiscal (LC nº 101/2000) e Lei Geral dos Orçamentos (Lei nº 4.320/1964).

Estes e outros temas estão abordados nesta obra, tendo o orçamento público como objeto central de estudo.

## 1.2. ADMINISTRAÇÃO FINANCEIRA E ORÇAMENTÁRIA E O ORÇAMENTO PÚBLICO

Numa analogia, poderíamos dizer que o corpo humano está para a medicina assim como o orçamento público está para a administração financeira e orçamentária. Ou seja, o primeiro (orçamento público) é o objeto de estudo e aplicação do segundo (administração financeira e orçamentária), que é uma área do conhecimento desenvolvida para permitir que os recursos públicos possam ser mais bem geridos e aplicados.

A administração financeira e orçamentária oferece ao administrador público o conhecimento necessário para que este possa lidar com o orçamento público, instrumento para o planejamento e a gestão das contas públicas, por meio do qual receitas, despesas, créditos públicos, dentre outros elementos financeiros são disciplinados por critérios científicos sistematizados e por normas legais que conferem eficiência, transparência, consistência, *accountability* e auditabilidade para a administração das finanças públicas.

Portanto, uma vez que se conheça o conteúdo e todos os elementos que compõem a administração financeira e orçamentária, estes são transportados para o orçamento público, materializando-o, a fim de que se possa utilizá-lo de maneira adequada.

E a importância de se conhecer todos os instrumentos e regras para a elaboração e execução do orçamento público é simples: todos os recursos financeiros estatais devem ser identificados e transitar no orçamento público, uma vez que nenhuma despesa pública pode ser realizada sem previsão em lei, ou seja, sem a respectiva previsão no orçamento público.

## 1.3. ADMINISTRAÇÃO FINANCEIRA E ORÇAMENTÁRIA E A CONTABILIDADE PÚBLICA

A **contabilidade pública**, também identificada como contabilidade governamental, é uma das ferramentas utilizadas pela AFO para realizar a sua função e atingir o seu fim, que é a gestão dos recursos públicos e do patrimônio estatal.

Trata-se de um sistema contábil de informações que registra, controla e demonstra os atos e fatos relativos à Administração Pública, orientada para a análise, avaliação e demonstração da atividade financeira estatal.

PARTE I • Cap. I • ADMINISTRAÇÃO FINANCEIRA E ORÇAMENTÁRIA (AFO) | 5

Contempla um conjunto de planos, métodos e técnicas destinadas a evidenciar e gerenciar a movimentação financeira e patrimonial do Estado, ou seja, os fatos relacionados com a administração orçamentária, financeira e patrimonial.

O conteúdo da contabilidade pública envolve, essencialmente, um plano de contas dotado de estrutura, regras e funcionalidades que possibilitam a obtenção de dados que atendam aos diversos usuários da informação contábil.

Assim, a AFO utilizará um conjunto de regras constantes, dentre outros sistemas, do Plano de Contas Aplicado ao Setor Público (PCASP) e do Manual de Contabilidade Aplicada ao Setor Público (MCASP), uniformizados e dotados de abrangência nacional.

Tais regras encontram-se pormenorizadas na seção 5.2 desta obra.

## 1.4. ADMINISTRAÇÃO FINANCEIRA E ORÇAMENTÁRIA E A ECONOMIA POLÍTICA

No estudo e aplicação da AFO devemos considerar as formas de presença e atuação do Estado perante a sociedade, nas áreas econômica e social, a partir das diferentes linhas de pensamento da Economia Política, decorrente da ideologia de cada governante.

Isso ocorre porque em todas as áreas do conhecimento humano é muito comum encontrarmos posicionamentos distintos – por vezes até antagônicos – quanto à visão e convicção sobre os mesmos temas e questões. Entretanto, não é possível afirmar que um dos lados é o correto e o outro equivocado. Trata-se apenas de ideologias distintas.

Na política, por exemplo, contrastam as visões da direita e da esquerda, as quais se refletem na economia especialmente quanto ao papel do Estado – se neutro ou intervencionista –, a partir das posições adotadas por governos liberais ou socialistas.

Por decorrência, nas finanças públicas tal fenômeno se revela pelas diferentes teorias econômicas e monetárias adotadas, assim como pela maneira que se interpretam e aplicam as normas do Direito Financeiro, sejam elas constitucionais ou legais.

Essencialmente, temos aqueles que prezam pelo equilíbrio fiscal e austeridade financeira, dando ênfase aos dispositivos legais que garantam esses ideais. Em sentido oposto, há os que adotam a linha desenvolvimentista, que se caracteriza pela intervenção estatal na economia, pregando o investimento direto de recursos públicos no fomento da produção industrial, do comércio e dos serviços, a fim de gerar empregabilidade e aumento da renda e reduzir as desigualdades sociais, além do uso do incremento da "máquina estatal" e do funcionalismo público para os mesmos fins.

As outras correntes econômico-fiscais priorizam uma ou outra dessas opções, acrescentando as suas nuances e particularidades, sem, entretanto, se distanciarem desta dualidade.

Portanto, grande parte das vezes, o debate sobre a política econômica e fiscal a ser adotada girará em torno da proposta de controlar ou não os gastos públicos ou de incrementar ou não a arrecadação de receitas públicas e, em paralelo, administrar o crédito público por meio das taxas de juros (elevadas ou reduzidas), assim como pelo controle e direcionamento de instituições financeiras públicas de fomento e de empresas estatais aos seus objetivos.

Este último, o desenvolvimentismo no Brasil, tende a considerar como não imperativas as normas que direcionam ao equilíbrio fiscal e à sustentabilidade financeira, diversamente do liberalismo que as tomam com maior rigor e as interpretam de maneira ampliativa.

Nesse duelo teórico e ideológico, um dos principais aspectos é o equilíbrio fiscal, revelado pela busca de superávits fiscais e redução da dívida pública, ou, ao revés, pelas propostas de aceitação e convivência com déficits públicos.

# 6 | AFO E ORÇAMENTO PÚBLICO – *Marcus Abraham*

O embate entre as diferentes formas de pensar as contas públicas é algo que sempre existirá em qualquer sociedade contemporânea, inclusive no Brasil, e a Administração Financeira e Orçamentária não poderá desconsiderá-los.

## 1.5. ATIVIDADE FINANCEIRA DO ESTADO (AFE)

O Estado não possui um fim em si mesmo. O seu propósito é atuar como causa instrumental no atendimento das necessidades da coletividade e individuais – classicamente compreendidas na expressão *bem comum* – que serão definidas a partir do ambiente social e institucional de cada país. Para realizar esse atendimento, o ente estatal fica na dependência de arrecadação de recursos, os quais poderão advir de seu próprio patrimônio ou mesmo do patrimônio dos cidadãos que fazem parte daquela sociedade.

As funções de arrecadar, gerir e aplicar tais recursos constituem o núcleo da atividade financeira estatal, a qual irá haurir ensinamentos na Ciência das Finanças e no Direito Financeiro (ramo do Direito Público voltado a regulamentá-la), tendo na AFO a disciplina que orienta o exercício desta atividade sob a ótica administrativa e financeira da Administração Pública.

Nas palavras de Sérgio Mendes[1]:

> O Estudo de AFO engloba o Direito Financeiro com um enfoque administrativo. Dessa forma, pode-se definir a Administração Financeira e Orçamentária (AFO) como a disciplina que estuda a atividade financeira do Estado e sua aplicação na administração pública, bem como os atos que potencialmente poderão afetar o patrimônio do Estado. O estudo de AFO visa assegurar a execução das funções do Estado, contribuindo para aprimorar o planejamento, a organização, a direção, o controle e a tomada de decisões dos gestores públicos em cada uma destas fases.

Essa **atividade financeira** configura uma das várias atividades instrumentais executadas pelo Estado, voltada a fornecer ao ente estatal os recursos financeiros necessários e dar a eles destinação apropriada para o atendimento das necessidades públicas. Por isso, abarca a arrecadação, a gestão e a aplicação desses recursos.

As funções da atividade financeira ostentam papel *instrumental*, a saber, limitam-se a uma *atividade-meio* referente à obtenção dos fins estatais, que, por sua vez, consubstancia a *atividade-fim*.

A doutrina nacional e a estrangeira são induvidosas quanto ao tema. Alberto Deodato[2] conceituava a atividade financeira como "a procura de meios para satisfazer às necessidades públicas". E justificava que as necessidades humanas são infinitas, mas que sua satisfação envolve necessariamente o gasto pecuniário.

Rubens Gomes de Sousa[3] identifica a atividade financeira como uma das diversas funções estatais, ao lado de atividades como a política, a economia, a administração pública, a educação etc. Contudo, seu objeto específico se desenvolve em três âmbitos: "a receita, isto é, a obtenção de recursos patrimoniais; a gestão, que é a administração e conservação do pa-

---

[1]   MENDES, Sérgio. *Administração financeira e orçamentária*. 5. ed. São Paulo: Método, 2015. p. 24.

[2]   DEODATO, Alberto. *Manual de ciência das finanças*. 13. ed. São Paulo: Saraiva, 1974. p. 1.

[3]   SOUSA, Rubens Gomes de. *Compêndio de legislação tributária*. 2. ed. Rio de Janeiro: Edições Financeiras, 1954. p. 4-5.

PARTE I · Cap. I · ADMINISTRAÇÃO FINANCEIRA E ORÇAMENTÁRIA (AFO)

trimônio público; e finalmente a despesa, ou seja, o emprego de recursos patrimoniais para a realização dos fins visados pelo Estado".

Por sua vez, Horacio García Belsunce[4] ressalta o caráter instrumental da atividade financeira do Estado, sendo um mero meio ou instrumento de que o ente estatal irá se servir para realizar os objetivos para os quais está constituído.

Portanto, devemos considerar a atividade financeira como conjunto de atos realizados pelo Estado para arrecadar, gerir e aplicar os recursos públicos, sendo o Direito Financeiro o ramo jurídico responsável por disciplina-la.

## 1.6. ADMINISTRAÇÃO FINANCEIRA E RECEITA PÚBLICA

O conteúdo da AFO pode ser figurativamente equiparado a uma moeda e seus dois lados: o lado da receita e o da despesa. E como qualquer moeda que possui certo valor, também necessitará ser devidamente controlada.

Neste sentido, podemos dizer que a atividade financeira estatal se estabelece em três bases: a arrecadação, a gestão e o dispêndio.

Além de garantir uma arrecadação correta e justa, é fundamental que o Estado disponha de ferramentas para uma gestão eficiente desses recursos, assim como é imperioso estabelecer balizas para sua devida aplicação, de modo a atender às necessidades coletivas e públicas.

Ademais de uma correta e justa arrecadação, é necessário, também, dotar o Estado de mecanismos para exercer uma eficiente gestão de tais recursos, bem como estabelecer parâmetros para sua aplicação, atendendo fielmente aos interesses da coletividade e às necessidades públicas.

Atender às demandas públicas envolve fornecer à sociedade uma variedade de bens e serviços públicos, abrangendo desde necessidades humanas fundamentais como moradia, alimentação, recreação, educação, segurança, saúde, transporte, previdência, assistência social e justiça, até questões coletivas como a preservação do meio ambiente e do patrimônio cultural.

Mas, para que possa exercer tais atividades, o Estado precisa angariar recursos. O Estado adquire os recursos necessários para desempenhar suas atribuições por meio da exploração direta de seus bens e rendas ou por meio da arrecadação de fundos provenientes do patrimônio da população. Isso pode ocorrer por meio de tributação, multas, empréstimos ou até mesmo pela emissão de moeda.

Os recursos financeiros de que o Estado se utiliza, sejam definitivos ou transitórios nos cofres públicos, são chamados, em sentido lato, de **receitas públicas** e podem se originar[5]:

a) *do patrimônio estatal*: da exploração de atividades econômicas por entidades estatais ou do seu próprio patrimônio, tais como as rendas do patrimônio mobiliário e imobiliário do Estado, receitas de aluguel e arrendamento dos seus bens, de preços públicos, compensações financeiras da exploração de recursos naturais e minerais (*royalties*), de prestação de serviços comerciais e de venda de produtos industriais ou agropecuários;

---

[4] BELSUNCE, Horacio A. García. La ciencia de las finanzas públicas y la actividad financiera del Estado. In: BELSUNCE, Horacio A. García (Coord.). *Tratado de tributación*. Derecho Tributario. Buenos Aires: Astrea, 2003. v. I, t. 6. p. 16.

[5] ABRAHAM, Marcus. *Curso de direito financeiro brasileiro*. 7. ed. Rio de Janeiro: Forense, 2023. p. 95.

b) *do patrimônio do particular*: pela tributação, aplicação de multas e penas de perdimento, recebimento de doações, legados, heranças vacantes etc.;

c) *das transferências intergovernamentais*: relativas à repartição das receitas tributárias transferidas de um ente diretamente para outro ou por meio de fundos de investimento ou de participação;

d) *dos ingressos temporários*: por meio dos empréstimos públicos, ou da utilização de recursos transitórios em seus cofres, como os depósitos em caução, fianças, operações de crédito por antecipação de receitas etc.

As *receitas patrimoniais estatais* são oriundas da exploração do patrimônio imobiliário, mobiliário, empresarial ou natural pertencente ao ente público (União, Estados, Distrito Federal ou Municípios). O que define a receita patrimonial é o uso de um bem público para gerar renda para o Estado. Exemplos incluem arrendamento ou aluguel de imóveis, ocupação de espaços públicos, *royalties*, autorizações onerosas, concessões, dividendos e juros de empresas públicas e sociedades de economia mista, entre outros.

É importante esclarecer que as receitas públicas patrimoniais são geradas quando o Estado explora um bem de sua propriedade, recebendo remuneração ou pagamento do particular pela utilização desses bens. Por outro lado, as receitas públicas derivadas do patrimônio do particular (da sociedade em geral) surgem de pagamentos compulsórios como tributos e multas, como resultado do poder de império do Estado; ou de forma voluntária, como doações e sucessões (e não da utilização ou exploração de bens públicos).

As *receitas públicas derivadas do patrimônio particular* podem ser classificadas em: a) *coercitivas*, tais como tributos, multas, pena de perdimento; b) *voluntárias*: doações, testamentos, heranças vacantes etc.

No Brasil e em outros países contemporâneos, os tributos constituem a principal fonte de receitas públicas para o Estado. Trata-se de uma cobrança de caráter compulsório, baseada na soberania estatal, que surge a partir de uma relação jurídica estabelecida entre o particular e o Estado, em decorrência de uma previsão legal de natureza tributária.

As competências tributárias estão previstas na Constituição Federal entre os arts. 145 a 156 (e arts. 156-A e 156-B[6]) e 195, e têm as suas normas gerais disciplinadas pelo Código Tributário Nacional e por leis específicas. O art. 3º do CTN define tributo como "toda prestação pecuniária compulsória, em moeda ou cujo valor nela se possa exprimir, que não constitua sanção de ato ilícito, instituída em lei e cobrada mediante atividade administrativa plenamente vinculada".

As **espécies tributárias** são classificáveis do seguinte modo: *I – Impostos*: a) impostos federais (arts. 153 e 154, CF/1988); b) impostos estaduais (art. 155, CF/1988); c) impostos municipais (art. 156, CF/1988); d) imposto compartilhado[7] entre Estados e Municípios (art. 156-A); *II – Taxas* (art. 145, II, CF/1988): de serviço e de polícia; *III – Empréstimos Compulsórios* (art. 148, CF/1988); *IV – Contribuições*: a) contribuição de melhoria (art. 145, III, CF/1988); b) contribuições de intervenção no domínio econômico (art. 149, CF/1988); c) contribuições de interesse de categorias profissionais e econômicas (art. 149, CF/1988); d)

---

[6]   Artigos inseridos pela EC nº 132/2023, que instituiu a "Reforma Tributária sobre o Consumo".

[7]   Trata-se do novo Imposto sobre Bens e Serviços (IBS) compartilhado entre Estados, Distrito Federal e Municípios, inserido pela Reforma Tributária originária da Emenda Constitucional nº 132/2023.

contribuição de iluminação pública (art. 149-A, CF/1988); e) contribuições sociais, gerais e da seguridade social (art. 149 e 195[8], CF/1988).

As *transferências intergovernamentais* são fontes significativas de receitas públicas, sobretudo para Estados e Municípios menos prósperos e para regiões que necessitam de financiamento para o seu desenvolvimento social e econômico. Não se trata de arrecadação tributária por parte dos entes, mas sim da distribuição entre eles do que já foi arrecadado, como uma ferramenta redistributiva do federalismo fiscal, visando proporcionar maior equilíbrio participativo entre seus membros.

Tais transferências estão apresentadas nos arts. 157 a 162, que estabelecem as repartições das receitas tributárias, por meio de que se destina parcela do produto da arrecadação da União e dos Estados à distribuição entre estes, o Distrito Federal e os Municípios, bem como aos Fundos de Participação e para os programas de financiamento para o desenvolvimento regional.

Por fim, os *ingressos temporários*[9] configuram fonte relevante de receita pública, consubstanciando empréstimos públicos, operações de crédito por antecipação de receita, uso de recursos relativos aos depósitos em caução, fianças etc.

Afigura-se importante apresentar também a classificação formal prevista na Lei nº 4.320/1964, a qual estabelece as normas gerais de Direito Financeiro para a elaboração e o controle dos orçamentos e balanços da União, dos Estados, dos Municípios e do Distrito Federal.

A referida lei classifica as receitas em duas categorias: receitas correntes e receitas de capital (art. 11).

São **Receitas Correntes** as receitas tributárias, de contribuições, patrimonial, agropecuária, industrial, de serviços e outras e, ainda, as provenientes de recursos financeiros recebidos de outras pessoas de direito público ou privado, quando destinadas a atender despesas classificáveis em Despesas Correntes.

São **Receitas de Capital** as provenientes da realização de recursos financeiros oriundos de constituição de dívidas; da conversão, em espécie, de bens e direitos; os recursos recebidos de outras pessoas de direito público ou privado destinados a atender despesas classificáveis em Despesas de Capital e, ainda, o *superávit* do Orçamento Corrente.

O fator que define as receitas correntes é sua estabilidade como fonte de recursos, ou seja, essas receitas são consideradas parte da arrecadação estatal de forma regular e não eventual. Por isso, as receitas correntes são constantemente consideradas pelo Estado ao elaborar seu orçamento, pois possuem um caráter estável e definitivo no sistema financeiro, como é o caso dos tributos. Já as receitas de capital são de natureza eventual, pois dependem de eventos específicos e circunstâncias próprias, como é o caso das receitas originárias da emissão de títulos da dívida pública.[10]

---

[8]  Dentro desta espécie de contribuição encontra-se a nova Contribuição sobre Bens e Serviços (CBS), inserida pela Reforma Tributária originária da Emenda Constitucional nº 132/2023.

[9]  Importante esclarecer que a doutrina clássica estabelece uma distinção entre as receitas públicas e os ingressos públicos, não considerando estes últimos como uma receita pública propriamente dita, por serem entradas temporárias ou meramente transitórias, com obrigação de posterior devolução. Segundo este entendimento, caracterizam-se como receitas públicas apenas as entradas definitivas nos cofres públicos.

[10]  Há quem estabeleça a diferença entre as receitas correntes e de capital pela natureza da causa arrecadadora, ou seja, quando a receita derivar do poder impositivo do Estado, estar-se-á diante de uma receita corrente; se, por outro lado, a receita derivar de um ato volitivo, como a aquisição de títulos públicos ou a remuneração pela utilização de bens patrimoniais do Estado, estar-se-á diante de uma receita de capital.

É crucial para a Administração Pública identificar todas as fases pelas quais a receita pública passa, desde a sua previsão inicial até a arrecadação, classificação e recolhimento aos cofres do ente público. Esse processo é essencial para garantir um controle eficaz na gestão da receita pública.

Assim, o processo inicia-se com a etapa de *previsão*, que consiste na estimativa da arrecadação de cada tipo de receita pública, baseada em uma metodologia de projeção específica. Em seguida, temos a etapa de *arrecadação*, que envolve o pagamento ou a entrega dos valores devidos pelos contribuintes ou devedores aos agentes arrecadadores ou instituições financeiras autorizadas pelo ente público correspondente. Por fim, a terceira e última etapa é o *recolhimento* dos recursos ao erário.

Os princípios constitucionais aplicáveis à Administração Pública (tais como os presentes no *caput* do art. 37, CF/1988) e os princípios setoriais específicos de Direito Financeiro, Orçamentário e de Responsabilidade Fiscal regerão todos os atos referidos à geração de receitas públicas, sua arrecadação, cobrança e renúncia de receitas.

Por fim, cabe registrar que o Manual de Procedimentos das Receitas Públicas (4ª edição, Portaria STN/SOF nº 02/2007), que deve ser utilizado pela União, Estados, Distrito Federal e Municípios, traz, no seu capítulo 13, uma série de definições para as receitas públicas.[11]

---

[11] Definições de receitas públicas: *Receita Financeira*: são as receitas decorrentes de aplicações financeiras, operações de crédito, alienação de ativos e outras. *Receita Não Financeira*: são as receitas oriundas de tributos, contribuições, patrimoniais, agropecuárias, industriais, serviços e outras. *Receita Corrente Líquida*: é a terminologia dada ao parâmetro destinado a estabelecer limites legais definidos pela Lei de Responsabilidade Fiscal. A Receita Corrente Líquida é o somatório das receitas tributárias, de contribuições, patrimoniais, industriais, agropecuárias, de serviços, transferências correntes e outras receitas correntes, consideradas as deduções conforme o ente União, Estado, Distrito Federal e Municípios. A metodologia para o cálculo da Receita Corrente Líquida é definida no Manual de Elaboração do Relatório Resumido da Execução Orçamentária, quando trata do Demonstrativo da Receita Corrente Líquida. *Receita Líquida Real*: era a definição presente no art. 2º, parágrafo único, da Lei nº 9.496/1997, para a receita realizada nos 12 meses anteriores ao mês imediatamente anterior àquele em que se estiver apurando, excluídas as receitas provenientes de operações de crédito, de alienação de bens, de transferências voluntárias ou de doações recebidas com o fim específico de atender a despesas de capital e, no caso dos estados, as transferências aos municípios por participações constitucionais e legais. *Receita Compartilhada*: é a receita orçamentária pertencente a mais de um beneficiário, independentemente da forma de arrecadação e distribuição. *Receita Prevista, Estimada ou Orçada*: é o volume de recursos, previamente estabelecido no orçamento do Ente, a ser arrecadado em um determinado exercício financeiro, de forma a melhor fixar a execução da despesa. É essencial o acompanhamento da legislação específica de cada receita, em que são determinados os elementos indispensáveis à formulação de modelos de projeção, como a base de cálculo, as alíquotas e os prazos de arrecadação. *Receita Vinculada*: é a receita arrecadada com destinação específica estabelecida em dispositivos legais. A vinculação da receita torna a programação financeira menos flexível, reservando parte dos recursos disponíveis para uma determinada destinação. *Receitas Compulsórias*: são receitas cujas origens encontram-se nas legislações que impõem aos particulares uma obrigação. São casos de receita compulsória: os tributos, as contribuições etc. *Receitas Facultativas*: são as receitas que possuem sua origem nos atos jurídicos bilaterais, ou seja, aquelas decorrentes da vontade das pessoas. Como exemplos, temos os aluguéis (Receita Patrimonial), preços públicos etc. *Receitas Próprias*: são as receitas provenientes do esforço de arrecadação de cada Órgão, isto é, receitas que o Órgão tem a competência legal de prever e arrecadar. *Receitas de Fontes Diversas*: são aquelas que guardam características de transferências, mesmo que de outras esferas governamentais, como convênios e operações de créditos, ou seja, são originárias de terceiros que, em determinados casos, terão de ser devolvidas. *Receita Líquida*: é a receita resultante da diferença entre a Receita Bruta e as deduções previstas e

## 1.7. ADMINISTRAÇÃO FINANCEIRA E DESPESA PÚBLICA

Tendo já tratado na seção anterior de um dos lados daquela figurativa moeda, agora passamos ao outro lado: o da despesa pública.

A **despesa pública** nada mais é do que a alocação das receitas públicas arrecadadas pelo Estado a partir da sua atividade financeira. Trata-se do conjunto de gastos realizados pelo Estado no seu funcionamento, ou seja, da aplicação de recursos financeiros em bens e serviços destinados a satisfazer as necessidades coletivas.

Como exemplos de despesas públicas, temos os gastos na saúde, educação, segurança pública, investimentos, obras públicas, aquisição e manutenção de equipamentos e imóveis, custeio de pessoal civil e militar, previdência e assistência social, juros da dívida pública etc.

A despesa pública está intimamente ligada à política fiscal, que é o instrumento utilizado para gerir financeiramente os gastos e o dispêndio dos recursos públicos de forma planejada e voltada para a consecução de um objetivo específico.

A escolha feita pelo Estado sobre o que fazer com os recursos financeiros arrecadados deve seguir sempre o interesse coletivo, pautar-se nas necessidades mais urgentes da sociedade e ser conduzida a partir dos valores constitucionais voltados para a consecução e o atendimento dos direitos fundamentais e sociais.

Segundo Dejalma de Campos,[12] "a despesa pública é a aplicação de certa importância em dinheiro, por autoridade pública, de acordo com autorização do Poder Legislativo, para a execução de serviços a cargo do Governo". Para Alberto Deodato,[13] "a despesa é o gasto da riqueza pública autorizado pelo poder competente, com o fim de socorrer a uma necessidade pública". E, nas palavras de Aliomar Baleeiro,[14] a despesa pública "designa o conjunto de dispêndios do Estado, ou de outra pessoa de Direito Público, para o funcionamento dos serviços públicos".

A despesa pública se realiza a partir da sua previsão nas leis orçamentárias – expressas no plano plurianual, na lei de diretrizes orçamentárias e na lei orçamentária anual – devidamente aprovadas pelo Poder Legislativo, conforme os parâmetros constitucionais.

As despesas públicas podem ser categorizadas de diversas maneiras, de acordo com o ponto de vista escolhido.

**Quanto à competência**, dividem-se em: a) *despesas federais*: realizadas pela União; b) *despesas estaduais*: executadas pelos Estados; c) *despesas municipais*: realizadas pelos municípios.

---

autorizadas na legislação. *Receita de Ressarcimento*: é o recebimento que representa reembolso de valores anteriormente gastos em nome de terceiros e que agora estão sendo devolvidos, geralmente resultante de procedimentos pactuados entre as partes. Configura a reposição de custos por uma das partes envolvidas quando foram utilizados meios da outra para atingir determinado fim. *Receita de Restituição*: é o recebimento resultado da devolução de recurso que estava em posse de outrem, indevidamente ou por disposição legal. A restituição pode ser motivada por fato superveniente que alterou a situação anteriormente estabelecida, criando direito a uma reintegração de valor. *Receita de Indenização*: é o recebimento que resulta da compensação de prejuízo causado por terceiros, visando reparar dano sofrido ou perda de um direito.

12   CAMPOS, Dejalma de. *Direito financeiro e orçamentário*. São Paulo: Atlas, 1995. p. 49.

13   DEODATO, Alberto. *Manual de ciência das finanças*. 13. ed. São Paulo: Saraiva, 1974. p. 135.

14   BALEEIRO, Aliomar. *Uma introdução à ciência das finanças*. 17. ed. Rio de Janeiro: Forense, 2010. p. 83.

**Quanto à localização de sua execução:** a) *despesas internas*: realizadas dentro do território do ente federado; b) *despesas externas*: realizadas fora do território do ente federado; c) despesas nacionais e internacionais: se feitas dentro ou fora do país.

**Quanto à periodicidade:** a) *despesas ordinárias*: são estáveis e rotineiras, fazendo parte do orçamento público. Exemplos incluem a remuneração dos servidores públicos e o pagamento de pensionistas; b) *despesas extraordinárias*: surgem em situações imprevisíveis e não possuem uma receita pública específica prevista no orçamento. Exemplos são guerras externas e calamidades públicas; c) *despesas especiais*: referem-se a despesas que não têm dotação orçamentária específica. Por exemplo, a criação de um novo órgão que não existia na estrutura estatal.

Outra classificação importante é a estabelecida pela Lei nº 4.320/1964, legislação que define as normas gerais do Direito Financeiro. De acordo com essa norma, as despesas públicas classificam-se em: a) *despesas correntes*, que englobam despesas de custeio ou transferências correntes; b) *despesas de capital*, que incluem investimentos, inversões financeiras ou transferências de capital.

As **despesas correntes** configuram gastos contínuos, rotineiros ou periódicas. São rubricas orçamentárias voltadas, por exemplo, ao custeio do funcionamento ou manutenção da estrutura estatal (máquina administrativa), à remuneração de servidores inativos e pensionistas, ao pagamento de juros da dívida etc. Por sua vez, podem ser subdivididas em *despesas de custeio* e *transferências correntes*.

A primeira subdivisão das despesas correntes são as **despesas de custeio**, que consubstanciam aquelas dotações em que está presente uma contraprestação ao pagamento que o Estado realiza periodicamente. Como exemplos, temos as despesas relacionadas à remuneração dos servidores públicos, pagamentos aos fornecedores de bens e serviços prestados ao Estado etc. Também estão incluídas nessa categoria as despesas voltadas a atender às obras de conservação e adaptação de bens imóveis (§ 1º do art. 12 da Lei nº 4.320/1964). O art. 13 da Lei nº 4.320/1964 relaciona suas espécies como: pessoal civil; pessoal militar; material de consumo; serviços de terceiros; encargos diversos.

A segunda subdivisão das despesas correntes são as **transferências correntes**, as quais se relacionam com despesas periódicas, contudo caracterizadas por não gerarem uma contraprestação específica e direta em bens ou serviços, inclusive prestando-se a atender a outras entidades de direito público ou privado. Exemplos são o pagamento de aposentadorias de servidores inativos, de juros da dívida pública, transferências financeiras entre os entes federados e as subvenções sociais, que se destinam a instituições públicas ou privadas de caráter assistencial ou cultural sem finalidade lucrativa, e as subvenções econômicas, que se destinam a empresas públicas ou privadas de caráter industrial, comercial ou rural. A Lei nº 4.320/1964 (art. 13) relaciona suas espécies como: subvenções sociais; subvenções econômicas; inativos; pensionistas; salário-família e abono familiar; juros da dívida pública; contribuições de previdência social; diversas transferências correntes.

As **despesas de capital** têm como característica serem eventuais, isto é, com ausência de periodicidade, diferentemente do que acontece com as despesas correntes. Ademais, ostentam em sua execução uma operação financeira referente a uma aquisição patrimonial (obras, bens móveis ou imóveis, valores mobiliários etc.) ou a uma diminuição da dívida pública. As despesas de capital podem ser de três tipos: investimentos, inversões financeiras ou transferências de capital.

Os **investimentos** configuram despesas com o planejamento e a execução de obras, inclusive os gastos destinados à aquisição de imóveis reputados essenciais à realização destas obras, assim como as despesas com os programas especiais de trabalho, aquisição de instalações, equipamentos e material permanente e constituição ou aumento do capital de empresas que não sejam de caráter comercial ou financeiro. A Lei nº 4.320/1964 (art. 13) relaciona suas espécies como: obras públicas; serviços em regime de programação especial; equipamentos e instalações; material permanente; constituição ou aumento de capital em empresas.

As **inversões financeiras** são caracterizadas por serem dotações voltadas à aquisição de imóveis ou de bens de capital já em utilização, aquisição de títulos representativos do capital de empresas ou entidades de qualquer espécie já constituídas, quando a operação não importe aumento do capital, e à constituição ou aumento do capital de entidades ou empresas que visem a objetivos comerciais ou financeiros, inclusive operações bancárias ou de seguros. A Lei nº 4.320/1964 (art. 13) relaciona suas espécies como: aquisições de imóveis; aquisição de títulos de empresas já constituídas; constituição de fundos rotativos; concessão de empréstimos; diversas inversões financeiras.

As **transferências de capital** consubstanciam as dotações para investimentos ou inversões financeiras que outras pessoas de direito público ou privado devam realizar, independentemente de contraprestação direta em bens ou serviços, constituindo essas transferências auxílios ou contribuições, e também as dotações para amortização da dívida pública. A Lei nº 4.320/1964 (art. 13) relaciona suas espécies como: amortização da dívida pública; auxílio em obras públicas; auxílio em equipamentos e instalações; auxílios para inversões financeiras; outras contribuições.

Outro ponto digno de nota é a classificação realizada pela Lei Complementar nº 101/2000 (Lei de Responsabilidade Fiscal – LRF) acerca das despesas públicas quanto à sua *pertinência*, separando-as em adequada, compatível e irrelevante.

O art. 16, § 1º, inc. I, LRF qualifica como *adequada* com a lei orçamentária anual a despesa objeto de dotação específica e suficiente, ou que esteja abrangida por crédito genérico, de forma que somadas todas as despesas da mesma espécie, realizadas e a realizar, previstas no programa de trabalho, não sejam ultrapassados os limites estabelecidos para o exercício.

Já o art. 16, § 1º, inc. II, LRF considera *compatível* com o plano plurianual e a lei de diretrizes orçamentárias a despesa que se conforme com as diretrizes, objetivos, prioridades e metas previstos nesses instrumentos e não infrinja qualquer de suas disposições.

Por sua vez, o art. 16, § 3º, LRF reputa como *irrelevante* aquela que assim for classificada pela Lei de Diretrizes Orçamentárias (LDO). Por exemplo, segundo o art. 173, inc. II, da LDO federal para 2024 (Lei nº 14.791/2023), entendem-se como despesas irrelevantes aquelas cujo valor não ultrapasse, para bens e serviços, os limites previstos nos incisos I e II do *caput* do art. 75 da Lei nº 14.133/2021 (Lei de Licitações e Contratos Administrativos), isto é, valores que não ultrapassem R$ 100.000,00 no caso de obras e serviços de engenharia ou de serviços de manutenção de veículos automotores; e valores que não ultrapassem R$ 50.000,00 (cinquenta mil reais), no caso de outros serviços e compras.[15]

Por fim, a LRF qualifica como sendo **despesa pública obrigatória de caráter continuado** a despesa corrente derivada de lei, medida provisória ou ato administrativo normativo que fixe para o ente a obrigação legal de sua execução por um período superior a dois exercícios (art. 17).

Deve-se ressaltar também a **classificação funcional** das despesas públicas fixada no Manual Técnico de Orçamento[16] para estabelecer em que área governamental a despesa será

---

[15]   Como o art. 182 da Lei nº 14.133/2021 permite a atualização dos valores nela presentes em cada 1º de janeiro por ato do Poder Executivo Federal, o atual valor corrigido previsto no art. 75, caput, I, é de R$ 119.812,02; e no art. 75, caput, II, é de R$ 59.906,02. Tais valores atualizados se encontram no Decreto nº 11.871/2023.

[16]   BRASIL. Ministério da Economia. Secretaria Especial de Fazenda. Manual Técnico de Orçamento MTO 2024. 6. ed. Brasília: Secretaria do Orçamento Federal, 2024. p. 30 e ss.

executada. Consiste essencialmente em classificar as despesas no orçamento por funções e subfunções governamentais predefinidas, de acordo com a previsão legal presente no art. 2º, § 1º, inc. I, da Lei nº 4.320/1964.

## 1.8. ADMINISTRAÇÃO FINANCEIRA E CRÉDITO PÚBLICO

A palavra *crédito* indica que há um sujeito titular de um direito perante outro. Dada a sua natureza pública, para encontrar o sentido do conceito de **crédito público** deverá ser levada em conta a posição do Estado em um dos polos de uma operação de empréstimo: a) crédito público como um *instrumento de intervenção* na sociedade, em que o Estado, agindo como credor, oferece recursos financeiros ao particular de maneira menos onerosa que o mercado, para que este possa desenvolver alguma atividade econômica ou social de interesse público; b) crédito público como fonte de *receitas públicas*, em que o Estado toma emprestado recursos financeiros do particular, para que possa atuar diretamente na realização das suas atividades, fazendo frente às despesas públicas.

Visto que as receitas públicas ordinárias, sobretudo as oriundas da tributação, nem sempre são suficientes para suprir as necessidades financeiras estatais, o crédito público surge como alternativa e complemento de financiamento.

Nesse contexto, o ângulo de mirada do crédito público como fonte de recursos financeiros para cobrir as despesas estatais se afigura como uma espécie de receita pública, sendo o Estado o devedor em contratos de empréstimos nos quais particulares fornecem recursos em troca de remuneração pecuniária ao longo do tempo (juros).

Nesse sentido, afirma Aliomar Baleeiro que "o crédito público inclui-se entre os vários processos de que o Estado pode lançar mão para obtenção de fundos [...]. Na maioria dos países, nos últimos séculos, ele constitui processo normal e ordinário de suprimento dos cofres públicos".[17]

Para Kiyoshi Harada[18], o crédito público configuraria um contrato que objetiva a transferência de certo valor em dinheiro de uma pessoa, física ou jurídica, a uma entidade pública para ser restituído, acrescido de juros, dentro de determinado prazo ajustado. Corresponderia, na teoria geral dos contratos, ao mútuo, isto é, empréstimo de consumo, em contraposição ao comodato, que configura um empréstimo de uso.

As operações de crédito público se concretizam por meio de contratos de empréstimos, sejam eles específicos, unitários e diretos entre o credor e o devedor, sejam eles operacionalizados mediante a emissão pulverizada de títulos públicos (tais como Obrigações do Tesouro Nacional, Letra do Tesouro Nacional, Bônus do Tesouro Nacional, Letra Financeira do Tesouro Nacional, Nota do Banco Central).

A classificação mais tradicional refere-se à competência do ente federativo que contrai o **empréstimo público**, podendo ser *federal*, *estadual* ou *municipal*. Sob o aspecto do momento do reembolso, podemos distinguir o *empréstimo público de curto prazo*, quando a conclusão do contrato e o respectivo reembolso são realizados no mesmo exercício financeiro do seu início, do *empréstimo público de longo prazo*, quando a devolução dos valores emprestados se realiza em anos subsequentes à contratação inicial. Por sua vez, na ótica da sua territorialidade,

---

[17] BALEEIRO, Aliomar. *Uma introdução à ciência das finanças*. 17. ed. Rio de Janeiro: Forense, 2010. p. 579.

[18] HARADA, Kiyoshi. *Direito financeiro e tributário*. 9. ed. São Paulo: Atlas, 2002. p. 114.

podemos identificar o *empréstimo público interno* ou *externo*, a depender da localização do credor. Quanto à característica da sua realização, distingue-se em *empréstimo público voluntário*, se a sua contratação for pautada pela liberdade e autonomia da vontade das partes, e *empréstimo público compulsório*, se for baseado no poder de império estatal.

A nossa atual Lei Maior apresenta diversos dispositivos referentes ao crédito público, os quais passamos a salientar. No art. 21, inc. VIII, tem-se a competência da União para "administrar as reservas cambiais do País e fiscalizar as operações de natureza financeira, especialmente as de crédito". No art. 22, inc. VII, encontra-se a competência da União para legislar sobre a política de crédito. O art. 48 veicula a competência do Congresso Nacional para dispor sobre as operações de crédito e da dívida pública (inc. II), assim como sobre o montante da dívida mobiliária federal (inc. XIV). O art. 52 estatui competir privativamente ao Senado Federal dispor sobre limites globais e condições para as operações de crédito externo e interno da União, dos Estados, do Distrito Federal e dos Municípios, de suas autarquias e demais entidades controladas pelo Poder Público federal (inc. VII), bem como dispor sobre limites e condições para a concessão de garantia da União em operações de crédito externo e interno (inc. VIII), além de estabelecer limites globais e condições para o montante da dívida mobiliária dos Estados, do Distrito Federal e dos Municípios (inc. IX). O art. 163 atribui à Lei Complementar a competência para dispor sobre normas gerais sobre a dívida pública externa e interna e emissão e resgate de títulos da dívida pública (inc. II, III e IV), assim como sobre a sustentabilidade da dívida (inc. VIII), especificando: a) indicadores de sua apuração; b) níveis de compatibilidade dos resultados fiscais com a trajetória da dívida; c) trajetória de convergência do montante da dívida com os limites definidos em legislação; d) medidas de ajuste, suspensões e vedações; e) planejamento de alienação de ativos com vistas à redução do montante da dívida.

Por sua vez, a Lei de Responsabilidade Fiscal (LC nº 101/2000) apresenta em seu Capítulo VII (arts. 29 a 42), denominado "Da Dívida e do Endividamento", as normas gerais sobre o crédito público, incluindo os limites da dívida pública e das operações de crédito, a contratação das operações de crédito, as limitações ao Banco Central, as garantias e contragarantias, os restos a pagar etc.

A Lei Geral de Orçamentos (Lei nº 4.320/1964), a despeito de dispor sobre normas gerais de direito financeiro, trata minimamente do crédito público, apenas reconhecendo as operações de crédito e classificando-as como receita de capital.[19] O art. 3º dessa lei determina que "a Lei de Orçamento compreenderá todas as receitas, inclusive as de operações de crédito autorizadas em lei". Seu art. 11, § 4º, ao apresentar a classificação das receitas, incluiu as operações de crédito como qualificada dentre as receitas de capital.

Por fim, o conceito de **dívida pública** representa o somatório das obrigações do Estado perante todos os seus credores referentes aos empréstimos públicos contraídos no mercado interno ou externo, seja por intermédio dos contratos diretos com instituições financeiras ou demais credores, seja pela emissão de títulos, para financiar as despesas públicas não cobertas pelas receitas públicas ordinárias, especialmente as tributárias. Há quem inclua, também, no conceito de dívida pública as garantias prestadas pelo Estado, uma vez que estas podem se converter em obrigação.

---

[19] Isso se justifica uma vez que o sistema financeiro brasileiro ainda era embrionário na década de 1960, tanto assim que o Banco Central do Brasil só foi criado no final do ano de 1964.

Sob a ótica de um conceito mais amplo, é comum a referência à *dívida pública consolidada*, que engloba as obrigações relativas aos empréstimos de longo prazo e todas as demais obrigações estatais, tais como as obrigações previdenciárias, com o pagamento de salários, aquisição de móveis ou imóveis, pagamento de fornecedores e prestadores de serviços, precatórios etc.

## 1.9. FISCALIZAÇÃO E CONTROLE DE CONTAS

A gestão da atividade financeira precisa ser devidamente acompanhada, fiscalizada e controlada, como forma de verificar sua adequação aos fins a que é chamada a cumprir. Infelizmente, a má utilização dos recursos públicos tem sido, ao longo dos anos, no Brasil, um fato comum que precisa ser combatido de modo constante.

Segundo Maria Sylvia Zanella Di Pietro,[20] "a finalidade do controle é a de assegurar que a administração atue em consonância com os princípios que lhe são impostos pelo ordenamento jurídico". Nas suas palavras,

> [...] o controle abrange aspectos ora de legalidade, ora de mérito, apresentando-se, por isso mesmo, como de natureza política, já que vai apreciar as decisões administrativas sob o aspecto inclusive da discricionariedade, ou seja, da oportunidade e conveniência diante do interesse público.[21]

Assim, esse interesse público envolvido nas atividades financeiras do Estado enseja a preocupação de todos na garantia da melhor aplicação dos seus recursos. Para tanto, o Direito Financeiro e Orçamentário brasileiro possui um sistema normativo regulamentando a fiscalização e o controle do seu cumprimento.

Desse modo, a Constituição Federal de 1988 dispõe de uma seção específica para estruturar e disciplinar a matéria (arts. 70 a 75). E, na mesma linha, a Lei de Responsabilidade Fiscal (LC nº 101/2000) veicula um conjunto de dispositivos sobre a fiscalização e controle nas finanças públicas (arts. 43 a 59). Igualmente o faz a Lei nº 4.320/1964, em seu art. 75.

Merecem destaque, quanto às estruturas de controle, os dois modelos existentes no sistema fiscal brasileiro: o **controle externo** e o **controle interno**. O *controle externo* é exercido pelo Poder Legislativo de cada ente, auxiliado pelo respectivo Tribunal de Contas; e o *controle interno* é desempenhado pelo sistema de controle específico que cada Poder deverá ter dentro da sua própria estrutura. Nesse sentido, a Constituição Federal prevê que "o controle externo, a cargo do Congresso Nacional, será exercido com o auxílio do Tribunal de Contas da União" (art. 71) e "os Poderes Legislativo, Executivo e Judiciário manterão, de forma integrada, sistema de controle interno" (art. 74).

## 1.10. AFO NA CONSTITUIÇÃO FEDERAL DE 1988

É do texto constitucional que extraímos a estrutura financeira e orçamentária para o funcionamento dos entes federativos em seus três níveis.

A Constituição Federal de 1988, após estabelecer os objetivos do Estado brasileiro no seu art. 3º, institui ao longo do seu texto o sistema de normas financeiras e orçamentárias. Podemos agrupar essas normas nas seguintes matérias: a) competência normativa sobre temá-

---

[20]  DI PIETRO, Maria Sylvia Zanella. *Direito administrativo*. 25. ed. São Paulo: Atlas, 2012. p. 791.

[21]  DI PIETRO, Maria Sylvia Zanella. *Direito administrativo*. 25. ed. São Paulo: Atlas, 2012. p. 806.

tica financeira (arts. 24, 48, 52, 62 e 68); b) situações de intervenção por descumprimento das obrigações financeiras (arts. 34 e 35); c) modos de fiscalização da atividade financeira (arts. 21, 70, 71 e 74); d) sistema tributário nacional (arts. 145 a 156-A e 156-B e 195); e) repartições de receitas tributárias (arts. 157 a 162); f) normas gerais sobre as finanças públicas e sistema monetário (arts. 163, 164 e 164-A); g) disposições relativas ao orçamento (arts. 165 a 169).

O Título VI da Constituição Federal é nomeado "Da Tributação e do Orçamento". E no seu Capítulo II, que se estende do art. 163 ao art. 169, temos a disciplina das "Finanças Públicas". Assim, no art. 163 encontramos a previsão da reserva de matéria à lei complementar. Já no art. 164 está situada a competência monetária da União e do Banco Central. E no art. 164-A está a obrigação da condução das políticas fiscais de forma a manter a dívida pública em níveis sustentáveis.

Mas é do art. 165 ao art. 169 que encontramos a disciplina específica das leis orçamentárias (plano plurianual, diretrizes orçamentárias e orçamentos anuais) e respectivas normas gerais para a sua criação e execução.

Cabe registrar que, pelo **princípio da simetria constitucional**, os Estados, o Distrito Federal e os Municípios encontram na Constituição a matriz normativa para o estabelecimento de suas respectivas normas financeiras. Entretanto, Estados, Distrito Federal e Municípios são dotados de certa flexibilidade para o exercício da autonomia normativa, sobretudo no que se refere às questões orçamentárias de natureza secundária (aspecto não substancial), a exemplo da liberdade na fixação de prazos próprios para apresentação e encaminhamento dos projetos de leis orçamentárias (PPA, LDO e LOA).

O **artigo 165** da Constituição institui a "tríade legal orçamentária" de competência privativa do Poder Executivo para a elaboração dos projetos de lei: Lei Orçamentária Anual, Lei de Diretrizes Orçamentárias e Lei do Plano Plurianual. Nos seus parágrafos, estabelece o conteúdo, características e objetivos de cada uma das leis, além de instituir o relatório para acompanhamento da execução orçamentária e o demonstrativo de efeitos financeiros de receitas, despesas e desonerações fiscais. São também estabelecidas as matérias financeiras e orçamentárias reservadas à lei complementar, a fixação da execução obrigatória das programações orçamentárias, a previsão do anexo de agregados fiscais e a necessidade de acompanhamento e avaliação das políticas públicas.

Por sua vez, os **artigos 166 e 166-A** da Constituição estabelecem a apreciação pelo Poder Legislativo dos projetos de leis orçamentárias de iniciativa do Poder Executivo, delimitando e condicionando o seu processo de emenda e de votação, além de tratar da execução orçamentária das emendas parlamentares (inclusive as impositivas).

Já os **artigos 167 e 167-A** da Constituição trazem, de maneira pormenorizada, uma série de vedações e condições para a execução do orçamento público, e mecanismo de ajuste fiscal.

Por sua vez, os **artigos 167-B, 167-C, 167-D, 167-E, 167-F, 167-G** da Constituição, introduzidos pela Emenda Constitucional 109/2021, disciplinam as situações fiscais e orçamentárias diante de estado de calamidade pública.

No **artigo 168** da Constituição temos a especificação da entrega, aos Poderes Legislativo e Judiciário, ao Ministério Público e à Defensoria Pública, das suas respectivas dotações orçamentárias na forma de duodécimos.

Por fim, o **artigo 169** da Constituição é dedicado a estabelecer os limites e condições para a criação e o pagamento das despesas de pessoal.

Passadas mais de três décadas de vigência da Carta, o que se percebe hoje é um efetivo amadurecimento do Direito Financeiro e Orçamentário, derivado da irradiação constitucional

# 18 | AFO E ORÇAMENTO PÚBLICO – *Marcus Abraham*

sobre a disciplina, sendo possível falar atualmente de uma verdadeira *constitucionalização* do Direito Financeiro e Orçamentário, oferecendo ao cidadão brasileiro e aos governos, nas três esferas federativas, os mecanismos necessários para o desenvolvimento econômico e social, com a criação de uma sociedade mais digna e justa.

Todos os dispositivos orçamentários da Constituição e respectivos comandos serão adiante analisados com a devida atenção dentro dos capítulos próprios.

## 1.11. A LEI Nº 4.320/1964 (LGO) E A LC Nº 101/2000 (LRF)

A Constituição Federal de 1988 dispõe sobre diversos institutos do Direito Financeiro e Orçamentário, estabelecendo que o instrumento normativo para tratar sobre normas gerais de finanças públicas será sempre a Lei Complementar.

Assim é que o seu art. 163 estabelece que a **Lei Complementar** irá dispor sobre as finanças públicas, a dívida pública externa e a interna, incluída a das autarquias, fundações e demais entidades controladas pelo Poder Público, a concessão de garantias pelas entidades públicas, a emissão e o resgate de títulos da dívida pública, a fiscalização financeira da Administração Pública direta e indireta, as operações de câmbio realizadas por órgãos e entidades da União, dos Estados, do Distrito Federal e dos Municípios, e a compatibilização das funções das instituições oficiais de crédito da União, resguardadas as características e condições operacionais plenas das voltadas ao desenvolvimento regional.

Especificamente sobre os orçamentos, encontramos o § 9º do art. 165, que prevê caber à Lei Complementar dispor sobre o exercício financeiro, a vigência, os prazos, a elaboração e a organização do plano plurianual, da lei de diretrizes orçamentárias e da lei orçamentária anual (inc. I), e estabelecer normas de gestão financeira e patrimonial da administração direta e indireta, bem como condições para a instituição e funcionamento de fundos (inc. II). Cabe, ainda, nos termos do inc. III do § 9º (alterado pela EC nº 100/2015), dispor também sobre critérios para a execução equitativa, além de procedimentos que serão adotados quando houver impedimentos legais e técnicos, cumprimento de restos a pagar e limitação das programações de caráter obrigatório para a realização da execução orçamentária e financeira das programações oriundas de emendas parlamentares impositivas (individuais ou de bancada).

Portanto, para atender às determinações constitucionais, temos atualmente em nosso ordenamento jurídico duas normas gerais financeiras em vigor: a Lei nº 4.320/1964 e a Lei Complementar nº 101/2000.

A primeira é a **Lei nº 4.320 de 1964**, conhecida por ser a Lei Geral dos Orçamentos (LGO), formalmente uma lei ordinária, porém materialmente recepcionada pela Constituição Federal de 1988 como lei complementar. Tal lei veicula as normas gerais de Direito Financeiro para elaboração e controle dos orçamentos e balanços da União, dos Estados, dos Municípios e do Distrito Federal (art. 1º).[22]

Editada sob a égide da Constituição de 1946, trata-se ainda hoje de diploma de suma importância para as finanças públicas brasileiras.[23] Pode-se considerá-la como o "Estatuto das

---

[22] Importante esclarecer que o texto integral do dispositivo faz referência ao disposto no "art. 5º, inciso XV, letra b, da Constituição Federal", ou seja, refere-se à Constituição de 1946, vigente à época da edição da Lei nº 4320/1964.

[23] O Projeto de Lei do Senado nº 229/2009 (nº 295/2016 na Câmara dos Deputados) apresenta a "Nova Lei de Finanças Públicas" (NFLP), em que se pretende atualizar as regras de elaboração e execução do orçamento público.

Finanças Públicas". Ademais de conter importantes princípios financeiros e institutos básicos das finanças públicas, sua ausência impediria a elaboração, execução e controle dos orçamentos públicos. Além disso, apresentou o modelo de orçamento-programa, cuja execução visa implementar políticas públicas com resultados, metas e conquistas.

Socorrendo-nos das lições de José Maurício Conti[24] para sintetizar e destacar os legados normativos da Lei nº 4.320/1964, citamos: (1) a positivação dos princípios da anualidade, universalidade, unidade, orçamento bruto, exclusividade, discriminação, unidade de tesouraria e evidenciação contábil, dentre outros; (2) a classificação econômica das receitas e despesas (subdivididas entre correntes e de capital); (3) a delegação à unidade orçamentária e, dentro dessa, ao agente público que detenha competência de "ordenador de despesa", da autonomia e da responsabilidade decisória pela realização da despesa, sem prejuízo do dever de equilíbrio com o fluxo de ingresso da receita; (4) balizas para transferências de recursos à iniciativa privada, com ou sem fins lucrativos, na forma de subvenções e auxílios; (5) formulação da lógica essencial de que programas pressupõem correlação finalística entre dotação de valores para atingir metas quantitativamente mensuradas em unidades de serviços e obras a serem alcançadas; (6) adoção explícita do regime de caixa para a receita e regime de competência para a despesa pública, em hibridismo típico da Contabilidade Pública; (7) definição das etapas de execução da despesa, que foi tripartida em empenho, liquidação e pagamento; (8) definição do conceito de restos a pagar; (9) fixação do regime jurídico dos créditos adicionais (suplementares, especiais e extraordinários), em aderência ao princípio da legalidade e sua coexistência com a necessária flexibilidade orçamentária; (10) conceituação e balizas nucleares sobre o funcionamento dos fundos especiais; (11) competências e interfaces dos controles interno e externo; e (12) previsão de balanços obrigatórios, dentre outros comandos de relevo.

A segunda norma geral financeira é a **Lei Complementar nº 101 de 2000**, intitulada de Lei de Responsabilidade Fiscal (LRF), que estabelece as normas de finanças públicas voltadas para a responsabilidade na gestão fiscal, a partir dos ideais de planejamento, transparência e equilíbrio fiscal.

Esta lei caracterizou um importante marco regulatório fiscal no Brasil. Segundo Diogo de Figueiredo Moreira Neto, a edição da LRF caracteriza uma mudança de hábitos, marcando a desejável passagem do "patrimonialismo demagógico para o gerenciamento democrático".[25]

Se bem aplicada, a Lei de Responsabilidade Fiscal (LC nº 101/2000) pode garantir maior transparência, eficiência e controle aos gastos públicos, germinando na Administração Pública uma nova postura de gestão.

A LRF estabelece a necessidade de *transparência fiscal* na prestação de contas, com a divulgação em veículos de fácil acesso, inclusive pela Internet, das finanças e dos serviços públicos, permitindo a todos acompanhar cotidianamente informações atuais acerca da execução do orçamento e obter informações sobre recursos públicos transferidos e sua aplicação direta (origens, valores, favorecidos).

---

[24] CONTI, José Maurício; PINTO, Élida Graziane. Lei dos orçamentos públicos completa 50 anos de vigência. *Revista Consultor Jurídico*, 17 de março de 2014. Disponível em: <http://www.conjur.com.br/2014-mar-17/lei-orcamentos-publicos-completa-50-anos-vigencia>. Acesso em: 8 abr. 2020.

[25] MOREIRA NETO, Diogo de Figueiredo. A Lei de Responsabilidade Fiscal e seus princípios jurídicos. *Revista de Direito Administrativo*, n. 221, jul./set. 2000. p. 71-93.

Além de exigir a disponibilização de informações, a Lei de Responsabilidade Fiscal (LRF) estabeleceu novos controles contábeis e financeiros aplicáveis de forma isonômica aos Poderes Executivo, Legislativo e Judiciário, aos Tribunais de Contas e Ministério Público, que são obrigados a publicar suas demonstrações fiscais. Portanto, a partir da LRF, transparência e controle passaram a ser um binômio constante na gestão pública.

Também a LRF impõe o alcance do *equilíbrio das finanças públicas* no Brasil nos três níveis da federação, especialmente no que se refere ao saneamento e à reorganização da dívida dos Estados e Municípios, a partir do estabelecimento de mecanismos de limitação de gastos públicos, especialmente os de pessoal, a criação de metas de *superávit* fiscal, a redução da dívida e do *déficit* públicos, tudo para se chegar ao equilíbrio e à solidez das contas do Estado brasileiro.

Outrossim, o *planejamento orçamentário* é constantemente disciplinado na LRF. Afinal, deixar de planejar de forma adequada conduz inexoravelmente a dispender mal os recursos públicos, por vezes em gastos passageiros, desnecessários ou supérfluos.

Finalmente, o *acompanhamento de resultados* do orçamento foi outro grande marco da LRF, pois de nada adiantará um orçamento financeiro bem elaborado e dimensionado se este não produzir resultados concretos e visíveis. Um dos avanços do novo ciclo orçamentário reside exatamente em conjugar números orçamentários às metas propostas e avaliar se estas foram atingidas.

Apesar dos louvores a ambas as leis (Lei nº 4.320/1964 e LRF), ainda há caminho a ser trilhado no futuro, de modo a garantir a consolidação da sustentabilidade e o estímulo ao desenvolvimento econômico e social.

## 1.12. A LEI Nº 10.180/2001 E O SISTEMA DE PLANEJAMENTO, ORÇAMENTO E ADMINISTRAÇÃO FINANCEIRA FEDERAL

Considerando o disposto no art. 163-A da CF/1988, que estabelece que a União, os Estados, o Distrito Federal e os Municípios deverão disponibilizar suas informações e dados contábeis, orçamentários e fiscais, conforme periodicidade, formato e sistema estabelecidos pelo órgão central de contabilidade da União, de forma a garantir a rastreabilidade, a comparabilidade e a publicidade dos dados coletados, e que a Secretaria do Tesouro Nacional[26] tem exercido tal papel de promover a integração e a harmonização das normas contábeis para os três níveis federativos, não podemos deixar de conhecer o sistema de planejamento, orçamento, contabilidade e administração financeira federal, que compreende as atividades de elaboração, acompanhamento e avaliação de planos, programas e orçamentos, e de realização de estudos e pesquisas socioeconômicas.

A Lei nº 10.180/2001 organiza e disciplina os Sistemas de Planejamento e de Orçamento Federal, de Administração Financeira Federal, de Contabilidade Federal e de Controle Interno do Poder Executivo Federal.

O **Sistema de Planejamento e de Orçamento Federal** tem por finalidade: I – formular o planejamento estratégico nacional; II – formular planos nacionais, setoriais e regionais de desenvolvimento econômico e social; III – formular o plano plurianual, as diretrizes orçamen-

---

[26] Nos termos do art. 50, § 2º, da LRF, a edição de normas gerais para consolidação das contas públicas caberá ao órgão central de contabilidade da União, enquanto não implantado o Conselho de que trata o art. 67 (Conselho de Gestão Fiscal).

tárias e os orçamentos anuais; IV – gerenciar o processo de planejamento e orçamento federal; V – promover a articulação com os Estados, o Distrito Federal e os Municípios, visando a compatibilização de normas e tarefas afins aos diversos Sistemas, nos planos federal, estadual, distrital e municipal (art. 2º).

A lei estabelece que compete às unidades responsáveis pelas atividades de planejamento as seguintes funções: I – elaborar e supervisionar a execução de planos e programas nacionais e setoriais de desenvolvimento econômico e social; II – coordenar a elaboração dos projetos de lei do plano plurianual e o item, metas e prioridades da Administração Pública Federal, integrantes do projeto de lei de diretrizes orçamentárias, bem como de suas alterações, compatibilizando as propostas de todos os Poderes, órgãos e entidades integrantes da Administração Pública Federal com os objetivos governamentais e os recursos disponíveis; III – acompanhar física e financeiramente os planos e programas referidos nos incisos I e II deste artigo, bem como avaliá-los, quanto à eficácia e efetividade, com vistas a subsidiar o processo de alocação de recursos públicos, a política de gastos e a coordenação das ações do governo; IV – assegurar que as unidades administrativas responsáveis pela execução dos programas, projetos e atividades da Administração Pública Federal mantenham rotinas de acompanhamento e avaliação da sua programação; V – manter sistema de informações relacionados a indicadores econômicos e sociais, assim como mecanismos para desenvolver previsões e informação estratégica sobre tendências e mudanças no âmbito nacional e internacional; VI – identificar, analisar e avaliar os investimentos estratégicos do governo, suas fontes de financiamento e sua articulação com os investimentos privados, bem como prestar o apoio gerencial e institucional à sua implementação; VII – realizar estudos e pesquisas socioeconômicas e análises de políticas públicas; VIII – estabelecer políticas e diretrizes gerais para a atuação das empresas estatais (art. 7º).

Por sua vez, compete às unidades responsáveis pelas atividades de orçamento: I – coordenar, consolidar e supervisionar a elaboração dos projetos da lei de diretrizes orçamentárias e da lei orçamentária da União, compreendendo os orçamentos fiscal, da seguridade social e de investimento das empresas estatais; II – estabelecer normas e procedimentos necessários à elaboração e à implementação dos orçamentos federais, harmonizando-os com o plano plurianual; III – realizar estudos e pesquisas concernentes ao desenvolvimento e ao aperfeiçoamento do processo orçamentário federal; IV – acompanhar e avaliar a execução orçamentária e financeira, sem prejuízo da competência atribuída a outros órgãos; V – estabelecer classificações orçamentárias, tendo em vista as necessidades de sua harmonização com o planejamento e o controle; VI – propor medidas que objetivem a consolidação das informações orçamentárias das diversas esferas de governo (art. 8º).

O **Sistema de Administração Financeira Federal** visa ao equilíbrio financeiro, dentro dos limites da receita e despesa públicas, compreendendo as atividades de programação financeira, de administração de direitos e haveres, garantias e obrigações de responsabilidade do Tesouro Nacional e de orientação técnico-normativa referente à execução orçamentária e financeira (arts. 9º e 10).

Compete às unidades responsáveis pelas atividades do Sistema de Administração Financeira Federal: I – zelar pelo equilíbrio financeiro do Tesouro Nacional; II – administrar os haveres financeiros e mobiliários do Tesouro Nacional; III – elaborar a programação financeira do Tesouro Nacional, gerenciar a Conta Única do Tesouro Nacional e subsidiar a formulação da política de financiamento da despesa pública; IV – gerir a dívida pública mobiliária federal e a dívida externa de responsabilidade do Tesouro Nacional; V – controlar a dívida decorrente de operações de crédito de responsabilidade, direta e indireta, do Tesouro Nacional; VI – administrar as operações de crédito sob a responsabilidade do Tesouro Nacional; VII – manter controle dos compromissos que onerem, direta ou indiretamente, a União junto a entidades ou organismos internacionais; VIII – editar normas sobre a programação financeira e a execução orçamentária e financeira, bem como promover o acompanhamento, a sistematização e a padronização da execução da despesa pública; IX – promover a integração com os demais Poderes e esferas de governo em assuntos de administração e programação financeira (art. 12).

Há, ainda, o **Sistema de Contabilidade Federal**, que visa evidenciar a situação orçamentária, financeira e patrimonial da União, compreendendo as atividades de registro, de tratamento e de controle das operações relativas à administração orçamentária, financeira e patrimonial da União, com vistas à elaboração de demonstrações contábeis (arts. 14 e 16).

Esse sistema tem por finalidade registrar os atos e fatos relacionados com a administração orçamentária, financeira e patrimonial da União e evidenciar: I – as operações realizadas pelos órgãos ou entidades governamentais e os seus efeitos sobre a estrutura do patrimônio da União; II – os recursos dos orçamentos vigentes, as alterações decorrentes de créditos adicionais, as receitas prevista e arrecadada, a despesa empenhada, liquidada e paga à conta desses recursos e as respectivas disponibilidades; III – perante a Fazenda Pública, a situação de todos quantos, de qualquer modo, arrecadem receitas, efetuem despesas, administrem ou guardem bens a ela pertencentes ou confiados; IV – a situação patrimonial do ente público e suas variações; V – os custos dos programas e das unidades da Administração Pública Federal; VI – a aplicação dos recursos da União, por unidade da Federação beneficiada; VI – a renúncia de receitas de órgãos e entidades federais (art. 15).

Compete às unidades responsáveis pelas atividades do Sistema de Contabilidade Federal: I – manter e aprimorar o Plano de Contas Único da União; II – estabelecer normas e procedimentos para o adequado registro contábil dos atos e dos fatos da gestão orçamentária, financeira e patrimonial nos órgãos e nas entidades da Administração Pública Federal; III – com base em apurações de atos e fatos inquinados de ilegais ou irregulares, efetuar os registros pertinentes e adotar as providências necessárias à responsabilização do agente, comunicando o fato à autoridade a quem o responsável esteja subordinado e ao órgão ou unidade do Sistema de Controle Interno; IV – instituir, manter e aprimorar sistemas de informação que permitam realizar a contabilização dos atos e fatos de gestão orçamentária, financeira e patrimonial da União e gerar informações gerenciais necessárias à tomada de decisão e à supervisão ministerial; V – realizar tomadas de contas dos ordenadores de despesa e demais responsáveis por bens e valores públicos e de todo aquele que der causa a perda, extravio ou outra irregularidade de que resulte dano ao erário; VI – elaborar os Balanços Gerais da União; VII – consolidar os balanços da União, dos Estados, do Distrito Federal e dos Municípios, com vistas à elaboração do Balanço do Setor Público Nacional; VIII – promover a integração com os demais Poderes e esferas de governo em assuntos de contabilidade.

Cabe registrar que o Decreto nº 6.976/2009 dispõe sobre o Sistema de Contabilidade Federal, tendo como objetivo promover: I – a padronização e a consolidação das contas nacionais; II – a busca da convergência aos padrões internacionais de contabilidade, respeitados os aspectos formais e conceituais estabelecidos na legislação vigente; e III – o acompanhamento contínuo das normas contábeis aplicadas ao setor público, de modo a garantir que os princípios fundamentais de contabilidade sejam respeitados no âmbito do setor público.

Por último, relevante tema tratado na lei é o **Sistema de Controle Interno**, estrutura de controle inserida internamente nos Poderes, órgãos e entidades da Administração Pública, que visa à avaliação da ação governamental e da gestão dos administradores públicos federais, por intermédio da fiscalização contábil, financeira, orçamentária, operacional e patrimonial, e a apoiar o controle externo no exercício de sua missão institucional, tendo as seguintes finalidades (art. 20): I – avaliar o cumprimento das metas previstas no plano plurianual, a execução dos programas de governo e dos orçamentos da União; II – comprovar a legalidade e avaliar os resultados, quanto à eficácia e eficiência, da gestão orçamentária, financeira e patrimonial nos órgãos e nas entidades da Administração Pública Federal, bem como da aplicação de recursos públicos por entidades de direito privado; III – exercer o controle das operações de crédito, avais e garantias, bem como dos direitos e haveres da União; IV – apoiar o controle externo no exercício de sua missão institucional.

## 1.13. SISTEMAS DE GESTÃO E INFORMAÇÕES FINANCEIRAS E ORÇAMENTÁRIAS

Indispensável nos dias de hoje para o Estado e seus gestores públicos (assim como para qualquer instituição pública ou privada) é a adoção de sistemas informatizados para gestão e informações de dados de natureza financeira e orçamentária, mormente em se tratando de um país como o Brasil, de dimensões continentais e com população acima de duzentos milhões, estruturado como federação que possui 5.570 municípios, 26 estados e o Distrito Federal.

Nesse contexto, a administração de volumosos recursos financeiros – sobretudo por serem públicos – exigem meios capazes de garantir a sua correta alocação e controle, permitindo haver transparência e auditabilidade.

Não à toa a Constituição Federal de 1988 assim prescreve:

> Art. 163-A. A União, os Estados, o Distrito Federal e os Municípios disponibilizarão suas informações e dados contábeis, orçamentários e fiscais, conforme periodicidade, formato e sistema estabelecidos pelo órgão central de contabilidade da União, de forma a garantir a rastreabilidade, a comparabilidade e a publicidade dos dados coletados, os quais deverão ser divulgados em meio eletrônico de amplo acesso público.

O Órgão central de finanças mencionado no dispositivo acima é a Secretaria do Tesouro Nacional (STN). Dentre outras funções, é no Tesouro que são definidas as regras sobre como o dinheiro e o patrimônio públicos devem ser contabilizados pelos entes da Federação (União, Estados e Municípios).

Por sua vez, a Lei de Responsabilidade Fiscal (LRF), estabelece no seu artigo 48, § 1º, inc. III[27], que a transparência fiscal é assegurada com a adoção de sistema integrado de administração financeira e controle. E no § 2º do mesmo artigo[28] consta que a União, os Estados, o Distrito Federal e os Municípios disponibilizarão suas informações e dados contábeis, orçamentários e fiscais conforme periodicidade, formato e sistema estabelecidos pelo órgão central de contabilidade da União, os quais deverão ser divulgados em meio eletrônico de amplo acesso público.

---

[27]    Conforme a redação que lhe foi dada pela LC nº 131/2009.
[28]    Conforme a redação que lhe foi dada pela LC nº 156/2016.

Dentre os principais sistemas eletrônicos de informação e gestão financeira em nível federal, citamos:

a) **SIAFI** – Sistema Integrado de Administração Financeira do Governo Federal: é o sistema informatizado que processa e controla a execução orçamentária, financeira e patrimonial da União;

b) **SIAFEM** – Sistema Integrado de Administração Financeira para Estados e Municípios: é o sistema informatizado que processa e controla a execução orçamentária, financeira e patrimonial dos Estados e Municípios (que interage com o SIAFI por força da repartição de recursos financeiros e outras movimentações);

c) **SIDOR** – Sistema Integrado de Dados Orçamentários: era o sistema informatizado responsável pela consolidação, acompanhamento e sistematização de dados e informação referentes aos orçamentos da União, permitindo o gerenciamento de todo o processo de análise e decisão, quanto à alocação dos recursos públicos, no âmbito federal (hoje em dia todas os módulos e funcionalidades deste sistema foram migrados para o SIOP);

d) **SIOP** – Sistema Integrado de Planejamento e Orçamento: é o sistema informatizado que suporta os processos de Planejamento e Orçamento do Governo Federal, que permite a elaboração dos projetos de leis orçamentárias (PPA, LDO e LOA), acompanhamento dos ciclos orçamentário, tratamento de emendas parlamentares, dentre outros;

e) **SIOPE** – Sistema de Informações sobre Orçamentos Públicos em Educação: é o sistema eletrônico operacionalizado pelo Fundo Nacional de Desenvolvimento da Educação – FNDE, cuja finalidade é receber, processar e disseminar informações referentes aos orçamentos de educação da União, dos Estados, do Distrito Federal e dos Municípios;

f) **SIOPS** – Sistema de Informações sobre Orçamentos Públicos em Saúde: é o sistema de responsabilidade do Ministério da Saúde cuja finalidade é receber e oferecer à sociedade informações sobre despesas com serviços de saúde em todas as unidades federativas;

g) **SICONFI** – Sistema de Informações Contábeis e Fiscais do Setor Público Brasileiro: é um sistema que tem por objetivo realizar o intercâmbio de informações fiscais, contábeis e financeiras entre a União e os demais entes da Federação;

h) **SICONV** – Sistema de Gestão de Convênios e Contratos de Repasse: é o sistema responsável por todo o ciclo de vida dos convênios, contratos de repasse financeiro e termos de parceria, no qual são registrados os atos, desde a formalização da proposta até a prestação de contas final. Este sistema permite a qualquer cidadão consultar as transferências voluntárias da União por meio da rede mundial de computadores, permitindo à sociedade o controle sobre a aplicação dos recursos públicos. Além disso, possibilita aos órgãos concedentes e convenentes a gestão eficiente do processo de transferência por meio do gerenciamento on-line de todos os convênios, contratos de repasse e termos de parceria, desde a formalização, a execução, o acompanhamento até a prestação de contas. Proporciona ainda, aos órgãos de controle, a celeridade na identificação dos principais tipos de irregularidades, a análise dos resultados encontrados e a consequente proposição de medidas preventivas, com o objetivo de sanar a prática de atos ilegais e ilegítimos (o Siconv está em fase de substituição plena pelo sistema Plataforma +Brasil e pela plataforma TRANSFEREGOV);

i) **PLATAFORMA +BRASIL** – tratava-se de uma plataforma do Ministério da Economia, local onde eram cadastradas as propostas voluntárias, as emendas parlamentares, os projetos para captação de recursos federais, e nela se agregam e se processam todas as informações sobre os Convênios e Contratos de Repasse de transferências de recursos federais para os municípios. Desde janeiro de 2019, o Siconv foi substituído pela "Plataforma + Brasil". Por sua vez, a Plataforma +Brasil foi substituída pela plataforma TRANSFEREGOV em dezembro de 2022;

j) **TRANSFEREGOV** – constitui ferramenta integrada e centralizada, com dados abertos, destinada à informatização e à operacionalização das transferências de recursos oriundos do Orçamento Fiscal e da Seguridade Social da União a órgão ou entidade da administração pública estadual, distrital, municipal, direta ou indireta, consórcios públicos e entidades privadas sem fins lucrativos. Realiza as transferências especiais, fundo a fundo, discricionárias e legais;

k) **SIAPE** – Sistema Integrado de Administração de Recursos Humanos: apesar de ser um instrumento de gestão de servidores públicos civis, contemplando o Cadastro Único de todos os servidores, que possibilita o conhecimento quantitativo e qualitativo do pessoal, trata-se de um sistema responsável pelo aspecto financeiro relativo às despesas de pessoal, com a unificação e a padronização dos sistemas de pagamento, incluindo a emissão padronizada de relatórios e contracheques, além de informações confiáveis, atualizadas e necessárias ao controle de gastos com pessoal;

l) **SIAFIC** – Sistema Único e Integrado de Execução Orçamentária, Administração Financeira e Controle: é um *software* que deve ser utilizado pelos Poderes Executivo, Legislativo e Judiciário e órgãos de cada ente, com base de dados compartilhada e integrado aos sistemas estruturantes (gestão de pessoas, patrimônio, controle etc.);

m) **SADIPEM** – Sistema de Análise da Dívida Pública, Operações de Crédito e Garantias da União, Estados e Municípios: é um sistema que se aplica ao recebimento eletrônico (via internet) de documentação relativa aos pleitos de operações de crédito de instituições financeiras ou de unidades da Federação.

Devido à importância de alguns dos sistemas mencionados, destacamos em seções próprias o SIAFI, o SIOP e o SICONFI.

### 1.13.1. SIAFI

Conforme descrição feita pela Secretaria do Tesouro Nacional[29], órgão do governo federal que o controla, SIAFI é o Sistema Integrado de Administração Financeira do Governo Federal que consiste no principal instrumento utilizado para registro, acompanhamento e controle da execução orçamentária, financeira e patrimonial do governo.

É um sistema informatizado que processa e controla, por meio de terminais instalados em todo o território nacional, a execução orçamentária, financeira, patrimonial e contábil dos órgãos da Administração Pública Direta federal, das autarquias, fundações e empresas públicas federais e das sociedades de economia mista que estiverem contempladas no Orçamento Fiscal e/ou no Orçamento da Seguridade Social da União.

Ele pode ser utilizado pelas Entidades Públicas Federais, Estaduais e Municipais apenas para receberem, pela Conta Única do Governo Federal, suas receitas (tais como taxas de água, energia elétrica, telefone etc.) dos Órgãos que utilizam o sistema. Entidades de caráter privado também podem utilizar o SIAFI, desde que autorizadas pela STN. No entanto, essa utilização depende da celebração de convênio ou assinatura de termo de cooperação técnica entre os interessados e a STN, que é o órgão gestor do SIAFI. Atualmente, mais de 40 mil Unidades Gestoras acessam o SIAFI.

O SIAFI conta com ambientes eletrônicos distintos: i) SIAFI Operacional, plataforma *mainframe*[30]; ii) SIAFIWeb, plataforma *web*.[31] Ambos são integrados. Além disso, está

---

[29]   O que é o SIAFI? Disponível em: <https://www.gov.br/tesouronacional/pt-br/siafi/conheca/o-que-e-o--siafi>. Acesso em: 8 ago. 2024.

[30]   Plataforma de computadores integrados com capacidade de processar grandes volumes de informações em um curto intervalo de tempo.

[31]   Software hospedado na internet.

disponível o TG-Tesouro Gerencial, um sistema de geração de relatórios gerenciais, em plataforma DW (*data warehouse*)[32], com base em informações do SIAFI e de outros sistemas do Governo Federal. Há também o sistema STA – Sistema de Transferência de Arquivos, uma solução que disponibiliza para os usuários SIAFI uma área na qual se pode colocar arquivos para processamento *batch* (*upload*) e realizar e agendar extrações de dados de forma *batch* (*download*).[33]

Para facilitar o trabalho de todas essas Unidades Gestoras, o SIAFI foi concebido para se estruturar por exercícios: cada ano equivale a um sistema diferente, ou seja, a regra de formação do nome do sistema é a sigla SIAFI acrescida de quatro dígitos referentes ao ano do sistema que se deseja acessar: SIAFI2020, SIAFI2021, SIAFI2022, SIAFI2023 e assim por diante.

Os principais objetivos são: a) prover mecanismos adequados ao controle diário da execução orçamentária, financeira e patrimonial aos órgãos da Administração Pública; b) fornecer meios para agilizar a programação financeira, otimizando a utilização dos recursos do Tesouro Nacional, pela unificação dos recursos de caixa do Governo Federal; c) permitir que a contabilidade pública seja fonte segura e tempestiva de informações gerenciais destinadas a todos os níveis da Administração Pública Federal; d) padronizar métodos e rotinas de trabalho relativas à gestão dos recursos públicos, sem implicar rigidez ou restrição a essa atividade, uma vez que ele permanece sob total controle do ordenador de despesa de cada unidade gestora; e) realizar o registro contábil dos balancetes dos estados e municípios e de suas supervisionadas; f) garantir o controle da dívida interna e externa, bem como o das transferências negociadas; g) integrar e compatibilizar as informações no âmbito do Governo Federal; h) propiciar o acompanhamento e a avaliação do uso dos recursos públicos; e i) proporcionar a transparência dos gastos do Governo Federal.

O SIAFI permite a Administração Pública Federal simplificar uma série de atividades em diversos aspectos: i) **Contabilidade:** o gestor ganha rapidez na informação, qualidade e precisão em seu trabalho; ii) **Finanças:** agilização da programação financeira, otimizando a utilização dos recursos do Tesouro Nacional, por meio da unificação dos recursos de caixa do Governo Federal na Conta Única no Banco Central; iii) **Orçamento:** a execução orçamentária passou a ser realizada dentro do prazo e com transparência, completamente integrada à execução patrimonial e financeira; iv) **Usuários:** mais de 4.000 gestores cadastrados, que executam seus gastos por meio do sistema de forma *online*; v) **Desconto na fonte de impostos:** no momento do pagamento, já é recolhido o imposto devido; vi) **Auditoria:** facilidade na apuração de irregularidades com o dinheiro público; vii) **Transparência:** detalhamento total do emprego dos gastos públicos disponível em relatórios publicados no site; viii) **Conta única**: 98% dos pagamentos são identificados de modo instantâneo na Conta Única e 2% deles com uma defasagem de, no máximo, cinco dias.

### 1.13.2. SIOP

O Sistema Integrado de Planejamento e Orçamento (SIOP) é o sistema informatizado que suporta os processos de Planejamento e Orçamento do Governo Federal, e foi desenvolvido para substituir o antigo SIDOR.

---

[32]    *Data warehouse* (DW) é um sistema de armazenamento de dados que reúne grandes volumes de informações de diversas fontes para fins de análise.

[33]    SIAFI. Disponível em: <https://www.gov.br/tesouronacional/pt-br/siafi>. Acesso em: 8 ago. 2024.

Por meio de acesso à internet, os usuários dos diversos Órgãos Setoriais, Unidades Orçamentárias e Agentes Técnicos integrantes do sistema, bem como outros sistemas automatizados, registram suas operações e efetuam consultas *on-line*. De modo geral, o SIOP atende os servidores da Administração Pública que exercem atividades nas áreas de planejamento, orçamento, compras, finanças, convênios e controle, além de cidadãos interessados nos temas de orçamento público e políticas públicas.[34]

Dentro dos diversos módulos do SIOP, encontramos os seguintes processos envolvidos: i) elaboração e revisão do Projeto de Lei do Plano Plurianual – PLPPA; ii) elaboração do Projeto de Lei de Diretrizes Orçamentárias – PLDO; iii) elaboração do Projeto de Lei Orçamentária Anual – PLOA; iv) alterações orçamentárias e créditos orçamentários; v) acompanhamento das Estatais; vi) tratamento das emendas parlamentares ao orçamento (orçamento impositivo); vii) acompanhamento físico das ações orçamentárias; viii) monitoramento do PPA.

Além disso, o SIOP tem como objetivo fornecer amplo acesso a todos os cidadãos que tenham interesse em acompanhar as informações sobre a Lei Orçamentária Anual – LOA e sua execução, utilizando a sua base de dados. Qualquer cidadão com acesso à internet pode consultar as informações atualizadas sobre o orçamento federal, sem necessidade de autenticação, autorização ou mesmo um cadastro prévio.

### 1.13.3. SICONFI

O Sistema de Informações Contábeis e Fiscais do Setor Público Brasileiro (SICONFI)[35] é uma ferramenta informatizada que permite o recebimento e análise de informações contábeis, financeiras e orçamentárias, de maneira padronizada, abrangendo os relatórios e informações previstos na Lei de Responsabilidade Fiscal oriundos dos poderes e órgãos dos municípios, estados, Distrito Federal e a União.

O sistema foi desenvolvido para, dentre outros objetivos, melhorar a qualidade da informação do Setor Público, padronizar mecanismos de consolidação das contas públicas e aprimorar a forma de obtenção e divulgação dos dados, adotando os padrões internacionais de contabilidade pública. Além disso, ele substituiu o antigo sistema SISTN, propiciando à Federação uma eficiente ferramenta de recebimento de informações geradas pelas unidades federativas, com ganhos significativos de transparência pública.

Por meio deste sistema ocorre o recebimento de informações contábeis, financeiras e de estatísticas fiscais oriundas dos 5.570 municípios, 26 estados, o Distrito Federal e a União. O SICONFI constitui-se de duas interfaces com finalidades distintas: a chamada área pública, de livre navegação, é acessível a qualquer interessado; e a área restrita, privativa de usuários cadastrados, alimentadores do sistema por meio da inserção de informações certificadas, bem como de servidores encarregados da manutenção do portal.

Dentre as funções do SICONFI no sentido de modernizar e padronizar as práticas contábeis do setor público brasileiro, pode-se dizer que esse sistema possui os seguintes objetivos: a) substituir o Sistema de Coleta de Dados Contábeis – SISTN como meio de prover a STN das informações necessárias ao cumprimento de suas obrigações, especificamente aquelas relativas à Consolidação das Contas Nacionais, estabelecidas pela LRF; b) receber a

---

[34] Disponível em: <https://www1.siop.planejamento.gov.br/siopdoc/doku.php/introducao>. Acesso em: 8 ago. 2024.

[35] Disponível em: <https://siconfi.tesouro.gov.br/siconfi/index.jsf>. Acesso em: 8. ago. 2024.

Matriz de Saldos Contábeis – MSC, enviada pelos poderes e órgãos dos entes da Federação e disponibilizar as demonstrações contábeis, os demonstrativos exigidos pela LRF, bem como outros demonstrativos exigidos por legislação e normativos complementares; c) padronizar o intercâmbio de informações entre a União e os entes da Federação por meio do uso da linguagem XBRL – *Extensible Business Reporting Language*; d) desenvolver e implantar a Taxonomia da Contabilidade Aplicada ao Setor Público; e) aperfeiçoar o recebimento de dados; f) padronizar e aprimorar os mecanismos de consolidação; g) facilitar a produção e análise de informações contábeis e fiscais; h) aumentar a qualidade e confiabilidade das informações recebidas e produzidas; i) evitar a manipulação de dados, priorizando o acesso à fonte.

Existe uma estrutura padronizada, que é a Matriz de Saldos Contábeis (MSC), cuja finalidade é o recebimento de informações contábeis e fiscais dos entes da Federação para fins de consolidação das contas nacionais, da geração de estatísticas fiscais em conformidade com acordos internacionais firmados pelo Brasil, além da elaboração das declarações do setor público (Demonstrações Contábeis e Demonstrativos Fiscais). Essa estrutura reúne uma relação de contas contábeis e de informações complementares e será produzida a partir do Plano de Contas Aplicado ao Setor Público – PCASP.

O SICONFI, a partir de 2017, passou a receber as informações no referido formato MSC, ainda de forma facultativa. Entretanto, a partir de 2018, os municípios de capitais, os estados, o Distrito Federal e a União passaram a enviar a MSC de forma obrigatória, enquanto para os demais municípios o envio se tornou obrigatório em 2019.

PARTE II

*Capítulo II*
# ELEMENTOS GERAIS DO ORÇAMENTO PÚBLICO

## 2.1. EVOLUÇÃO HISTÓRICA DO ORÇAMENTO PÚBLICO

Na maior parte da história humana, os orçamentos públicos – quando chegavam a existir como documento escrito – configuravam meros planejamentos privados dos monarcas acerca da arrecadação e gastos por eles efetuados (nem sempre decorrentes de interesses públicos, mas de interesses pessoais dos governantes), podendo ser unilateralmente alterados e sem estarem submetidos a controle por parte de outros órgãos e autoridades.[1]

No **Mundo Antigo**, sobretudo na Roma Imperial, a distinção entre o erário público e o erário imperial era, na prática, inexistente, sendo tais recursos considerados propriedade do Imperador e usados tanto para suas necessidades pessoais e de sua família como para necessidades verdadeiramente públicas, como a construção de estradas e banhos públicos. A partir dos tempos de César Augusto, os Imperadores dispunham a seu bel prazer inclusive daqueles fundos considerados inequivocamente públicos.[2]

Durante o **período medieval**, especialmente na Alta Idade Média, a situação não era tão distinta daquela vivida no Império Romano. Contudo, a partir da Baixa Idade Média, começam a surgir alguns movimentos de controle dos gastos do monarca, sobretudo por meio da atuação da nobreza. O exemplo histórico mais claro disso está no processo que culminou com a edição da *Magna Charta Libertatum* (*Carta Maior das Liberdades*), de 1215, em que a nobreza e o alto clero impuseram ao rei inglês João Sem Terra[3] o respeito a uma série de liberdades fundamentais, dentre as quais a de não criar novos tributos sem o consentimento do conselho comum do Reino (espécie de assembleia que reunia nobres e prelados eclesiásticos).

Na **Idade Moderna**, com o advento do absolutismo monárquico, era possível aos reis ampliarem a arrecadação por meio de decretos reais. Tal imposição, por óbvio, nem sempre era bem recebida pelos contribuintes, sobretudo quando estes percebiam que o aumento da carga tributária se justificava para o financiamento dos gastos da casa real ou de eventos

---

[1]   COX, Gary W.; DINCECCO, Mark. The Budgetary Origins of Fiscal-Military Prowess. *The Journal of Politics*, v. 83, n. 3, jul. 2021.

[2]   MILLAR, Fergus. *The Emperor in the Roman World*. London: Duckworth, 1977. p. 189-190.

[3]   John Lackland, filho mais moço de Henrique II, recebeu esse nome em virtude de não haver sido contemplado quando seu pai doou províncias continentais a seus irmãos mais velhos. Recebeu, entretanto, enormes privilégios, chegando mesmo a provocar inimizades e mesmo guerras entre seus irmãos, sobretudo com Ricardo Coração de Leão. Ao assumir o trono, João Sem Terra logo se demonstrou um déspota. Seus abusos e arbitrariedades chegaram a tal ponto que provocaram forte reação dos nobres e do clero, os quais, reunidos e apoiados por elementos burgueses, obrigaram-no a firmar um documento, no qual se comprometia a respeitar as liberdades fundamentais do reino.

bélicos. Essas questões estão na base dos movimentos revolucionários americano de 1776 e francês de 1789.

Contudo, nas monarquias parlamentaristas, tais como a Inglaterra e a Holanda, já se fazia necessário majorar ou criar tributos por meio de leis aprovadas pelo Parlamento. É assim que a *Bill of Rights* inglesa, de 1689, consagrou ser ilegal decretar, por prerrogativa real unilateral, qualquer arrecadação financeira em favor ou para uso da Coroa se não houvesse autorização do Parlamento.[4] Trata-se das bases mesmas da máxima conhecida como "*no taxation without representation*" ("não há tributação sem representação").

Por isso, Jesse Burkhead[5] destaca que "o sistema orçamentário moderno evoluiu paralelamente ao crescimento, em importância, dos governos representativos e da sua atividade econômica".

A propósito, registra Heleno Torres[6] que

> Em termos políticos, a evolução histórica do orçamento público é dignitária de todos os êxitos da luta da sociedade pela democracia e controle dos poderes do Estado em matéria financeira. No Estado Constitucional, que surge a partir do século XIX, o orçamento ganha notável importância, não só porque sua formação coincide com a expansão das necessidades financeiras do Estado, mas porque serviria para assegurar o controle legislativo sobre a Administração. E isso porque, para o orçamento, convergem as mais importantes instituições do Estado e da Constituição, na sua permanente relação com a sociedade, quanto ao financiamento do Estado e a atuação na economia. Com o orçamento público, os povos conquistaram o direito de dominar as finanças do Estado e, ao mesmo tempo, o de controlar as escolhas democráticas, ante às preferências reveladas no processo eleitoral, no que concerne à realização contínua dos fins do Estado, da efetividade dos direitos e da apuração do cumprimento dos programas dos governantes eleitos pelo voto popular.

Por sua vez, Arizio de Viana[7] lembra que o orçamento é um documento de caráter eminentemente democrático. Nas suas palavras, sua "história está ligada às lutas pelo reconhecimento formal do direito do povo de votar os impostos e aprovar, periodicamente, as receitas e despesas do Estado".

Para Manuel de Juano, é no Estado representativo que nascem propriamente as finanças tributárias e o poder de imposição, em que o povo, por meio de seus representantes, impõe os tributos para satisfazer as exigências da atividade financeira estatal.[8]

Da Inglaterra também nos vem o sistema de iniciativas de leis orçamentárias concentradas no Poder Executivo, com posterior votação pelo Parlamento. Em 11 de dezembro de 1706, a Câmara dos Comuns decidiu que não poderiam ser feitos pedidos diretos àquela Casa Legislativa requerendo auxílio com recursos públicos em favor de cidadãos individualmente

---

4   "That levying Money for or to the Use of the Crowne by pretence of Prerogative without Grant of Parlyament for longer time or in other manner then the same is or shall be granted is Illegall".

5   BURKHEAD, Jesse. *Orçamento público*. Trad. Margaret Costa. Rio de Janeiro: Fundação Getulio Vargas, 1971. p. 3.

6   TORRES, Heleno Taveira. *Direito constitucional financeiro*: teoria da constituição financeira. São Paulo: Revista dos Tribunais, 2014. p. 342.

7   VIANA, Arizio de. *Orçamento brasileiro*. 2. ed. Rio de Janeiro: Edições Financeiras, 1950. p. 27.

8   JUANO, Manuel de. *Curso de finanzas y derecho tributario*: Parte General. Rosario: Molachino, 1963. t. I. p. 50.

considerados, até mesmo para evitar favorecimentos de pessoas ligadas a deputados. Por isso, ficou decidido que "esta Casa não receberá petições solicitando quaisquer somas monetárias relativas a serviços públicos, a não ser aquelas recomendadas pela Coroa".[9] Em 11 de junho de 1713, esta decisão foi transformada na Resolução nº 66 (*Standing Order*) da Câmara dos Comuns,[10] até hoje em vigor (renumerada para o nº 48).

Arizio de Viana[11] comenta o sistema do fundo consolidado inglês nas seguintes palavras:

> [...] certo número de impostos existe na Inglaterra para atender a certos serviços de caráter permanente; anualmente o Parlamento inglês não discute a legitimidade desses impostos nem dessas despesas; aprova o pedido do Governo, em globo; quando há excedente, isto é, quando a receita do fundo excede as despesas, torna-se possível discutir esse excedente, para ver se há impostos desnecessários e que devam ser abandonados; mas essa discussão nunca se verifica, porque os serviços administrativos crescem e o Governo é sempre obrigado a pedir maiores verbas e, daí, a aprovação dos recursos solicitados, ainda que, para obtê-los seja preciso criar novos impostos ou agravar os existentes.

Mas é somente em 1822 que foi redigido formalmente o primeiro orçamento na Inglaterra, quando pela primeira vez o Ministro das Finanças (*Chancellor of the Exchequer*) apresenta ao Parlamento uma exposição detalhada de receitas e despesas para o exercício fiscal.[12] Jesse Burkhead considera essa data como a que marca o início do orçamento, plenamente desenvolvido, na Grã-Bretanha.[13]

Não à toa, o termo em inglês para orçamento é *"budget"*, tendo sua origem no francês *"bougette"*, pequena bolsa ou pasta de couro usada na Idade Média pelos viajantes para carregar moedas e que também era usada pelo Ministro das Finanças inglês quando ia ao Parlamento, trazendo em sua *"bougette"* os documentos para apresentar ao Parlamento o pedido de autorização para o orçamento anual.[14]

Já na **França**, relata-se que era uma praxe parlamentar na Assembleia Nacional a exposição anual da receita e da despesa, sobretudo a partir de 1815, quando se decretou a "Lei Financeira Anual". Todavia, ela somente começou a participar do processo orçamentário por completo a partir de 1831, tendo influenciado na consolidação de princípios como os da anualidade, da universalidade e da não vinculação de receitas.[15]

---

[9]  "That this House will receive no petition for any sum of money relating to public Service, but what is recommended from the Crown".

[10]  HATSELL, John. *Precedents of Proceedings in the House of Commons*. London: H. Hughs, for J. Dodsley, 1785. v. 3. p. 175-176.

[11]  VIANA, Arizio de. *Orçamento brasileiro*. 2. ed. Rio de Janeiro: Edições Financeiras, 1950. p. 46.

[12]  PIRES, José Santo Dal Bem; MOTTA, Walmir Francelino. A Evolução História do Orçamento Público e sua Importância para a Sociedade. *Revista Enfoque: Reflexão Contábil* nº 2, v. 25, mai./ago. 2006, p. 16-25.

[13]  BURKHEAD, Jesse. *Orçamento público*. Trad. Margaret Costa. Rio de Janeiro: Fundação Getulio Vargas, 1971. p. 5.

[14]  HOFSTEDE, G. H. *The game of budget control*. New York: Routledge, 2001. p. 19-20.

[15]  GIACOMONI, James. *Orçamento público*. 16. ed. São Paulo: Atlas, 2012. p. 34.

Nesse sentido, relata-se que três condições vieram a associar-se ao processo orçamentário: o orçamento deveria ser anual; deveria ser votado antes do início do ano financeiro a que se destinasse e deveria conter todas as provisões financeiras necessárias para o exercício.[16]

Nos **Estados Unidos da América**, a Constituição de 1776, fruto do movimento de independência e de marcadas características liberais, trouxe normas específicas sobre a atividade financeira. No Artigo I, Scção 9.7, estabelece-se que "dinheiro algum poderá ser retirado do Tesouro senão em consequência da dotação determinada em lei. Será publicado de tempos em tempos um balanço de receita e despesa públicas". Já no Artigo I, Seção 10.2, afirma-se que

> nenhum Estado poderá, sem o consentimento do Congresso, lançar impostos ou direitos sobre a importação ou a exportação, salvo os absolutamente necessários à execução de suas leis de inspeção; o produto líquido de todos os direitos ou impostos lançados por um Estado sobre a importação ou exportação pertencerá ao Tesouro dos Estados Unidos, e todas as leis dessa natureza ficarão sujeitas à revisão e controle do Congresso.

No **Brasil colonial**, no âmbito da monarquia absolutista portuguesa, à qual estávamos administrativamente submetidos, não existia uma Constituição formal a exigir leis orçamentárias.

Contudo, estavam em vigor para todo o território português os chamados *Regimentos dos Contos*, que instituíam normas de gestão de receitas e despesas das contas públicas. Com a edição, em 03.09.1627, do *Regimento dos Contos do Reino e Casa [Real]*, tal administração passou a ser centralizada num órgão conhecido como *Contos do Reino e Casa*, que atuava simultaneamente tanto como órgão central contábil quanto como tribunal fiscal de cúpula do Reino lusitano. A preocupação principal no período, em relação ao Brasil, era de registro das receitas coloniais para controle da metrópole, destacando-se as receitas oriundas da mineração em nosso território.

Em solo brasileiro, o grande marco histórico do que seria um embrião de orçamento foi o Alvará de 28 de junho de 1808, um dos primeiros atos oficiais do recém-chegado Príncipe Regente D. João (futuramente, D. João VI), pelo qual foram criados o Erário Régio e o Conselho da Real Fazenda, "para a mais exata administração, arrecadação, distribuição, assentamento e expediente" do então Tesouro Geral e Público.

O método contábil a ser aplicado na gestão do Erário Régio era aquele chamado de *partidas dobradas* (colunas de créditos e débitos), como se estabeleceu no referido alvará em seu Título II:

> Para, que o methodo de escripturação, e formulas de contabilidade da minha Real Fazenda não fique arbitrario, e sujeito á maneira de pensar de cada um dos Contadores Geraes, que sou servido crear para o referido Erario: ordeno que a escripturação seja a mercantil por partidas dobradas, por ser a unica seguida pelas Nações mais civilisadas, assim pela sua brevidade para o maneio de grandes sommas, como por ser a mais clara, e a que menos logar dá a erros e subterfugios, onde se esconda a malicia e a fraude dos prevaricadores.

O Alvará também previa normas acerca das entradas das rendas no Erário e da saída ou despesa, com seções para os gastos com a Casa Real, despesas com pessoal custeadas pelo tesouro público ("ordenados, pensões, juros e tenças"), gastos militares com Exército e Ma-

---

[16] BURKHEAD, Jesse. *Orçamento público*. Trad. Margaret Costa. Rio de Janeiro: Fundação Getulio Vargas, 1971. p. 10.

PARTE II • Cap. II • ELEMENTOS GERAIS DO ORÇAMENTO PÚBLICO | 35

rinha e com os armazéns reais. Como se pode ver, as despesas públicas se concentravam na manutenção dos gastos do próprio monarca e da máquina estatal.

Já no contexto do Brasil independente, a primeira Constituição brasileira (a Constituição Imperial de 1824) dedicou um breve capítulo à Fazenda Nacional, estabelecendo, em seu art. 170, que a receita e a despesa da Fazenda Nacional seriam encarregadas a um órgão denominado Tesouro Nacional, o qual regularia a sua administração, arrecadação e contabilidade, em recíproca correspondência com as Tesourarias e Autoridades das Províncias do Império (precursoras dos atuais Estados).

No seu artigo 171, veiculou os princípios da legalidade e da anualidade na instituição de tributos, ao determinar que todas as contribuições diretas seriam anualmente estabelecidas pela Assembleia Geral, continuando em vigor até que se publicasse a sua derrogação ou fossem substituídas por outras. Assim, já não poderia o monarca criar tributos a seu alvedrio.

Por fim, no art. 172, cria-se o modelo centralizado de consolidação e elaboração do orçamento público no Poder Executivo (vigente também hoje), em que o Ministro de Estado da Fazenda, havendo recebido dos outros Ministros os orçamentos relativos às despesas das suas repartições, apresentava na Câmara dos Deputados, anualmente, logo que ela se reunisse, um balanço geral da receita e despesa do Tesouro Nacional do ano antecedente, bem como o orçamento geral de todas as despesas públicas do ano futuro, e da importância de todas as contribuições e rendas públicas.

Na Constituição de 1891 (a primeira republicana), a competência não apenas para aprovar o orçamento, mas também para elaborá-lo, passa a ser privativa do Congresso Nacional (e não mais do Poder Executivo). Com a Emenda Constitucional de 03.09.1926, foi também criada uma regra de prorrogação automática do orçamento anterior sempre que, até 15 de janeiro, não estivesse o novo orçamento em vigor, bem como inserido um § 1º ao art. 34 prevendo o princípio da exclusividade orçamentária (ou seja, de que as leis dos orçamentos não podem conter disposições estranhas à previsão da receita e à fixação da despesa).

O art. 89 instituiu o Tribunal de Contas da União para apurar as contas da receita e despesa e verificar a sua legalidade, antes de serem prestadas ao Congresso. Seus membros, assim como hoje, eram nomeados pelo Presidente da República com aprovação do Senado, e recebiam a garantia da vitaliciedade, somente podendo perder seus cargos por sentença judicial.

Esta Constituição também trouxe, em seu art. 54, 7º e 8º, o crime de responsabilidade do Presidente da República por atos atentatórios contra a guarda e emprego constitucional dos dinheiros públicos e contra as leis orçamentárias votadas pelo Congresso.

Foi ainda no período de vigência desta Constituição que o Congresso Nacional aprovou o Código de Contabilidade da União, por meio do Decreto nº 4.536/1922, diploma normativo extremamente relevante para regulamentar as finanças públicas nacionais. Tal Código apresentava capítulos sobre a centralização dos serviços de contabilidade da União; sobre o exercício financeiro, orçamento e contas da gestão financeira; sobre a receita pública; sobre a despesa pública; sobre os bens públicos e aqueles por eles responsáveis.

É interessante perceber que, embora a iniciativa do projeto de lei orçamentária anual, na época, fosse de competência do Legislativo, o Executivo tinha o dever de colaborar, pois o art. 13 do Código de Contabilidade da União estatuía que o governo (Poder Executivo) deveria enviar à Câmara dos Deputados, até 31 de maio de cada ano, a proposta de fixação da despesa, com o cálculo da receita geral da República, para servir de base à iniciativa da lei de orçamento. Assim, na prática, a proposta tinha origem no Executivo, embora formalmente a iniciativa do projeto de lei fosse do Congresso Nacional.

Era também permitido ao governo retificar a proposta em mensagem especial, enquanto o projeto de orçamento estivesse pendente de discussão no Congresso. E, para que o governo organizasse tal proposta, os diversos Ministérios tinham que remeter ao Ministério da Fazenda, até 30 de abril, os elementos necessários àquele fim.

Na Constituição de 1934, a iniciativa do projeto de lei orçamentária, não apenas *de facto*, mas também *de iure*, retorna ao Poder Executivo, competindo ao Presidente da República enviar à Câmara dos Deputados, dentro do primeiro mês da sessão legislativa ordinária, a proposta de orçamento (art. 50, § 1º). Nova regra de prorrogação automática do orçamento anual foi inserida no art. 50, § 5º, estabelecendo que seria prorrogado o orçamento vigente se, até 3 de novembro, o orçamento vindouro não houvesse sido enviado ao Presidente da República para a sanção.

A Constituição outorgada de 1937 (dita "*A Polaca*", por sua inspiração no texto constitucional polonês da época, de molde fascista) previa a existência, junto à Presidência da República, de um Departamento Administrativo com atribuição de organizar anualmente, de acordo com as instruções do Presidente da República, a proposta orçamentária a ser enviada por este à Câmara dos Deputados (art. 67, *b*).

Contudo, como o Congresso Nacional esteve fechado durante todo esse período, até o advento da Constituição de 1946, era o próprio Presidente da República, Getúlio Vargas, que aprovava os orçamentos por meio de decretos-leis, nos termos dos poderes excepcionais que lhe conferia o art. 180 do texto constitucional.[17]

Nesse período, merece destaque o aludido Departamento Administrativo do Serviço Público (DASP), criado pelo Decreto-lei nº 579, de 30 de julho de 1938, que tinha como finalidade elaborar a proposta orçamentária e fiscalizar a sua execução, além de realizar estudos sistemáticos sobre a estrutura e o funcionamento dos órgãos governamentais.

Com a Constituição de 1946, volta-se à normalidade democrática, com funcionamento do Congresso Nacional como responsável pela votação do orçamento elaborado pelo Poder Executivo (art. 65, I) e enviado à Câmara dos Deputados pelo Presidente da República dentro dos primeiros dois meses da sessão legislativa (art. 87, XVI – após a Emenda Constitucional nº 8/1963, o prazo passou a ser 31 de julho).

Próximo ao final da vigência desta Constituição, assistimos à promulgação da Lei nº 4.320/1964, até hoje em vigor (recepcionada pela Constituição de 1988 com *status* de lei complementar), estatuindo normas gerais de direito financeiro para elaboração e controle dos orçamentos e balanços da União, dos Estados, dos Municípios e do Distrito Federal. Trata-se, com a Lei de Responsabilidade Fiscal, de uma das mais importantes leis de direito financeiro de nosso país, embora esteja a merecer atualização, pois editada sessenta anos atrás.

Com o advento da Constituição outorgada de 1967, recebeu assento constitucional a figura do orçamento plurianual (que viria a se tornar, no texto constitucional de 1988, o Plano Plurianual – PPA), na esteira política desenvolvimentista do regime militar de grandes planos e programas nacionais. Em que pese o caráter autoritário do regime e de uma Carta outorgada, a matéria orçamentária e de fiscalização financeira recebeu grande destaque e detalhamento, estando presente nos arts. 63 a 73 da Constituição.

Ademais, reduziu o papel do Legislativo no que se refere a propor emendas ao orçamento, conforme estabeleceu o seu artigo 67, § 1º, nestes termos:

---

[17] "Art. 180. Enquanto não se reunir o Parlamento nacional, o Presidente da República terá o poder de expedir decretos-leis sobre todas as matérias da competência legislativa da União".

PARTE II · Cap. II · ELEMENTOS GERAIS DO ORÇAMENTO PÚBLICO | **37**

Não serão objeto de deliberação emendas de que decorra aumento da despesa global ou de cada órgão, projeto ou programa, ou as que visem, a modificar o seu montante, natureza e objetivo.

Apesar do autoritarismo desse período, trata-se de momento em que foram estabelecidas estruturas governamentais relevantes nas searas financeira e orçamentária. Foi por obra do Decreto-Lei nº 200/1967 que se fundou o Ministério do Planejamento e Coordenação Geral, com atribuição para elaboração da programação orçamentária e da proposta orçamentária anual. Foi dentro desse Ministério que se instituiu a Subsecretaria de Orçamento e Finanças, atualmente Secretaria de Orçamento Federal (SOF), com a função de ser o órgão central do sistema orçamentário.

A **Emenda Constitucional nº 1/1969** realizou diversas mudanças na Constituição de 1967, porém, foram mantidos os dispositivos sobre orçamento que limitavam a participação do Poder Legislativo, sobretudo em relação à iniciativa de propor emendas.

Por fim, a promulgação da Constituição cidadã de 1988 trouxe alterações essenciais na estruturação do orçamento público nacional, sendo a atual Lei Maior provida de um capítulo próprio para as finanças públicas, no qual se prevê uma seção para o orçamento (arts. 165 a 169, CF/1988). Cabe salientar uma inovação: o fortalecimento da atuação do Legislativo, com aumento de suas prerrogativas e busca pelo equilíbrio com o Executivo, em especial em razão da criação de mecanismos normativos de planejamento orçamentário integrado, consubstanciados nas leis do plano plurianual, de diretrizes orçamentárias e dos orçamentos anuais.

Importante destacar que nestes mais de 35 anos de vigência da Constituição, ocorreram 38 emendas constitucionais[18] em matéria de finanças públicas e Direito Financeiro, o que indica a relevância que o tema ganha dia após dia.

---

[18]  Emendas Constitucionais em matéria de Direito Financeiro: EC nº 10/1996 (Fundo Social de Emergência); EC nº 14/1996 (despesas com educação); EC nº 17/1997 (Fundo Social de Emergência); EC nº 25/2000 (limites de despesa; Poder Legislativo municipal); EC nº 27/2000 (DRU); EC nº 29/2000 (despesas com saúde); EC nº 30/2000 (precatório; ordem de preferência de pagamento); EC nº 31/2000 (Fundo de Combate e Erradicação da Pobreza); EC nº 43/2004 (transferências obrigatórias; recursos para Centro--Oeste e Nordeste destinados à irrigação); EC nº 50/2006 (repartição de receita tributária); EC nº 53/2006 (despesa com educação); EC nº 55/2007 (Fundo de Participação dos Municípios); EC nº 56/2007 (DRU); EC nº 59/2009 (despesas com educação); EC nº 62/2009 (precatório; regime especial de pagamento pelos Estados, DF e Municípios); EC nº 67/2010 (Fundo de Combate e Erradicação da Pobreza); EC nº 68/2011 (DRU); EC nº 84/2015 (Fundo de Participação dos Municípios); EC nº 85/2015 (transposição, remanejamento e transferência de recursos no segmento da ciência, tecnologia e inovação); EC nº 86/2015 (execução orçamentária obrigatória; emendas individuais ao orçamento); EC nº 89/2015 (transferências obrigatórias; recursos para Centro-Oeste e Nordeste destinados à irrigação); EC nº 93/2016 (DRU, DRE e DRM); EC nº 94/2016 (precatório; regime especial de pagamento para caso de mora); EC nº 95/2016 (novo regime fiscal; limites de despesa pública); EC nº 99/2017 (precatório; regime especial de pagamento para caso de mora); EC nº 100/2019 (execução orçamentária obrigatória; emendas de parlamentares); EC nº 102/2019 (leis orçamentárias); EC nº 105/2019 (emendas ao projeto de lei orçamentária; receitas transferidas); EC nº 106/2017 (regime extraordinário fiscal; covid-19); EC nº 108/2020 (repartição de receita tributária; FUNDEB); EC nº 109/2021 (avaliação das políticas públicas); EC nº 112/2021 (Fundo de Participação dos Municípios); EC nº 113/2021 (precatório; regime de parcelamento); EC nº 119/2022 (covid-19; descumprimento dos percentuais de gastos mínimos em educação nos exercícios financeiros de 2020 e 2021); EC nº 126/2022 (emendas individuais ao projeto de lei orçamentária); EC nº 127/2023 (utilização de superávit financeiro para amortização de dívida pública e pagamentos); EC nº 128/2023 (exigência de fonte orçamentária e financeira necessária à realização da despesa); e a EC nº 132/2023 (reforma tributária que alterou a repartição de receitas e criou novos fundos).

Ademais, sob a nova Constituição e com atenção a suas normas, promulgou-se, dentre diversas outras normas gerais em matéria de finanças públicas,[19] a Lei de Responsabilidade Fiscal (Lei Complementar nº 101/2000), procurando afiançar responsabilidade na gestão fiscal por meio da transparência, eficiência e controle das despesas públicas.

## 2.2. MUDANÇAS ORÇAMENTÁRIAS INTRODUZIDAS PELA CONSTITUIÇÃO FEDERAL DE 1988

A promulgação da Constituição de 1988, após duas décadas de regime autoritário, portou consigo não apenas novos ventos político-institucionais, mas, na seara orçamentária, fundou uma nova estrutura de peças orçamentárias – a tríade de plano plurianual, diretrizes orçamentárias e orçamento fiscal, da seguridade e de investimentos. Ademais, ao Legislativo conferiu-se caráter determinante em sua participação na elaboração das leis orçamentárias, robustecendo o processo democrático e representativo nas finanças públicas nacionais.

---

[19] Dentre as inúmeras leis complementares de Direito Financeiro – instituindo normas gerais – editadas na vigência da nossa Constituição, citamos: LC nº 61/1989 (repartição de receita tributária); LC nº 62/1989 (liberações dos recursos do Fundo de Participação dos Estados e do Distrito Federal e do Fundo de Participação dos Municípios); LC nº 63/1990 (repartição de receita tributária); LC nº 91/1997 (coeficientes de distribuição do Fundo de Participação dos Municípios); LC nº 101/2000 (responsabilidade na gestão fiscal); LC nº 106/2001 (coeficientes de distribuição do Fundo de Participação dos Municípios); LC nº 111/2001 (Fundo de Combate e Erradicação da Pobreza); LC nº 131/2009 (transparência; execução orçamentária); LC nº 141/2012 (despesas com saúde); LC nº 143/2013 (critérios de rateio do Fundo de Participação dos Estados e DF); LC nº 148/2014 (refinanciamento de dívidas contraídas com a União); LC nº 151/2015 (refinanciamento de dívidas contraídas com a União); LC nº 156/2016 (plano de auxílio a Estados e DF; refinanciamento de dívidas contraídas com a União); LC nº 159/2017 (regime de recuperação fiscal dos Estados e DF); LC nº 164/2018 (sanções a Municípios por descumprimento dos limites de despesa com pessoal); LC nº 165/2019 (coeficientes de distribuição do Fundo de Participação dos Municípios); LC nº 172/2020 (transposição e transferência de saldos financeiros dos Fundos de Saúde dos Estados, DF e Municípios provenientes de repasses federais); LC nº 173/2020 (programa de enfrentamento à covid-19); LC 176/2020 (transferências obrigatórias da União para os demais entes políticos); LC nº 177/2021 (limites a contingenciamento de despesas relativas à inovação e ao desenvolvimento científico e tecnológico); LC nº 180/2021 (despesas no bojo do programa de enfrentamento à covid-19); LC nº 181/2021 (saldos financeiros; prazos de transposição, transferência, transposição e de reprogramação orçamentária pelos entes políticos); LC nº 189/2022 (regime de recuperação fiscal de Estados e DF; aditivo ao acordo federativo; plano de recuperação fiscal); LC nº 191/2022 (programa de enfrentamento à covid-19 e despesas com servidores públicos civis e militares da área de saúde e da segurança pública); LC nº 195/2022 (ações emergenciais, em razão da covid-19, no setor cultural); LC nº 197/2022 (saldos financeiros; prazos de transposição, transferência, transposição e de reprogramação orçamentária pelos entes políticos); LC nº 198/2023 (coeficientes de distribuição do Fundo de Participação dos Municípios); a LC nº 200/2023 (sustentabilidade da dívida pública; regime fiscal sustentável); LC nº 201/2023 (compensações devidas pela União, dedução das parcelas dos contratos de dívida e a transferência de recursos da União aos demais entes federados); LC nº 202/2023 (alterou a LC nº 195/2022 para prorrogar até 31.12.2024 o prazo de execução dos recursos de ações emergenciais, em razão da covid-19, no setor cultural); LC nº 203/2023 (despesas voltadas a programas de incentivo à permanência de estudantes no ensino médio); LC nº 205/2023 (concessão de prazo aos Estados, ao Distrito Federal e aos Municípios para executar atos de transposição e de transferência); LC nº 206/2024 (postergação do pagamento da dívida de entes federativos afetados por calamidade pública e redução da taxa de juros dos contratos de dívida dos referidos entes); e LC nº 208/2024 (cessão de direitos creditórios originados de créditos tributários e não tributários dos entes da Federação).

PARTE II · Cap. II · ELEMENTOS GERAIS DO ORÇAMENTO PÚBLICO | 39

Sob os auspícios da Constituição pretérita, o Executivo era responsável pela elaboração do Orçamento Plurianual de Investimentos (OPI), do Orçamento Fiscal da União, do Orçamento das Empresas Estatais (Orçamento Sest) e do Orçamento Monetário.

Contudo, somente o Orçamento Plurianual de Investimentos e o Orçamento Fiscal da União eram enviados ao Congresso Nacional, cabendo ao Legislativo apenas votá-los, pois não eram permitidas propostas de alteração das despesas neles previstas (seja quanto ao valor, seja quanto à espécie). Além disso, os conhecidos PNDs (Planos Nacionais de Desenvolvimento), que estabeleciam as diretrizes gerais para o desenvolvimento nacional, definiam metas e políticas globais, setoriais e regionais, aparecem paralelamente àquelas peças orçamentárias.[20]

Os Orçamentos Plurianuais de Investimentos (OPI) cobriam um período de três anos e abrangiam somente as despesas de capital. Seguiam as diretrizes estabelecidas no PND e eram submetidos à legislatura para revisão e votação, mas sem possibilidade de apresentar proposta de emenda. O orçamento fiscal da União definia a programação das Administrações Direta e Indireta, mas sua relevância, da perspectiva financeira, escasseava ante uma paulatina diminuição da importância dos Ministérios em detrimento da ascensão das empresas estatais que ocorreu durante os anos de 1970 e 1980.

Nesse período, o orçamento Sest das estatais compreendia empresas públicas, sociedades de economia mista, suas subsidiárias, autarquias e fundações, sendo elaborado pela Secretaria de Controle das Estatais e aprovado diretamente pelo Presidente da República sem o concurso do Poder Legislativo.

Por sua vez, o Orçamento Monetário, regulado pela Lei nº 4.595/1964, tinha sua elaboração realizada pelo Banco Central, sendo aprovado pelo Conselho Monetário Nacional e dispondo acerca da programação da política monetária e cambial nacional.

Por meio da Constituição de 1988, o Orçamento Plurianual abre caminho para o Plano Plurianual, o qual estatui, de forma regionalizada, diretrizes, objetivos e metas da Administração Pública em termos de despesas de capital e outras delas decorrentes e também relacionadas aos programas de duração continuada. Foi também introduzida uma nova peça orçamentária até então inexistente: a Lei de Diretrizes Orçamentárias (LDO), que incorpora as metas e prioridades da Administração Pública, abrange as despesas de capital do exercício financeiro seguinte, orienta a elaboração da lei orçamentária anual (LOA), prevê mudanças na legislação tributária e estabelece a política de aplicação das agências financeiras oficiais de fomento.

Por outro lado, o Orçamento Fiscal e o Orçamento Sest do sistema constitucional prévio foram substituídos pelo Orçamento Anual, que passa a ser constituído por três peças individuais integradas numa só, a saber: I – o orçamento fiscal, referente aos Poderes da União, seus fundos, órgãos e entidades da administração direta e indireta, inclusive fundações instituídas e mantidas pelo Poder Público; II – o orçamento de investimento das empresas em que a União, direta ou indiretamente, detenha a maioria do capital social com direito a voto; III – o orçamento da seguridade social, abrangendo todas as entidades e órgãos a ela vinculados, da administração direta ou indireta, bem como os fundos e fundações instituídos e mantidos pelo Poder Público. Por fim, o anterior Orçamento Monetário desaparece como peça autônoma, deixando de lado a função relevante que outrora tivera na política fiscal nacional.

Observa-se, portanto, que as peças orçamentárias nacionais anteriores à Constituição de 1988 apresentavam semelhanças com nossas leis orçamentárias presentes, mas delas se afastam

---

20    CRUZ, Flavio da. Comentários sobre a Reforma Orçamentária de 1988. *Revista de Contabilidade "Vista & Revista"*, v. 4, n. 1, fev. 1992, p. 16-22.

principalmente em temas relacionados à participação do Legislativo quanto à transparência, à integração entre planejamento e execução e ao conceito de equilíbrio fiscal.

Ao longo do período de vigência da Constituição até os dias de hoje, o nosso sistema constitucional orçamentário vem evoluindo gradativamente a partir de emendas que buscam aprimorar a forma e conteúdo das leis orçamentárias, adotando-se medidas e instrumentos que buscam garantir uma gestão fiscal responsável.

## 2.3. A CONCEITUAÇÃO DE ORÇAMENTO PÚBLICO

O **orçamento público** pode ser conceituado como o instrumento de planejamento, administração e controle financeiro estatal que possibilita prever receitas e fixar despesas em um determinado lapso temporal, de forma transparente, equilibrada e eficiente.

Um conceito clássico de orçamento é aquele apresentado por Benvenuto Griziotti: "O orçamento estatal é o documento jurídico e contábil no qual estão indicados os recursos e despesas do Estado relativos a um certo período de tempo (ordinariamente 12 meses)".[21] Segue este autor italiano esclarecendo que:

> sua principal função é fixar os gastos públicos dentro dos limites dos recursos previstos nesse determinado período de tempo. Pode-se dizer, portanto, que é um conjunto de autorizações para a arrecadação dos recursos, e de autorizações e limitações gerais para os gastos.[22]

A Lei nº 4.320/1964, em seu art. 2º, estabelece que

> A Lei do Orçamento conterá a discriminação da receita e despesa de forma a evidenciar a política econômica financeira e o programa de trabalho do Governo, obedecidos os princípios de unidade, universalidade e anualidade.

A Secretaria de Orçamento Federal considera o objetivo do orçamento público como o de "racionalizar o processo de alocação de recursos, zelando pelo equilíbrio das contas públicas, com foco em resultados para a Sociedade". É por meio dele que o cidadão poderá verificar como são utilizados os recursos arrecadados pelo Estado, não podendo ser efetuada nenhuma despesa pública sem sua devida previsão no orçamento.

No entanto, para além de um mero ato ou peça contábil contendo um plano de contas, que serviria para identificar os recursos a se arrecadar e para planejar os gastos, o orçamento público ostenta uma dimensão política, pois reflete e concretiza as pretensões de efetivação dos gastos, as prioridades e programas da Administração Pública no atendimento de interesses sociais, equilibrando as necessidades e interesses dos Poderes Executivo, Legislativo e Judiciário, seus órgãos e entidades e seu desempenho harmônico e interdependente.

Não à toa, Franklin Roosevelt, em mensagem ao Congresso dos EUA em 1942, afirmou que o orçamento representava o programa nacional do país, sendo uma previsão do plano de trabalho e uma antecipação do futuro, responsável por traçar o curso da nação.

---

[21]  GRIZIOTTI, Benvenuto. *Primi elementi di scienza delle finanze*. Milano: Giuffrè, 1962. p. 53.

[22]  GRIZIOTTI, Benvenuto. *Principios de ciencias de las finanzas*. Buenos Aires: Depalma, 1949. p. 147.

Também Dino Jarach[23] conceitua o orçamento como um plano da economia do setor público, apresentando não apenas natureza jurídica, mas político-econômica:

> seu significado se descobre através de seu conjunto; não há uma simples justaposição de uma série de gastos e de recursos, mas também plano de desembolsos tendentes a obter determinados fins com a indicação dos recursos correspondentes.

Regis Fernandes de Oliveira[24] afirma que o orçamento

> deixa de ser mero documento financeiro ou contábil para passar a ser o instrumento de ação do Estado. Através dele é que se fixam os objetivos a serem atingidos. Por meio dele é que o Estado assume funções reais de intervenção no domínio econômico.

No Brasil, o orçamento público é composto de três leis que, harmonicamente se complementam e influenciam mutuamente – Lei do Plano Plurianual (PPA), Lei de Diretrizes Orçamentárias (LDO) e Lei Orçamentária Anual (LOA) –, cada qual com sua finalidade e importância. Sua previsão decorre do texto do art. 165 da Constituição Federal, que assim estabelece:

> Art. 165. Leis de iniciativa do Poder Executivo estabelecerão:
> I – o plano plurianual;
> II – as diretrizes orçamentárias;
> III – os orçamentos anuais.

Assim, o orçamento público configura um documento de contornos econômicos, políticos e jurídicos, estruturado de acordo com as normas constitucionais e legais, segundo técnicas de administração, de contabilidade e de finanças, que se consubstanciam, no Brasil, em três leis (PPA, LDO e LOA) originadas no Poder Executivo, mas apreciadas, votadas e aprovadas no Legislativo.

## 2.4. ASPECTOS DO ORÇAMENTO PÚBLICO

O orçamento público não deve ser observado somente em seu aspecto contábil, refletido em documento de conteúdo financeiro. Considera também outros aspectos que refletem elementos-chave da Administração Pública e da sociedade.

Pode-se afirmar que o orçamento público apresenta também uma **dimensão política**, pois expõe as políticas públicas que incluem, sobretudo, decisões de interesse coletivo, levando em consideração as reivindicações e necessidades de cada um dos três Poderes, seus órgãos e entidades, os quais participam diretamente de sua elaboração, processo de aprovação e posterior controle. Essa tensão para equilibrar os interesses de cada Poder revela a necessidade de um jogo político que se faz presente de modo especial nos regimes de presidencialismo de coalizão.

---

[23]  JARACH, Dino. *Finanzas públicas y derecho tributario*. 4. ed. Buenos Aires: Abeledo Perrot, 2013. p. 77-78.

[24]  OLIVEIRA, Regis Fernandes de. *Curso de direito financeiro*. 7. ed. São Paulo: Revista dos Tribunais, 2015. p. 601.

Como em nosso país optou-se pela elaboração do orçamento por parte do Poder Executivo, sendo sua aprovação feita pelo Legislativo, todos os anos, os Poderes devem fazer um esforço de colocar de lado, momentaneamente, seus interesses e ideologias a fim de compartilhar esforços para chegar a uma lei orçamentária que revele as prioridades constitucionais e sua conjugação com as necessidades coletivas.

Existe também uma **dimensão econômica**, já que o orçamento reflete o aspecto financeiro das atividades governamentais, identificando-se o seu volume e combinando todas as receitas e despesas públicas. O orçamento, em termos de política orçamentária, poderá ser superavitário ou deficitário, mas atualmente a maioria das democracias procura manter um orçamento equilibrado.

Apresenta ainda uma **perspectiva técnica**, uma vez que sua elaboração e concretização devem ser feitas segundo a regulamentação prevista em normas de contabilidade pública e de direito financeiro. Embora siga regras contábeis rígidas, por vezes complexas, o orçamento público deve ser elaborado de tal modo que permita seu entendimento por parte dos cidadãos, os quais têm interesse direto na compreensão da política orçamentária proposta.

Por fim, delineia um **aspecto jurídico**, refletido em três leis: a Lei Orçamentária Anual (LOA), a Lei de Diretrizes Orçamentárias (LDO) e a Lei do Plano Plurianual (PPA). Em nosso país, a iniciativa orçamentária é do Executivo, competindo ao Legislativo votar os projetos de leis orçamentárias e aprová-los sob a forma de leis ordinárias, com posterior controle de sua execução.

## 2.5. FUNÇÕES REGULATÓRIAS DO ORÇAMENTO PÚBLICO

A atividade financeira estatal, que envolve a arrecadação, a gestão, a aplicação e o controle dos recursos financeiros, tem como finalidade atender as necessidades públicas, tendo no orçamento público o seu principal instrumento de planejamento, alocação e gestão.

Porém, além disso, a atividade financeira envolve também a busca pelo desenvolvimento do país, a estabilidade econômica, a distribuição de riquezas, a correção de distorções e de "falhas de mercado", dentre outras funções e objetivos.

Assim, na realização da política econômica, fiscal e monetária, o orçamento público é um dos principais instrumentos jurídico-financeiros de que o Estado dispõe.

Podemos sintetizar essas funções reguladoras do orçamento público em três: alocativa, distributiva e estabilizadora. Nas lições de Augustinho Paludo,[25] tais funções orçamentárias são assim descritas:

> *Função alocativa:* relaciona-se à alocação de recursos por parte do Governo a fim de oferecer bens e serviços públicos puros (ex.: segurança, justiça) que não seriam oferecidos pelo mercado ou o seriam em condições ineficientes; bens meritórios ou semipúblicos (ex.: educação e saúde); e criar condições para que bens privados sejam oferecidos no mercado pelos produtores; e, ainda, corrigir imperfeições no sistema de mercado (como oligopólios) e corrigir os efeitos negativos de externalidades.
>
> *Função distributiva:* visa tornar a sociedade menos desigual em termos de renda e riqueza, por meio da tributação e de transferências financeiras, subsídios, incentivos fiscais, alocação de recursos em camadas mais pobres da população etc. (ex.: programa "Fome Zero", "Bolsa Família",

---

[25] PALUDO, Augustinho Vicente. *Orçamento público, administração financeira e orçamentária e LRF.* 7. ed. São Paulo: Método, 2017. p. 5.

PARTE II · Cap. II · ELEMENTOS GERAIS DO ORÇAMENTO PÚBLICO | **43**

destinação de recursos para o SUS, assistência social sem prévia contribuição etc.). O governo tributa e arrecada de quem pode pagar e os distribui/redistribui a quem tem pouco ou nada têm, através de programas sociais.

*Função estabilizadora:* é a aplicação das diversas políticas econômico-financeiras a fim de ajustar o nível geral de preços, melhorar o nível de emprego, estabilizar a moeda e promover o crescimento econômico, mediante investimentos de política monetária, cambial e fiscal, ou outras medidas de intervenção econômica que afetam o nível da demanda agregada (controles por leis, limitação etc.). A função estabilizadora visa assegurar a estabilidade econômica, política e social.

Fazendo-se um paralelo com a extrafiscalidade da tributação, em que os tributos, além de serem dotados de uma função arrecadatória, possuem também uma função regulatória, podemos dizer que o orçamento público também possui um viés extrafiscal, noutras palavras, identificamos a *extrafiscalidade orçamentária.*

## 2.6. AS ESPÉCIES DE ORÇAMENTO PÚBLICO

O orçamento público pode incluir uma série de espécies, nas quais identificamos determinadas características em comum e proeminentes que nos permitem classificá-las em grupos.

Pode-se classificar os tipos de orçamento da seguinte forma: a) *pelo modo de elaboração*: orçamento legislativo, executivo ou misto; b) *pelos objetivos ou pretensões*: orçamento clássico ou programa; c) *pela vinculação do conteúdo*: orçamento impositivo ou autorizativo; d) *pela forma de materialização*: lei do plano plurianual, lei de diretrizes orçamentárias e lei orçamentária anual; e) *pelo conteúdo*: orçamento fiscal, de investimento e de seguridade social.

Quanto ao *modo de elaboração* do orçamento, pode-se classificá-lo em: a) **orçamento legislativo** – de elaboração, votação e aprovação de competência exclusiva do Poder Legislativo, cabendo ao Poder Executivo a mera atribuição de execução orçamentária. Configura uma ferramenta típica de países que assumem o Parlamentarismo como sistema de governo; b) **orçamento executivo** – de elaboração, aprovação e execução de competência exclusiva do Poder Executivo, não havendo esforço conjunto dos Poderes sobre o tema. É comumente ligado a governos autoritários e em países não democráticos; c) **orçamento misto** – de elaboração e execução de competência do Poder Executivo, mas de aprovação e controle externo pelo Poder Legislativo. Este último é o modelo adotado em nosso país.

Quanto aos *objetivos* ou *pretensões,* o orçamento público pode ser classificado em: a) **orçamento clássico** – peça meramente contábil, em que há somente a previsão de receitas e a fixação de despesas, não estando dotado de planejamento para as ações e os programas governamentais, em que não constam os objetivos e as metas a serem alcançados; b) **orçamento programa** – além das informações financeiras sobre as receitas e despesas, contém igualmente os programas de ação estatais, apresentando os projetos, planos, objetivos e metas. Trata-se do modelo adotado no Brasil, de acordo com o previsto no art. 165, CF/1988, na Lei nº 4.320/1964 e na Lei de Responsabilidade Fiscal (Lei Complementar nº 101/2000).

Quanto à *vinculação do conteúdo* do orçamento público, pode-se classificá-lo em: a) **orçamento impositivo** – impõe à Administração Pública o encargo de efetivar os programas e os gastos previstos no texto legal, gerando direitos subjetivos para os cidadãos e deveres para o ente estatal; b) **orçamento autorizativo** – contém a previsão de receitas e a mera autorização das despesas, conferindo à Administração Pública faculdade para executar as despesas, mas sem obrigação de seu cumprimento integral, cabendo ao gestor público avaliar a conveniência e oportunidade da realização de tais gastos.

O orçamento autorizativo foi, por décadas, reputado pela doutrina majoritária e pela jurisprudência nacionais como o modelo brasileiro. Contudo, nos últimos anos vem recebendo novas abordagens normativas, doutrinárias e jurisprudenciais, passando a ser considerado vinculado na elaboração e impositivo na execução, exceto em caso de impossibilidades técnicas, jurídicas ou financeiras.

Hoje, o orçamento público é prevalentemente impositivo, não apenas pelas denominadas emendas parlamentares impositivas (art. 166, §§ 9º a 13, CF/1988), mas, sobretudo, em função da regra geral de impositividade inserida no art. 165, § 10, da Constituição, que determina à Administração Pública o cumprimento das programações orçamentárias, pela adoção dos meios e medidas necessárias para garantir a efetiva entrega de bens e serviços à sociedade. Em adição, o § 11 do art. 165 regula esta execução impositiva de acordo com a Lei de Diretrizes Orçamentárias (LDO), estabelecendo que tal execução impositiva: I – subordina-se ao cumprimento de dispositivos constitucionais e legais que estabeleçam metas fiscais ou limites de despesas e não impede o cancelamento necessário à abertura de créditos adicionais; II – não se aplica nos casos de impedimentos de ordem técnica devidamente justificados; III – aplica-se exclusivamente às despesas primárias discricionárias.

Quanto à *forma de materialização* do orçamento público, de acordo com o art. 165 da CF/1988, pode-se classificar em: a) **Lei do Plano Plurianual** – estabelece, de forma regionalizada, as diretrizes, objetivos e metas da Administração Pública para as despesas de capital e outras delas decorrentes e para as relativas aos programas de duração continuada; b) **Lei de Diretrizes Orçamentárias** – compreende as metas e prioridades da administração pública, estabelece as diretrizes de política fiscal e respectivas metas, visando assegurar a sustentabilidade da dívida pública, orienta a elaboração da lei orçamentária anual, dispõe sobre as alterações na legislação tributária e estabelece a política de aplicação das agências financeiras oficiais de fomento; c) **Lei Orçamentária Anual** – contempla o orçamento fiscal, de investimentos e de seguridade social.

Quanto ao *conteúdo* das leis orçamentárias, pode-se classificar em: 1) **Lei Orçamentária Anual**: a) *orçamento fiscal* – contendo todas as receitas e despesas referentes aos Poderes Executivo, Legislativo e Executivo, seus fundos, órgãos e entidades da administração direta e indireta, inclusive fundações instituídas e mantidas pelo Poder Público; b) *orçamento de investimento* – refere-se às empresas em que o Estado, direta ou indiretamente, detenha a maioria do capital social com direito a voto; c) *orçamento da seguridade social* - abrange todas as entidades e órgãos vinculados à seguridade social, da administração direta ou indireta, bem como os fundos e fundações instituídos e mantidos pelo Poder Público; 2) **Lei de Diretrizes Orçamentárias**: a) metas e prioridades da Administração Pública; b) diretrizes de política fiscal e respectivas metas, em consonância com trajetória de sustentabilidade da dívida pública; c) orientação para a elaboração da lei orçamentária anual; d) alterações na legislação tributária; e) política de aplicação das agências financeiras oficiais de fomento; 3) **Plano Plurianual**: as diretrizes, objetivos e metas da Administração Pública para as despesas de capital e outras delas decorrentes e para as relativas aos programas de duração continuada.

## 2.7. ORÇAMENTO PÚBLICO: NATUREZA JURÍDICA, FORMA E CONTEÚDO

O tema sobre a natureza jurídica do orçamento público sempre esteve longe de ser pacífico no direito estrangeiro e nacional. Classicamente, as seguintes posições eram sustentadas: para uns, o orçamento seria apenas e essencialmente uma lei formal; para outros, seria uma lei material, dotada de todos os efeitos e reflexos como tal; havia quem afirmasse tratar-se de uma lei especial, diversa de todas as demais; era possível encontrar aqueles que o classificavam como mero ato administrativo; e ainda encontramos as manifestações intermediárias, que englobam aspectos dos vários entendimentos distintos, conferindo-se ao orçamento público natureza mista, de lei formal externamente e de ato administrativo em seu conteúdo.

Do ponto de vista do processo legislativo, sendo o orçamento público de iniciativa do Poder Executivo – que deve encaminhá-lo ao Parlamento para deliberação, votação e aprovação como lei, seguindo o rito legislativo similar ao das demais leis, ainda que com algumas peculiaridades –, considera-se que, inequivocamente, equivale à espécie comum de *lei ordinária*. Afinal, o orçamento público se origina de um projeto de lei, passível de ser emendado pelos parlamentares, é alvo de parecer da comissão orçamentária, votado e aprovado com o *quorum* próprio de lei ordinária e, ao fim, é sancionado e publicado como qualquer outra lei. A propósito, o *caput* do artigo 166 da Constituição estabelece que:

> os projetos de lei relativos ao plano plurianual, às diretrizes orçamentárias, ao orçamento anual e aos créditos adicionais serão apreciados pelas duas Casas do Congresso Nacional, na forma do regimento comum.

Há que se registrar, contudo, a posição de que o orçamento público se diferencia das leis genéricas por ser tratado de maneira específica em sua forma e em seu conteúdo, sendo, por alguns autores, chamado de "lei especial".

As razões dadas pelos defensores de tal tese são as de que, em primeiro lugar, o projeto de lei orçamentária está dotado de prazo específico para ser encaminhado pelo Executivo ao Legislativo (art. 35, § 2º, ADCT). Em segundo lugar, seu conteúdo se limitaria a dispor sobre receitas e despesas, proibindo-se dispositivos estranhos a esses fins (art. 165, § 8º, CF/1988). Em terceiro lugar, porque o orçamento não pode ser criado com base em lei delegada nem em medida provisória, ressalvada a abertura de créditos extraordinários (art. 62, § 1º, CF/1988). Em quarto, porque a possibilidade de o orçamento ser emendado não é ampla, mas sofre limitações previstas na Constituição (art. 166, § 3º, CF/1988). Por fim, em quinto lugar, porque se trata de uma lei temporária, com prazo determinado em regra de um ano, exaurindo-se com o seu decurso e sem necessidade de revogação expressa (com exceção do plano plurianual, cujo prazo de vigência é de quatro anos).

Independentemente das distinções nas linhas de pensamento, o dado em comum entre elas é o de que o orçamento público, para todos os entes federativos, materializa-se indubitavelmente como **lei ordinária**.

Mas a controvérsia volta ao debate em relação à natureza intrínseca dessa lei – se formal ou se material –, especialmente diante dos respectivos efeitos práticos, quais sejam: i) se é obrigatório ou não o cumprimento pelo Poder Executivo dos programas e a realização das despesas previstas no orçamento; ii) se do orçamento surgem ou não direitos subjetivos em favor do cidadão, aptos a gerar judicialização não apenas de programas e gastos inseridos na lei orçamentária, mas também de direitos fundamentais e sociais constitucionalmente afiançados; iii) a possibilidade do exercício do controle pelo Poder Judiciário, incluindo-se o controle concentrado de constitucionalidade perante o Supremo Tribunal Federal.

Diante disso, passaremos agora a identificar e analisar ambas as posições doutrinárias – estrangeiras e nacionais - que consideram as leis orçamentárias no sentido de lei formal e no sentido de lei material, fazendo-se a ressalva de que o orçamento não pode ser analisado de maneira abstrata, e, sim, interpretado de acordo com as especificidades de cada sistema constitucional – a partir do direito positivo de cada país –, e em conformidade com as circunstâncias e momentos em que as doutrinas se formaram e se consolidaram.

### 2.7.1. O orçamento como lei formal

Aqueles que consideram o orçamento apenas como *lei formal* afirmam que seu conteúdo seria o de um *ato administrativo*, por apenas prever as receitas e autorizar as despesas, ainda que por meio da roupagem de lei.

Segundo este entendimento, por serem desprovidas de conteúdo normativo, as leis orçamentárias – segmentadas entre a seção receitas públicas e a seção das despesas públicas – realizariam unicamente as funções de autorização exigidas para a realização da atividade da Administração Pública, sem vincular o gestor ou gerar direitos subjetivos ao cidadão.

Foi o alemão Paul Laband que desenvolveu o binômio *lei formal-lei material* a partir da sua interpretação do significado do termo "lei" previsto na Constituição prussiana de 1850, para solucionar o impasse orçamentário ocorrido entre o Parlamento e o Poder Executivo na Prússia entre os anos de 1860-1866.

Segundo Laband, ainda que o orçamento público fosse dotado de forma de lei, resultado de um processo específico de elaboração perante o Legislativo, seria desprovido em seu conteúdo de uma *regra jurídica* (*Rechtssatz*), qualificando-o como mero ato administrativo que conteria apenas cifras, ou seja, uma conta de gastos e ingressos financeiros, não servindo para satisfazer a uma necessidade jurídica (carente de preceito jurídico), mas tão somente a uma necessidade econômica. Portanto, sendo sua elaboração e posterior controle de contas uma tarefa típica da Administração (Poder Executivo), o gestor estaria dotado da faculdade de efetuar os gastos que entendesse necessários.

Parte considerável da doutrina alemã do século XIX e início do século XX, com algumas variantes, seguiu as ideias de Laband. Assim, para Gneist, o orçamento constitui um ato da alta administração, poderoso meio de controle político e parlamentar, não passando de um mero ato administrativo que conteria uma ordem de execução dada aos funcionários públicos responsáveis pela realização das atividades estatais. Jellinek, também acolhendo a distinção dualista, entendia que o orçamento era um ato administrativo desprovido de regra de direito. Segundo Ardnt e Bornhak, o orçamento também era um ato administrativo contendo uma instrução interna, dirigida aos funcionários encarregados de executar o orçamento. Para Von Martitz, que chegou a afirmar que seria uma "monstruosidade jurídica chamá-lo de lei", o orçamento seria apenas um meio de execução ou um ato administrativo. Já Otto Meyer afirmava que a lei orçamentária constituía, por seu conteúdo, nada mais do que uma conta, uma estimação, um plano de exercício futuro.[26]

O francês Gaston Jèze,[27] também acompanhando a doutrina de Laband já no início do século XX, entendia que o orçamento não poderia ser considerado como lei propriamente dita, por faltar-lhe o caráter de generalidade e impessoalidade. Embora tenha realizado a distinção entre o orçamento das receitas (devido ao princípio da anualidade) e o orçamento das despesas, entendia que em ambas as partes haveria apenas autorizações para realizá-las (arrecadação e gastos), pelo que se trataria de um mero ato-condição.

---

[26] Conforme relato detalhado feito por Álvaro Rodríguez Bereijo, cf. BEREIJO, Álvaro Rodríguez. *El presupuesto del Estado*. Madrid: Tecnos, 1970. p. 54-64.

[27] JÈZE, Gaston. *Cours de science des finances et de législation financière française*: théorie générale du budget. 6. ed. Paris: Marcel Giard, 1922. p. 24.

Por sua vez, outro francês que teve grande influência na difusão da teoria labandiana foi Léon Duguit,[28] ao conceber o orçamento como um ato complexo, contendo disposições de natureza e ordem diversas: em razão do princípio da anualidade, a parcela do orçamento que fixa os tributos (orçamento de receitas) demonstra a natureza jurídica de lei propriamente dita ou em sentido material; já ao tratar do orçamento de despesas, nega seu caráter de lei material, defendendo tratar-se, da perspectiva interna, de um verdadeiro ato administrativo, como ato-condição.

Em tempos posteriores (década de 1960), outro francês de renome a tratar do tema foi Louis Trotabas,[29] que também não via o orçamento como uma lei em sentido material, não considerando a participação do Parlamento na votação orçamentária dentro de suas matérias legislativas, mas tão somente como um mecanismo de intervenção parlamentar como representante dos contribuintes para autorizar a arrecadação e emprego dos recursos obtidos pelo Estado.

A doutrina de Laband também chegou à Itália no final do século XIX, tendo a doutrina italiana a ele se alinhado, porém, conferindo maiores poderes ao Parlamento. Vittorio Emanuele Orlando[30] retoma o binômio lei material-lei formal, embora o nomeie como "lei própria" e "lei imprópria", distinguindo-as por seu conteúdo, ou seja, por veicular ou não uma norma jurídica, mas em relação ao orçamento entendia tratar-se apenas de uma conta financeira. Já Santi Romano distingue o orçamento da lei que sobre ele recai (lei de aprovação), sendo um ato formal e substancialmente administrativo, elaborado pelo governo.

Em Portugal, António Pereira Jardim,[31] em 1880, já iniciava a distinção entre o orçamento propriamente dito e as chamadas "leis de autorização da receita e da despesa", sem considerá-lo lei material.

Na Argentina, Rafael Bielsa,[32] ao analisar a execução das leis que tratam da arrecadação e das despesas, afirma que estas últimas eram apenas autorizativas de gastos, sendo que o Poder Executivo poderia não realizar algumas de suas previsões. Nas suas palavras, "o Poder Executivo está autorizado, mas não obrigado". Manuel de Juano,[33] que em sua obra acompanha a compreensão de Jèze e Duguit nesta temática, afirma que o orçamento é uma mera lei formal que entra na órbita dos atos administrativos, sem substância nem conteúdo das leis materiais.

Contemporaneamente, o jurista Héctor Belisario Villegas,[34] em suas duas obras clássicas sobre finanças públicas, identifica as duas correntes orçamentárias, ao dizer que a maior parte da doutrina (Jèze, Giannini, Sainz de Bujanda, Baleeiro, Bielsa, Ahumada) se inclina para a linha de entendimento do orçamento como lei formal, enquanto outros autores (Ingrosso, Mortara, Giulianni Fonrouge) optam pela posição do orçamento como lei material, fazendo a ressalva de que a questão deve ser analisada a partir do direito positivo de cada país.

---

[28]  DUGUIT, Léon. *Traité de droit constitutionnel*. 2. ed. Paris: E. de Boccard, 1923. t. II. p. 155-156.

[29]  TROTABAS, Louis. *Finances publiques*. Paris: Dalloz, 1964. p. 130-132.

[30]  ORLANDO, Vittorio Emanuele. *Principii di diritto costituzionale*. Firenze: Barbèra, 1889. p. 119-124.

[31]  JARDIM, António dos Santos Pereira. *Princípios de finanças*. Coimbra: Imprensa da Universidade, 1880. p. 39.

[32]  BIELSA, Rafael. *Compendio de derecho público constitucional, administrativo y fiscal*. Buenos Aires: Depalma, 1952. p. 209.

[33]  DE JUANO, Manuel. *Curso de finanzas y derecho tributario*. Rosario: Molachino, 1964. t. III. p. 345.

[34]  VILLEGAS, Héctor B. *Curso de finanzas, derecho financiero y tributario*. 9. ed. Buenos Aires: Astrea, Depalma, 2007. p. 127-128; *Manual de finanzas públicas*. Buenos Aires: Depalma, 2000. p. 380-381.

Todavia, ao se posicionar, afirma que em seu país (Argentina), em relação à arrecadação, o orçamento só calcularia, ao passo que, quanto aos gastos, o orçamento tampouco conteria normas substanciais, sendo mera lei formal, pois se limitaria a autorizá-los, sem obrigar o Poder Executivo a realizá-los.

Na doutrina nacional, a tese que classicamente angariou mais adeptos é exatamente a de Paul Laband de que o orçamento ostenta natureza jurídica de lei em sentido meramente formal. Como visto, para os defensores dessa teoria, o orçamento, embora se apresente sob a forma de lei (pelo simples critério de ter sido aprovado pelo Parlamento), não possui propriamente conteúdo de lei, por não veicular nenhuma regra geral e abstrata, criadora de direitos subjetivos. A principal consequência prática de tal postura seria a impossibilidade de se exigir judicialmente que um gasto previsto na lei orçamentária fosse efetivamente implementado, como já indicava Laband ao criticar autores alemães que conferiam caráter material à lei orçamentária.

Assim, para a maior parte da doutrina nacional, embora tendo a forma externa de lei, o orçamento veicularia em seu interior um mero ato administrativo de autorização de gastos, ou seja, um ato de efeito concreto e singular. No Brasil, contudo, houve uma mescla de posições: a aceitação pela doutrina clássica do dualismo alemão, mas com a assunção do conceito de lei necessariamente como uma norma geral e abstrata, como sustentavam Duguit e Jèze.

Por influência da doutrina publicista francesa, passaram a ser a generalidade e abstração encaradas, também no Brasil, como nota distintiva das leis propriamente ditas, com o efeito prático perante o Supremo Tribunal Federal de que, durante muitas décadas, leis de efeitos específicos e concretos não poderiam ser submetidas a controle concentrado de constitucionalidade ante aquela Suprema Corte.[35] Tradicionalmente, compreendia-se que, devido a seu conteúdo político e não normativo (como a destinação de recursos ou a vinculação de verbas a programas de governo), as leis orçamentárias não estariam submetidas ao controle abstrato de constitucionalidade, voltado apenas contra ato normativo dotado de abstração, generalidade e impessoalidade, enquanto o orçamento seria mera lei de efeitos concretos (ressalva-se que esta antiga posição do STF hoje já se encontra superada[36]).

Entre nós, tal perspectiva podia ser encontrada tanto em autores clássicos como em mais contemporâneos.

Para Augusto Olympio Viveiros de Castro,[37] o orçamento

> é o ato de administração geral pelo qual são resolvidas e autorizadas previamente, e para um período determinado, as despesas e as receitas annuaes do Estado. Realmente o orçamento não é uma lei, é um acto de administração, porquanto não estabelece nenhuma regra geral e permanente e sim assegura simplesmente a execução das leis preexistentes. [...] Mas seria um erro pensar que toda deliberação do Poder Legislativo constitui uma lei propriamente dita, ou, mais precisamente, que ao aludido Poder é vedado praticar actos de administração.

---

[35] STF. ADI 2057-MC e ADI 2.484-MC.

[36] STF. ADI 3.949-MC e ADI 4.049-MC.

[37] CASTRO, Augusto Olympio Viveiros de. Tratado dos impostos: estudo theorico e pratico. 2. ed. Rio de Janeiro: Imprensa Nacional, 1910 apud TIMBÓ, Ivo Pinho Cordeiro. *A natureza jurídica do orçamento público*. 2012. 311 f. Tese (Doutorado em Direito) – Faculdade de Direito, Universidade Presbiteriana Mackenzie, São Paulo. 2012. p. 242.

[...] A natureza de um acto não é determinada pela do poder que o pratica, e sim pelo exame intrínseco da sua substância. [...] Ora o orçamento não constitui uma regra fundamental, geral e permanente; a periodicidade, pelo contrário, é o seu atributo essencial. Logo ele pertence à classe das leis formais, mas a sua verdadeira natureza jurídica é a de acto de alta administração [...].

Na visão de Alberto Deodato,[38] "o orçamento não vigora senão durante um ano; não consigna tributos, senão autorizados por lei anterior; não derroga leis fundamentais. Em síntese, é a aprovação de uma conta e de um plano econômico".

Já Kyioshi Harada[39] define o orçamento nos seguintes termos:

> Entretanto, a lei orçamentária difere das demais leis, caracterizadas por serem genéricas, abstratas e constantes ou permanentes. Ela é, na verdade, uma lei de efeito concreto para vigorar por um prazo determinado de um ano, fato que, do ponto de vista material, retira-lhe o caráter de lei. [...] Sob o enfoque formal, no entanto, não há como negar a qualificação de lei. Portanto, entre nós, o orçamento é uma lei ânua, de efeito concreto, estimando as receitas e fixando as despesas, necessárias à execução da política governamental.

Por fim, Ricardo Lobo Torres[40] afirmava:

> A teoria de que o orçamento é *lei formal,* que apenas *prevê* as receitas públicas e *autoriza* os gastos, sem criar direitos subjetivos e sem modificar as leis tributárias e financeiras, é, a nosso ver, a que melhor se adapta ao direito constitucional brasileiro. Tem sido defendida, entre nós, principalmente sob a influência da obra de Jèze, por inúmeros autores de prestígio, ao longo de muitos anos e de várias escrituras constitucionais. É bem verdade que a dicotomia entre lei formal e lei material, nos outros campos do direito, vem sendo asperamente criticada, pois enfraquece o princípio da legalidade e produz o agigantamento das atribuições do Executivo, deixando indefinido e incerto o contorno dos direitos da liberdade, que compõem o aspecto materialmente legislativo excluído da competência da Administração; mas, em tema de orçamento, ainda é importante, eis que visa a retirar da lei ânua qualquer conotação material relativamente à constituição de direitos subjetivos para terceiros, sem implicar perda de sua função de controle negativo do Executivo no que concerne aos limites do endividamento e das renúncias de receita.

Contudo, deve-se registrar que alguns autores nacionais mais recentes, conquanto sustentem a natureza formal da lei orçamentária, admitem que a Constituição de 1988 mitiga o rigor dessa visão ao estabelecer patamares mínimos de gastos obrigatórios a serem realizados na consecução de certos direitos sociais fundamentais, como saúde e educação. A realidade constitucional brasileira acaba falando mais alto que a construção teórica: diante da clareza do texto da Lei Maior, é inegável que a teoria da lei formal, estabelecida no século XIX por Paul Laband, é insuficiente para responder ao panorama de uma Constituição de um Estado Democrático e Social de Direito como o nosso.

---

38    DEODATO, Alberto. *Manual de ciência das finanças.* 13. ed. São Paulo: Saraiva, 1973. p. 274.

39    HARADA, Kyioshi. *Direito financeiro e tributário.* 21. ed. São Paulo: Atlas, 2012. p. 65.

40    TORRES, Ricardo Lobo. *Tratado de direito constitucional financeiro e tributário*: o orçamento na Constituição. 3. ed. rev. e atual. Rio de Janeiro: Renovar, 2008. v. V. p. 96.

Aparentada com a teoria do orçamento como lei formal, sendo dela derivada, encontra-se a teoria do orçamento como ato-condição. No Brasil, recebeu atenção sobretudo durante a vigência de Constituições anteriores à atual, em que fora consagrado o princípio da anualidade orçamentária. Esposavam tal postura Dejalma de Campos,[41] Hely Lopes Meirelles[42] e Aliomar Baleeiro.[43] Este último encampava integralmente a doutrina de Jèze, sendo o maior expoente no Brasil da defesa do orçamento como ato-condição:

> Formalmente, o orçamento não difere das demais leis. Apresenta a redação comum às leis, recebe o número de ordem na coleção destas, resulta de projeto iniciado na Câmara dos Deputados, é objeto de sanção e poderá ser vetado, como já aconteceu no Brasil.
>
> Mas será *materialmente*, ou *substancialmente*, lei como quase todos os atos publicados com o nome de lei? Nesse ponto, dividem-se as opiniões. [...]
>
> Usando dessa tripartição dos atos jurídicos sob o aspecto material, Jèze estuda a despesa e a receita, enquadrando ambas na classe dos atos-condição, ato que não aumenta nada ao conteúdo da lei, mas a torna eficaz para determinadas situações. Ou, por outras palavras, o ato que atribui a um ou alguns indivíduos a situação geral e impessoal contida no ato-regra.
>
> Ora, as receitas dominiais não dependem de autorização orçamentária. Em relação a essas receitas, o orçamento não tem sentido jurídico.
>
> As receitas tributárias são estabelecidas em leis e tornam-se efetivas pelos atos jurídicos dos funcionários fiscais, que operam os lançamentos e demais formalidades regulamentares. O orçamento autoriza esses atos e torna a lei eficaz a cada ano. Funciona, pois, como ato-condição nessa parte.
>
> Quanto às despesas, ou preexistem às suas causas jurídicas, como por exemplo, as dívidas de onde promanam, ou o orçamento, autorizando-as, isenta de responsabilidade os funcionários que as realizam. Ou é ato-condição neste último caso ou não tem conteúdo jurídico.
>
> A autorização orçamentária para aplicação das leis de receita vincula os funcionários: nem estes nem os governantes gozam de faculdade discricionária de cobrar ou não cobrar os impostos. São obrigados a arrecadá-los.
>
> Quanto às despesas, há que distinguir se são fixas ou variáveis. As primeiras só poderão ser alteradas por efeito de lei anterior, evidentemente porque resultam da execução da Constituição ou de leis, como os subsídios do Presidente da República e congressistas, vencimentos dos funcionários, obrigações da Dívida Pública etc. Nesses casos, os agentes públicos têm a sua competência vinculada. O Presidente da República incorrerá em crime de responsabilidade se

---

[41] CAMPOS, Dejalma de. *Direito financeiro e orçamentário*. São Paulo: Atlas, 1995. p. 72: "muitas leis, entretanto, não se auto aplicam, ou, ainda, não se aplicam pela simples vontade, sem que ocorra uma situação, que dê eficácia à sua aplicação futura. Esta situação é chamada de 'ato condição', pois, a competência dos agentes administrativos para cobrar impostos, nasce das respectivas leis atributivas dessa competência. A natureza jurídica do conteúdo da Lei Orçamentária é, portanto, um 'ato condição', pois é ela quem dá eficácia a todas as leis anteriormente criadas que versem sobre receita e despesa. Esta é a natureza jurídica do orçamento: ser ato condição".

[42] Ivo Pinho Cordeiro Timbó comenta sobre Hely Lopes Meirelles: "Hely Lopes Meirelles, por sua vez, após afirmar ser o orçamento público um simples ato administrativo, da espécie 'ato-condição', completava: 'não importa que, impropriamente, se apelide o orçamento anual de lei orçamentária ou de lei de meios, porque sempre lhe faltará a força normativa e criadora de lei propriamente dita. Tem apenas o aspecto formal de lei e, em boa técnica, poderia e deveria ser aprovado por decreto legislativo'". TIMBÓ, Ivo Pinho Cordeiro. *A natureza jurídica do orçamento público*. 2012. 311 f. Tese (Doutorado em Direito) – Faculdade de Direito, Universidade Presbiteriana Mackenzie, São Paulo. 2012. p. 243-244.

[43] BALEEIRO, Aliomar. *Uma Introdução à ciência das finanças*. 17. ed. Rio de Janeiro: Forense, 2010. p. 553-557.

PARTE II · Cap. II · ELEMENTOS GERAIS DO ORÇAMENTO PÚBLICO | **51**

suspender a realização de tais dispêndios. O próprio Congresso está vinculado e não poderá evadir-se do dever de incluí-las no orçamento.

As despesas variáveis como simples autorizações, destituídas de amparo em lei, facultam a ação do Executivo até limite previsto. São créditos limitativos e não imperativos.

Destarte, não criam direito subjetivo em favor das pessoas ou instituições as quais viriam a beneficiar: uma instituição de caridade, por exemplo, não terá ação em juízo para reclamar do Tesouro um auxílio pecuniário autorizado no orçamento, mas que não foi objeto de concessão em lei.

Fica ao discricionarismo administrativo do Presidente da República ou do Ministro de Estado ordenar ou não a efetivação do pagamento.

Há ainda aqueles que, evitando tomar posição na polêmica quanto à natureza jurídica do orçamento, simplesmente classificam-no como uma lei especial ou *sui generis*, como Carlos Valder do Nascimento, para quem o orçamento tem um tratamento diferenciado no plano constitucional, caracterizando-se como "uma lei especial de conteúdo determinado, tendo por objeto a estimativa das receitas e autorização das despesas".[44]

Portanto, verifica-se o profundo impacto que a doutrina labandiana, sobretudo mediada pelos autores franceses, teve sobre os autores nacionais até hoje. É bem verdade que, no Brasil, houve também vozes minoritárias que fugiram da tese labandiana e que a reprovaram duramente. Nos últimos anos, essa crítica vem ganhando corpo, sobretudo em um momento constitucional em que os direitos fundamentais assumem a vanguarda, sendo o orçamento um dos instrumentos garantidores desses direitos.

### 2.7.2. O orçamento como lei material

Para aqueles que sustentam ser o orçamento uma lei em sentido material, dotada de conteúdo propriamente normativo, além de não ser possível a distinção entre o orçamento e a lei que o aprova, esse caráter material criaria para o ente estatal a obrigação de implementar o orçamento tal como aprovado em lei e, respectivamente, o direito para o cidadão de exigir seu cumprimento.

Como relata Álvaro Rodríguez Bereijo, o ponto de partida da concepção material da lei orçamentária também veio da doutrina alemã, que reagiu contra a corrente doutrinária labandiana, sobretudo por intermédio de Myrbach-Rheinfeld e Haenel.[45] Myrbach-Rheinfeld[46] afirmava que os defensores da doutrina dualista tentavam, ao limitar a atividade legislativa do Parlamento, escamotear um dos direitos mais importantes das representações nacionais e os resultados mais decisivos das lutas políticas. Segundo ele, toda lei deve ser considerada uma lei material, mormente se aprovada após passar pelo '*iter legislativo*' previsto na Constituição. Da mesma maneira, Haenel[47] afirmava que tudo que se revestir em forma de lei constitui uma norma jurídica e, em consequência, as disposições da lei orçamentária são regras de direito obrigatórias para a Administração Pública.

---

[44] NASCIMENTO, Carlos Valder do. *Finanças públicas e sistema constitucional orçamentário*. Rio de Janeiro: Forense, 1997. p. 53-54.

[45] BEREIJO, Álvaro Rodríguez. *El presupuesto del Estado*. Madrid: Tecnos, 1970. p. 101-102.

[46] MYRBACH-RHEINFELD, Franz von. Grundriss des finanzrecht. Trad. francesa Précis de Droit Financière. Paris: Giard et Briere, 1910. p. 31-36 apud BEREIJO, Álvaro Rodríguez. *El presupuesto del Estado*. Madrid: Tecnos, 1970. p. 102.

[47] HAENEL, Albert. Das Gesetz im Formellen und Mateliellen Sinne. Leipzig, 1888 apud BEREIJO, Álvaro Rodríguez. *El Presupuesto del Estado*. Madrid: Tecnos, 1970. p. 103.

Na Itália, a tese da lei orçamentária com natureza de lei material foi apoiada pela doutrina clássica, em autores como Angelo Majorana,[48] Gaetano Vitagliano[49] e Ludovico Mortara,[50] sendo que este último afirmava que a natureza e o conteúdo material da lei orçamentária são evidentes no que diz respeito aos direitos e deveres dos indivíduos perante o Estado, cuja efetividade – e sua exigibilidade – está condicionada à aprovação anual das receitas e despesas orçamentárias.[51] Já a doutrina italiana moderna, no relato de Bereijo, sustenta o conteúdo normativo da lei orçamentária e seu caráter de lei material com os seguintes argumentos: que em relação à lei orçamentária, o Legislativo exercita sua função legiferante como qualquer outra lei; e que o conteúdo material ou substantivo da lei orçamentária decorre da declaração de vontade do Legislativo, e indiretamente dos particulares, de limitar a vontade e atividade do Poder Executivo em ordem a satisfazer as necessidades públicas.[52]

Gustavo Ingrosso,[53] que também sustentava a natureza material da lei orçamentária na Itália, diz tratar-se de uma "lei de organização" (porém, segundo ele, a maior entre as leis de organização), a qual não unicamente instrumentaliza o exercício da atividade financeira e política da Administração, mas também estabelece as bases jurídicas de ação do Estado em toda a sua extensão.

Para o professor italiano Andrea Amatucci,[54] deve-se reconhecer na lei orçamentária um conteúdo normativo fundamental, uma vez que condiciona a eficácia de toda a legislação financeira. Afirma que a lei orçamentária se inclui tanto no tipo de "lei de aprovação", como no de "lei de autorização". E que a lei orçamentária traduz em cifras a orientação política do Estado para realizá-la mediante a utilização de meios financeiros, objetivo que não poderia ser alcançado por meio da formulação de simples normas.

Na Espanha de fins do século XIX, José Manuel Piernas y Hurtado[55] já sublinhava o caráter do orçamento como instituição jurídica fundamental do Direito Público, regulador de toda a atividade financeira do Estado. Segundo ele, tratando-se do Estado, o orçamento público não é uma mera guia de cálculo, mas sim uma regra obrigatória que tem valor absoluto e caráter de imposição. Nas suas palavras "o orçamento do Estado é a lei da sua vida econômica num período de tempo determinado".

Na concepção de Eusebio González García,[56] a distinção entre o sentido material e formal da lei orçamentária carece de relevância jurídica, impondo-se um valor jurídico unitário (valor de lei) à lei orçamentária, sendo uma lei ordinária tanto no que se refere às disposições

---

[48]   MAJORANA, Angelo. *La legge del bilancio e i suoi effetti civili rispetto ai diritti dei terzi*: studio di diritto costituzionale privato. Catania: Tipografia di Adolfo Pausini, 1891.

[49]   VITAGLIANO, Gaetano. *Il contenuto giuridico della legge del bilancio*. Roma: Officine Tipografiche Italiane, 1910. p. 7.

[50]   MORTARA, Ludovico. *Commentario del codice e delle leggi di procedura civile*. Milano: F. Vallardi, 1908. p. 126.

[51]   BEREIJO, Álvaro Rodríguez. *El presupuesto del Estado*. Madrid: Tecnos, 1970. p. 110.

[52]   BEREIJO, Álvaro Rodríguez. *El presupuesto del Estado*. Madrid: Tecnos, 1970. p. 115-116.

[53]   INGROSSO, Gustavo. *Diritto finanziario*. Napoli: Jovene, 1956. p. 45.

[54]   AMATUCCI, Andrea. *El Ordenamiento Jurídico de la Hacienda Pública*. Trad. da 8. ed. Daniele Davide Panteghini. Direção Mauricio Alfredo Plazas Vega. Bogotá: Temis, 2008. p. 190.

[55]   HURTADO, José Manuel Piernas y. *Tratado de hacienda pública y examen de la española*. 4. ed. Madrid: Librería de Don Victoriano Suárez, 1891. p. 464.

[56]   GARCÍA, Eusebio González. *Introduccion al derecho presupuestario*: concepto, evolución histórica y naturaleza jurídica. Madrid: Editorial de Derecho Financiero, 1973. p. 250-251.

dos gastos quanto às tributárias. Em suas categóricas palavras, "a lei orçamentária pode ser fonte de direitos e obrigações para a Administração e produtora de efeitos jurídicos para os particulares".

Com ênfase, Jaime Garcia Añoveros[57] encampou a tese da lei em sentido substancial, para quem o orçamento público "é uma lei plena, como qualquer outra lei", entendendo insustentável a concepção dualista da lei. Para ele, a lei orçamentária é um ato jurídico unitário. Entendia que todas as leis se constituem de preceitos jurídicos de alcances distintos, sem que isto seja motivo suficiente para afirmar que todas elas tenham natureza jurídica complexa. Afirma que a lei orçamentária

> com relação aos gastos públicos, implica normalmente a criação de situações jurídicas subjetivas com caráter geral (que afetam a todas as obrigações do Estado), e dela podem surgir efeitos de criação, modificação ou, inclusive, extinção de direitos subjetivos, e também com caráter geral e abstrato. (tradução livre)

Para o catedrático da Universidade Complutense de Madrid Fernando Sainz de Bujanda,[58] o orçamento público se apresenta como uma instituição jurídica que possui caráter normativo, constituindo a expressão jurídica do plano financeiro do Estado para um período determinado de tempo. Os efeitos do orçamento público – enquanto lei – recaem sobre as receitas e despesas, sobre os direitos subjetivos dos particulares e sobre as leis preexistentes. Mais adiante em sua obra, o professor espanhol lembra ainda que, da mesma maneira que a distribuição de competências entre o Legislativo e o Executivo se modificou, a noção clássica do orçamento público no chamado "Estado demo-liberal" evoluiu e se transformou de maneira notável para se adequar ao que hoje se denomina "Estado social e democrático de direito". Seu conteúdo foi se ampliando paulatinamente na medida em que o Estado adquiria, principalmente a partir da Segunda Guerra Mundial, um crescente protagonismo na vida econômica e social. E conclui que, "em nosso Direito [espanhol], a lei de orçamento deve ser considerada como uma lei em sentido pleno, de conteúdo normativo... tem todos os caracteres do valor e força da lei".[59] Porém, sobre o dever de gastar – obrigação de realizar os créditos orçamentários previstos –, Sainz de Bujanda é ainda mais contundente ao afirmar que a Administração está vinculada ao planejamento orçamentário sob pena de frustrá-lo: "a Administração pode estar absolutamente vinculada a gastar a totalidade dos créditos consignados no orçamento, na medida em que, ao não fazê-lo, pode colocar em risco a consecução dos objetivos de dito plano."

Seguindo a mesma esteira, Adolfo Carretero Pérez,[60] depois de levantar as duas correntes (de lei formal e de lei material), assevera que as razões elencadas para a natureza de lei substancial do orçamento público são mais fortes que as em sentido contrário. Primeiramente, lembra o magistrado do contencioso administrativo espanhol que a artificiosidade da categoria de lei formal criada pela doutrina alemã e utilizada por Bismarck envolvia uma solução favorável ao Executivo dentro de uma discussão sobre a supremacia dos poderes do Estado.

---

[57] AÑOVEROS, Jaime García. Naturaleza jurídica del presupuesto. In: *Estudios en homenaje a Jordana de Pozas*. Madrid: Instituto de Estudios Políticos, 1962. t. III, v. 2. p. 16-22.

[58] BUJANDA, Fernando Sainz de. *Lecciones de derecho financiero*. 10. ed. Madrid: Universidad Complutense, 1993. p. 9.

[59] BUJANDA, Fernando Sainz de. *Lecciones de derecho financiero*. 10. ed. Madrid: Universidad Complutense, 1993. p. 466.

[60] PÉREZ, Adolfo Carretero. *Derecho financiero*. Madrid: Santillana, 1968. p. 221-222.

Ademais, destaca que a importância da lei orçamentária impede de considerá-la apenas uma expressão contábil, sendo que, por ser um ato com conteúdo político do Legislativo, não pode ser inferior às demais leis.

Álvaro Rodríguez Bereijo,[61] um dos principais estudiosos do direito orçamentário na Espanha e crítico da teoria labandiana, reconhece o conceito jurídico do orçamento público e rejeita a distinção dualista entre o orçamento (conteúdo) e a lei que o aprova (forma). Segundo ele, no que diz respeito aos *ingressos públicos*, o orçamento não é mais do que um ato de mera previsão ou cálculo contábil, sem efeitos jurídicos limitativos; mas no que diz respeito aos gastos públicos, o orçamento público produz efeitos jurídicos bem precisos em um sentido triplo: *autorizar* a administração a realizar o gasto público; *limitar* a importância a gastar até a cifra consignada no orçamento; *fixar* o emprego e o destino a ser dado aos créditos aprovados no orçamento. Em suas próprias palavras:

> O orçamento como uma instituição jurídica fundamental do Direito público tem caráter normativo; ou seja, não consiste unicamente em uma mera relação contábil dos montantes que o Estado prevê que se realizarão como receitas e despesas durante um período de tempo determinado, mas, acima de tudo, o orçamento constitui a expressão jurídica das obrigações e dos direitos, poderes e deveres que competem à Administração em matéria de receitas e gastos públicos. O orçamento é, portanto, uma norma jurídica, ou, caso se prefira, um conjunto de normas jurídicas como meio de dar efetividade e relevância jurídicas ao planejamento da atividade financeira do Estado para um período de tempo determinado.[62]
>
> [...] A lei do orçamento tem um caráter coativo, imperativo, de normatização de condutas da Administração e dos cidadãos típico de qualquer norma jurídica. [...] parece claro que a intervenção do Legislativo tem lugar no exercício de uma verdadeira e própria função legislativa em razão da matéria (reservada à lei, nos termos do art. 10 da Lei do Parlamento) e não somente uma função de aprovação e de controle da atuação governamental. A função do Poder Legislativo em matéria de orçamento é emanar normas jurídicas para disciplinar a atividade financeira de gastos públicos da Administração estatal, complementando e integrando a base legal que a Administração encontra no ordenamento jurídico existente. (tradução livre)[63]

Como bem ressalvou Carlos Palao Taboada,[64] a distinção entre lei formal e lei material carece de sentido fora do contexto constitucional em que foi elaborada e, hoje em dia, sobretudo após a manifestação da Corte Suprema espanhola (*Sentencia de 20 de Julio de 1981*), que qualificou a questão como ultrapassada, a lei orçamentária é uma lei que não se distingue das demais disposições desta natureza (isto é, das outras leis), salvo em aspectos secundários.

Representando a doutrina mais contemporânea espanhola, Juan Martín Queralt e Gabriel Casado Ollero[65] afirmam que a dicotomia entre lei formal e lei material já está hoje superada, devendo-se reconhecer o caráter ordinário de lei ao orçamento público, ou seja, de norma jurídica. Para eles, a ideia de "autorização" é insuficiente para esgotar os efeitos jurídicos do orçamento, de modo que, em lugar de concebê-lo como mera lei de autorização, seria mais exato tê-lo como lei de regulação e de ordenação jurídica do gasto público.

---

[61] BEREIJO, Álvaro Rodríguez. *El presupuesto del Estado*. Madrid: Tecnos, 1970. p. 17-18.

[62] BEREIJO, Álvaro Rodríguez. *El presupuesto del Estado*. Madrid: Tecnos, 1970. p. 40-41.

[63] BEREIJO, Álvaro Rodríguez. *El presupuesto del Estado*. Madrid: Tecnos, 1970. p. 164-165.

[64] TABOADA, Carlos Palao. *Derecho financiero y tributario*. 2. ed. Madrid: Colex, 1987. p. 62-63.

[65] QUERALT, Juan Martin et al. *Curso de derecho financiero y tributario*. 26. ed. Madrid: Tecnos, 2015. p. 828-832.

Igualmente, Fernando Pérez Royo[66] registra que a distinção (entre lei formal e material) carece de atualidade histórica, adotando a concepção unitária do orçamento. Prega pela desnecessidade de qualificação da lei orçamentária.

José Juan Ferreiro Lapatza[67] afirma que a lei orçamentária "é lei tanto em sentido material como formal". Disciplina que a atuação da Administração em função de realizar o gasto público e sua materialidade pode ser observada de modo patente, uma vez que as normas nela contidas disciplinam não apenas a atividade da Administração, como também regulam as relações jurídicas entre ela e outros sujeitos de direito.

Por sua vez, Alejandro Menéndez Moreno[68] qualificou como uma "velha polêmica" a questão da natureza jurídica da lei orçamentária, já que, para ele, o orçamento como plano financeiro de ingressos e gastos, ao ser aprovado pelo Legislativo, se converte em norma jurídica com forma e escala de lei, sendo, pois, uma lei em sentido material.

Para Miguel Ángel Martínez Lago,[69] o instituto do orçamento público pode ser considerado a partir de muitas perspectivas, tanto como a representação econômica do plano da atividade financeira, como do ponto de vista político, por constituir o instrumento em que se materializam as decisões que afetam o funcionamento do Estado. Mas além dos aspectos econômicos, políticos, contábeis etc., afirma o autor espanhol que o orçamento representa uma instituição jurídica que tem caráter normativo, constituindo, como levantado pela melhor doutrina, a expressão jurídica do plano financeiro do Estado. Sustenta que "o orçamento e a lei de orçamento configuram uma só coisa".[70]

Juan Antonio Toscano Ortega,[71] em sua obra sobre o conteúdo material das leis orçamentárias, afirma que as categorias doutrinárias de "lei formal" e "lei material" perderam sentido nos dias de hoje no ordenamento jurídico espanhol. Segundo ele, é da Constituição e da jurisprudência constitucional (espanholas) de onde derivam a natureza jurídica de conteúdo normativo da lei orçamentária. Nas suas palavras: "essa natureza jurídica de lei plena foi assumida sem problemas pelo legislador e pelos Tribunais".

Também para José Pascual García,[72] no direito positivo espanhol atual, especialmente a partir da Constituição e do posicionamento da jurisprudência constitucional (citando os precedentes SSTC 27/1981, 84/1982, 65/1987, 65/1990, 76/1992, 178/1994, 195/1994, 3/2003 e 206/2013), pode-se afirmar que a lei orçamentária é uma lei em sentido pleno, ou seja, formal e material.

---

[66] ROYO, Fernando Pérez. *Derecho financiero y tributario parte general*. Madrid: Civitas, 1998. p. 358.

[67] LAPATZA, José Juan Ferreiro. *Curso de derecho financiero español*: instituciones. 25. ed. Madrid: Marcial Pons, 2006. p. 202.

[68] MORENO, Alejandro Menéndez. *Derecho financiero y tributario*: parte general. 16. ed. Pamplona: Thomson Reuters, 2015. p. 404.

[69] LAGO, Miguel Ángel Martínez. *Lecciones de derecho financiero y tributario*. 11. ed. Madrid: Iustel, 2015. p. 158.

[70] LAGO, Miguel Ángel Martínez. *Ley de presupuestos y Constitución*. Madrid: Trotta, 1998. p. 25.

[71] ORTEGA, Juan Antonio Toscano. *Límites constitucionales al contenido material de las leyes de presupuestos del Estado*. Madrid: Congreso de los Diputados, 2005. p. 35 e 200.

[72] PASCUAL, José García. *Régimen jurídico del gasto público*: presupuestación, ejecución y control. 6. ed. Madrid: Boletín Oficial del Estado, 2014. p. 250.

Em obra sobre a configuração constitucional do gasto público, Germán Orón Moratal[73] reconhece não apenas o caráter normativo e imperativo da lei orçamentária, bem como que a Constituição espanhola estabelece uma vinculação positiva para a Administração Pública, ou seja, um poder/dever de executar a totalidade da programação orçamentária para a realização das necessidades constitucionalmente estabelecidas, exceto em situações devidamente motivadas. Como pondera, se "o orçamento foi elaborado e valorado conforme a prudentes e aquilatadas previsões, parece que a Administração Pública de hoje tem a obrigação de esgotar os créditos orçamentários se o previsto equilíbrio econômico geral deve ser cumprido".

Já em Portugal, José Joaquim Gomes Canotilho,[74] depois de registrar que "a doutrina do duplo conceito de lei era uma filha da sua época", originária de uma situação histórica específica (conflito prussiano), e também após reconhecer que o domínio do orçamento público representa uma "função chave da ordem constitucional global", entende não se poder falar mais de leis meramente formais, porque toda deliberação emanada sob a forma legislativa do Parlamento constitui uma norma superior de direito. Para o constitucionalista português:

> os actos legislativos das assembleias representativas têm força e valor de lei. Daí que hoje a doutrina tenda a considerar superado o duplo conceito de lei e opte por uma delimitação do acto legislativo, ancorada em dados sobretudo formais, como intuíra logo Haenel que, ao opor-se ao conceito labandiano de lei, considerava já que todo acto revestido da forma de lei leva em si mesmo um conteúdo jurídico.

Por sua vez, para o português António Lobo Xavier,[75] embora o considere uma *lei sui generis*, o orçamento vincularia o Executivo, em maior ou menor medida, no sentido de que a atividade financeira há de ficar subordinada à execução daquele documento, do qual só em casos marginais se poderá afastar. Em suas palavras:

> Hoje, no entanto, a nossa Constituição não acolhe as teses labandianas, por certo. A Assembleia da República aprova o Orçamento sob a forma de lei, mas não se vê o que possa retirar a esse Orçamento um conteúdo materialmente legislativo. A C.R.P. não permite que se distinga conteúdos administrativos ou legislativos entre os actos parlamentares que devem revestir a forma de lei.[76]

Também como lei especial e dotada de conteúdo material, outro professor português, António L. de Sousa Franco,[77] assim manifesta sua opinião:

---

[73] MORATAL, Germán Orón. *La configuración constitucional del gasto público*. Madrid: Tecnos, 1995. p. 43-51.

[74] CANOTILHO, José Joaquim Gomes. A lei do orçamento na teoria da lei. *Boletim da Faculdade de Direito* – Estudos em Homenagem ao Prof. Dr. J. J. Teixeira Ribeiro. Coimbra: Universidade de Coimbra, 1979. p. 551-553.

[75] XAVIER, António Lobo. O orçamento como lei – Contributo para a compreensão de algumas especificidades do direito orçamental português. *Boletim de Ciências Económicas*, Coimbra, 1990. p. 87-88 e 90.

[76] XAVIER, António Lobo. O orçamento como lei – Contributo para a compreensão de algumas especificidades do direito orçamental português. *Boletim de Ciências Económicas*, Coimbra, 1990. p. 103.

[77] FRANCO, António L. de Sousa. *Finanças públicas e direito financeiro*. 4. ed. Coimbra: Almedina, 2008. p. 401.

PARTE II · Cap. II · ELEMENTOS GERAIS DO ORÇAMENTO PÚBLICO | **57**

Nenhuma razão existe para que a lei que formalmente é o orçamento não produza, além dos efeitos propriamente orçamentais, os demais efeitos normativos necessários à plena realização da causa-função do instituto orçamental, tanto em relação ao Estado e à Administração, seus órgãos e agentes, como *erga omnes* (*tertii et alii*).

Luís Cabral de Moncada[78] entende não ser possível trazer para os dias de hoje, no Estado Social de Direito, a distinção entre lei formal e lei material. Segundo ele, o conteúdo das leis orçamentárias, sobretudo a que contém o planejamento estatal (tratando da Lei de Plano portuguesa, equivalente ao nosso PPA), prescreve um comportamento com sinal positivo (fazer, investir, subsidiar etc.) que vincula o agente administrativo.

Conforme as lições de João Ricardo Catarino,[79] a sua aprovação se materializa numa "garantia dos direitos fundamentais e numa garantia de equilíbrio e separação de poderes", sendo que as funções jurídicas do orçamento radicam no fato de se constituir, materialmente, como uma lei da República portuguesa criada no ambiente próprio, que é o processo de feitura das leis, produzindo efeitos próprios das leis quanto à sua força vinculativa. Para ele

> este sentido de juridicidade manifesta-se no facto de o orçamento gozar das características da lei, em termos de coercibilidade e generalidade – ele tem natureza imperativa, devendo ser observados os ditames por ele estabelecidos em todos os seus aspectos. De modo que o orçamento tem natureza vinculativa e não meramente orientadora da ação financeira pública.

O jurista argentino Giuliani Fonrouge[80] não teve dúvidas ao afirmar em sua clássica obra que a lei orçamentária se trata de "uma lei perfeita e com efeitos jurídicos regulares". Para ele, trata-se de um ato unitário, não podendo ser apartados a lei e o orçamento em si, já que ambos compõem um todo orgânico, sendo que os anexos, quadros etc. cumprem funções explicativas, embora juridicamente interdependentes. E a função legislativa na Argentina, explica o autor, é exercida em sua plenitude ao se votar o orçamento, não se reduzindo a aprovar ou autorizar o que o Executivo propõe. Entende que o orçamento é um ato de transcendência que regula a vida econômica e social do país, com significação jurídica e não meramente contábil, sendo uma manifestação integral da legislação, de caráter único em sua constituição, fonte de direitos e obrigações para a Administração e produtor de efeitos com relação aos particulares.

Também para Dino Jarach,[81] o orçamento público tem natureza material, contemplando o aspecto jurídico e político-econômico. Segundo este jurista argentino, como plano econômico do setor público, o orçamento constitui uma lei com eficácia obrigatória para os diferentes poderes que devem cumprir com o planejamento. Embora o seu conteúdo normativo seja diferente da maioria das leis, a sua essência é a de um marco legal dentro do qual se deve desenvolver a ação do governo. Não se trata de uma justaposição de uma série de gastos e relação de recursos, mas um plano organizacional tendente a realizar determinados fins.

---

[78] MONCADA, Luís S. Cabral de. *A problemática jurídica do planeamento econômico*. Coimbra: Editora Coimbra, 1985. p. 187 e 199.

[79] CATARINO, João Ricardo. *Finanças públicas e direito financeiro*. 2. ed. Coimbra: Almedina, 2014. p. 260-261.

[80] FONROUGE, Carlos María Giuliani. *Derecho financiero*. 10. ed. Buenos Aires: La Ley, 2011. v. 1. p. 174-175.

[81] JARACH, Dino. *Finanzas públicas y derecho tributario*. 4. ed. Buenos Aires: Abeledo Perrot, 2013. p. 78.

Conforme esclarece o professor da Universidade de Buenos Aires Gustavo Naveira de Casanova,[82] modernamente o orçamento é concebido, pela quase totalidade da doutrina argentina, assim como pela sua Corte Suprema, como um instituto legal, cuja natureza é idêntica à de qualquer outra lei. Segundo ele, não há dúvida de que o orçamento possui natureza jurídica de lei, tanto em sentido formal (forma de lei), como material (substância normativa), ou seja, uma lei que contém normas jurídicas com valor de lei, emanada pelo Parlamento como tal. Nas suas palavras, "é uma norma (lei) do Poder Legislativo, vinculante para o Poder Executivo".[83]

Horacio Guillermo Corti,[84] na sua obra "Direito Constitucional Orçamentário", em que propõe a análise da vinculação do orçamento público aos direitos fundamentais, passa ao largo da discussão a respeito da natureza jurídica das leis orçamentárias ao afirmar, de pronto, que o orçamento, enquanto norma jurídica, é o resultado jurídico do exercício de uma autoridade pública que veicula uma decisão política do Estado. Indo além da preocupação com o aspecto material da lei orçamentária, o autor argentino, com feliz iniciativa, afirma: "por um lado, não se pode pensar a lei orçamentária sem sua vinculação com os direitos fundamentais. O direito orçamentário é, antes de tudo, um direito constitucional orçamentário desde a perspectiva dos direitos fundamentais".[85]

Na Colômbia, Mauricio Plazas Vega[86] afirma que o orçamento público é uma lei na plenitude da palavra, ou seja, em sentido unitário – formal e material –, tanto por seus antecedentes históricos, como por seu papel na dinâmica da ação estatal, sendo um ato eminentemente político e não simplesmente um ato administrativo condicional. O orçamento não é um simples documento político-contábil, mas sim constitui um instrumento jurídico de singular e definitivo alcance para assegurar o cumprimento do plano nacional de desenvolvimento, que compromete, com força vinculante, o governo, o Congresso e a própria sociedade civil representada.

No Brasil, um dos primeiros a tecer severas críticas à doutrina dualista da lei foi Francisco Campos,[87] no ano de 1948, em célebre parecer. Segundo ele, a doutrina de Laband sobre o orçamento era carecedora de fundamento lógico. Lembra que "a atribuição constitucional da competência orçamentária ao Poder Legislativo resulta, precisamente, do princípio fundamental do sistema representativo". Nas suas categóricas palavras:

> O orçamento, ao contrário da assertiva dogmática de Laband, contém, portanto, um preceito jurídico de ordem geral, endereçado não somente à administração como à generalidade dos indivíduos ou à coletividade humana, de cujos recursos o Estado absorve uma quota destinada

---

[82] CASANOVA, Gustavo J. Naveira de. *Finanzas públicas y derecho financiero*. 3. ed. Buenos Aires: Estudio, 2016. p. 126.

[83] CASANOVA, Gustavo J. Naveira de. *Finanzas públicas y derecho financiero*. 3. ed. Buenos Aires: Estudio, 2016. p. 128.

[84] CORTI, Horacio Guillermo. *Derecho constitucional presupuestario*. 2. ed. Buenos Aires: Abeledo Perrot, 2001. p. 34.

[85] CORTI, Horacio Guillermo. La naturaleza jurídica de la Ley del Presupuesto. In: VEGA, Mauricio Alfredo Plazas (coord.). *Del derecho de la hacienda pública al derecho tributario*: estudios en honor de Andrea Amatucci. Bogotá: Temis, 2011. v. III. p. 297.

[86] VEGA, Mauricio A. Plazas. *Derecho de la hacienda pública y derecho tributario*. Bogotá: Temis, 2006. t. I. p. 466-467.

[87] CAMPOS, Francisco. Orçamento – Natureza jurídica – Lei material e lei formal – Exposição e crítica da doutrina de Laband – Direito comparado – Elevação do Imposto de Vendas e Consignações em São Paulo. *Revista de Direito Administrativo*, Rio de Janeiro, v. 14, 1948, p. 447-463.

às despesas de interesse comum. O preceito em questão é não somente uma regra jurídica, como contém, por igual, ordem, autorização e proibição, todos os elementos, em suma, cuja presença caracteriza, segundo Laband, a lei propriamente dita, ou a lei em sentido material.

A doutrina de Laband não se distingue apenas pela ausência de fundamentos lógicos, históricos, constitucionais. Ela prima, ainda, pela incoerência e a contradição dos corolários por ele deduzidos do seu conceito apriorístico da lei orçamentária, construído mediante a amputação das realidades de ordem valorativa e normativa, que constituem pressupostos indispensáveis à compreensão dos fenômenos jurídicos, particularmente quando situados no plano das instituições constitucionais. [...]

Do ponto de vista constitucional, o orçamento, seja qual for a categoria, a classe ou a definição jurídica que se lhe atribua, contém ordem, autorização, proibição e preceito jurídico.

Contemporaneamente, Regis Fernandes de Oliveira,[88] depois de analisar as diferentes argumentações sobre a natureza e características da lei orçamentária, e afirmar que "se cuida de uma lei em sentido formal, que estabelece a previsão de receitas e despesas", mudou sua posição em edições posteriores de sua clássica obra de Direito Financeiro (acrescentando uma nova seção ao tema), passando a conferir imperatividade à lei orçamentária e vincular o orçamento aos direitos fundamentais. Nas suas palavras:

É uma lei. É imperativa. Obriga os agentes públicos a seu cumprimento. É periódica. Serve de instrumento do Estado para instrumentalizar políticas de decisão sobre os interesses públicos.

O orçamento é lei imperativa, estrutural e periódica que prevê receitas e fixa despesas, servindo de instrumento de decisão do Estado para o atendimento das necessidades públicas. [...]

Insisto: o que vale notar é que a lei orçamentária *não é uma lei do Estado. É da sociedade*. Em que sentido? Não cabe ao governo dispor dela da forma como lhe aprouver. Deve-lhe obediência integral. [...]

Em suma, a discussão estéril e inócua leva à conclusão de que o orçamento é peça de garantia da sociedade contra o Estado.

O que realmente vale é que o orçamento é lei de *estrutura* do Estado, que prefixa os desejos da sociedade no buscar o asseguramento dos direitos fundamentais estabelecidos na Constituição Federal. Tem conteúdo fortemente político, de realização dos desejos do povo.[89]

Para Adilson Abreu Dallari,[90] o antigo debate sobre o caráter autorizativo ou impositivo do orçamento não tem mais sentido diante da pletora de normas constitucionais sobre o sistema orçamentário, entendendo que apesar de viger entre nós a "cultura do desprezo ao orçamento", uma vez aprovada a lei orçamentária, fica obrigado o Executivo a lhe dar fiel cumprimento, sob pena de crime de responsabilidade. No seu entendimento,

o orçamento-programa, que é elaborado em função de objetivos e metas a serem atingidas, de projetos e programas a serem executados, dos quais as dotações são a mera representação numérica, não mais pode ser havido como meramente autorizativo, tendo, sim, por determinação constitucional, um caráter impositivo.

---

[88] OLIVEIRA, Regis Fernandes de. *Curso de direito financeiro*. 7. ed. São Paulo: Revista dos Tribunais, 2015. p. 606.

[89] OLIVEIRA, Regis Fernandes de. *Curso de direito financeiro*. 7. ed. São Paulo: Revista dos Tribunais, 2015. p. 617-681.

[90] DALLARI, Adilson Abreu. Orçamento impositivo. In: CONTI, José Maurício; SCAFF, Fernando Facury (coord.). *Orçamentos públicos e direito financeiro*. São Paulo: Revista dos Tribunais, 2011. p. 324-327.

Eduardo de Mendonça[91] sugere uma "vinculação mínima" do orçamento público, ao afirmar que a execução orçamentária deve ser vinculada em alguma medida, rejeitando a tese de que o orçamento seria uma mera autorização de despesas, sem qualquer pretensão impositiva.

Por sua vez, Heleno Taveira Torres[92] afirma que, após a aprovação da lei orçamentária, o que se tem é uma lei que gera efeitos típicos, que obriga a Administração à observância das condições materiais, temporais, espaciais ou quantitativas dos créditos orçamentários. Portanto, como "norma jurídica", a cada despesa e respectivas leis institutivas ou regimes jurídicos, deve-se verificar qual seja a conduta a adotar, numa das três possibilidades de modais deônticos: obrigatória, proibida ou permitida. Em sua lição:

> A concepção que considera o orçamento como "lei formal" não encontra guarida na Constituição de 1988. Não há um único dispositivo da Constituição Financeira que a confirme. Ao contrário. De início, o plano plurianual, a lei de diretrizes orçamentárias e a lei de orçamento anual guardam entre si conteúdos distintos e não podem ser qualificados (as leis) sob a mesma "natureza". Quanto à abstração, há uma ordem decrescente, do mais abstrato para o mais concreto, segundo as funções de planejamento e de vinculação que exercem. Ademais, não é correto atribuir função de "autorização" ao plano plurianual e a muitas das partes da lei de diretrizes orçamentárias. E, em nenhum caso, a proposta orçamentária apresentada pelo Poder Executivo pode ser reduzida a um ato administrativo, na medida em que ingressa no processo legislativo, ainda que amparada pelo rito da especialidade que a caracteriza, passível de emendas e diversas modificações, inclusive vetos, após sua aprovação.

Também nos alinhamos com a visão crítica da posição clássica de que o orçamento seria mera lei formal. De fato, as premissas labandianas do século XIX, que extemporaneamente ainda hoje ressoam no cenário jurídico-orçamentário brasileiro, são originárias de outro contexto, bastante diverso do que temos atualmente no Brasil. Não à toa, a doutrina e jurisprudência brasileiras mais recentes têm caminhado na direção de reconhecer ao orçamento público seu conteúdo material e de conferir a força impositiva que lhe é inerente no Estado Democrático de Direito.

Ao superar a defasada concepção de que haveria uma suposta ausência de normatividade, abstração e generalidade nas leis orçamentárias – ainda que estas sejam casuísticas e dotadas de temporariedade –, também o Supremo Tribunal Federal brasileiro passa a absorver os bons ventos dos novos tempos. Com isso, abandona a obsoleta influência da teoria do jurista germânico Paul Laband – o qual, em meados do século XIX, forjou a tese da natureza de lei formal do orçamento público como mero ato administrativo autorizativo –, passando a reconhecer materialidade e substancialidade ao conteúdo da lei orçamentária.

Portanto, para nós, o orçamento público é uma lei propriamente dita, de conteúdo material e dotada de caráter impositivo,[93] ainda que desprovida de substância normativa típica.

---

[91]  MENDONÇA, Eduardo Bastos Furtado de. *A constitucionalização das finanças públicas no Brasil.* Rio de Janeiro: Renovar, 2010. p. 383.

[92]  TORRES, Heleno Taveira. *Direito constitucional financeiro*: teoria da constituição financeira. São Paulo: Revista dos Tribunais, 2014. p. 392-393.

[93]  ABRAHAM, Marcus. *Teoria dos gastos fundamentais*: orçamento público impositivo da elaboração à execução. São Paulo: Almedina, 2021.

## 2.8. CABIMENTO DE ADI EM FACE DO ORÇAMENTO PÚBLICO

Quanto aos *aspectos formais*, sobretudo no que se refere ao respeito do processo legislativo de elaboração das leis orçamentárias, não parece haver dúvidas do cabimento do controle de constitucionalidade do orçamento público. Todavia, quando o debate se desloca da forma para o conteúdo, a questão passou por um processo evolutivo.

Isso porque, por décadas, o Supremo Tribunal Federal apresentou o entendimento consolidado de que o controle concentrado e abstrato de leis e atos normativos, pela Ação Direta de Inconstitucionalidade (ADI) nos termos do art. 102, I, *a*, CF/1988 – so seria cabível em face de leis em sentido formal e, também, material. Isto é, o ato normativo sujeito ao referido controle constitucional deveria, necessariamente, gozar dos atributos da abstração e generalidade.

Por tal razão, como as leis orçamentárias eram tidas como leis em sentido formal, mas não em sentido material, por serem desprovidas de abstração, generalidade, impessoalidade e normatividade, o STF não admitia que fossem submetidas ao controle concentrado de constitucionalidade por meio de ADI.

Desse modo, a partir da concepção de que as leis orçamentárias, bem como as leis que as emendem ou as modifiquem ulteriormente, possuem natureza de leis puramente formais, isto é, de peças administrativas de caráter concreto e limitado, elas estariam excluídas do rol de atos normativos sujeitos ao controle abstrato de constitucionalidade pelo STF (ADI 1.716).

Nesse sentido, a ADI 2.057-MC, de relatoria do então Min. Maurício Corrêa, julgada em 09.12.1999, assim considerava:

> Ação direta de inconstitucionalidade. Lei nº 0456, de 23/07/1999, do Estado do Amapá (diretrizes orçamentárias). Emenda parlamentar a Projeto de Lei, modificativa dos percentuais propostos pelo Governador, sem alterar os valores globais da proposta. Ato de efeito concreto. Inviabilidade do controle abstrato de constitucionalidade. 1. Constitui ato de natureza concreta a emenda parlamentar que encerra tão somente destinação de percentuais orçamentários, visto que destituída de qualquer carga de abstração e de enunciado normativo. 2. A jurisprudência desta Corte firmou entendimento de que só é admissível ação direta de inconstitucionalidade contra ato dotado de abstração, generalidade e impessoalidade. 3. A emenda parlamentar de reajuste de percentuais em projeto de lei de diretrizes orçamentárias, que implique transferência de recursos entre os Poderes do Estado, tipifica ato de efeito concreto a inviabilizar o controle abstrato. 4. Ação direta não conhecida.

E, com esta mesma compreensão, no julgamento da ADI 2.484-MC (19.12.2001), o Ministro Carlos Velloso afirmou que a "Lei de diretrizes orçamentárias, que tem objeto determinado e destinatários certos, assim sem generalidade abstrata, é lei de efeitos concretos, que não está sujeita à fiscalização jurisdicional no controle concentrado".

O entendimento até então consolidado pelo STF partia do pressuposto – a nosso ver equivocado – de que as leis orçamentárias não poderiam submeter-se à análise de seu conteúdo via ADI, em razão de seu conteúdo eminentemente político e não normativo, tendo em vista traduzirem as escolhas políticas no que concerne à eleição das políticas públicas a serem implementadas pelo governo eleito.

Entretanto, o julgamento da ADI 2.925 trouxe uma relevante mudança de paradigma no que tange à admissibilidade de realização de controle concentrado de constitucionalidade via ADI de leis orçamentárias. Iniciou-se um processo de revisão jurisprudencial, passando a admitir tal controle de constitucionalidade de leis orçamentárias.

Foi superado, assim, o entendimento tradicional da Corte – ainda presente, no julgamento mencionado, no voto da Ministra Relatora Ellen Gracie, que entendia "estar-se diante de ato formalmente legal, de efeito concreto, portador de normas individuais de autorização". No entanto, o Ministro Marco Aurélio (em seu voto vencedor) preconizou a mudança de entendimento do STF sobre o tema em questão, sustentando o cabimento de ADI em face de leis orçamentárias, quando tais leis apresentarem algum grau de abstração e autonomia.

No contexto do julgado supramencionado, o Ministro Gilmar Mendes reconheceu a substancialidade do conteúdo impugnado da lei orçamentária. O Ministro Cezar Peluso, por sua vez, sustentou que a respectiva lei orçamentária possuía os atributos de generalidade e abstração por se tratar de norma típica de competência, reconhecendo, portanto, o cabimento da ADI naquela situação. Já o Ministro Ayres Britto argumentou que, abaixo da Constituição Federal, a lei orçamentária é a lei mais importante para a Administração Pública, prelecionando que

> [...] acho que têm esses caracteres, sim, da lei em sentido material, ou seja, lei genérica, impessoal e abstrata. [...] A abstratividade, diz a teoria toda do Direito, implica uma renovação, não digo perene, porque, aqui, está limitada por um ano, mas a renovação duradoura entre a hipótese de incidência da norma e a sua consequência.

Por fim, o Ministro Maurício Corrêa explicitou que a acepção de que a lei orçamentária goza de abstração acabaria por suplantar a jurisprudência até então consolidada na Corte de não admitir o controle concentrado de constitucionalidade de leis orçamentárias.

A mudança de paradigma do STF fez com que o conteúdo das leis orçamentárias questionado via ADI fosse analisado sob uma nova perspectiva pela Corte. Se antes era unívoco o entendimento pela impossibilidade de se realizar controle concentrado de constitucionalidade de leis orçamentárias via ADI, após o julgado mencionado, ainda que por decisão vencedora não unânime, o STF modificou seu entendimento para admitir a impugnação de leis orçamentárias por meio do controle concentrado de constitucionalidade, não apenas em razão da relevância das leis orçamentárias no ordenamento jurídico nacional, mas por sua natureza de lei formal e, dentro de certos limites, também de lei material.

O entendimento de ser cabível ADI em face de lei orçamentária é explicitado também na ADI 4.048-MC, sob a relatoria do Ministro Gilmar Mendes. Aqui, acompanhando o voto do relator, o Ministro Ayres Britto fez referência à diferenciação que o art. 102, I, *a*, da CF/1988 estabelece entre lei e ato normativo. Na ocasião, asseverou que a lei orçamentária seria caracterizada como ato normativo primário, que inova na ordem jurídica, logo abaixo da Constituição, e não um mero ato administrativo, prelecionando que "no fundo, abaixo da Constituição, não há lei mais importante para o país, porque a que mais influencia o destino da coletividade".

No julgamento da ADI 3.949-MC, o Ministro Gilmar Mendes asseverou que "a jurisprudência do Supremo Tribunal Federal não andou bem ao considerar as leis de efeito concreto como inidôneas para o controle abstrato de normas". Assim, estabeleceu sua convicção de que "essa nova orientação é mais adequada porque, ao permitir o controle de legitimidade no âmbito da legislação ordinária, garante a efetiva concretização da ordem constitucional".

O Ministro Carlos Ayres Britto, na ADI 4.049-MC, sustentou de modo veemente que a lei não necessitaria de densidade normativa para se submeter ao controle abstrato de constitucionalidade, devido a se tratar de ato de aplicação primária da Constituição. Para esse tipo de controle, seria exigida densidade normativa apenas para o ato de natureza infralegal.[94]

Em sede de julgamento de decisão liminar monocrática na ADI 4.663, de relatoria do Ministro Luiz Fux, questionou-se, dentre outros aspectos, se seria cabível a impugnação por ADI de leis orçamentárias, sendo proferida decisão no sentido de acolher a evolução jurisprudencial do STF, admitindo a possibilidade de análise da lei de diretrizes orçamentárias no âmbito do controle concentrado de constitucionalidade.

No contexto do julgamento da ADI 5.449-MC pelo Plenário do STF, foi consolidada a posição de que as leis orçamentárias podem ser apreciadas em sede de controle concentrado de constitucionalidade. Naquela ocasião, o Ministro Teori Zavascki sustentou que "leis orçamentárias que materializem atos de aplicação primária da Constituição Federal podem ser submetidas a controle de constitucionalidade em processos objetivos".

No julgamento da ADI 5.468 pacificou-se, definitivamente, o entendimento na Corte de que a lei orçamentária pode ser impugnada via ADI. O Ministro Relator Luiz Fux, em seu voto, asseverou que a possibilidade do controle judicial de espécies legislativas orçamentárias correspondia a uma tendência recentemente intensificada na jurisdição constitucional do STF. Afirmou também que tal postura interpretativa tem sido acionada em especial para situações em que o Direito Financeiro possa se afigurar, a um só tempo, como "estatuto protetivo do cidadão-contribuinte" e como "ferramenta do administrador público e de instrumento indispensável ao Estado Democrático de Direito para fazer frente a suas necessidades financeiras".

Na Medida Cautelar na Ação Direta de Inconstitucionalidade nº 7.058-DF julgada em 22.03.2022 (Relator Ministro Nunes Marques), o Ministro André Mendonça em seu voto consignou:

> [...] Enfim, a posição doutrinária externada pelo atual Ministro decano GILMAR MENDES, ainda no âmbito de sua tese doutoral, terminou por prevalecer na supracitada ADI-MC n. 4.048. Em sua visão, não haveria razão lógico-jurídica para impedir a aferição da legitimidade das leis formais no controle abstrato de normas. Ademais, o STF estaria diante de controvérsia constitucional suscitada em abstrato. Então pouco importaria o caráter geral ou específico, concreto ou abstrato, do objeto do processo objetivo de constitucionalidade. Dito de forma direta, sob a perspectiva da hodierna jurisprudência desta Corte, os atributos da generalidade e da abstração somente se fazem necessários no caso de ato normativo, que, de alguma maneira, equiparasse com uma lei em sentido formal, pelo menos para fins de abertura da via do controle abstrato de constitucionalidade.
>
> [...] Por essas razões, considero improcedentes as preliminares processuais levantadas pelo não conhecimento da presente ação direta, haja vista a superabilidade daquelas em prol da efetividade do exercício da jurisdição constitucional em questão de especial gravidade republicana. [...]

Cimentando o entendimento, no julgamento da ADI 6.594 (23.05.2022), o Ministro Relator Edson Fachin destacou em seu voto que "*a linha jurisprudencial inaugurada na ADI 4.048, que tornou possível a submissão das normas orçamentárias ao controle abstrato de constitucionalidade, aplica-se ao caso*".

---

[94] Também pela possibilidade de submissão das normas orçamentárias ao controle abstrato de constitucionalidade: STF. ADI 4.426, Rel. Min. Dias Toffoli, Plenário, julg. 09.02.2011, DJe 18.05.2011.

Pouco tempo depois desse julgado, reiterando seu entendimento, o Ministro André Mendonça, relator da ADI 7.073-CE (julgada em 26.09.2022), assim registrou:

> [...] este Pretório Excelso reconhece o pleno cabimento de ação direta de inconstitucionalidade em face de lei orçamentária. Nessa linha, assim me manifestei na ADI 7.058-MC/DF, de minha relatoria, Red. do Acórdão Min. Nunes Marques, Tribunal Pleno, j. 03.03.2022, p. 26.05.2022: 5. Sob as luzes da atual jurisprudência do STF, registro, ainda, a plena cognoscibilidade desta ação direta de inconstitucionalidade ajuizada em face de lei orçamentária de efeitos concretos, com amparo no art. 102, I, "a", do texto constitucional. A esse respeito, é consabido que "o Supremo Tribunal Federal deve exercer sua função precípua de fiscalização da constitucionalidade das leis e dos atos normativos quando houver um tema ou uma controvérsia constitucional suscitada em abstrato, independente do caráter geral ou específico, concreto ou abstrato de seu objeto. Possibilidade de submissão das normas orçamentárias ao controle abstrato de constitucionalidade" (excerto da ementa da ADI-MC n. 4.048, Rel. Min. Gilmar Mendes, Tribunal Pleno, *DJe* 22.08.2008).

O STF, ao desconsiderar a obsoleta concepção de que a lei orçamentária possuiria natureza de lei meramente formal, desprovida de normatividade, abandona também a inspiração ultrapassada do jurista alemão Paul Laband, responsável por desenvolver o entendimento de que o orçamento público possui natureza de lei formal, na medida em que se consubstanciaria em ato administrativo autorizativo. A Corte passa a reconhecer que a lei orçamentária é lei formal e material, com substancialidade de seu conteúdo.

É imperioso ressaltar que a admissão pelo STF de ADI em face de leis orçamentárias reflete o movimento de constitucionalização do Direito Financeiro e Orçamentário no âmbito daquela Corte.

## 2.9. TEORIA DAS CAUSAS DO ORÇAMENTO PÚBLICO

O objetivo desta seção é explicar o orçamento público a partir da identificação de quatro de suas características essenciais: seu conteúdo, sua forma, sua origem e sua finalidade.

Para tanto, optamos por realizar esta análise a partir de uma analogia com a "Teoria das Quatro Causas" desenvolvida pelo filósofo Aristóteles, contida no tratado que conhecemos hoje por "Metafísica", em que o Estagirita define quatro "causas" que explicam a origem de todas as coisas que conhecemos no mundo.

As quatro causas que o filósofo apresenta são as seguintes: a) *causa material*: aquela que diz respeito à substância da qual algo é feito, ou seja, a matéria na qual consiste certo objeto; b) *causa formal*: aquela que diz respeito à forma que algo possui, definindo-se a essência do objeto pela sua forma; c) *causa eficiente*: aquela que diz respeito àquilo ou aquele que dá origem ao objeto; d) *causa final*: aquela que diz respeito à finalidade ou razão de existir de certo objeto.

Iniciando pela identificação do orçamento público por meio da causa material, ou seja, daquilo "de que é feito", pode-se dizer que é composto por previsões de receitas e estabelecimento de gastos, os quais revelam os programas e as políticas públicas adotadas pelo Estado para atender às necessidades e aos interesses da sociedade. Foi justamente a ênfase acentuada nesse ponto de "previsões de receita e fixação de despesas" que conduziu a doutrina clássica a definir – inadequadamente – o orçamento como mero ato administrativo ou mero plano de contas, sem atentar para outros aspectos relevantes de abordagem.

Já em relação à causa formal do orçamento público, este tem a forma de leis ordinárias de três tipos: Lei do Plano Plurianual (PPA), Lei de Diretrizes Orçamentárias (LDO) e Lei Orçamentária Anual (LOA). Essa característica não pode ser descuidada, sob pena de se negar seja o caráter propriamente legal do orçamento, seja sua efetividade normativa. Tal mentalidade, no passado, conduzia na prática a que as leis orçamentárias, por não serem consideradas leis *em sentido próprio*, não fossem reputadas como passíveis de controle concentrado de constitucionalidade pelo Supremo Tribunal Federal (tendência esta que já foi felizmente revertida na Corte suprema brasileira há alguns anos).

Por sua vez, em relação à causa eficiente, vale dizer, quanto à origem do orçamento público, a Constituição prevê a estrutura orçamentária nas três leis mencionadas e estabelece que este nasce a partir de um projeto de lei orçamentária proposto pelo chefe do Poder Executivo do ente federativo, que em seguida deverá ser votado e aprovado pelo respectivo Poder Legislativo, sendo, ao final, sancionado pelo chefe do Executivo. Há no modelo brasileiro de orçamento um concurso necessário de vontades eficientes que precisam estar conjugadas a fim de gerar o orçamento, plasmado a partir das visões orçamentárias que estão na mente dos agentes públicos do Poder Executivo e do Poder Legislativo, cada qual agindo dentro das competências próprias que lhes são constitucionalmente designadas.

Por fim, em relação à causa final, ou finalidade do orçamento público, este existe para ser instrumento de planejamento, gestão e controle das contas públicas – conhecer com exatidão o montante de recursos disponíveis e determinar a sua destinação –, com o objetivo de identificar e atender às reais necessidades, prioridades e interesses da sociedade, conjugando-as com as possibilidades financeiras de que cada governo dispõe, garantindo a legitimidade da própria atividade de arrecadação e dispêndio público de recursos.

## 2.10. RECOMENDAÇÕES INTERNACIONAIS DE BOAS PRÁTICAS ORÇAMENTÁRIAS

O pressuposto para o crescimento econômico sustentável, conforme entendimento contemporâneo de diversas nações, é a salubridade das finanças públicas, obtida por meio de uma política fiscal com enfoque não apenas no curto prazo, mas que seja estruturada, no mínimo, para perdurar pelo médio prazo.

Nesse contexto, a responsabilidade orçamentária por parte dos governantes tem adquirido especial relevância nas atuais democracias. A própria OCDE – Organização para a Cooperação e Desenvolvimento Econômico –, após ter sido publicado em 2015 um trabalho do "*SBO – Working Party of Senior Budget Officials*", evidenciou 10 princípios orçamentários, a fim de subsidiar tomadas de decisões governamentais com base nas boas práticas orçamentárias, visando, sobretudo, à efetividade das políticas públicas na vida dos cidadãos.[95]

O referido trabalho publicado em 2015 trouxe um conceito para orçamento, definindo-o como um instrumento central da política governamental que demonstra, periodicamente, como as diretrizes, objetivos, metas e prioridades para o desenvolvimento nacional são efetivados por meio das políticas públicas adotadas pelo Estado. O orçamento pertence ao plano operacional, isto é, concretiza as políticas públicas inicialmente previstas, em tese, no plano estratégico plurianual. Pode-se afirmar, ainda, que o orçamento é um pacto entre a Administração Pública e seus administrados, explicitando o modo como as receitas são previstas e as

---

[95] OECD. Draft recommendation of the OECD Council on the principles of budgetary governance. Paris: OECD, 2014. Disponível em: <https://www.oecd.org/gov/budgeting/Draft-Principles-Budgetary--Governance.pdf>. Acesso em: 27 set. 2022.

despesas são fixadas para a consecução do interesse público. O orçamento adquire legitimidade perante os cidadãos, conforme tem sido observado ao redor do mundo, na medida em que é elaborado com base nos seguintes fundamentos: transparências, integridade, abertura, participação, responsabilidade e planejamento para concretizar as políticas públicas estatais.

A OCDE preconiza que tais recomendações possuem a finalidade de sintetizar as conclusões de décadas de trabalho do Comitê de Governança Pública e as contribuições da comunidade internacional sobre a disciplina orçamentária, conferindo um panorama amplo e objetivo sobre as boas práticas orçamentárias, em particular, invocando os 10 princípios da governança orçamentária que devem nortear todo o processo de orçamentação, incluindo sua projeção, implementação e melhoria.[96]

A seguir, estão evidenciados, de modo sucinto, os "**10 princípios orçamentários da OCDE**", de forma a nortear a política orçamentária sustentável:

1. Gerenciar os orçamentos dentro de limites claros, credíveis e previsíveis para a política fiscal;
2. Alinhar os orçamentos com as prioridades estratégicas de médio prazo do governo;
3. Conceber o quadro de orçamento de capital para atender às necessidades nacionais de desenvolvimento de forma econômica e coerente;
4. Assegurar que os documentos e dados do orçamento sejam abertos, transparentes e acessíveis;
5. Proporcionar um debate inclusivo, participativo e realista sobre as opções orçamentais;
6. Apresentar uma contabilidade abrangente, precisa e confiável das finanças públicas;
7. Planejar, gerenciar e monitorar a execução do orçamento ativamente;
8. Certificar que o desempenho, a avaliação e a relação custo-benefício sejam partes integrantes do processo orçamentário;
9. Identificar, avaliar e gerenciar com prudência a sustentabilidade a longo prazo e outros riscos fiscais;
10. Promover a integridade e a qualidade das previsões orçamentais, planos fiscais e implementação orçamentária através de uma rigorosa garantia de qualidade no processo, incluindo auditoria externa independente.

Nos termos da *recomendação nº 1*, os orçamentos públicos deverão: a) servir de instrumento de apoio para subsidiar a implementação de políticas públicas econômicas cíclicas neutras ou anticíclicas; b) possuir como escopo a construção de política fiscal consolidada e sustentável; c) observar os princípios da transparência e da clareza, sendo elaborados de modo a possibilitar sua compreensão pelo cidadão comum; d) observar a anualidade orçamentária em consonância com um horizonte fiscal de médio prazo, e com metas orçamentárias globais para assegurar que todos os elementos das receitas, despesas e políticas econômicas sejam consistentes e gerenciados em conformidade com os recursos disponíveis.

A *recomendação nº 2* explicita alguns pilares que devem ser observados quando da elaboração do orçamento em sentido amplo: a) a existência concomitante da lei orçamentária anual e de um mecanismo de planejamento mais sólido de médio prazo, a exemplo do Plano

---

[96] Em 25 de janeiro de 2022, o Brasil recebeu a carta-convite do Conselho da OCDE que formaliza o início do processo de adesão do país ao grupo. Por sua vez, em 2020, o Brasil obteve reconhecimento de adesão à Recomendação da OCDE sobre boas práticas em governança orçamentária.

PARTE II · Cap. II · ELEMENTOS GERAIS DO ORÇAMENTO PÚBLICO | 67

Plurianual, introduzido pela Constituição de 1988, no Brasil, que possui duração de 4 (quatro) anos; b) a fixação de despesas orçamentárias direcionada, de fato, ao atendimento dos objetivos estatais; c) a existência de uma interdependência entre as diretrizes, objetivos e metas, contidos no instrumento de planejamento de médio prazo, e as restrições de despesas existentes na lei orçamentária anual; d) conferir a devida relevância ao princípio orçamentário implícito da exatidão, que veda a superestimação ou subestimação de receitas e despesas, tornando possível um planejamento orçamentário realista; e) propiciar uma maior integração entre os agentes encarregados da elaboração do orçamento e as esferas do governo para melhor efetivação das políticas públicas; f) aperfeiçoamento dos procedimentos de controle orçamentário, em especial no que tange à revisão e aos ajustes orçamentários.

Nos termos da *recomendação nº 3*, deverão os orçamentos públicos: a) fazer das despesas de capital (p. ex., investimentos em infraestrutura) um instrumento para desenvolver a infraestrutura nacional, suprir as necessidades sociais e setoriais e suprir lacunas de capacidade econômica; b) quando da fixação de uma despesa de capital, deve-se considerar as despesas correntes que dela decorram (p. ex., ao construir uma escola, devem ser considerados os custos posteriores com profissionais que lá irão trabalhar) e o custo-benefício de tais investimentos no longo prazo; c) avaliar se determinado investimento deve ser custeado pela via tradicional ou por intermédio da contribuição de particulares, como ocorre nas parcerias público-privadas; d) fomentar o desenvolvimento de um quadro nacional de apoio ao investimento público, portador de um estatuto jurídico, administrativo e regulatório estável, capaz de avaliar e gerenciar os projetos de capital de maior porte; e) integrar as esferas de investimento nacionais e regionais; f) enquadrar os investimentos de capital nas políticas fiscais de médio prazo.

De acordo com a *recomendação nº 4*, deverão os orçamentos públicos: a) possuir uma etapa de elaboração de relatórios que traduzam claramente a realidade dos impactos das decisões orçamentárias nas despesas e nas receitas públicas, a exemplo, no Brasil, do Anexo de Metas Fiscais da Lei de Diretrizes Orçamentárias, nos termos em que dispõe a Lei de Responsabilidade Fiscal (Lei Complementar nº 101, de 4 de maio de 2000); b) observar os princípios da publicidade e da transparência, conferindo amplo acesso do cidadão e demais interessados ao orçamento em sua integralidade, por meio de publicações periódicas em meios de comunicação pertinentes; c) apresentar sistemas demonstrativos de avaliação de dados para avaliação de programas e políticas públicas em âmbito nacional e subnacionais.

A *recomendação nº 5* determina que os orçamentos públicos deverão: a) promover a participação do Poder Legislativo e seus comitês em todas as etapas do ciclo orçamentário; b) conferir mecanismos para a participação parlamentar, dos cidadãos e das organizações civis nas discussões sobre questões orçamentárias; c) explicitar de forma clara, no que tange à realização de despesas e programas e renúncias de receitas, o custo-benefício de tais decisões; d) em observância ao princípio do planejamento, assegurar que as decisões principais referentes às receitas e despesas públicas constem no processo orçamentário.

Nos termos da *recomendação nº 6*, os orçamentos públicos deverão: a) fazer constar todas as receitas e todas as despesas em sua integralidade, vedadas quaisquer omissões, em observância as princípios orçamentários da universalidade e do orçamento bruto; b) evidenciar uma visão completa e integrada de todas as esferas de governo e de todos os âmbitos federativos; c) apresentar demonstrativos contábeis que explicitem os custos-benefícios financeiros das escolhas orçamentárias; d) além das normas de contabilidade aplicadas ao setor público, aplicar, no que couber, as normas contábeis do setor privado; e) destacar os programas de governos que são custeados por meios não tradicionais, como é o caso das parcerias público-privadas.

Seguindo a *recomendação nº 7*, os orçamentos públicos deverão: a) assegurar que as dotações orçamentárias serão realizadas e executadas de forma fidedigna pelos órgãos públicos; b) apresentar sistemas de controle de monitoramento do cronograma de desembolsos e despesas, com regulamentação clara acerca dos papéis, responsabilidades e autorizações de cada instituição e pessoa responsável; c) permitir, dentro de parâmetros legais, a flexibilização da etapa de execução orçamentária, observando-se, contudo, a necessidade de autorização legislativa para realocação de recursos e reafetações mais significativas; d) realizar a devida prestação de contas, com base na elaboração de relatórios de execução orçamentária que demonstrem a eficácia das decisões orçamentárias, com vistas a informar a elaboração de dotações futuras.

Para concretizar a *recomendação nº 8*, os orçamentos públicos deverão: a) prestar informações ao Poder Legislativo e aos cidadãos não somente sobre os gastos públicos realizados por si sós, mas também sobre as políticas públicas que estão sendo implementadas na prática, incluindo os parâmetros que permitam verificar sua eficiência e efetividade; b) apresentar periodicamente informações sobre o desempenho, contendo indicadores de metas e de resultados para cada programa de trabalho, que permitam a fiscalização e responsabilização por eventual má gestão e execução dos recursos públicos; c) permitir que os resultados verificados nacionalmente sejam comparados com padrões (*benchmarks*) adotados internacionalmente; d) elaborar, regularmente, balanços orçamentários que evidenciem as despesas públicas efetuadas, com base em avaliações elaboradas com a adoção de normas técnicas respectivas.

Segundo a *recomendação nº 9*, os orçamentos públicos deverão: a) prever, potencialmente, o impacto dos riscos fiscais, de modo a preservar a estabilidade das previsões orçamentárias e do desenvolvimento sustentável das finanças públicas, a exemplo, no Brasil, do Anexo de Riscos Fiscais da Lei de Diretrizes Orçamentárias, nos termos em que dispõe a Lei de Responsabilidade Fiscal (Lei Complementar nº 101, de 4 de maio de 2000); b) identificar os riscos fiscais, classificá-los e quantificá-los, inclusive no que tange aos passivos contingentes; c) explicitar o modo de gerenciamento dos riscos fiscais; d) publicar relatórios acerca da sustentabilidade das finanças públicas a longo prazo.

Por fim, nos termos da *recomendação nº 10*, os orçamentos públicos deverão: a) investir, de modo permanente, na capacitação dos agentes públicos, a fim de que o desempenho das funções orçamentárias sejam, de fato, eficazes, alcançando os objetivos e metas das políticas públicas; b) permitir a análise orçamentária por instituições fiscais independentes, a fim de que tal análise seja imparcial e, assim, seja conferida maior credibilidade ao orçamento; c) conferir a devida relevância ao papel da auditoria interna independente como um elemento de controle essencial para melhor assegurar a integridade do devido processo orçamentário e da gestão dos recursos públicos; d) fomentar a atuação dos sistemas de controle interno e externo da auditoria fiscal.

O orçamento público, conforme preconizado pela OCDE, é um importantíssimo elo de confiança entre os Estados e seus cidadãos.

## 2.11. JUSTIÇA ORÇAMENTÁRIA

Não há como se falar em valores da *justiça social* sem ter, como pano de fundo, a investigação sobre a *justiça orçamentária*.

Aristóteles, na Antiguidade, foi responsável pela sistematização de diversos temas relacionados à Filosofia do Direito. Deve-se a ele o mérito de elaborar as primeiras concepções

PARTE II · Cap. II · ELEMENTOS GERAIS DO ORÇAMENTO PÚBLICO | 69

de Justiça sob um viés puramente jurídico. Isso porque foi capaz de compreender que as leis e o direito devem buscar a justiça e a equidade como fontes inspiradoras essenciais para a vida humana comunitária.

Segundo o Estagirita, os dons da virtude e da felicidade somente poderiam ser concretizados no âmbito da *"polis"* (atualmente, "Estados"). O homem, por sua própria essência de animal político, seria, naturalmente, conduzido à vida política. Embora construído na Antiguidade, o conceito de Justiça de Aristóteles permanece atual, já que os ideais de igualdade são, até hoje, fundamento para os ordenamentos jurídicos contemporâneos. É preciso mencionar que a ideia de igualdade se relaciona, intrinsecamente, à função social de busca pela concretização da dignidade humana, dando a cada um o que lhe é devido, na medida de suas igualdades e desigualdades materiais.

Aristóteles classifica a justiça de forma tripartida: a) *justiça legal*: reguladora da conduta dos cidadãos, bem como dos governantes em face dos indivíduos; b) *justiça distributiva*: conduz a comunidade à repartição de bens e encargos segundo a capacidade e os méritos de cada um; c) *justiça comutativa*: preside às trocas, pelo intercâmbio da contraprestação proporcional (por exemplo, contrato de compra e venda). As três espécies de justiça são juntas a base de sustentação da vida em sociedade.

Por outro lado, o estudo da **justiça orçamentária**, segundo as lições de Ricardo Lobo Torres – cujas lições inspiraram esta seção – "tem que abranger simultaneamente os aspectos da despesa e da receita pública. Incorpora as considerações de justiça das políticas sociais e econômicas e dos gastos do Estado". Ainda nas suas palavras, "A justiça orçamentária deve expressar os dos lados da mesma ideia, em síntese própria: a justiça das receitas e dos gastos públicos".[97]

Como sabemos, a atividade financeira – no que se inclui o orçamento público – tem natureza meramente instrumental, e por isso não possui um fim em si mesma. Assim, a justiça orçamentária, segundo este autor, também será instrumental, servindo de veículo para se alcançar a justiça política, social e econômica. Além disso, a justiça orçamentária será também distributiva, tendo por objetivo estabelecer a igualdade final mediante o desigual tratamento, tanto na vertente da receita como na da despesa, e se realiza pela redistribuição de rendas e pela equidade entre regiões, gerações e entes territoriais.[98]

Por sua vez, ao se analisar a *equidade orçamentária*, busca-se identificar as escolhas feitas em relação aos gastos públicos. Ricardo Lobo Torres diz que, "quando se fala em equidade orçamentária deve-se ter em conta, sobretudo, a que direciona o desenho anual da despesa pública". E, ao concluir o seu estudo sobre o orçamento na Constituição, o saudoso mestre afirmou:

> As decisões orçamentárias, que são sempre vinculadas a valores éticos e jurídicos, tornam-se dramáticas diante da escassez de recursos financeiros [...]. Os valores e os princípios jurídicos são quantificados pelo orçamento. As opções políticas e eleitorais passam necessariamente pela questão orçamentária e envolvem as definições radicais em torno de binômios como segurança/desenvolvimento (= ordem/progresso) ou justiça/desenvolvimento humano.[99]

---

[97]    TORRES, Ricardo Lobo. *O orçamento na Constituição*. Rio de Janeiro: Renovar, 1995. p. 137-138.

[98]    TORRES, Ricardo Lobo. *O orçamento na Constituição*. Rio de Janeiro: Renovar, 1995. p. 145-147.

[99]    TORRES, Ricardo Lobo. *O orçamento na Constituição*. Rio de Janeiro: Renovar, 1995. p. 292.

Nessa linha de ideias, alguns aspectos merecem ser abordados, já que devem ser considerados como elementos inerentes a um orçamento justo. Para tanto, trataremos sobre a necessidade do respeito, pelo orçamento público, ao *princípio da dignidade humana* e à garantia ao *mínimo existencial*, assim como os limites que encontra o argumento da *reserva do possível*, dentro da temática da elaboração e execução do orçamento público.

No século XX, o **princípio da dignidade humana** é a fonte de onde promanam os direitos humanos, como resposta aos horrores da Segunda Guerra Mundial. Como reação à barbárie (guerra, holocausto etc.), iniciou-se um movimento de forte preocupação com a retomada dos valores no mundo jurídico, tendo como chave do sistema a consagração dos direitos humanos como irradiações concretas da dignidade da pessoa humana.

Em 1948, a Organização das Nações Unidas proclama a Declaração Universal dos Direitos Humanos, em 10 de dezembro de 1948, por meio da Resolução 217 A (III) da Assembleia Geral, com pretensão universalista de reconhecimento de um catálogo ou rol mínimo de direitos a serem assegurados a todos os seres humanos. Tal documento, principal marco fundacional da era dos direitos humanos, serviu de inspiração para uma série de Constituições nacionais que o sucederam e, com outros tratados internacionais de direitos humanos (como o Pacto Internacional sobre Direitos Civis e Políticos e o Pacto Internacional sobre os Direitos Econômicos, Sociais e Culturais, ambos de 1966), constitui a base do atual sistema internacional de custódia dos direitos humanos.[100]

A Constituição brasileira, em seu art. 1º, inc. III, estabelece como um dos pilares de nossa República a *dignidade da pessoa humana*. O objetivo aqui é apenas apresentar alguns lineamentos que indiquem a razão de tal princípio estar na base do tratamento que o Estado deve dar a seus cidadãos.

O Estado tem a missão de compatibilizar interesses coletivos com os individuais, de modo a realizar de forma equilibrada políticas públicas capazes de oferecer igualdade de oportunidades, redistribuição de recursos e desenvolvimento econômico que seja sustentável. Ao tentar alcançar esse desiderato, o Estado deve atender e respeitar os direitos humanos, buscando a máxima efetividade da dignidade da pessoa humana.

Como assevera Heleno Taveira Torres[101] sobre a realização da dignidade da pessoa humana como face da justiça financeira, no atual estágio de Estado Democrático e Social de Direito,

> [...] cabe ao Estado o dever de realizar políticas de intervencionismo para reduzir essas diferenças, o que deve fazer em nome da dignidade da pessoa humana ou da solidariedade, para assegurar o aprimoramento das melhorias de vida do povo, o que se verifica como um dever de concretização da democracia, nos atos de escolhas públicas. O princípio da dignidade da pessoa humana concorre para a justiça financeira, como fonte de legitimidade das redistribuições de rendas.

Já o **princípio do mínimo existencial** se liga à ideia de se respeitar o direito conferido ao cidadão de possuir condições mínimas de sobrevivência em sociedade. É sinônimo de "mínimos sociais", conforme estabelece o art. 1º da Lei nº 8.742/1993, que dispõe sobre a organização da Assistência Social, ou, ainda, de "direitos constitucionais mínimos", na forma utilizada pela doutrina e jurisprudência.

---

[100] ABRAHAM, Marcus. *Raízes judaicas do direito*. Rio de Janeiro: Forense, 2020. p. 132.

[101] TORRES, Heleno Taveira. *Direito constitucional financeiro*: teoria da constituição financeira. São Paulo: Revista dos Tribunais, 2014. p. 130.

Pensamos que a primeira formulação que evoca a expressão *mínimo existencial*, num estrato mais basilar, é a de identificação de seu conteúdo com um mínimo vital, isto é, o conjunto mínimo de condições para a mera sobrevivência física (ao qual chamaremos aqui de *conceito fraco de mínimo existencial*). Está-se aqui, por óbvio, nos estratos mais básicos da existência humana. Sem a preservação da vida, não há alicerce para o desenvolvimento de qualquer outra questão humana. Já a segunda noção, que aqui poderemos chamar de *conceito forte de mínimo existencial*, amplia-se cada vez mais pela ênfase que se tem dado desde o último século sobre as prestações estatais positivas (direitos fundamentais sociais). Segundo o *conceito forte de mínimo existencial*, este consistiria não apenas na oferta das condições de sobrevivência, mas sim em um nível acima: o florescimento humano básico ou uma vida com um mínimo de qualidade, naquilo que poderíamos chamar de um *salto qualitativo prestacional*.

Por certo, tais prestações de direitos sociais a serem oferecidas, bem como o padrão mínimo que devem alcançar são historicamente condicionadas e, assim como não é unívoco o conceito de dignidade humana, tampouco são unânimes os doutrinadores em indicar qual seria o efetivo conteúdo do chamado mínimo existencial.

Entre os teóricos contemporâneos do conceito forte de mínimo existencial, podemos destacar John Rawls, ao afirmar que os cidadãos, para entenderem e terem condições de exercerem os direitos e liberdades da cidadania, devem ser satisfeitos em certas necessidades básicas.[102] A nomenclatura de que se vale, porém, é distinta: *mínimo social*, para enfatizar justamente que o florescimento humano, para além da existência individual, inclui uma dimensão comunitária inarredável de participação cidadã ou de que o cidadão possa se sentir parte daquela comunidade política. Considera este mínimo social como um elemento constitucional essencial, qual seja "o de que, abaixo de um certo nível de bem-estar material e social, e de treinamento e educação, as pessoas simplesmente não podem participar da sociedade como cidadãos, e muito menos como cidadãos iguais".[103]

Rawls também propõe um elenco básico de bens primários a serem oferecidos para garantir o mínimo social, rol que demonstra claramente ser seu conceito ampliativo e para além de uma mera sobrevivência física:

(I) Os direitos e liberdades básicos: as liberdades de pensamento e de consciência, e todas as demais. Esses direitos e liberdades são condições institucionais essenciais para o adequado desenvolvimento e exercício pleno e consciente das duas faculdades morais.

(II) As liberdades de movimento e de livre escolha de ocupação sobre um fundo de oportunidades diversificadas, oportunidades estas que propiciam a busca de uma variedade de objetivos e tornam possíveis as decisões de revê-los e alterá-los.

(III) Os poderes e prerrogativas de cargos e posições de autoridade e responsabilidade.

(IV) Renda e riqueza, entendidas como meios polivalentes (que têm valor de troca) geralmente necessários para atingir uma ampla gama de objetivos, sejam eles quais forem.

(V) As bases sociais do autorrespeito, entendidas como aqueles aspectos das instituições básicas normalmente essenciais para que os cidadãos possam ter um senso vívido de seu valor enquanto pessoas e serem capazes de levar adiante seus objetivos com autoconfiança.[104]

---

[102] RAWLS, John. *O liberalismo político*. Trad. Dinah de Abreu Azevedo. 2. ed. São Paulo: Ática, 2000. p. 49.

[103] RAWLS, John. *O liberalismo político*. Trad. Dinah de Abreu Azevedo. 2. ed. São Paulo: Ática, 2000. p. 213.

[104] RAWLS, John. *O liberalismo político*. Trad. Dinah de Abreu Azevedo. 2. ed. São Paulo: Ática, 2000. p. 82-83.

No Brasil, Ricardo Lobo Torres é o responsável pela difusão da ideia de mínimo existencial. Ele também afirma que o mínimo existencial não está consagrado expressamente na Constituição brasileira, mas, nas pegadas da doutrina alemã, busca extraí-lo a partir da perspectiva da igualdade material, que protegeria contra a pobreza absoluta resultante da desigualdade social, bem como estaria implícito na cláusula geral de respeito à dignidade humana (art. 1º, inc. III, da Constituição) e na eleição de um modelo de Estado Social de Direito.[105] Para ele, seriam características do mínimo existencial: 1) ser pré-constitucional (o que coloca este autor dentro da tradição de direitos naturais inerentes ao ser humano); 2) constituir um direito público subjetivo do cidadão (portanto, judicialmente exigível); 3) não ser outorgado pela ordem jurídica, que meramente o reconhece, mas tendo a eficácia de *condicionar* a ordem jurídica; 4) validade *erga omnes*, aproximando-se do conceito de estado de necessidade; 5) não se exaurir no elenco do art. 5º da Constituição de 1988, pois dotado de historicidade, variando de acordo com o contexto social; 6) ser indefinível, surgindo sob a forma de cláusulas gerais e tipos indeterminados.[106]

Este autor também apresenta uma distinção: para ele, *mínimo existencial* e *direitos sociais* não se confundem. O mínimo existencial relaciona-se ao valor da liberdade, enquanto condição mínima para garantir a liberdade do cidadão (*status positivus libertatis*). Já os direitos sociais se referem ao valor justiça (*status positivus socialis*), formado pelas prestações estatais que visam fazer avançar o Estado Social e garantir os direitos sociais, diretamente dependentes da situação econômica do país e da riqueza nacional.[107]

Nas suas palavras, "há um direito às condições mínimas de existência humana digna que não pode ser objeto de incidência fiscal e que ainda exige prestações positivas do Estado".[108] Caso contrário, haveria uma restrição ou cerceamento da liberdade do indivíduo, na medida em que lhe faltarão condições básicas e mínimas para o seu exercício, já que sequer disporá de uma ínfima estrutura de sobrevivência.

Como se percebe, esse princípio não se encontra expresso de maneira específica e individual na Constituição Federal, mas pode ser identificado por diversas normas que consubstanciam a sua ideia, tais como aquelas previstas nos arts. 1º, III; 3º; 5º, XXXIV, LXXII, LXXIII, LXXIV; 150, VI; 153, § 4º; 196; 198; 203; 208; dentre outros. Representam, portanto, obrigações positivas ao Estado, impondo-lhe fazer coisas (fornecer bens e serviços) em prol do cidadão, bem como obrigações negativas, em que se bloqueia o poder impositivo do Estado na esfera patrimonial do cidadão-contribuinte, como ocorre em certas imunidades e isenções tributárias, evitando-se a tributação naquelas parcelas mínimas sem as quais o cidadão ficaria impossibilitado de ter uma existência digna em sociedade.

Por sua vez, Luís Roberto Barroso[109] explica que **direitos sociais** são comumente identificados como aqueles que envolvem prestações positivas por parte do Estado, razão pela qual

---

[105] TORRES, Ricardo Lobo. O mínimo existencial e os direitos fundamentais. *Revista de Direito Administrativo*, Rio de Janeiro, n. 177, jul./set. 1989. p. 32.

[106] TORRES, Ricardo Lobo. O mínimo existencial e os direitos fundamentais. *Revista de Direito Administrativo*, Rio de Janeiro, n. 177, jul./set. 1989. p. 32-33.

[107] TORRES, Ricardo Lobo. O mínimo existencial e os direitos fundamentais. *Revista de Direito Administrativo*, Rio de Janeiro, n. 177, jul./set. 1989. p. 40-41.

[108] TORRES, Ricardo Lobo. O mínimo existencial e os direitos fundamentais. *Revista de Direito Administrativo*, Rio de Janeiro, n. 177, jul./set. 1989. p. 29.

[109] BARROSO, Luís Roberto. Da falta de efetividade à judicialização excessiva: direito à saúde, fornecimento gratuito de medicamentos e parâmetros para a atuação judicial. In: SARMENTO, Daniel; SOUZA NETO,

demandariam investimento de recursos, nem sempre disponíveis. Esses direitos, também referidos como prestacionais, se materializam com a entrega de determinadas utilidades concretas, como educação e saúde.

É certo, todavia, que já não prevalece hoje a ideia de que os direitos liberais – como os políticos e os individuais – realizam-se por mera abstenção do Estado, com um simples *non facere*. Pelo contrário, produziu-se já razoável consenso de que também eles consomem recursos públicos. Por exemplo: a realização de eleições e a organização da Justiça Eleitoral consomem gastos vultosos, a exemplo da manutenção da polícia, do corpo de bombeiros e do próprio Judiciário, instituições importantes na proteção da vida e liberdades humanas e inclusive da propriedade.[110]

A esse respeito, Flávio Galdino[111] adverte que

> Mesmo o mais belo dos direitos, forjado na mais celebre teoria jurídica, pode sucumbir diante da realidade. A mais brilhante e consistente construção dogmática dos direitos humanos pode não se realizar se alguma *minúcia* – como por exemplo as despesas a serem geradas na tentativa de efetivação de um direito – não forem tomadas na devida consideração. [...] Assim, no sentido subjetivo, especificamente de direito subjetivo, não se admite mais a afirmação de um direito fundamental sem a necessária inclusão e séria consideração acerca dos seus custos.

Portanto, para financiar essa gama de deveres estatais e não cair nas limitações financeiras da *escassez de recursos* a que o Estado se submete, tendo de fazer escolhas entre as prestações que poderá oferecer à coletividade, o que hoje se denomina de argumento da **reserva do possível**,[112] o Estado moderno precisará buscar meios financeiros suficientes, porém arrecadados de maneira justa e proporcional, respeitando-se as diferenças e semelhanças entre os cidadãos, a sua capacidade contributiva, o mínimo necessário existencial e o máximo confiscatório, além de outras tantas parametrizações impostas, sobretudo com respeito à segurança nas relações jurídicas.

Sobre a reserva do possível, Fernando Facury Scaff[113] se manifestou da seguinte forma:

> A teoria da Reserva do Possível é condicionada pelas disponibilidades orçamentárias, porém os legisladores não possuem ampla Liberdade de Conformação, pois estão vinculados ao Princípio da Supremacia Constitucional, devendo implementar os objetivos estabelecidos na Constituição de 1988, que se encontram no art. 3º, dentre outras normas-objetivo. "Essa teoria somente pode ser arguida quando for comprovado que os recursos públicos estão sendo utilizados de forma proporcional aos problemas enfrentados pela parcela da população que não puder exercer sua liberdade jurídica, e de modo progressivo no tempo, em face de não conseguir a liberdade real

---

Cláudio Pereira de (Coord.). *Direitos sociais*: fundamentos, judicialização e direitos sociais em espécie. Rio de Janeiro: Lumen Juris, 2008. p. 877.

[110] Sobre o tema, vejam-se: Stephen Holmes e Cass Sunstein, The cost of rights, 1999; Flávio Galdino, Introdução à teoria dos custos dos direitos: direitos não nascem em árvores, 2005; e Ana Paula de Barcellos, A eficácia jurídica dos princípios constitucionais: o princípio da dignidade da pessoa humana, 2002.

[111] GALDINO, Flávio. *Introdução à teoria dos custos dos direitos*: direitos não nascem em árvores. Rio de Janeiro: Lumen Juris, 2005. p. 338-339.

[112] CANOTILHO, José Joaquim Gomes. *Direito constitucional*. 7. ed. Coimbra: Almedina, 2003. p. 469.

[113] SCAFF, Fernando Facury. Reserva do possível, mínimo existencial e direitos humanos. *Argumentum, Revista de Direito*, n. 6, 2006, p. 45-46.

necessária para tanto" (Roberto Alexy), ou "não puder exercer suas capacidades para exercer tais liberdades" (Amartya Sen). Tal procedimento não implica judicialização da política ou ativismo judicial, pois se trata apenas de aplicação da Constituição brasileira.

O Superior Tribunal de Justiça enfrentou o tema da reserva do possível sopesado com o mínimo existencial referente ao acesso à creche a menores de zero a seis anos (REsp 1.185.474). Embora concedendo que a obrigação impossível não é exigível, o STJ recorda que o estado de escassez, muitas vezes, é resultado de um processo de escolha. Quando não há recursos suficientes para prover todas as necessidades, a decisão do administrador de investir em determinada área implica escassez de recursos para outra que não foi contemplada. A título de exemplo, o gasto com festividades ou propagandas governamentais pode ser traduzido na ausência de dinheiro para a prestação de uma educação de qualidade.

É por ser resultado de uma escolha de prioridades que o Tribunal não admite, em um primeiro momento, opor a reserva do possível à efetivação dos Direitos Fundamentais, já que, quanto a estes, não cabe ao administrador público preteri-los em suas escolhas. Nem mesmo a vontade da maioria pode tratar tais direitos como secundários, pois a democracia não se restringe à vontade da maioria. A Democracia é, além da vontade da maioria, a realização dos direitos fundamentais. Só haverá democracia real onde houver liberdade de expressão, pluralismo político, acesso à informação, à educação, inviolabilidade da intimidade, o respeito às minorias e às ideias minoritárias etc.

O Supremo Tribunal Federal, em decisão monocrática do Ministro Celso de Mello na ADPF nº 45 (bem como no Recurso Extraordinário 410.715, de sua relatoria), envolvendo destinação de recursos orçamentários ao Sistema Único de Saúde, assim se manifestou sobre a reserva do possível e sua relação com os direitos fundamentais:

> É que a realização dos direitos econômicos, sociais e culturais – além de caracterizar-se pela gradualidade de seu processo de concretização – depende, em grande medida, de um inescapável vínculo financeiro subordinado às possibilidades orçamentárias do Estado, de tal modo que, comprovada, objetivamente, a incapacidade econômico-financeira da pessoa estatal, desta não se poderá razoavelmente exigir, considerada a limitação material referida, a imediata efetivação do comando fundado no texto da Carta Política.
>
> Não se mostrará lícito, no entanto, ao Poder Público, em tal hipótese – mediante indevida manipulação de sua atividade financeira e/ou político-administrativa – criar obstáculo artificial que revele o ilegítimo, arbitrário e censurável propósito de fraudar, de frustrar e de inviabilizar o estabelecimento e a preservação, em favor da pessoa e dos cidadãos, de condições materiais mínimas de existência.
>
> Cumpre advertir, desse modo, que a cláusula da "reserva do possível" – ressalvada a ocorrência de justo motivo objetivamente aferível – não pode ser invocada, pelo Estado, com a finalidade de exonerar-se do cumprimento de suas obrigações constitucionais, notadamente quando, dessa conduta governamental negativa, puder resultar nulificação ou, até mesmo, aniquilação de direitos constitucionais impregnados de um sentido de essencial fundamentalidade.
>
> Daí a correta ponderação de Ana Paula de Barcellos (*A Eficácia Jurídica dos Princípios Constitucionais*, p. 245-246, 2002, Renovar): "Em resumo: a limitação de recursos existe e é uma contingência que não se pode ignorar. O intérprete deverá levá-la em conta ao afirmar que algum bem pode ser exigido judicialmente, assim como o magistrado, ao determinar seu fornecimento pelo Estado. Por outro lado, não se pode esquecer que a finalidade do Estado ao obter recursos, para, em seguida, gastá-los sob a forma de obras, prestação de serviços, ou qualquer outra política pública, é exatamente realizar os objetivos fundamentais da Constituição."

Também no julgamento do Recurso Extraordinário 581.352, que envolvia ampliação e melhoria no atendimento de gestantes em maternidades estaduais, o STF assentou a presença de típica hipótese de omissão inconstitucional imputável ao Estado-membro, por desrespeito à Constituição provocado por inércia estatal. Decidiu-se também pela inaplicabilidade da reserva do possível sempre que a invocação dessa cláusula puder comprometer o núcleo básico que qualifica o mínimo existencial, surgindo assim o papel do Poder Judiciário na implementação de políticas públicas instituídas pela Constituição e não efetivadas pelo poder público.

Por fim, ao julgar o Recurso Extraordinário 592.581, o Pleno do STF firmou a tese de ser lícito ao Poder Judiciário impor ao Poder Executivo a obrigação de fazer (com respectivos recursos orçamentários), consistente na promoção de medidas ou na execução de obras emergenciais em estabelecimentos prisionais para efetivar o princípio da dignidade da pessoa humana e assegurar aos detentos o respeito à sua integridade física e moral, nos termos do que preceitua o art. 5º, XLIX, da Constituição Federal, não sendo oponível à decisão o argumento da reserva do possível nem o princípio da separação dos poderes.

De tudo o que se viu, podemos concluir que a justiça orçamentária envolverá, *pelo lado da receita pública*, uma arrecadação equitativa e equilibrada, provida de segurança jurídica e com respeito à igualdade e a capacidade contributiva, limitada pelo mínimo existencial e pelo máximo confiscatório, devendo ser suficientemente necessária para custear os gastos estatais; *pelo lado da despesa pública*, as escolhas devem ser criteriosas e a destinação eficiente, para que possa atender às necessidades públicas prioritárias, sobretudo no que tange aos mínimos necessários e aos direitos fundamentais e sociais. Com isso, o orçamento público respeitará o antigo conceito do *justo* como a materialização do direito de cada um.

*Capítulo III*
# AS LEIS ORÇAMENTÁRIAS

## 3.1. PREVISÃO CONSTITUCIONAL

A Constituição Federal de 1988 inovou em termos orçamentários. Embora a Lei Orçamentária Anual (LOA) já existisse no ordenamento jurídico brasileiro, foram instituídos a Lei de Diretrizes Orçamentárias (LDO) e o Plano Plurianual (PPA), criando um sistema de planejamento integrado e harmônico de curto e médio prazo, compatível com o modelo orçamentário denominado "Orçamento-programa", este atualmente adotado no Brasil.

O art. 165 da Constituição, ao dispor sobre o **orçamento público**, elenca as suas três espécies legais, e prevê que leis de iniciativa do Poder Executivo estabelecerão:

> **I – a lei do plano plurianual;**
> **II – a lei de diretrizes orçamentárias;**
> **III – a lei dos orçamentos anuais.**

O **Plano Plurianual – PPA** pertence ao plano estratégico, sendo uma lei de médio prazo, possuindo duração de 4 anos e trazendo os objetivos, metas, planos e programas da Administração Pública. A **Lei de Diretrizes Orçamentárias – LDO** pertence ao plano operacional, configurando uma lei de curto prazo, com duração de 1 ano, devendo ser elaborada em consonância com o PPA. A LDO traz as metas e prioridades da Administração Pública e, *grosso modo*, traduz o conteúdo presente no PPA para a LOA, estabelecendo uma conexão entre essas duas leis. A **Lei Orçamentária Anual – LOA** pertence ao plano de realização (dizemos também tratar-se de uma "lei de execução"), sendo uma lei com duração de 1 ano, devendo ser elaborada em consonância com o PPA e com a LDO. A LOA é o orçamento propriamente dito, sendo a lei que prevê as receitas e fixa as despesas para o exercício financeiro.

Ricardo Lobo Torres[1] nos ensina que a tripartição do planejamento orçamentário brasileiro teve influência do modelo alemão, que prevê o plano plurianual, o plano orçamentário e a lei orçamentária.

O planejamento integrado entre as 3 leis orçamentárias (LOA, LDO e PPA), em razão do *princípio da simetria* das normas constitucionais, deve ser observado não só em âmbito federal, mas em todas as esferas administrativas e por todos os Poderes, de modo que cada Estado e cada Município possua o seu PPA de 4 anos e as suas LDO e LOA, com duração de 1 ano respectivamente. O princípio da simetria das normas constitucionais para os Estados,

---

[1] TORRES, Ricardo Lobo. *Tratado de direito constitucional financeiro e tributário*: o orçamento na Constituição. 3. ed. Rio de Janeiro: Renovar, 2008. v. V. p. 78.

Municípios e Distrito Federal encontra previsão constitucional nos arts. 25, 29 e 32, respectivamente:

> Art. 25. Os Estados organizam-se e regem-se pelas Constituições e leis que adotarem, *observados os princípios desta Constituição*.
>
> [...]
>
> Art. 29. O Município reger-se-á por lei orgânica, votada em dois turnos, com o interstício mínimo de dez dias, e aprovada por dois terços dos membros da Câmara Municipal, que a promulgará, *atendidos os princípios estabelecidos nesta Constituição*, na Constituição do respectivo Estado e os seguintes preceitos:
>
> [...]
>
> Art. 32. O Distrito Federal, vedada sua divisão em Municípios, reger-se-á por lei orgânica, votada em dois turnos com interstício mínimo de dez dias, e aprovada por dois terços da Câmara Legislativa, que a promulgará, *atendidos os princípios estabelecidos nesta Constituição*.

Isso ocorre porque, para todos os entes federativos, a Constituição Federal expressamente impõe a obediência aos seus "princípios", termo que deve ser interpretado de maneira a englobar também as suas regras que possuem natureza de norma geral,[2] tais quais aquelas financeiras e orçamentárias constantes dos artigos 165 a 169.

Sobre esta questão, discorre Edilberto Pontes Lima[3]:

> Embora cada Estado tenha a sua própria Constituição (art. 25 da CF) e os Municípios elaborem cada um a sua lei orgânica, de fato a autonomia constitucional no Brasil é pequena, porque a

---

[2]  STF. ADI 7.060, Rel. Min. Dias Toffoli, Pleno, julg. 03.07.2023: "1. A Constituição Federal determina que é da União a competência para a edição de normas gerais de direito financeiro e orçamento (art. 24, incisos I e II), reservando aos estados e ao Distrito Federal o exercício de competência legislativa suplementar, de forma a adicionar situações específicas que somente podem ser observadas no âmbito local. Ademais, as normas gerais sobre elaboração da lei orçamentária anual, sobre gestão financeira e sobre critérios para a execução de programações de caráter obrigatório (como as emendas parlamentares impositivas) estão reservadas a lei complementar federal (arts. 163 e 165 da CF). 2. A Emenda Constitucional nº 86, promulgada em 17 de março de 2015, originária da 'PEC do Orçamento Impositivo', passou a prever as chamadas emendas impositivas à Lei Orçamentária Anual (LOA) e representa uma exceção às emendas parlamentares autorizativas, tendo por escopo tornar obrigatória a execução das emendas parlamentares individuais (art. 166, § 11, da CF). 3. O constituinte sergipano, no intuito de garantir a execução total do orçamento impositivo no mesmo exercício financeiro da respectiva lei orçamentária, inovou ao impedir que se considere o cômputo de qualquer percentual de despesas inscritas em restos a pagar, para fins do cumprimento da execução orçamentária e financeira no âmbito do Estado de Sergipe (§ 12 do art. 151 da CE). In casu, ao atribuir às referidas emendas estaduais parlamentares impositivas vedação orçamentária não prevista na Constituição Federal (art. 166, § 17, da CF, alterado pela EC nº 126/2022), o constituinte derivado decorrente extrapolou os limites de sua competência suplementar legislativa. 4. O Supremo Tribunal Federal tem entendido que normas da Constituição Federal sobre o processo legislativo das leis orçamentárias são de observância obrigatória pelas constituições dos estados. Por conseguinte, as regras introduzidas à CF/88 por meio da edição das Emendas Constitucionais nº 86/15, nº 100/19 e nº 126/22 devem ser observadas pelo legislador estadual, por força do princípio da simetria. Precedentes. 5. Ação direta de inconstitucionalidade julgada procedente, declarando-se a inconstitucionalidade formal do § 12 do art. 151 da Constituição do Estado de Sergipe, acrescentado pela Emenda Constitucional Estadual nº 53, de 10 de dezembro de 2020".

[3]  LIMA, Edilberto Pontes. O STF e o equilíbrio federativo: entre a descentralização e a inércia centralizadora. *Revista do Programa de Pós-Graduação em Direito da UFC*, v. 37.1, jan./jun. 2017, p. 39.

PARTE II · Cap. III · AS LEIS ORÇAMENTÁRIAS | 79

Constituição federal abriu poucos espaços para as Constituições estaduais decidirem. Ao menos tem sido essa a prática no Brasil, em que as Constituições estaduais são praticamente idênticas e em que o princípio da simetria tem sido largamente utilizado pelo STF para barrar iniciativas estaduais que divirjam do modelo federal.

Não obstante, isso não significa dizer que Estados, Distrito Federal e Municípios são obrigados a replicar literal e integralmente todos os preceitos orçamentários da CF/1988 em suas Constituições locais. Em relação a matérias orçamentais laterais ou secundárias (não substanciais) – tais como prazos de encaminhamento dos projetos orçamentários do Legislativo ao Executivo –, é possível que cada ente federado estabeleça suas próprias regras, diferentes daquelas previstas na Constituição Federal para as leis orçamentárias da União.[4] Nesse sentido, afirma José Maurício Conti:

> Admite-se que Estados e Municípios fixem prazos diferentes. No Estado de São Paulo, cabe ao Governador enviar à Assembleia Legislativa o projeto de lei dispondo sobre o plano plurianual até 15 de agosto do primeiro ano do mandato do Governador eleito (CE-SP, art. 174, § 9º, I – conforme redação dada pela Emenda Constitucional 24, de 23.01.2008).[5]

A propósito, no julgamento da ADI 253 (17.06.2015), o relator Ministro Gilmar Mendes afirmou que a o princípio da simetria não deve ser entendido como uma obrigação do constituinte estadual de simplesmente copiar integralmente as normas previstas para a União.

A Constituição Federal de 1988 reservou à lei complementar a definição das normas sobre o exercício financeiro, a vigência, os prazos, a elaboração e a organização do plano plurianual, da lei de diretrizes orçamentárias e da lei orçamentária anual (art. 165, § 9º, CF/1988). Contudo, quanto à questão dos prazos, tal lei complementar de caráter nacional ainda não foi aprovada pelo Congresso Nacional. Por isso, no âmbito da União, aplica-se o previsto no art. 35, § 2º, incisos I, II e III, do ADCT.[6] Por sua vez, nos planos estaduais e municipais remanesce certo espaço para o exercício da autonomia normativa orçamentária, desde que não viole o núcleo estrutural orçamentário desenhado na Constituição.

---

[4] STF. ADI 4.629, Rel. Min. Alexandre de Moraes, Pleno, julg. 20.09.2019, DJe 03.10.2019: "Constitucional. Direito Financeiro e Orçamentário. Constitucional. Direito Financeiro e Orçamentário. Emenda Constitucional 59/2011 do Estado do Rio Grande do Sul. Alteração dos prazos de encaminhamento de leis orçamentárias. Ofensa aos arts. 165 e 166 da Constituição Federal e ao Princípio da Simetria. Não ocorrência. Autonomia dos Estados-Membros. Ausência de Normas Gerais da União. Competência legislativa plena dos Estados (art. 24, § 3º, CF). Improcedência".

[5] CONTI, José Maurício. Comentários aos arts. 22 a 33. In: CONTI, José Maurício (coord.). *Orçamentos públicos*: a Lei 4.320/1964 comentada. 2. ed. São Paulo: Revista dos Tribunais, 2010. p. 99.

[6] Art. 35, § 2º. Até a entrada em vigor da lei complementar a que se refere o art. 165, § 9º, I e II, serão obedecidas as seguintes normas: I – o projeto do plano plurianual, para vigência até o final do primeiro exercício financeiro do mandato presidencial subsequente, será encaminhado até quatro meses antes do encerramento do primeiro exercício financeiro e devolvido para sanção até o encerramento da sessão legislativa; II – o projeto de lei de diretrizes orçamentárias será encaminhado até oito meses e meio antes do encerramento do exercício financeiro e devolvido para sanção até o encerramento do primeiro período da sessão legislativa; III – o projeto de lei orçamentária da União será encaminhado até quatro meses antes do encerramento do exercício financeiro e devolvido para sanção até o encerramento da sessão legislativa.

A "tríade orçamentária" brasileira, cujo objetivo é o planejamento, gestão, execução e controle do orçamento público de maneira harmônica e eficiente, é a estrutura legal que o Poder Executivo deverá propor e executar após a aprovação (e eventual emenda) pelo Poder Legislativo, dentro do processo de democracia fiscal que temos.

## 3.2. LEI DO PLANO PLURIANUAL – PPA

Como gênese pátria da nossa atual Lei do Plano Plurianual (PPA), identificamos na Carta de 1967 a sua origem, a partir de uma previsão próxima àquela que temos atualmente, ao introduzir no processo orçamentário o denominado *OPI – Orçamento Plurianual de Investimentos*, de duração trienal, que a ele vinculava as despesas de capital, nos termos de lei complementar (art. 63, parágrafo único), bem como as despesas previstas na lei orçamentária anual que ultrapassassem o exercício fiscal, ao estabelecer, no § 4º do seu art. 65, que:

> Nenhum projeto, programa, obra ou despesa, cuja execução se prolongue além de um exercício financeiro, poderá ter verba consignada no orçamento anual, nem ser iniciado ou contratado, sem prévia inclusão no orçamento plurianual de investimento [...].

Weder de Oliveira[7] comenta que a Constituição Federal de 1988 "deu seguimento a essa concepção de decisões alocativas integradas entre planos e orçamentos. Mas o fez de forma substancialmente diversa, inovadora e complexa", referindo-se à tríade orçamentária que hoje estrutura o nosso modelo de orçamento público. E afirma que "o plano plurianual situa-se no tipo do nosso sistema de planejamento, programação e orçamento".[8]

O § 1º do art. 165 da Constituição Federal de 1988 institui a **Lei do Plano Plurianual (PPA)**:

> A lei que instituir o plano plurianual estabelecerá, de forma regionalizada, as diretrizes, objetivos e metas da administração pública federal para as despesas de capital e outras delas decorrentes e para as relativas aos programas de duração continuada.

Essa norma inicia prevendo a sua função primordial, que é fixar as diretrizes, objetivos e metas que deverão ser realizados no quadriênio de sua vigência no que se refere às despesas de capital (as quais abarcam investimentos, inversões financeiras e transferências de capital).[9]

---

[7] OLIVEIRA, Weder de. *Lei de Diretrizes Orçamentárias: gênese, funcionalidade e constitucionalidade – retomando as origens.* Belo Horizonte: Fórum, 2017. p. 30-31.

[8] OLIVEIRA, Weder de. *Curso de responsabilidade fiscal*: direito, orçamento e finanças públicas. Belo Horizonte: Fórum, 2017. p. 285.

[9] Os investimentos são as dotações para o planejamento e a execução de obras, inclusive as destinadas à aquisição de imóveis considerados necessários à realização destas últimas, bem como para os programas especiais de trabalho, aquisição de instalações, equipamentos e material permanente e constituição ou aumento do capital de empresas que não sejam de caráter comercial ou financeiro. As inversões financeiras englobam: I – aquisição de imóveis, ou de bens de capital já em utilização; II – aquisição de títulos representativos do capital de empresas ou entidades de qualquer espécie, já constituídas, quando a operação não importe aumento do capital; III – constituição ou aumento do capital de entidades ou empresas que visem a objetivos comerciais ou financeiros, inclusive operações bancárias ou de seguros. As transferências de capital são as dotações para investimentos ou inversões financeiras que outras pessoas de direito público ou privado devam realizar, independentemente de contraprestação direta em bens ou

Por fim, faz menção a programas de duração continuada, isto é, programas com prazo de duração que ultrapassa um exercício financeiro.

Podemos dizer que a Lei do Plano Plurianual – lei de natureza formal e conteúdo material – é responsável pelo *planejamento estratégico* das ações estatais no médio prazo, influenciando a elaboração da lei de diretrizes orçamentárias (planejamento operacional) e da lei orçamentária anual (execução).

Por isso, trata-se de uma lei de *quatro anos de duração*, cujo projeto deve ser encaminhado pelo Executivo ao Legislativo até 31 de agosto do primeiro ano de cada governo, iniciando sua vigência no segundo ano do mandato presidencial e encerrando no fim do primeiro ano do mandato seguinte (art. 35, § 2º, ADCT). Tais prazos revelam uma de suas características fundamentais: a *continuidade administrativa* das suas metas e programas, de modo que os novos governos possam avaliar e eventualmente dar continuidade àqueles iniciados pelos gestores anteriores.

A respeito da ideia de continuidade entre o PPA da gestão anterior e o novo PPA a ser elaborado e encaminhado pelo novo governo, afirma Marco Antonio Hatem Beneton:[10]

> Vincular parte de um novo governo ao plano plurianual do outro se aproxima, em muito, da noção do princípio da continuidade do serviço público, porque a interrupção, por exemplo, de bons programas de duração continuada, poderia ocasionar um transtorno na ordem pública ao afetar camadas mais pobres da população. É preciso cautela na revisão dos programas e investimentos para a instituição de um novo PPA.

Mas não podemos nos olvidar de que o PPA não produz efeitos sozinho, pois, sendo uma *lei de programação de governo*, dependerá, essencialmente, das leis orçamentárias anuais, as quais deverão concretizar as políticas e programas nele previstas.

O PPA configura uma lei que tem por objeto a programação global de médio prazo a fim de promover a integração nacional destinada à consecução do desenvolvimento regional e nacional.

No âmbito da União, a Lei Maior estatui que deve ser realizada uma articulação das atividades federais em um mesmo complexo geoeconômico e social, buscando o desenvolvimento e a redução de desigualdades regionais (art. 43, *caput*, CF/1988). A compatibilização do orçamento fiscal e de investimento com o plano plurianual vem prevista no art. 165, § 7º: "Os orçamentos previstos no § 5º, I e II, deste artigo, compatibilizados com o plano plurianual, terão entre suas funções a de reduzir desigualdades inter-regionais, segundo critério populacional".

Outrossim, os planos e programas nacionais, regionais e setoriais devem ser elaborados de acordo com o plano plurianual (art. 165, § 4º, CF/1988). Ademais, as emendas ao projeto de lei do orçamento anual ou aos projetos que o modifiquem somente podem ser aprovadas

---

serviços, constituindo essas transferências auxílios ou contribuições, segundo derivem diretamente da Lei de Orçamento ou de lei especialmente anterior, bem como as dotações para amortização da dívida pública (art. 12, Lei nº 4.320/1964).

[10] BENETON, Marco Antonio Hatem. O plano plurianual, os contratos administrativos e a Teoria do Diálogo das Fontes: os exemplos de elos entre o direito financeiro e o direito administrativo. In: CONTI, José Maurício; SCAFF, Fernando Facury (coord.). *Orçamentos públicos e direito financeiro*. São Paulo: Revista dos Tribunais, 2011. p. 607.

caso sejam compatíveis com o plano plurianual (e com a lei de diretrizes orçamentárias), nos termos do § 3º, do art. 166. Da mesma forma, as emendas ao projeto de lei de diretrizes orçamentárias não poderão ser aprovadas quando incompatíveis com o plano plurianual (art. 166, § 4º, CF/1988).

O fato de o plano plurianual constituir uma programação de médio prazo conduz à norma constitucional de que nenhum investimento cuja execução ultrapasse um exercício financeiro poderá ser iniciado sem prévia inclusão no plano plurianual, ou sem lei que autorize a inclusão, sob pena de crime de responsabilidade (art. 167, § 1º, CF/1988).[11]

A Lei nº 4.320/1964 não faz qualquer menção à lei do plano plurianual, uma vez que ela é anterior à Constituição de 1988 que instituiu o PPA. Todavia, já estabelecia uma programação, no mínimo trienal, para receitas e despesas de capital. Assim é que o seu artigo 23 prescreve:

> Art. 23. As receitas e despesas de capital serão objeto de um Quadro de Recursos e de Aplicação de Capital, aprovado por decreto do Poder Executivo, abrangendo, no mínimo um triênio.
>
> Parágrafo único. O Quadro de Recursos e de Aplicação de Capital será anualmente reajustado acrescentando-se-lhe as previsões de mais um ano, de modo a assegurar a projeção contínua dos períodos.

A respeito desta norma de um plano trienal sobre receitas e despesas de capital da Lei nº 4.320/1964, leciona José Maurício Conti[12] que o "Quadro de Recursos e de Aplicação de Capital, previsto no art. 23, foi substituído pelos novos mecanismos criados pela Constituição de 1988, especialmente o Plano Plurianual".

Ainda dentro da ideia de aproximação entre as previsões da Lei nº 4.320/1964 com o que hoje temos na Lei do Plano Plurianual, o art. 25 daquela lei faz menção expressa a metas e programas, assim dispondo:

> Art. 25. Os programas constantes do Quadro de Recursos e de Aplicação de Capital sempre que possível serão correlacionados a metas objetivas em termos de realização de obras e de prestação de serviços.
>
> Parágrafo único. Consideram-se metas os resultados que se pretendem obter com a realização de cada programa.

Por sua vez, a Lei de Responsabilidade Fiscal traz um importante dispositivo sobre o controle da despesa pública, qual seja o art. 16, prevendo que qualquer aumento da despesa deverá, dentre outras condições, ser compatível com o plano plurianual.

---

[11] TCU. Acórdão 738/2017, Rel. Min. Walton Alencar Rodrigues, Plenário, julg. 12.04.2017: "Em contrato de concessão de serviço público, é irregular a celebração de termo aditivo que preveja aportes de recursos públicos para custear obra de grande porte, cuja execução ultrapasse o exercício financeiro, sem inclusão individualizada do empreendimento entre as iniciativas do plano plurianual ou sem lei que autorize a sua inclusão, ante o disposto no art. 167, § 1º, da Constituição Federal". No mesmo sentido, TCU. Acórdão 2.991/2009, Rel. Min. Augusto Nardes, Plenário, julg. 09.12.2009: "Para a contratação de projeto de grande vulto e com duração superior a 1 (um) ano é necessário constituir projeto orçamentário específico e constar do Plano Plurianual".

[12] CONTI, José Maurício. Comentários aos arts. 22 a 33. In: CONTI, José Maurício (coord.). *Orçamentos públicos*: a Lei 4.320/1964 comentada. 2. ed. São Paulo: Revista dos Tribunais, 2010. p. 99.

Ainda sobre a LRF, cabe registrar que o seu projeto previa, no seu art. 3º[13] (vetado), mudanças nos prazos de elaboração e votação do projeto de lei do plano plurianual, assim como possuía um Anexo de Política Fiscal, em que seriam estabelecidos os objetivos e metas plurianuais de política fiscal a serem alcançados durante o período de vigência do plano, demonstrando a compatibilidade com as premissas e objetivos das políticas econômicas nacional e de desenvolvimento social.

Todavia, por meio da Mensagem 627, de 4 de maio de 2000, a Presidência da República manifestou o seu veto parcial ao dispositivo, tanto em relação à mudança de prazos de elaboração e votação do projeto de lei do plano plurianual – que eram reduzidos expressamente no *caput* e no § 2º –, como também em relação à previsão no § 1º da instituição do Anexo de Política Fiscal. Entendeu-se que a redução de prazos prejudicaria a sua elaboração e votação e que a supressão do Anexo não ocasionaria prejuízos, considerando-se que a lei de diretrizes orçamentárias já prevê a apresentação de Anexo de Metas Fiscais, contendo, de forma mais precisa, metas para cinco variáveis – receitas, despesas, resultados nominal e primário e dívida pública –, para três anos, especificadas em valores correntes e constantes.

Conforme consta nas orientações para elaboração do PPA editadas pelo Ministério do Planejamento, Orçamento e Gestão, é papel do Plano Plurianual, além de declarar as escolhas do governo e da sociedade, indicar os meios para a implementação das políticas públicas, bem como orientar taticamente a ação do Estado para a consecução dos objetivos pretendidos. Nesse sentido, estabelece que a **estrutura do Plano Plurianual** deve conter as seguintes dimensões:

a) *dimensão estratégica*: precede e orienta a elaboração dos Programas Temáticos. É composta por uma Visão de Futuro, Eixos Estratégicos, Valores Estratégicos, Objetivos Estratégicos, Diretrizes Estratégicas, Indicadores-Chave. A **Visão de Futuro** deve ser entendida como a declaração de um desejo coletivo, factível, claro, que oriente o planejamento e ação governamental. Os **Eixos Estratégicos** definem as principais linhas da atuação governamental para o período de implementação do Plano, como: o acesso universal à educação de qualidade; inclusão social; ampliação da produtividade e da competitividade da economia. Os **Valores Estratégicos** são o conjunto de princípios e atitudes que orientam as decisões de governo no âmbito do PPA, e devem guiar o comportamento de todos os que contribuem para a ação do governo. **Objetivos Estratégicos** são declarações objetivas e concisas que indicam as mudanças que precisam ser realizadas em parceria entre governo e sociedade para atingir a Visão de Futuro, devendo, sempre que possível, ser quantificáveis a partir dos indicadores-chave nacionais de resultado, permitindo conferir o seu andamento para o atingimento dos resultados desejados ou para a correção de trajetória, caso necessário. As **Diretrizes Estratégicas** norteiam as principais agendas para os próximos quatro anos. **Indicadores-chave Nacionais** são um conjunto de indicadores que permitem realizar uma avaliação eficaz das estratégias nacionais e são essenciais para o acompanhamento do desempenho da estratégia adotada no Plano.[14]

---

[13]  Dispositivo vetado da LRF: Art. 3º O projeto de lei do plano plurianual de cada ente abrangerá os respectivos Poderes e será devolvido para sanção até o encerramento do primeiro período da sessão legislativa. § 1º Integrará o projeto Anexo de Política Fiscal, em que serão estabelecidos os objetivos e metas plurianuais de política fiscal a serem alcançados durante o período de vigência do plano, demonstrando a compatibilidade deles com as premissas e objetivos das políticas econômica nacional e de desenvolvimento social. § 2º O projeto de que trata o caput será encaminhado ao Poder Legislativo até o dia trinta de abril do primeiro ano do mandato do Chefe do Poder Executivo.

[14]  BRASIL. Ministério da Economia. Manual Técnico do Plano Plurianual do Governo Federal 2024-2027. Brasília: Ministério da Economia, 2023. p. 37.

b) **dimensão tática**: define caminhos exequíveis para as transformações da realidade que estão anunciadas nas diretrizes estratégicas, considerando as variáveis inerentes à política pública e reforçando a apropriação, pelo PPA, das principais agendas de governo e dos planos setoriais para os quatro anos de sua vigência, sendo expressa nos Programas Temáticos e nos Programas de Gestão, Manutenção e Serviços ao Estado. Os Programas Temáticos retratam as agendas de governo, organizadas por recortes selecionados de Políticas Públicas que orientam a ação governamental. Já os Programas de Gestão, Manutenção e Serviços ao Estado são instrumentos do Plano que classificam um conjunto de ações destinadas ao apoio, à gestão e à manutenção da atuação governamental. Por sua vez, o Programa Finalístico é o conjunto coordenado de ações governamentais financiadas por recursos orçamentários e não orçamentários visando à concretização do objetivo.

c) **dimensão operacional**: relaciona-se com a otimização na aplicação dos recursos disponíveis e a qualidade dos produtos entregues.

Quanto aos elementos do **programa finalístico**, destacamos: título do programa, informações básicas e complementares, problema, valor anualizado por esfera, objetivo geral e específico, público-alvo, órgão responsável, entrega, indicador do objetivo específico, indicador de entrega, meta, regionalização da meta, investimentos plurianuais, medidas institucionais normativas, programa finalístico de natureza multisetorial e transversalidade.[15]

Sobre as propriedades dos indicadores estratégicos, temos: a) validade: capacidade de representar, com a maior proximidade possível, a realidade que se deseja medir e modificar; b) confiabilidade: indicadores devem ter origem em fontes confiáveis, que utilizem metodologias reconhecidas e transparentes de coleta, processamento e divulgação; c) disponibilidade: os dados básicos para seu cômputo devem ser de fácil obtenção; d) simplicidade: indicadores devem ser de fácil comunicação e entendimento pelo público em geral, interno ou externo, ou seja, devem ser de fácil compreensão tanto por seus executores como por aqueles que receberão seus resultados; e) sensibilidade: o indicador deve repercutir as variações do fenômeno; f) desagregabilidade: capacidade de representação regionalizada de grupos sociodemográficos, considerando que a dimensão territorial se apresenta como um componente essencial na implementação de políticas públicas; g) economicidade: capacidade do indicador de ser obtido a custos módicos; a relação entre os custos de obtenção e os benefícios advindos deve ser favorável; h) estabilidade: capacidade de estabelecimento de séries históricas estáveis, que permitam monitoramentos e comparações das variáveis de interesse.[16]

Para a elaboração da Lei do Plano Plurianual (PPA) pelo Poder Executivo, alguns conceitos são essenciais: I) *Diretrizes*: possuem a finalidade de retratar as declarações de governo e indicam as preferências políticas dos governantes eleitos; II) *Temas*: buscam refletir a estrutura institucional adotada pela administração; III) *Programas*: evidenciam as políticas públicas e suas ações orçamentárias e não orçamentárias para concretizar as diretrizes de governo.

Por sua vez, os **programas orçamentários** constantes do PPA deverão conter os seguintes elementos e atributos: I. *Código*: convenção adotada para organização e representação do Programa; II. *Título*: nome do Programa de fácil compreensão pela sociedade; III. *Órgão*

---

[15] BRASIL. Ministério da Economia. Manual Técnico do Plano Plurianual do Governo Federal 2024-2027. Brasília: Ministério da Economia, 2023. p. 41-47.

[16] BRASIL. Ministério da Economia. Manual Técnico do Plano Plurianual do Governo Federal 2024-2027. Brasília: Ministério da Economia, 2023. p. 45.

*responsável*: órgão responsável pela execução do programa e alcance de sua meta; IV. *Investimentos Plurianuais*: são um ou mais subtítulos de projetos selecionados, que impactam a programação em mais de um exercício financeiro; V. *Problema*: demandas não satisfeitas, carências ou oportunidades identificadas em que o órgão pretende atuar de forma ativa para transformar ou mudar uma realidade concreta a qual o Programa se propôs a modificar; VI. *Causas*: são fatores que contribuem para a ocorrência do problema; VII. *Objetivo*: expressa o resultado que se deseja alcançar, ou seja, a transformação da situação a qual o programa se propõe a modificar; VIII. *Indicador*: é um instrumento que permite medir o desempenho do programa no enfrentamento do problema ao longo do tempo, tendo como atributos principais: a) Denominação: forma pela qual o Indicador será apresentado à sociedade; b) Organização Responsável pelo Cálculo: instituição responsável pelo registro ou produção das informações necessárias para a apuração do Indicador e divulgação periódica dos índices; c) Unidade de Medida: padrão escolhido para mensuração da relação adotada como Indicador; d) Índice de Referência: situação mais recente do indicador e sua respectiva data de apuração; e) Periodicidade: período de tempo em que o indicador é apurado; f) Máxima Desagregação Geográfica: nível possível de regionalização do indicador; g) Fórmula de Cálculo: método utilizado para cálculo do indicador; g) Período ou Data a que se Refere o Indicador: período a que se refere a informação; IX. *Meta*: quantifica e comunica a transformação da realidade almejada a cada ano, e para o final do quadriênio do Plano Plurianual; X. *Regionalização*: fornece informações relacionadas à distribuição das metas estipuladas para o Programa no território; XI. *Ações orçamentárias*: são operações das quais resultam bens e serviços que contribuem para atender o objetivo de um programa e são financiadas por recursos que integram a Lei Orçamentária Anual; XII. *Ações não orçamentárias*: são operações das quais resultam bens e serviços que contribuem para atender o objetivo de um programa e são financiadas por recursos que não integram a Lei Orçamentária Anual; XIII. *Valor Global*: indica uma estimativa dos recursos disponíveis durante o período do PPA para a consecução do objetivo do programa.

Em complemento, destacamos os seguintes conceitos[17]: I – *objetivo*: declaração de resultado a ser alcançado que expressa, em seu conteúdo, o que deve ser feito para a transformação de determinada realidade; II – *meta*: declaração de resultado a ser alcançado, de natureza quantitativa ou qualitativa, que contribui para o alcance do objetivo; III – *indicador*: instrumento gerencial que permite a mensuração de desempenho de programa em relação à meta declarada; IV – *regionalização*: conjunto de informações, com vistas a compatibilizar os recursos públicos disponíveis com o atendimento de necessidades da sociedade no território nacional e a possibilitar a avaliação regional da execução do gasto público; V – *política pública*: conjunto de iniciativas governamentais organizadas em função de necessidades socioeconômicas, que contém instrumentos, finalidades e fontes de financiamento; VI – *programa*: conjunto de políticas públicas financiadas por ações orçamentárias e não orçamentárias; VII – *planejamento governamental*: sistemática de orientação de escolha de políticas públicas e de definição de prioridades, a partir de estudos prospectivos e diagnósticos, com o propósito de diminuir as desigualdades, melhorar a alocação de recursos e aprimorar o ambiente econômico e social; VIII – *Plano Plurianual da União (PPA)*: instrumento de planejamento governamental de médio prazo, que define diretrizes, objetivos e metas, com propósito de viabilizar a implementação dos programas;

---

[17] Conceitos expressos na Lei nº 13.971/2019, que institui o Plano Plurianual para o período de 2020 a 2023.

IX – *planos nacionais, setoriais e regionais*: instrumentos de comunicação à sociedade das ações governamentais, observados a estratégia nacional de desenvolvimento econômico e social, o PPA e as diretrizes das políticas nacionais; X – *política nacional*: conjunto de diretrizes, princípios e instrumentos destinados a orientar a atuação de agentes públicos no atendimento às demandas da sociedade, cuja operacionalização será detalhada em planos nacionais, setoriais e regionais, com escopo e prazo definidos; XI – *diretriz*: declaração ou conjunto de declarações que orientam os programas abrangidos no PPA, com fundamento nas demandas da população; XII – *programa finalístico*: conjunto de ações orçamentárias e não orçamentárias, suficientes para enfrentar problema da sociedade, conforme objetivo e meta; XIII – *unidade responsável*: órgão ou entidade da administração pública federal direta ou indireta, responsável pela gestão de programa finalístico; XIV – *valor global do programa*: estimativa dos recursos orçamentários e não orçamentários, segregados nas esferas fiscal, da seguridade social e de investimento das empresas estatais, com as respectivas categorias econômicas e indicação das fontes de financiamento; XV – *programa de gestão*: conjunto de ações orçamentárias e não orçamentárias, que não são passíveis de associação aos programas finalísticos, relacionadas à gestão da atuação governamental ou à manutenção da capacidade produtiva das empresas estatais. XVI – *subsídios*: benefícios de natureza financeira, tributária e creditícia de que trata o § 6º do art. 165 da Constituição; XVII – *gastos diretos*: recursos utilizados na consecução de políticas públicas, executadas de forma direta ou descentralizada, que não se caracterizam como subsídios, nos termos do disposto no inciso XVI; XVIII – *governança*: conjunto de mecanismos de liderança, estratégia e controle utilizados para avaliar, direcionar e monitorar a gestão pública, com vistas à consecução de políticas públicas e à prestação de serviços de interesse da sociedade; XIX – *investimento plurianual prioritário*: investimento selecionado que impacta programa finalístico em mais de um exercício financeiro; e XX – *investimento plurianual de empresa estatal não dependente*: investimento que se enquadra nas hipóteses previstas no PPA e abrange empresa em que a União, direta ou indiretamente, detenha a maioria do capital social com direito a voto, cujas programações não constem do Orçamento Fiscal ou da Seguridade Social.

A título exemplificativo, citamos a Lei do Plano Plurianual federal de 2020-2023[18], que apresenta as seguintes diretrizes (art. 3º): I – o aprimoramento da governança, da modernização do Estado e da gestão pública federal, com eficiência administrativa, transparência da ação estatal, digitalização de serviços governamentais e promoção da produtividade da estrutura administrativa do Estado; II – a busca contínua pelo aprimoramento da qualidade do gasto público, por meio da adoção de indicadores e metas que possibilitem a mensuração da eficácia das políticas públicas; III – a articulação e a coordenação com os entes federativos, com vistas à redução das desigualdades regionais, combinados: a) processos de relacionamento formal, por meio da celebração de contratos ou convênios, que envolvam a transferência de recursos e responsabilidades; e b) mecanismos de monitoramento e avaliação; IV – a eficiência da ação do setor público, com a valorização da ciência e tecnologia e redução da ingerência do Estado na economia; V – a garantia do equilíbrio das contas públicas, com vistas a reinserir o Brasil entre os países com grau de investimento; VI – a intensificação do combate à corrupção, à violência e ao crime organizado; VII – (vetado); VIII – a promoção e defesa dos direitos humanos, com foco no amparo à família; IX – o combate à fome, à miséria e às desigualdades sociais; X – a dedicação prioritária à qualidade da educação básica, especialmente a educação infantil, e à preparação para o mercado de

---

[18]    Lei nº 13.971/2019.

trabalho; XI – a ampliação da cobertura e da resolutividade da atenção primária à saúde, com prioridade na prevenção, e o fortalecimento da integração entre os serviços de saúde; XII – a ênfase na geração de oportunidades e de estímulos à inserção no mercado de trabalho, com especial atenção ao primeiro emprego; XIII – a promoção da melhoria da qualidade ambiental, da conservação e do uso sustentável de recursos naturais, considerados os custos e os benefícios ambientais; XIV – o fomento à pesquisa científica e tecnológica, com foco no atendimento à saúde, inclusive para prevenção e tratamento de doenças raras; XV – a ampliação do investimento privado em infraestrutura, orientado pela associação entre planejamento de longo prazo e redução da insegurança jurídica; XVI – a ampliação e a orientação do investimento público, com ênfase no provimento de infraestrutura e na sua manutenção; XVII – o desenvolvimento das capacidades e das condições necessárias à promoção da soberania e dos interesses nacionais, consideradas as vertentes de defesa nacional, as relações exteriores e a segurança institucional; XVIII – a ênfase no desenvolvimento urbano sustentável, com a utilização do conceito de cidades inteligentes e o fomento aos negócios de impacto social e ambiental; XIX – a simplificação e a progressividade do sistema tributário, a melhoria do ambiente de negócios, o estímulo à concorrência e a maior abertura da economia nacional ao comércio exterior, priorizando o apoio às micro e pequenas empresas e promovendo a proteção da indústria nacional em grau equivalente àquele praticado pelos países mais industrializados; e XX – o estímulo ao empreendedorismo, por meio da facilitação ao crédito para o setor produtivo, da concessão de incentivos e benefícios fiscais e da redução de entraves burocráticos.

E como "programas finalísticos" lá estabelecidos (cerca de 70), citamos apenas alguns, exemplificativamente:

a) *"Programa de Proteção e Promoção dos Direitos dos Povos Indígenas"*, tendo como diretriz a promoção e defesa dos direitos humanos, com foco no amparo à família; como objetivo, promover e proteger os direitos sociais e culturais e o direito à cidadania dos povos indígenas, asseguradas suas especificidades nas políticas públicas; e, como meta, atender 100% das Terras Indígenas com ações ou projetos voltados à proteção e promoção dos direitos dos povos indígenas.

b) *"Programa Agropecuária Sustentável"*, tendo como diretriz a promoção da melhoria da qualidade ambiental, da conservação e do uso sustentável de recursos naturais, considerados os custos e os benefícios ambientais; como objetivo, promover o desenvolvimento da agropecuária sustentável, da pesca artesanal e da aquicultura familiar; e, como meta, elevar de 29,5% para 59% o Índice de Sustentabilidade da Agropecuária.

c) *"Programa Qualidade Ambiental Urbana"*, tendo como diretriz a promoção da melhoria da qualidade ambiental, da conservação e do uso sustentável de recursos naturais, considerados os custos e os benefícios ambientais; como objetivo, promover a melhoria da qualidade ambiental urbana, com ênfase nos temas prioritários: combate ao lixo no mar, gestão de resíduos sólidos, áreas verdes urbanas, qualidade do ar, saneamento e qualidade das águas, e áreas contaminadas; e, como meta, realizar ações para a melhoria da qualidade ambiental urbana em 27 unidades da federação.

d) *"Programa Brasil Moderniza"*, tendo como diretriz a eficiência da ação do setor público, com a valorização da ciência e tecnologia e redução da ingerência do Estado na economia; como objetivo, aumentar a qualidade da prestação de serviços à sociedade, modernizando o ambiente de negócios e a gestão pública, com ênfase na transformação digital dos serviços públicos; e, como meta, melhorar o Índice de Modernização (IM) para 85% nos próximos quatros anos.

e) *"Programa Conecta Brasil"*, tendo como diretriz a eficiência da ação do setor público, com a valorização da ciência e tecnologia e redução da ingerência do Estado na economia; como objetivo, promover o acesso universal e ampliar a qualidade dos serviços de comunicações do país; e, como meta, ampliar o acesso à internet em banda larga para os domicílios brasileiros de 74,68% para 91,00%.

f) *"Programa Empregabilidade"*, tendo como diretriz a ênfase na geração de oportunidades e de estímulos à inserção no mercado de trabalho, com especial atenção ao primeiro emprego; como objetivo, aumentar a efetividade das políticas ativas de mercado de trabalho na inserção dos trabalhadores na atividade produtiva; e, como meta, alcançar 4% de participação das políticas ativas de emprego (Intermediação de Mão de Obra e Qualificação) na colocação do trabalhador no mercado de trabalho formal, sendo 6% em 2021, 3,2% em 2022 e 4% em 2023.

g) *"Programa Mobilidade Urbana"*, tendo como diretriz ampliação do investimento privado em infraestrutura, orientado pela associação entre planejamento de longo prazo e redução da insegurança jurídica; como objetivo, aprimorar o planejamento, a gestão e a infraestrutura de mobilidade urbana em cidades e regiões; e, como meta, concluir 13.216 empreendimentos de mobilidade urbana.

h) *"Programa Moradia Digna"*, tendo como diretriz a ampliação do investimento privado em infraestrutura, orientado pela associação entre planejamento de longo prazo e redução da insegurança jurídica; como objetivo, promover o acesso e a melhoria das condições de moradia; e, como meta, beneficiar 2.174.117 famílias com a ampliação do acesso à moradia e à melhoria das condições de habitabilidade.

Por sua vez, o *Manual Técnico de Elaboração do PPA 2024-2027*,[19] possui como premissa básica a valorização do planejamento governamental estratégico e especifica alguns elementos constitutivos dos programas: a) do problema a ser enfrentado (ou mitigado); b) das alternativas existentes para combater o problema; c) dos resultados pretendidos pela intervenção, ou seja, dos benefícios a serem auferidos pelo público-alvo; e d) do volume de recursos financeiros requeridos para a intervenção pública. A metodologia para o PPA 2024-2027 apoia-se em 7 pilares: 1) aperfeiçoamento metodológico; 2) fortalecimento da dimensão estratégica do PPA; 3) integração dos objetivos e metas do PPA com os recursos orçamentários e não orçamentários; 4) integração entre planejamento e avaliação; 5) resgate da participação social; 6) integração do território nos programas do Plano Plurianual; e 7) visão estratégica e foco em resultados.

Assim, em cada novo governo, o PPA espelhará os programas, políticas públicas, diretrizes, objetivos e metas estabelecidos pelo novo gestor, indicando os caminhos a serem percorridos para o seu atingimento, tudo com base nas ideologias, pretensões e objetivos que pretende realizar durante a sua gestão, conforme os compromissos manifestados e firmados na eleição.

E, como se sabe, o conteúdo da lei do Plano Plurianual – suas metas, programas e políticas públicas, diretrizes e objetivos – vincula a elaboração da Lei de Diretrizes Orçamentárias e da Lei Orçamentária Anual.

---

[19]  BRASIL. Ministério da Economia. Manual Técnico do Plano Plurianual do Governo Federal 2024-2027. Brasília: Ministério da Economia, 2023.

## 3.3. LEI DE DIRETRIZES ORÇAMENTÁRIAS – LDO

A Constituição Federal de 1988 criou um novo instituto orçamentário, a Lei de Diretrizes Orçamentárias, peça que até então não existia em nosso ordenamento jurídico.

Analisando a nova estrutura orçamentária a partir da Carta de 1988, Weder de Oliveira[20] afirma:

> As "diretrizes orçamentárias", contudo, não eram assimiláveis a nada anteriormente existente no sistema orçamentário brasileiro. Representavam uma instituição nova, raramente estudada em profundidade pela doutrina do direito financeiro e que pouco interesse despertou nos constitucionalistas.

O mesmo autor, que realizou um dos mais profundos estudos sobre o tema, explica que, ainda que se identifiquem alguns elementos de inspiração francesa e norte-americana, nenhum outro país do mundo adotou esse modelo contendo uma terceira lei orçamentária, além do típico modelo dual (lei de planejamento e lei de alocação) ou mesmo um modelo de unicidade orçamentária.[21] E, após analisar detidamente os debates na Assembleia Constituinte de 1987, concluiu que o objetivo do constituinte, ao criar a lei de diretrizes orçamentárias, seria de elaborar um "*pré-orçamento*" em que se discutiriam definições fundamentais de alocação de recursos, grandes prioridades e alocações globais, por áreas ou setores. Assim, como proposta de orçamento preliminar, o instrumento deveria servir para "acoplar o orçamento ao planejamento", sendo uma etapa do planejamento global. Na sua visão, seria "um instrumento sobre o qual se tomariam verdadeiras e inescapáveis decisões orçamentárias, caracterizadas pela definição de valores a serem alocados em níveis mais agregados de despesa".[22] Nas suas esclarecedoras palavras:

> Tanto na França quanto nos Estados Unidos o Orçamento é discutido em dois momentos: no primeiro define-se, em essência, o quadro fiscal; no segundo, é feita a alocação em níveis menores de detalhamento.
>
> No Brasil, a LDO é o instrumento de definição do quadro fiscal dentro do qual o Poder Executivo e o Congresso Nacional deverão operar para elaborar a lei orçamentária anual.[23]

A LDO também é uma lei de natureza formal e de conteúdo material, e tem a sua finalidade voltada ao *planejamento operacional* do governo. Desse modo, ao passo que o plano plurianual se encontra no nível estratégico de planejamento de médio prazo, a lei de diretrizes orçamentárias encontra-se no plano tático de planejamento, possuindo o prazo de duração de um ano e servindo de parâmetro para a elaboração da lei orçamentária anual.[24]

---

[20] OLIVEIRA, Weder de. *Lei de Diretrizes Orçamentárias*: gênese, funcionalidade e constitucionalidade – retomando as origens. Belo Horizonte, 2017. p. 33.

[21] OLIVEIRA, Weder de. *Lei de Diretrizes Orçamentárias*: gênese, funcionalidade e constitucionalidade – retomando as origens. Belo Horizonte, 2017. p. 47.

[22] OLIVEIRA, Weder de. *Lei de Diretrizes Orçamentárias*: gênese, funcionalidade e constitucionalidade – retomando as origens. Belo Horizonte, 2017. p. 97.

[23] OLIVEIRA, Weder de. *Lei de Diretrizes Orçamentárias*: gênese, funcionalidade e constitucionalidade – retomando as origens. Belo Horizonte, 2017. p. 208.

[24] STF: "A Lei de Diretrizes Orçamentárias possui destinação constitucional específica e veicula conteúdo material próprio, que, definido pelo art. 165, § 2º, da Carta Federal, compreende as metas e prioridades da

Trata-se de um instrumento orçamentário que planeja e orienta a realização, a cada ano, de uma parcela das previsões contidas na lei do plano plurianual, para ser executada pela lei orçamentária anual. Assim, a LDO guia o processo de elaboração da lei orçamentária anual, e seu projeto necessita ser encaminhado ao Legislativo até o dia 15 de abril de cada ano, de modo a viger no exercício financeiro seguinte.

A **LDO** está prevista no § 2º do art. 165 da Constituição, que assim dispõe:

> § 2º A lei de diretrizes orçamentárias compreenderá as metas e prioridades da administração pública federal, estabelecerá as diretrizes de política fiscal e respectivas metas, em consonância com trajetória sustentável da dívida pública, orientará a elaboração da lei orçamentária anual, disporá sobre as alterações na legislação tributária e estabelecerá a política de aplicação das agências financeiras oficiais de fomento.[25]

Assim, nos termos da Constituição Federal, a LDO apresenta os seguintes escopos: a) definir as metas e prioridades da administração pública para o exercício financeiro subsequente, devendo guardar compatibilidade com o plano plurianual; b) estabelecer as diretrizes de política fiscal e respectivas metas para serem consideradas na lei orçamentária anual; c) garantir uma trajetória sustentável da dívida pública; d) orientar a elaboração da LOA; e) versar sobre as alterações na legislação tributária, a fim de orientar a estimativa de receitas quando da elaboração do orçamento; f) indicar a política de aplicação das agências financeiras de fomento.

Sobre o primeiro aspecto, de *definição de metas e prioridades*, Weder de Oliveira[26] alerta que, para que a lei de diretrizes orçamentárias possa funcionar plenamente como definidora de metas e prioridades que serão obrigatoriamente observadas na definição dos créditos na lei orçamentária anual, e verdadeiramente buscadas e implementadas na execução do orçamento, deve ela definir os grandes números fiscais: os montantes gerais da receita e da despesa, o resultado fiscal, as fontes de financiamento, entre outros.

Por sua vez, ao estabelecer *as diretrizes da política fiscal e respectivas metas*, a LDO deverá indicar, a partir das receitas e despesas que se realizarão, o conjunto de medidas adotadas para corrigir distorções econômicas e sociais, manter a estabilidade do nível de produção, preços e empregos, e administrar os recursos de forma a produzir bens e serviços para a sociedade. Para tanto, deverá cumprir as três funções essenciais de política fiscal: i) a função estabilizadora macroeconômica, com a promoção do crescimento sustentado, redução de desemprego e busca da estabilidade de preços; ii) a função redistributiva da renda, realizada de maneira equitativa; e iii) a função alocativa, pelo fornecimento de bens e serviços, inclusive para suprir eventuais falhas de mercado. Por sua vez, as metas devem ser fixadas de maneira clara e objetiva, a fim de que se possa aferir o resultado fiscal para o controle do endividamento.

---

Administração Pública, inclusive as despesas de capital para o exercício financeiro subsequente. Mais do que isso, esse ato estatal tem por objetivo orientar a elaboração da lei orçamentária anual e dispor sobre as alterações na legislação tributária, além de estabelecer a política de aplicação das agências financeiras oficiais de fomento" (ADI 612-QO, Rel. Min. Celso de Mello, Pleno, julg. 03.06.1993, DJ 06.05.1994).

[25] Conforme redação dada pela Emenda Constitucional nº 109/2021.

[26] OLIVEIRA, Weder de. *Lei de Diretrizes Orçamentárias*: gênese, funcionalidade e constitucionalidade – retomando as origens. Belo Horizonte, 2017. p. 196.

A LC nº 200/2023, no seu art. 1º, determina que a política fiscal da União deve ser conduzida de modo a manter a dívida pública em níveis sustentáveis, prevenindo riscos e promovendo medidas de ajuste fiscal em caso de desvios, garantindo a solvência e a sustentabilidade intertemporal das contas públicas, integrando o conjunto de medidas de ajuste fiscal a obtenção de resultados fiscais compatíveis com a sustentabilidade da dívida, a adoção de limites ao crescimento da despesa, a aplicação das vedações previstas nos incisos I a X do *caput* do art. 167-A da CF, bem como a recuperação e a gestão de receitas públicas (§§ 2º e 3º).

A referida norma prevê, também, que a LDO estabelecerá as diretrizes de política fiscal e as respectivas metas anuais de resultado primário do Governo Central, para o exercício a que se referir e para os 3 (três) seguintes, devendo ser compatíveis com a trajetória sustentável da dívida pública. Considera-se compatível com a sustentabilidade da dívida pública o estabelecimento de metas de resultados primários, nos termos das leis de diretrizes orçamentárias, até a estabilização da relação entre a Dívida Bruta do Governo Geral (DBGG) e o Produto Interno Bruto (PIB), conforme o respectivo Anexo de Metas Fiscais. Por sua vez, a trajetória de convergência do montante da dívida, os indicadores de sua apuração e os níveis de compatibilidade dos resultados fiscais com a sustentabilidade da dívida deverão constar do Anexo de Metas Fiscais (art. 2º, LC nº 200/2023).

A política fiscal a ser adotada pode ser classificada por expansiva (ou expansionista) e recessiva (ou contracionista).[27] A *Política Fiscal Expansiva* refere-se ao aumento de gastos governamentais combinado com a redução da tributação (carga tributária). A adoção desse tipo de política pode resultar, por exemplo, no aumento do consumo das famílias e dos investimentos, no estímulo às exportações, na inibição das importações mediante imposição de tarifas e barreiras etc. O impacto da política fiscal expansionista é a ampliação da produção e dos níveis de emprego. A *Política Fiscal Restritiva* refere-se à redução dos gastos governamentais e/ou aumento da tributação (carga tributária). Ou seja, consiste na adoção de medidas em sentido inverso ao da política fiscal expansionista. A adoção desse tipo de política pode resultar, por exemplo, na redução do consumo das famílias (por ocasião do aumento da tributação). Como consequência, a política fiscal contracionista provoca a redução da produção e dos níveis de emprego.

Quanto ao objetivo de garantir uma *trajetória de sustentabilidade da dívida pública*, esse aspecto foi introduzido pela EC nº 109/2021, cujo escopo é o de fixar regras de estabilidade macroeconômica duradoura. Na justificativa da proposta de emenda constitucional, havia menção expressa no sentido de que "a condução da política fiscal, em todos os níveis de governo, deve ser realizada de forma a manter a dívida pública em patamares sustentáveis". E conclui a justificativa com o seguinte desígnio:

> Essa Proposta de Emenda Constitucional virará a página do problema fiscal brasileiro ao garantir a estabilidade da dívida pública e será um passo fundamental para tornar o Brasil de novo um país *"Investment Grade"*, consequentemente, polo de atração de investimentos estrangeiros. Destaca-se que o maior benefício dessa nova realidade é o retorno dos investimentos, do fomento à produção local e a criação de milhões de empregos para a população brasileira, reduzindo a pobreza e trazendo de volta o próspero e, desta vez, sustentável processo de desenvolvimento ao país.[28]

---

[27] GADELHA, Sergio Ricardo de Brito. *Introdução ao orçamento público*: Módulo 4, Política Econômica e Programação Financeira. Brasília: ENAP – Escola Nacional de Administração Pública, 2017. p. 6.

[28] Texto da justificativa da PEC 186/2019, que deu origem à Emenda Constitucional 109/2021.

Ainda em relação à sustentabilidade da dívida pública, esse princípio fiscal fundamental consagrou-se expressamente no texto constitucional a partir da referida EC 109/2021, que incluiu o inciso VIII no art. 163 e também o novo art. 164-A, conforme abaixo:

> Art. 163. Lei complementar disporá sobre: (...)
>
> VIII – sustentabilidade da dívida, especificando:
>
> a) indicadores de sua apuração;
>
> b) níveis de compatibilidade dos resultados fiscais com a trajetória da dívida;
>
> c) trajetória de convergência do montante da dívida com os limites definidos em legislação;
>
> d) medidas de ajuste, suspensões e vedações;
>
> e) planejamento de alienação de ativos com vistas à redução do montante da dívida.
>
> Parágrafo único. A lei complementar de que trata o inciso VIII do *caput* deste artigo pode autorizar a aplicação das vedações previstas no art. 167-A desta Constituição.
>
> [...]
>
> Art. 164-A. A União, os Estados, o Distrito Federal e os Municípios devem conduzir suas políticas fiscais de forma a manter a dívida pública em níveis sustentáveis, na forma da lei complementar referida no inciso VIII do *caput* do art. 163 desta Constituição.
>
> Parágrafo único. A elaboração e a execução de planos e orçamentos devem refletir a compatibilidade dos indicadores fiscais com a sustentabilidade da dívida.

Já quanto ao papel de *dispor sobre alterações na legislação tributária*, Weder de Oliveira registra que esta tem sido "uma função esquecida na lei de diretrizes orçamentárias", mas se posiciona no sentido de que "a finalidade precípua da LDO é a de conciliar despesas e receitas, mas poderá, também, por exemplo, ser a de promover determinada estratégia tributária governamental aprovada no plano plurianual", inclusive condicionando a concessão de incentivos tributários. Registra, outrossim, que embora haja quem entenda que esta função possua um caráter meramente orientativo da LDO (como Ricardo Lobo Torres), há outros que entendem ser uma condicionante para qualquer alteração na legislação tributária (como Ives Gandra Martins e Celso Ribeiro Bastos).[29]

Sobre a função de *estabelecer política para as agências de fomento*, as leis de diretrizes orçamentárias têm qualificado como agências financeiras oficiais de fomento o Banco do Brasil, a Caixa Econômica Federal (CEF), o Banco da Amazônia (BASA), o Banco do Nordeste do Brasil (BNB), o Banco Nacional de Desenvolvimento Econômico e Social (BNDES) e a Financiadora de Estudos e Projetos (FINEP), e dentre as prioridades para essas agências, pode-se citar, exemplificativamente, o financiamento para: a) redução do déficit habitacional; b) projetos de investimento em saneamento básico; c) desenvolvimento da infraestrutura urbana e rural; d) estímulo à criação de empregos etc.[30]

Em relação à função de *orientar a elaboração da lei orçamentária anual*, o estudo do supracitado autor[31] indica que a LDO deverá veicular: a) definições sobre a composição e

---

[29]  OLIVEIRA, Weder de. *Lei de Diretrizes Orçamentárias*: gênese, funcionalidade e constitucionalidade – retomando as origens. Belo Horizonte, 2017. p. 200 e 209-210.

[30]  OLIVEIRA, Weder de. *Lei de Diretrizes Orçamentárias*: gênese, funcionalidade e constitucionalidade – retomando as origens. Belo Horizonte, 2017. p. 243.

[31]  OLIVEIRA, Weder de. *Lei de Diretrizes Orçamentárias*: gênese, funcionalidade e constitucionalidade – retomando as origens. Belo Horizonte, 2017. p. 279.

estrutura dos orçamentos; b) definições sobre a organização do projeto de lei orçamentária anual; c) condições e critérios para orçamentação da despesa; d) definição da destinação possível de recursos de emissão de títulos; e) definições alocativas; f) estabelecimento de metas fiscais.

Portanto, a LDO trará em seu corpo: I – as metas e as prioridades da administração pública (federal, estadual ou municipal); II – a estrutura e a organização dos orçamentos; III – as diretrizes para a elaboração e a execução dos orçamentos; IV – as disposições relativas às transferências; V – as disposições relativas à dívida pública; VI – as disposições relativas às despesas com pessoal e encargos sociais e aos benefícios aos servidores, aos empregados e aos seus dependentes; VII – a política de aplicação dos recursos das agências financeiras oficiais de fomento; VIII – as disposições relativas à adequação orçamentária decorrente das alterações na legislação; IX – as disposições relativas à fiscalização pelo Poder Legislativo e às obras e aos serviços com indícios de irregularidades graves; X – as disposições relativas à transparência.

Outra importante função da LDO é a de definir o significado e extensão da *execução do orçamento impositivo*, conforme dispõem os §§ 10 e 11 do art. 165 da CF/1988.

Por sua vez, o art. 165, § 12, da Constituição determina que integrará a lei de diretrizes orçamentárias, para o exercício a que se refere e, pelo menos, para os dois exercícios subsequentes, *anexo com previsão de agregados fiscais e a proporção dos recursos para investimentos* que serão alocados na lei orçamentária anual para a continuidade daqueles em andamento. Esse novo anexo objetiva ser uma ferramenta de transparência e controle para a alocação de recursos a projetos e investimentos, garantindo-se a continuidade dos já iniciados e que estejam em andamento.

Importante registrar que, quanto à função de orientar a elaboração da LOA, a Constituição também prevê que a LDO deve dispor sobre os prazos e os limites das propostas orçamentárias dos três poderes (art. 99, §§ 1º e 3º), do Ministério Público (art. 127, §§ 3º e 4º) e da Defensoria Pública da União (art. 134, § 2º).[32] Se tais entes não encaminharem as respectivas propostas orçamentárias dentro do prazo estabelecido na lei de diretrizes orçamentárias, o Poder Executivo considerará, para fins de consolidação da proposta orçamentária anual, os valores aprovados na lei orçamentária vigente, ajustados de acordo com os limites estipulados na lei de diretrizes orçamentárias.

A **elaboração da LDO** se inicia com a identificação e o estabelecimento das prioridades, objetivos estratégicos e diretrizes, a partir do levantamento das principais demandas por ações governamentais, seguindo o que foi estabelecido anteriormente no PPA. Após a identificação dos programas e ações prioritárias, deverão ser estabelecidas as metas fiscais relativas a receitas, despesas e resultados que se pretendem atingir ao longo da execução orçamentária, sempre preocupando-se com a sustentabilidade da dívida pública.

Não se pode deixar de considerar na sua elaboração a avaliação da PLDO do ano anterior para fins de aprimoramento do processo de planejamento orçamentário.

Durante a fase inicial de tal processo, é elaborada uma versão preliminar do Projeto de LDO, que é consolidado como "base de partida" para a apresentação de propostas pelos Órgãos Setoriais (OSs), pelas Unidades Orçamentárias (UOs) e pelos Agentes Técnicos (ATs). As propostas dos atores externos são analisadas, uma a uma, e, em caso de necessidade, pareceres

---

[32] BRASIL. Ministério da Economia. Secretaria Especial de Fazenda. Manual Técnico de Orçamento MTO 2024. 6. ed. Brasília: Secretaria do Orçamento Federal, 2024. p. 111.

são solicitados aos Agentes Técnicos, no intuito de subsidiar a análise e a decisão final sobre a incorporação delas ao texto. A apresentação de propostas de emenda à LDO é facultativa, sendo possível a indicação no sistema de que a unidade não tem interesse em fazê-lo. Tal atividade é franqueada aos Agentes Técnicos, aos Órgãos Setoriais e, no caso de descentralização, às respectivas Unidades Orçamentárias. As emendas devem ser inseridas no módulo LDO do SIOP, e podem ser de quatro tipos: aditiva, modificativa, substitutiva ou supressiva. Para viabilizar a compreensão e análise das emendas, é imprescindível que o proponente apresente justificativa, contendo descrição do problema que motivou a propositura da emenda, impactos causados por esse problema e como a emenda o soluciona.[33]

Na LDO deverão ser demonstrados os programas governamentais a serem executados, quer sejam de caráter contínuo ou não, a unidade responsável pelo seu acompanhamento, a especificação do seu objetivo, a justificativa para a sua implementação, as metas a serem atingidas e a estimativa do seu custo total em valores correntes. O objetivo deve apresentar a finalidade do programa. A justificativa deverá descrever a motivação para implementação do programa governamental. As metas devem conter os resultados que se pretendem atingir no exercício em referência, expresso por indicadores previamente definidos. Os custos devem representar o somatório do gasto estimado para o programa governamental, considerando-se todas as ações envolvidas para a sua realização.

Para tanto, deverá contemplar os programas de duração continuada (previstos no PPA), bem como aqueles de duração limitada ao exercício de referência da LDO: a) *programas finalísticos*, que resultam em bens e serviços ofertados à sociedade, como merenda escolar, prevenção a doenças, infraestrutura etc.; b) *programas de apoio administrativo*, que englobam ações voltadas à manutenção e aprimoramento da máquina administrativa, tais como capacitação de servidores, manutenção de prédios públicos etc.; c) *programas relativos às operações especiais*, que não geram contraprestação direta sob a forma de bens ou serviços, a exemplo das despesas com inativos e pensões, pagamento de sentenças judiciais, amortização e encargos etc.

É de se registrar que a Lei nº 4.320/1964 nada tratou – e nem poderia – sobre a Lei de Diretrizes Orçamentárias, por ser a LDO posterior e instituída apenas com o advento da Constituição Federal de 1988.

Por sua vez, a Lei de Responsabilidade Fiscal (LRF – LC nº 101/2000) adicionou outras funções à LDO. O art. 4º da LRF estatui que a LDO irá dispor, também, sobre: a) equilíbrio entre receitas e despesas; b) critérios e forma de limitação de empenho; c) normas relativas ao controle de custos e à avaliação dos resultados dos programas financiados com recursos dos orçamentos; d) demais condições e exigências para transferências de recursos a entidades públicas e privadas.

Todas essas disposições buscam, essencialmente, evitar o indesejado desequilíbrio orçamentário nas contas públicas, dentro do legítimo espírito da nova cultura de gestão fiscal responsável. Ao dispor que a LDO deve tratar expressamente sobre o equilíbrio de receitas e despesas, do mecanismo de limitação de empenho (suspensão momentânea de pagamentos), de controle de custos e avaliação de resultados de programas custeados com recursos públicos, bem como das transferências financeiras para entidades públicas e privadas, pretende-se atuar preventivamente resguardando a estabilidade financeira, para que

---

[33]  BRASIL. Ministério da Economia. Secretaria Especial de Fazenda. Manual Técnico de Orçamento MTO 2024. 6. ed. Brasília: Secretaria do Orçamento Federal, 2024. p. 115-117.

o Estado brasileiro possa dispor de recursos necessários e suficientes à realização da sua atividade, sem ter que sacrificar a sociedade com as nefastas consequências decorrentes da instabilidade das contas públicas.

A respeito desta atuação preventiva, esclarece Carlos Valder do Nascimento:[34]

> A prevenção deve operar-se mediante limitação, num período razoável de tempo, da média de gastos à média de receita. O que se persegue é que a despesa não ultrapasse a capacidade de pagamento do Estado, sob pena do comprometimento da ação governamental, cuja meta deve ser voltada para o bem-estar da coletividade.

Dentro desse escopo, diz-se que, em relação à Lei de Diretrizes Orçamentárias, a LRF não se limitou à ingenuidade do mero equilíbrio entre previsão de receitas e fixação de despesas na proposta de orçamento, tendo ido mais longe, ao impor o efetivo equilíbrio financeiro ao longo de todo o exercício, com ênfase no último ano de mandato dos gestores.[35] Na mesma linha, ressaltam Carlos Maurício Figueiredo e Marcos Nóbrega que

> o clássico princípio orçamentário do equilíbrio deve ser entendido não como mera igualdade numérica entre receita e despesa, em determinado exercício. Trata-se, na realidade do estabelecimento de parâmetros que confiram às contas públicas a necessária e indispensável estabilidade, a fim de permitir ao Estado a consecução de seus fins.[36]

Esses autores advertem que a instituição do sistema de custos tem por objeto maior a produção de indicadores de desempenho, permitindo análises comparativas, e não devendo ser entendido como a simples comparação entre preços contratados e preços de mercado, mas, sim, como uma avaliação de custo-benefício, para que se possa saber se o ente está atingindo as metas de forma eficiente e econômica.[37]

Além disso, a LRF estabeleceu no art. 4º que devem ser elaborados dois relevantes **demonstrativos fiscais**, a serem publicados como anexos da LDO: o *Anexo de Metas Fiscais* e o *Anexo de Riscos Fiscais* (analisados adiante).

Finalmente, a LRF prevê o encaminhamento de **Mensagem do Projeto de LDO**, apresentando os objetivos das políticas monetária, creditícia e cambial, bem como os parâmetros e as projeções para seus principais agregados e variáveis, e ainda as metas de inflação, para o exercício subsequente.

---

[34] NASCIMENTO, Carlos Valder do. Comentário ao art. 1º da LRF. In: MARTINS, Ives Gandra da Silva; NASCIMENTO, Carlos Valder do (org.). *Comentários à Lei de Responsabilidade Fiscal*. 6. ed. São Paulo: Saraiva, 2012. p. 56.

[35] FIGUEIREDO, Carlos Maurício et al. *Comentários à Lei de Responsabilidade Fiscal*. 2. ed. São Paulo: Revista dos Tribunais, 2001. p. 60.

[36] FIGUEIREDO, Carlos Maurício; NÓBREGA, Marcos. *Responsabilidade fiscal*: aspectos polêmicos. Belo Horizonte: Fórum, 2006. p. 138.

[37] FIGUEIREDO, Carlos Maurício; NÓBREGA, Marcos. *Responsabilidade fiscal*: aspectos polêmicos. Belo Horizonte: Fórum, 2006. p. 140.

### 3.3.1. Anexo de Metas Fiscais

No **Anexo de Metas Fiscais** são estabelecidas metas anuais, em valores correntes e constantes, relativas a receitas, despesas, resultados nominal e primário e montante da dívida pública, para o exercício a que se referirem e para os dois seguintes (art. 4º, § 1º, LRF).

O Anexo de Metas Fiscais também abrange: I – avaliação do cumprimento das metas relativas ao ano anterior; II – demonstrativo das metas anuais, instruído com memória e metodologia de cálculo que justifiquem os resultados pretendidos, comparando-as com as fixadas nos três exercícios anteriores, e evidenciando a consistência delas com as premissas e os objetivos da política econômica nacional; III – evolução do patrimônio líquido, também nos últimos três exercícios, destacando a origem e a aplicação dos recursos obtidos com a alienação de ativos; IV – avaliação da situação financeira e atuarial: a) dos regimes geral de previdência social e próprio dos servidores públicos e do Fundo de Amparo ao Trabalhador; b) dos demais fundos públicos e programas estatais de natureza atuarial; V – demonstrativo da estimativa e compensação da renúncia de receita e da margem de expansão das despesas obrigatórias de caráter continuado; VI – quadro demonstrativo do cálculo da meta do resultado primário que evidencie os principais agregados de receitas e despesas, os resultados, comparando-os com os valores programados para o exercício em curso e os realizados nos 2 (dois) exercícios anteriores, e as estimativas para o exercício a que se refere a lei de diretrizes orçamentárias e para os subsequentes (art. 4, § 2º, LRF).

No caso da União, o Anexo de Metas Fiscais do projeto de lei de diretrizes orçamentárias conterá também: I – as metas anuais para o exercício a que se referir e para os 3 (três) seguintes, com o objetivo de garantir sustentabilidade à trajetória da dívida pública; II – o marco fiscal de médio prazo, com projeções para os principais agregados fiscais que compõem os cenários de referência, distinguindo-se as despesas primárias das financeiras e as obrigatórias daquelas discricionárias; III – o efeito esperado e a compatibilidade, no período de 10 (dez) anos, do cumprimento das metas de resultado primário sobre a trajetória de convergência da dívida pública, evidenciando o nível de resultados fiscais consistentes com a estabilização da Dívida Bruta do Governo Geral (DBGG) em relação ao Produto Interno Bruto (PIB); IV – os intervalos de tolerância para verificação do cumprimento das metas anuais de resultado primário, convertido em valores correntes, de menos 0,25 p.p. (vinte e cinco centésimos ponto percentual) e de mais 0,25 p.p. (vinte e cinco centésimos ponto percentual) do PIB previsto no respectivo projeto de lei de diretrizes orçamentárias; V – os limites e os parâmetros orçamentários dos Poderes e órgãos autônomos compatíveis com as disposições estabelecidas na lei complementar; VI – a estimativa do impacto fiscal, quando couber, das recomendações resultantes de avaliação das políticas públicas (art. 4, § 5º, LRF).

Já no caso dos Estados, do Distrito Federal e dos Municípios, esses entes subnacionais poderão adotar, total ou parcialmente, no que couber, os itens antes relacionados para constar do conteúdo do respectivo Anexo de Metas Fiscais de suas LDOs (art. 4, § 6º, LRF).

É vedado à lei de diretrizes orçamentárias dispor sobre a exclusão de quaisquer despesas primárias da apuração da meta de resultado primário dos orçamentos fiscal e da seguridade social (art. 4º, § 7º, LRF).

As *Metas Fiscais* representam os resultados a serem alcançados para variáveis fiscais visando atingir os objetivos desejados pelo ente da Federação quanto à trajetória de endividamento no médio prazo. Pelo princípio da gestão fiscal responsável, as metas representam a conexão entre o planejamento, a elaboração e a execução do orçamento. Esses parâmetros indicam os rumos da condução da política fiscal para os próximos exercícios e servem de indicadores para a promoção da limitação de empenho e de movimentação financeira.

Para tanto, estabelece o "Manual de Demonstrativos Fiscais – Aplicado à União e aos Estados, Distrito Federal e Municípios",[38] editado pela Secretaria do Tesouro Nacional, que esse documento deve ser composto pelos seguintes demonstrativos:

a) **Demonstrativo I – Metas Anuais**: contempla as informações relativas às receitas (total e primárias), despesas (total e primárias), resultados primário e nominal, dívida pública consolidada e dívida consolidada líquida, para o ano de referência da LDO e para os dois anos seguintes, em valores correntes e constantes, tendo como objetivo, além de dar transparência sobre as metas fiscais relativas ao ente da Federação, dando base à avaliação da política fiscal estabelecida pelo chefe do Poder Executivo para o triênio, orientar a elaboração do projeto de lei orçamentária anual de forma a permitir o alcance das metas conforme planejado. Os valores das metas fiscais para o exercício orçamentário a que se refere a LDO deverão basear-se no cenário macroeconômico, tendo como parâmetros básicos: o crescimento real do PIB (% anual); o Índice de Inflação anual; relatórios de mercado divulgados pelo Banco Central – BACEN e pelo Instituto de Pesquisa Econômica Aplicada – IPEA, que trazem as expectativas de mercado para a taxa de inflação, de câmbio, de juros, dentre outros indicadores; pesquisa mensal de comércio divulgada pelo IBGE e especificada por Unidade da Federação; pesquisa industrial mensal da produção física/regional divulgada pelo IBGE e especificada por Estados/ Regiões industriais; variação no valor das transferências constitucionais recebidas, quando esse for relevante em relação ao total das receitas auferidas pelo ente.

Portanto, deverá conter os seguintes dados: a) Estoque da Dívida, que é o montante da dívida que garante o equilíbrio fiscal; b) Resultado Primário requerido, que é o saldo das receitas e despesas primárias, representando a economia fiscal que o governo se disporá a alcançar, o esforço do gestor com o objetivo de amortizar a dívida pública; c) Projeção de receitas, que representa o planejamento dos valores a serem arrecadados em determinado período; d) Projeção de despesas obrigatórias, que reflete o montante que necessariamente têm prioridade em relação às demais despesas, tanto no momento de elaboração do orçamento quanto na sua execução; e) Despesas discricionárias, que são aquelas que o gestor tem flexibilidade de estabelecer a oportunidade de sua execução; f) Projeção de juros, que indica o componente financeiro do resultado fiscal e engloba os juros reais incidentes sobre a dívida, e a respectiva atualização monetária; g) Resultado Nominal, que é o conjunto das operações fiscais realizadas pela administração pública acrescentando ao resultado primário a conta de juros. Representa a variação do estoque da dívida.

Esse demonstrativo conterá, além da análise dos dados apresentados e de eventuais variações abruptas (e outras que mereçam destaque), as medidas que a Administração Pública pretende tomar visando atingir as metas estabelecidas.

Dessa forma, cada ente deverá demonstrar os parâmetros e cálculos que justifiquem os resultados pretendidos, comparando-os com os fixados nos três anos anteriores e evidenciando a sua consistência com as premissas e os objetivos da política econômica nacional.

O reconhecimento do cenário macroeconômico é essencial para o planejamento dos itens das metas fiscais. Poderão ser utilizados os relatórios de mercado divulgados pelo Banco Central do Brasil ou Instituto de Pesquisa Econômica Aplicada e ainda pesquisas setoriais

---

[38] BRASIL. Secretaria do Tesouro Nacional. Manual de Demonstrativos Fiscais: aplicado à União e aos Estados, Distrito Federal e Municípios. 14. ed. Brasília: Secretaria do Tesouro Nacional, Subsecretaria de Contabilidade Pública, Coordenação-Geral de Normas de Contabilidade Aplicadas à Federação, 2023. p. 70.

e regionais realizadas pelo IBGE ou instituto equivalente. Após a ponderação das variáveis econômicas, deve ser iniciado o processo de planejamento das metas de acordo com a política fiscal do ente.

b) **Demonstrativo II – Avaliação do Cumprimento das Metas Fiscais do Exercício Anterior**: a finalidade desse demonstrativo é a de estabelecer uma comparação entre as metas fixadas e o resultado obtido no exercício orçamentário anterior ao que se refere a LDO, incluindo análise dos fatores determinantes para o alcance ou não dos valores estabelecidos como metas. Alguns fatores, tais como o cenário macroeconômico, o desempenho das empresas estatais, as taxas de câmbio e de inflação, devem ser motivo de explanação a respeito dos resultados obtidos.

Assim, esse Demonstrativo deve informar as metas (em valores e em percentual do PIB e da Receita Corrente Líquida) para receita (total e primária), despesa (total e primária), resultados primário e nominal, dívida pública consolidada e dívida consolidada líquida, para o segundo ano anterior ao ano de referência da LDO. Por exemplo, para a LDO feita em 2023 e se referindo ao exercício de 2024, será avaliado o cumprimento das metas relativas ao exercício de 2022, que é o exercício anterior ao da elaboração da LDO.

c) **Demonstrativo III – Metas Fiscais Atuais Comparadas com as Metas Fiscais Fixadas nos Três Exercícios Anteriores**: cujo objetivo é dar transparência às informações sobre as metas fiscais dos três exercícios anteriores e dos três exercícios seguintes, para uma melhor avaliação da política fiscal do ente federativo, de forma a permitir a análise da política fiscal em uma linha do tempo, combinando execução passada e perspectivas futuras, validando a consistência dessas últimas.

Esse demonstrativo deve vir acompanhado de análise a respeito de alguns itens que representam parâmetros básicos para se chegar aos valores apresentados como metas. São eles: a taxa de juros, os indicadores de atividade econômica e os objetivos da política fiscal do ente da federação.

d) **Demonstrativo IV – Evolução do Patrimônio Líquido**: deve trazer em conjunto uma análise dos valores apresentados, com as causas das variações do PL do ente da Federação, como fatos que venham a causar desequilíbrio entre as variações ativas e passivas e outros que contribuam para o aumento ou a diminuição da situação líquida patrimonial.

O conceito de Patrimônio Líquido está vinculado ao de Patrimônio Público, que é o conjunto de direitos e bens, tangíveis ou intangíveis, onerados ou não, adquiridos, formados, produzidos, recebidos, mantidos ou utilizados pelas entidades do setor público, que seja portador ou represente um fluxo de benefícios, presente ou futuro, inerente à prestação de serviços públicos ou à exploração econômica por entidades do setor público e suas obrigações.

Conceitualmente, pode-se dizer que: "*ativo*" compreende os recursos controlados pela entidade como resultado de eventos passados e do qual se espera que resultem para a entidade benefícios econômicos futuros ou potencial de serviços; "*passivo*" se refere às obrigações presentes da entidade, derivadas de eventos passados, cujos pagamentos se esperam que resultem para a entidade saídas de recursos capazes de gerar benefícios econômicos ou potencial de serviços; e "*patrimônio líquido*", "*saldo patrimonial*" ou "*situação líquida patrimonial*" é o valor residual dos ativos da entidade depois de deduzidos todos seus passivos.

Integram o Patrimônio Líquido o patrimônio (no caso dos órgãos da administração direta) ou capital social (no caso das empresas estatais), as reservas de capital, os ajustes de avaliação patrimonial, as reservas de lucros, as ações em tesouraria, os resultados acumulados e outros desdobramentos do saldo patrimonial.

e) **Demonstrativo V – Origem e Aplicação dos Recursos Obtidos com a Alienação de Ativos**: o seu objetivo é assegurar a transparência da forma como o ente utilizou os recursos obtidos com a alienação de ativos, com vistas à preservação do patrimônio público, devendo conter informações sobre as receitas realizadas por meio da alienação de ativos (discriminando as alienações de bens móveis e imóveis) e as despesas executadas resultantes da aplicação dos recursos obtidos com a alienação de ativos, discriminando as despesas de capital e as despesas correntes dos regimes de previdência.

É importante ressaltar o disposto no art. 44 da LRF, segundo o qual é vedada a aplicação de receita de capital derivada da alienação de bens e direitos que integram o patrimônio público para o financiamento de despesa corrente, salvo se destinada por lei ao Regime Geral de Previdência Social ou aos RPPS.

Assim, esse documento objetiva preservar o patrimônio público, de forma a impedir que os valores provenientes da alienação de bens cubram despesas que deveriam ser suportadas por receitas correntes evitando que haja a dilapidação do patrimônio público.

O que se quer é impedir a alienação de bens sem contrapartida de novos investimentos.

f) **Demonstrativo VI – Avaliação da Situação Financeira e Atuarial do RPPS**: conterá as receitas e as despesas previdenciárias, discriminando as intraorçamentárias, bem como as classificando por categoria econômica. As informações deverão abranger os valores relativos aos três últimos exercícios anteriores ao ano de elaboração da LDO.

A avaliação atuarial deve ser feita com base no Demonstrativo da Projeção Atuarial do Regime Próprio dos Servidores Públicos (RPPS) publicado no Relatório Resumido de Execução Orçamentária do último bimestre do ano anterior ao da edição da LDO. Eventuais mudanças nos cenários socioeconômicos que ensejem revisão das variáveis consideradas nas projeções atuariais implicam a elaboração de novas projeções. O demonstrativo contemplará a análise descritiva dos parâmetros utilizados na avaliação atuarial e de valores que possuam maior relevância para o entendimento da situação financeira e atuarial do RPPS.

O art. 1º da Lei nº 9.717/1998 estabelece que os RPPS deverão ser organizados com base em normas gerais de contabilidade e atuária, de modo a garantir o seu equilíbrio financeiro e atuarial. O equilíbrio financeiro representa a garantia de equivalência entre as receitas auferidas e as obrigações dos RPPS, em cada exercício financeiro; ou seja, o equilíbrio financeiro é atingido quando o que se arrecada dos participantes do sistema previdenciário é suficiente para custear os benefícios por ele assegurados. Já o equilíbrio atuarial, por sua vez, representa a garantia de equivalência, a valor presente, entre o fluxo das receitas estimadas e das obrigações projetadas, apuradas atuarialmente, a longo prazo, devendo as alíquotas de contribuição do sistema ser definidas a partir do cálculo atuarial que leve em consideração uma série de critérios, como a expectativa de vida dos segurados e o valor dos benefícios de responsabilidade do respectivo RPPS, segundo a sua legislação.

Cumpre destacar outros dois artigos da LRF que servirão de base para a avaliação financeira e atuarial do RPPS: a) o art. 24 estabelece que nenhum benefício ou serviço relativo à seguridade social poderá ser criado, majorado ou estendido sem a indicação da fonte de custeio total, nos termos do § 5º do art. 195 da Constituição, atendidas ainda as exigências do art. 17; b) o § 1º do art. 43 dispõe que as disponibilidades de caixa dos regimes de previdência social, geral e próprio dos servidores públicos, ainda que vinculadas a fundos específicos a que se referem os arts. 249 e 250 da Constituição, ficarão depositadas em conta separadas das demais disponibilidades de cada ente e aplicadas nas condições de mercado, com observância dos limites e condições de proteção e prudência financeira.

Portanto, o objetivo do Demonstrativo é dar transparência à situação financeira e atuarial do RPPS para uma melhor avaliação do seu impacto nas metas fiscais fixadas, além de orientar a elaboração da LOA.

g) **Demonstrativo VII – Estimativa e Compensação da Renúncia de Receita**: tem por objetivo dar transparência às renúncias de receita previstas no projeto de LDO, para uma melhor avaliação do seu impacto nas metas fiscais fixadas, além de orientar a elaboração da LOA considerando o montante das renúncias fiscais concedidas, identificando os tributos para os quais estão previstas renúncias de receita, destacando-se a modalidade da renúncia (anistia, remissão, subsídio, crédito presumido etc.), os setores, programas e beneficiários a serem favorecidos, a previsão da renúncia para o ano de referência da LDO e para os dois exercícios seguintes, e as medidas de compensação pela perda prevista de receita com a renúncia.

Deverá ser acompanhado de análise dos critérios estabelecidos para as renúncias de receitas e suas respectivas compensações, a fim de dar maior consistência aos valores apresentados, devendo o ente indicar quais condições irá utilizar para cada renúncia de receita, a fim de atender ao disposto no *caput* do art. 14 da LRF, sendo necessário que o valor da compensação, prevista no demonstrativo, seja suficiente para cobrir o valor da renúncia fiscal respectiva.

A renúncia compreende incentivos fiscais, anistia, remissão, subsídio, crédito presumido, concessão de isenção em caráter não geral, alteração de alíquota ou modificação de base de cálculo que implique redução discriminada de tributos ou contribuições, e outros benefícios que correspondam a tratamento diferenciado. A renúncia pode ser destinada ao setor comercial ou industrial, programa de governo ou, ainda, a um beneficiário individual (pessoa física ou jurídica). Exemplos: concessão de crédito presumido ao setor hoteleiro, isenção de imposto de renda para pessoas com mais de 65 anos etc.

h) **Demonstrativo VIII – Margem de Expansão das Despesas Obrigatórias de Caráter Continuado**: informa os valores previstos de novas despesas obrigatórias de caráter continuado (DOCC) para o exercício a que se refere a LDO, deduzindo-as da margem bruta de expansão (aumento permanente de receita e redução permanente de despesa).

Objetiva conferir transparência às novas DOCC previstas, se estão cobertas por aumento permanente de receita e redução permanente de despesa, para avaliação do impacto nas metas fiscais estabelecidas pelo ente, além de orientar a elaboração da LOA considerando o montante das Despesas Obrigatórias de Caráter Continuado concedidas.

Importante lembrar que o conceito de Despesa Obrigatória de Caráter Continuado (DOCC) foi instituído pela Lei de Responsabilidade Fiscal no art. 17, conceituando-a como Despesa Corrente derivada de lei, medida provisória ou ato administrativo normativo que fixem para o ente a obrigação legal de sua execução por um período superior a dois exercícios. A prorrogação da DOCC criada por prazo determinado é considerada aumento de despesa. Outrossim, os atos que criarem ou aumentarem as DOCC deverão ser instruídos com a estimativa de impacto orçamentário-financeiro no exercício em que deva entrar em vigor e nos dois subsequentes, e demonstrar a origem dos recursos para seu custeio. Também deve haver a comprovação de que a despesa criada ou aumentada não afetará as metas de resultados fiscais e seus efeitos financeiros nos períodos seguintes devem ser compensados pelo aumento permanente de receita ou pela redução permanente de despesas. As DOCC não serão executadas antes da implementação de tais medidas.[39]

---

[39] TCU. Acórdão 1.921/2019, Rel. Min. Bruno Dantas, Plenário, julg. 21.08.2019: "[...] A instituição do Bônus de Eficiência e Produtividade (arts. 6º e 16 da Lei nº 13.464/2017), por se tratar de criação de despesa

### 3.3.2. Anexo de Riscos Fiscais

O **Anexo de Riscos Fiscais** da Lei de Diretrizes Orçamentárias deve trazer, em seu bojo, informações sobre os passivos contingentes e demais riscos fiscais capazes de afetar as receitas públicas, impactando no equilíbrio financeiro do Estado. Desse modo, no respectivo anexo, devem constar, ainda, as providências que deverão ser tomadas, caso os riscos ali descritos se concretizem (art. 4º, § 3º, LRF).

Por riscos fiscais compreendem-se os eventos futuros e incertos capazes de causar desequilíbrio entre as receitas e despesas orçamentárias, prejudicando a concretização das políticas públicas estatais. Para que um fato seja considerado risco fiscal, é necessário que não possa ser evitado ou controlado pelos agentes públicos. Um exemplo de risco fiscal são as decisões judiciais de natureza pecuniária desfavoráveis à Fazenda Pública. Já as decisões de natureza política, a exemplo das renúncias de receitas, não podem ser consideradas riscos, pois não são dotadas de imprevisibilidade.

Igualmente, os riscos repetitivos não podem ser classificados como riscos fiscais, devendo ser tratados no âmbito do planejamento, ou seja, precisam ser incluídos como ações na Lei de Diretrizes Orçamentárias e na Lei Orçamentária Anual do respectivo ente federativo. Por exemplo, se a ocorrência de catástrofes naturais – como secas ou inundações – ou de epidemias – como a dengue – tem sazonalidade conhecida, as ações para mitigar seus efeitos, assim como as despesas daí derivadas, devem ser previstas na LDO e na LOA do ente federativo afetado, e não serem tratadas como risco fiscal no Anexo de Riscos Fiscais.

Os riscos fiscais podem ser classificados[40], de um modo geral, em duas categorias: a) **riscos fiscais macroeconômicos**: decorrem da inflação, da atividade econômica, da massa salarial, da taxas de juros e câmbio, uma vez que tais oscilações impactam as receitas e despesas públicas e impactam negativamente as contas públicas e, consequentemente, a trajetória da dívida pública; b) **riscos fiscais específicos**: relacionados a demandas judiciais, garantias, riscos associados a programas de governo, riscos derivados do relacionamento com outros entes e empresas estatais, dentre outros.

A variação dos parâmetros macroeconômicos em relação às projeções incluídas nas peças orçamentárias constitui a fonte mais comum de riscos fiscais. A experiência tem demonstrado que todos os países passam, em maior ou menor grau, por alterações em relação aos resultados fiscais oriundas da mudança da conjuntura econômica ao longo do exercício orçamentário, com tendência a previsões mais ou menos otimistas dos resultados em decorrência, principalmente, de imprecisões na previsão do crescimento do PIB e da inflação.

As divergências entre as receitas e despesas projetadas na peça orçamentária e as verificadas ao longo do exercício impactam significativamente a execução orçamentária. Dada a

---

obrigatória de caráter continuado, exige a implementação de medidas compensatórias pela legislação orçamentária, sob risco de suspensão de seu pagamento, em observância aos artigos 14, inciso II, e § 2º, 15, 16 e 17 da LC 101/2000 (Lei de Responsabilidade Fiscal)".

[40] Tal como se apresenta no Relatório de Riscos Fiscais da União (RRF), editado pela Secretaria do Tesouro Nacional (ver RRF-2023). Esse Relatório de Riscos complementa o papel desempenhado pelo Anexo de Riscos Fiscais (ARF) da Lei de Diretrizes Orçamentárias (LDO), englobando a identificação e a quantificação dos principais riscos fiscais, estabelecendo, assim, uma sistematização de monitoramento e avaliação de riscos fiscais. Enquanto o ARF apresenta cada um dos riscos aos quais a União está exposta, sem, contudo, se aprofundar em avaliações, o RRF se propõe a apresentar uma avaliação gerencial dos principais riscos fiscais, em formato mais sintético.

necessidade de cumprimento das metas fiscais estabelecidas no âmbito da Lei de Diretrizes Orçamentárias (LDO), as mudanças nas variáveis macroeconômicas, especialmente aquelas relacionadas com a redução das receitas ou elevação das despesas, se refletem, consequentemente, em contingenciamentos de recursos. Dessa forma, quanto menor for o desvio do planejamento em relação ao realizado, melhor será a execução orçamentária.

Os *riscos fiscais macroeconômicos* podem ser exemplificados, dentre outros casos, pela: a) frustração na arrecadação devido a fatos não previstos à época da elaboração da peça orçamentária; b) restituição de tributos realizada a maior que a prevista nas deduções da receita orçamentária; c) discrepância entre as projeções de nível de atividade econômica, taxa de inflação e taxa de câmbio quando da elaboração do orçamento e os valores efetivamente observados durante a execução orçamentária, afetando o montante de recursos arrecadados; d) discrepância entre as projeções, quando da elaboração do orçamento, de taxas de juros e taxa de câmbio incidentes sobre títulos vincendos e os valores efetivamente observados durante a execução orçamentária, resultando em aumento do serviço da dívida pública; e) ocorrência de epidemias, enchentes, abalos sísmicos, guerras e outras situações de calamidade pública que não possam ser planejadas e que demandem do Estado ações emergenciais, com consequente aumento de despesas.

Sobre esses riscos, pode-se dizer que a receita primária está sujeita à volatilidade do PIB real, da inflação, da massa salarial, do câmbio, dos juros ou do preço do petróleo. E a receita de tributos representa a maior parcela sujeita ao risco pela oscilação de parâmetros macroeconômicos. Já pelo lado da despesa primária, a volatilidade está ligada às variações do salário mínimo e do INPC, impactando principalmente as despesas com benefícios previdenciários e assistenciais, como o pagamento, por exemplo, do Seguro-Desemprego e do Abono Salarial. Por sua vez, a dívida pública federal é impactada principalmente pela variação da taxa de juros e da inflação e, de forma residual, pela variação do câmbio.

Já em relação aos *riscos fiscais específicos*, estes podem se materializar tanto pelo não recebimento de receitas associadas a haveres e ativos, quanto pela elevação de despesas não previstas relacionadas aos passivos do ente.

Dentre tais riscos, destacamos os **passivos contingentes**, que decorrem de compromissos firmados pelo governo em função de lei ou contrato e que dependem da ocorrência de um ou mais eventos futuros para gerar compromissos de pagamento. Tais eventos futuros não estão totalmente sob o controle do ente e podem ou não ocorrer. Como a probabilidade de ocorrência do evento e a magnitude da despesa resultante dependem de condições externas, a estimativa desses passivos é, muitas vezes, difícil e imprecisa.

Como exemplos de passivos contingentes podemos citar, dentre outros casos: a) demandas judiciais contra a atividade reguladora do Estado, tais como controvérsias sobre indexação e controles de preços praticados durante planos de estabilização e soluções propostas para sua compensação, bem como questionamentos de ordem tributária e previdenciária; b) demandas judiciais contra empresas estatais dependentes; c) demandas judiciais contra a administração do ente, tais como privatizações, liquidação ou extinção de órgãos ou de empresas e reajustes salariais não concedidos em desrespeito à lei; d) demandas trabalhistas contra o ente federativo e órgãos da sua administração indireta; e) dívidas em processo de reconhecimento pelo ente e sob sua responsabilidade; f) avais e garantias concedidas pelo ente a entidades públicas, tais como empresas e bancos estatais, a entidades privadas e a fundos de pensão, além de outros riscos.

A ocorrência de eventos qualificados como riscos fiscais ameaça o equilíbrio das contas públicas, impactando negativamente na chamada Regra de Ouro, segundo a qual as operações de crédito não podem ser superiores às despesas de capital, pois, para honrar com o pagamento das despesas fixadas, diante de um evento de risco, o Estado, possivelmente, recorrerá às operações de crédito como fonte de receita. Ademais, os riscos podem afetar o Teto dos Gatos e o cumprimento de relevantes regras fiscais brasileiras. Por tal motivo, o conhecimento integral sobre os riscos fiscais e das medidas a serem tomadas quando de sua ocorrência é de extrema relevância para o gestor público.

Assim, de acordo com os princípios orçamentários do planejamento, da transparência e do equilíbrio fiscal, e a fim de que os governos possam criar estratégias de combate a cenários fiscais desfavoráveis, é imperativo que o Anexo de Riscos Fiscais espelhe a situação financeiro-orçamentária da maneira mais fidedigna possível.

## 3.4. LEI ORÇAMENTÁRIA ANUAL – LOA

A **Lei Orçamentária Anual (LOA)** é o orçamento público propriamente dito, prevendo as receitas e fixando as despesas para a concretização das metas e prioridades da LDO e das diretrizes, objetivos e metas do PPA.

Nos termos do § 5º do art. 165 da Constituição, a LOA engloba três subdivisões: I – *o orçamento fiscal* referente aos Poderes da União, seus fundos, órgãos e entidades da administração direta e indireta, inclusive fundações instituídas e mantidas pelo Poder Público; II – *o orçamento de investimento* das empresas em que a União, direta ou indiretamente, detenha a maioria do capital social com direito a voto; III – *o orçamento da seguridade social*, abrangendo todas as entidades e órgãos a ela vinculados, da administração direta ou indireta, bem como os fundos e fundações instituídos e mantidos pelo Poder Público.

Cumpre destacar que a presença de três orçamentos distintos não viola o princípio orçamentário da unidade ou da totalidade, tendo em vista que tais orçamentos devem ser consolidados em um só documento legal, a lei orçamentária anual.

A LOA, como o próprio nome sugere, submete-se ao princípio da anualidade, isto é, possui vigência de um exercício financeiro que, no caso do Brasil, coincide com o ano civil. O projeto de lei orçamentária, de iniciativa exclusiva do chefe do Poder Executivo, deve ser enviado ao Poder Legislativo até o dia 31 de agosto de cada ano[41] e remetido para a sanção do chefe do Poder Executivo até o dia 22 de dezembro, quando ocorre o término da sessão legislativa.

Não obstante tratar-se de uma lei ânua, o § 14 do art. 165 da Constituição prevê que a lei orçamentária anual poderá conter previsões de despesas para exercícios seguintes, com a especificação dos investimentos plurianuais e daqueles em andamento.

A lei orçamentária anual é a peça orçamentária básica de execução da atividade financeira estatal. Em decorrência do princípio da universalidade, devem nela constar todas as receitas e despesas públicas dos três Poderes, seus órgãos, fundos e entidades da administração direta e indireta, inclusive as fundações públicas, e também todas as despesas relativas à dívida pública, mobiliária ou contratual, e as receitas dela decorrentes.

É na lei orçamentária anual que se encontram todas as previsões de gastos, e dela emana a autorização exigida pelo princípio da legalidade orçamentária, segundo o qual nenhuma despesa pública poderá ser realizada sem a sua previsão legal.

---

[41] Recordando-se que esse prazo é previsto para a União. O STF admite que Estados, Distrito Federal e Municípios estabeleçam outros prazos distintos.

Assim é que o art. 167 da Constituição prevê serem vedados o início de programas ou projetos não incluídos na lei orçamentária anual e a realização de despesas ou a assunção de obrigações diretas que excedam os créditos orçamentários ou adicionais. Esse mesmo dispositivo constitucional também veda, sem prévia autorização legislativa, a abertura de crédito suplementar ou especial, a transposição, o remanejamento ou a transferência de recursos de uma categoria de programação para outra ou de um órgão para outro, a concessão ou utilização de créditos ilimitados, a utilização de recursos dos orçamentos fiscal e da seguridade social para suprir necessidade ou cobrir déficit de empresas, fundações e fundos, e a instituição de fundos de qualquer natureza.

No Brasil, por expressa disposição constitucional, contida no art. 165, § 8º, e como corolário lógico do princípio da exclusividade, não se pode fazer constar na LOA matéria estranha à previsão de receitas e fixação de despesas, com exceção da autorização para abertura de crédito suplementar e para contratar operações de crédito, inclusive por antecipação de receita orçamentária. Tampouco pode conter dotações orçamentárias globais para atendimento indistinto, por exemplo, de despesas de pessoal, despesas de terceiros, dentre outras, à exceção da reserva de contingência e das dotações para atendimento de programas especiais de trabalho.

O art. 165, § 6º, CF/1988 dispôs que o projeto de lei orçamentária será acompanhado de demonstrativo regionalizado do efeito, sobre as receitas e despesas, decorrente de isenções, anistias, remissões, subsídios e benefícios de natureza financeira, tributária e creditícia. Tal previsão tem o objetivo de preservação do equilíbrio das contas públicas, pois, sempre que se estiver diante de uma renúncia ou redução da arrecadação, deverá ser explicitado o modo de compensação, por exemplo, redução proporcional das despesas.

Outro importante mandamento constitucional para a LOA está no § 7º do art. 165, ao prescrever que o orçamento fiscal e o orçamento de investimentos devem ser compatibilizados com o plano plurianual, e terão entre suas funções a de reduzir desigualdades inter-regionais, segundo critério populacional.

Suas regras gerais e princípios orçamentários estão consignados em maiores detalhes na Lei nº 4.320/1964, que deverão ser lidos e interpretados em conformidade com os preceitos constitucionais que lhes são posteriores.

O art. 2º dessa lei é expresso em dizer que a Lei do Orçamento conterá a discriminação da receita e despesa de forma a evidenciar a política econômica financeira e o programa de trabalho do Governo, obedecendo-se os princípios de unidade, universalidade e anualidade.

Esse dispositivo faz referência, primeiramente, ao princípio da discriminação, ou seja, clareza e evidenciação de receitas e despesas e suas respectivas finalidades. Ao final, impõe a obediência aos seguintes princípios: a) *unidade*, para considerar a lei orçamentária como uma peça única, independentemente de suas partições; b) *universalidade*,[42] que impõe a consignação na LOA de todas as receitas e despesas; c) *anualidade*, a indicar que a lei orçamentária tem vigência de apenas um ano e deve ser refeita e editada anualmente.

Em termos de conteúdo, os §§ 1º e 2º do art. 2º apresentam as informações e quadros que devem ser apresentados na LOA. Assim, o § 1º estabelece que devem integrar a lei orçamentária anual: I – Sumário geral da receita por fontes e da despesa por funções do Governo; II – Quadro demonstrativo da Receita e Despesa segundo as Categorias Econômicas; III – Quadro discriminativo da receita por fontes e respectiva legislação; IV – Quadro das dotações

---

[42]    O princípio da universalidade orçamentária encontra-se novamente mencionado nos arts. 3º e 4º da Lei nº 4.320/1964.

por órgãos do Governo e da Administração. Por sua vez, o § 2º diz que acompanharão a Lei de Orçamento: I – Quadros demonstrativos da receita e planos de aplicação dos fundos especiais; II – Quadros demonstrativos da despesa; III – Quadro demonstrativo do programa anual de trabalho do Governo, em termos de realização de obras e de prestação de serviços.

Portanto, além do texto principal, a LOA é composta de uma série de itens que detalham não apenas os valores a serem destinados às mais diversas áreas de atuação do governo e seus respectivos órgãos, como também de um conjunto de documentos, dentre os quais: a) Mensagem do chefe do Poder Executivo com a apresentação geral do PLOA; b) Quadros Orçamentários Consolidados, Detalhamento da Receita e Legislação da Receita e da Despesa; c) Consolidação dos Programas de Governo; d) Detalhamento das ações dos órgãos do Poder Executivo, do Poder Legislativo, do Tribunal de Contas, do Poder Judiciário, da Defensoria Pública e do Ministério Público; e) Orçamento de Investimento; f) Orçamento da Seguridade Social.

Além disso, o art. 5º da Lei de Responsabilidade Fiscal dispõe que o projeto da LOA, elaborado de forma compatível com o PPA e com a LDO, deve: I – conter, em anexo, demonstrativo da compatibilidade da programação dos orçamentos com os objetivos e metas constantes do Anexo de Metas Fiscais; II – conter demonstrativo dos efeitos de renúncias fiscais e as medidas de compensação a renúncias de receita e ao aumento de despesas obrigatórias de caráter continuado; III – conter reserva de contingência, cuja forma de utilização e montante, definido com base na receita corrente líquida, serão estabelecidos na LDO, destinada ao atendimento de passivos contingentes e outros riscos e eventos fiscais imprevistos.

Outro dispositivo relevante da Lei nº 4.320/1964 está no seu art. 7º, prevendo que a lei orçamentária poderá conter autorização ao Executivo para abrir créditos suplementares até determinada importância, obedecidas as disposições da lei, bem como para realizar, em qualquer mês do exercício financeiro, operações de crédito por antecipação da receita, para atender a insuficiências de caixa. Esta regra está em consonância ao já mencionado § 8º do art. 165 da Constituição.

O referido dispositivo é analisado por José Maurício Conti,[43] ao referir-se ao princípio da flexibilidade orçamentária, afirmando que "o processo de execução orçamentária é dotado de mecanismos que permitem a adaptação da lei orçamentária às alterações surgidas ao longo do exercício financeiro".

Por fim, cabe lembrar que é a lei orçamentária anual que materializa todos os planos, programas e políticas públicas estabelecidos pelo governante.

---

[43] CONTI, José Maurício. *A autonomia financeira do Poder Judiciário*. São Paulo: MP, 2006. p. 96.

*Capítulo IV*
# PRINCÍPIOS ORÇAMENTÁRIOS

## 4.1. CONCEITUAÇÃO, FINALIDADE E ESPÉCIES DE PRINCÍPIOS

O orçamento público é um instrumento jurídico-financeiro de relevante interesse para os cidadãos e para a Administração Pública. Contudo, para ser dotado de eficácia, eficiência, transparência e racionalidade, requer a observância de diversas balizas quando de sua elaboração, aprovação pelo Parlamento, execução, gestão e controle orçamentário. Tais balizas são os **princípios orçamentários** e **financeiros**, que possuem, dentre outros escopos, facilitar a interpretação do orçamento pelos usuários e demais interessados, promover uma etapa de execução orçamentária mais ampla e eficaz e fomentar o exercício da etapa de fiscalização e controle por parte das instituições competentes e pela sociedade.

A definição do conceito de **princípio jurídico** tornou-se objeto de importantes preocupações da Filosofia do Direito e, mais recentemente, também do Direito Constitucional. Estudiosos da Teoria do Direito como Joseph Esser, Jean Boulanger, Karl Engisch, Ronald Dworkin, Wilhelm-Cannaris, Genaro Carrió, dentre outros, buscaram construir as bases teóricas, dogmáticas e metodológicas para a conceituação dos princípios e seu valor no mundo jurídico. Mas foi nos estudos de Direito Constitucional que se notabilizou a busca por uma efetiva aplicação dos princípios jurídicos como verdadeiras normas, como se vê em juristas como Vezio Crisafulli, Robert Alexy, Eduardo García de Enterría, José Joaquim Gomes Canotilho, entre outros.[1]

A doutrina e a jurisprudência atuais são concordes em reconhecer a força normativa dos princípios na ordem jurídica, conferindo-lhes os atributos da cogência e eficácia, com aplicabilidade plena e vinculante.[2]

Segundo Canotilho[3]

> Precisamente por isso, e marcando uma decidida ruptura em relação à doutrina clássica, pode e deve falar-se da "morte" das normas constitucionais programáticas. Existem, é certo, normas-fim,

---

[1]  ESPÍNDOLA, Ruy Samuel. *Conceito de princípios constitucionais*: elementos teóricos para uma formulação dogmática constitucionalmente adequada. 1. ed., 2. tir. São Paulo: Revista dos Tribunais, 1999. p. 27-28.

[2]  Para se atingir a atual compreensão, foi necessário um longo debate, que se estendeu por diversas linhas jurídico-filosóficas, até chegarmos ao que consideramos como a novel linha pós-positivista ou neo-constitucionalista da normatividade dos princípios, que confere relevância jurídica aos valores sociais contemporâneos e aceita o pluralismo metodológico como diretriz hermenêutica. Assim, primeiro, tivemos o jusnaturalismo, que encarava os princípios como meras sugestões morais e éticas, de origem universal. Depois, veio o positivismo jurídico, que passou a tê-los como fonte secundária, de cunho meramente interpretativo e integrativo. E finalmente, agora, os princípios ganham foro de norma.

[3]  CANOTILHO, J. J. Gomes. *Direito constitucional*. 6. ed. Coimbra: Almedina, 1993. p. 183-184.

normas-tarefa, normas-programa que "impõem uma actividade" e "dirigem" materialmente a concretização constitucional. O sentido destas normas não é, porém, o assinalado pela doutrina tradicional: "simples programas", "exortações morais", "declarações", "sentenças políticas", "aforismos políticos", "promessas", "apelos ao legislador", "programas futuros", juridicamente desprovidos de qualquer vinculatividade. Às "normas programáticas" é reconhecido hoje um valor jurídico constitucionalmente idêntico ao dos restantes preceitos da constituição. Não deve, pois, falar-se de simples eficácia programática (ou directiva), porque qualquer norma constitucional deve considerar-se obrigatória perante quaisquer órgãos do poder político (CRISAFULLI).

Modernamente, o Direito concebe os princípios jurídicos como verdadeiras normas jurídicas. Pertence a Ronald Dworkin[4] e Robert Alexy a bipartição doutrinária das normas jurídicas em normas-regra e normas-princípios, sem olvidar Chaïm Perelman[5] e Gustavo Zagrebelsky, que tiveram importante relevância na construção sólida da lógica argumentativa que permite a aplicação de tal teoria.

Assim, é possível verificar que, contemporaneamente, as funções dos princípios no ordenamento jurídico vão muito além da função meramente interpretativa ou integrativa, possuindo o condão de nulificar os atos que os contrariem.

Os princípios jurídicos[6] fornecem os subsídios necessários à interpretação e aplicação de determinada norma, norteando os comportamentos e condutas esperadas pela respectiva norma.

No caso dos princípios orçamentários, a obrigatoriedade de sua observância imposta aos agentes públicos visa assegurar que o orçamento público atinja seus objetivos, incluindo todas as etapas do ciclo orçamentário, desde a elaboração, aprovação, execução e controle.

Da mesma maneira, graças aos princípios orçamentários se permite realizar, de maneira efetiva, a sua fiscalização e controle. Neste sentido explica Sebastião de Sant'Anna e Silva que:

> A origem e evolução dos princípios orçamentários estão ligadas à própria história dos orçamentos públicos. Quando estes últimos surgiram como instrumento essencialmente político, destinado a assegurar o controle por parte das assembleias representativas sobre a atividade financeira dos governos, procurou-se estabelecer determinados princípios ou certas regras, considerados essenciais para tornar efetivo esse controle. O orçamento público deveria ser uno, universal, especificado, anual etc., para que nenhuma operação financeira do governo, ou melhor, do poder executivo, pudesse escapar à prévia autorização e à fiscalização do parlamento. [...]
>
> Verificou-se então que o orçamento público não era tão somente um instrumento parlamentar de controle, mas também um mecanismo essencial à administração pública no planejamento de suas atividades, na coordenação de seus serviços e na consecução de economia e eficiência em seus empreendimentos.[7]

---

[4] DWORKIN, Ronald. *Taking rights seriously.* Cambridge: Massachusetts: Harvard University Press, 1978.

[5] PERELMAN, Chaïm. *La lógica jurídica y la nueva retórica.* Madrid: Civitas, 1979.

[6] Paulo Bonavides nos apresenta a tripartite função dos princípios jurídicos: a) função fundamentadora da ordem jurídica, em que as normas que se contraponham aos princípios constitucionais perderão sua vigência ou validade, dotando-os de eficácia diretiva ou derrogatória; b) função interpretativa, em que os princípios cumpririam papel diretivo, no sentido de orientar o operador do direito na aplicabilidade das demais normas jurídicas e; c) função supletiva, servindo de instrumento para integrar o Direito, suplementando os vazios regulatórios da ordem jurídica. (BONAVIDES, Paulo. *Curso de direito constitucional.* 13. ed. São Paulo: Malheiros, 2003. p. 283).

[7] SILVA, Sebastião de Sant'Anna e. *Os princípios orçamentários.* Rio de Janeiro: Fundação Getulio Vargas, 1962. p. 3-4.

PARTE II · Cap. IV · PRINCÍPIOS ORÇAMENTÁRIOS | **109**

É certo que não há uma taxatividade na relação dos princípios orçamentários (para uns denominados de regras), a qual dependerá da legislação de regência e da linha doutrinária a ser adotada. Igualmente, a nomenclatura utilizada para denominar cada princípio orçamentário poderá variar, porém, muitas vezes se referindo ao mesmo parâmetro.

O autor supracitado afirma que "a lista é ampla e varia de autor para autor. Há, todavia, alguns princípios sistematicamente apontados e enunciados pelos clássicos das finanças públicas e por eles considerados requisitos essenciais a um orçamento corretamente elaborado". E nos relata que:

> René Stourm, após salientar que não é possível enumerar todas as qualidades que o projeto de orçamento deve possuir, menciona, entre outras, a sinceridade, a clareza, a unidade, a economia, o equilíbrio e acrescenta que a lista seria interminável. [...]
>
> Francesco Nitti afirmava que o orçamento, para preencher verdadeiramente sua função, não pode dispensar certas qualidades. E apontava como principais: 1ª) o caráter verídico; 2ª) a relação exata entre as receitas e as despesas; 3ª) a unidade; 4ª) a universalidade; 5ª) a especificação; 6ª) a anuidade; 7ª) o caráter preventivo; 8ª) a representação de uma personalidade independente.
>
> Entre os financistas clássicos foi, talvez, Gaston Jèze quem dedicou maior atenção à análise e ao estudo das regras e dos princípios orçamentários. Preocupado principalmente com os aspectos políticos e jurídicos do orçamento, o antigo professor da Faculdade de Direito de Paris incluiu essas regras na parte de seu livro dedicada às "Atribuições respectivas do Governo e das Câmaras em matéria financeira". Sob esse título, enumerou: a) a regra da não afetação das receitas públicas; b) a regra da especificação orçamentária; c) a regra da autorização prévia das despesas públicas; d) a regra do orçamento bruto; e) a regra da universalidade; f) a regra da inclusão no orçamento, exclusivamente de receitas e despesas do Estado; g) a regra da unidade orçamentária.[8]

Como veremos a seguir, muitos dos princípios orçamentários que identificamos e enumeramos – genéricos ou específicos – encontram sua fonte na própria Constituição Federal ou derivam de normas infraconstitucionais, tais como aqueles previstos na Lei nº 4.320/1964 e na Lei Complementar nº 101/2000 (Lei de Responsabilidade Fiscal).

## 4.2. PRINCÍPIOS DA ATIVIDADE ADMINISTRATIVA

Quando do exercício da atividade orçamentária, os agentes públicos devem observar não só os princípios orçamentários previstos na Constituição Federal e na legislação infraconstitucional, mas também os princípios gerais aplicáveis à Administração Pública, previstos no art. 37 da Constituição Federal.

São eles: a) **legalidade**: na seara do Direito Civil, ao particular é lícito praticar todos os atos não vedados em lei. Contudo, na atividade administrativa, a regra é diametralmente oposta, isto é, só é lícito ao agente público atuar nos limites legais; b) **impessoalidade**: a Administração Pública deve conduzir todas as suas atividades com vistas ao atendimento do interesse público, conferindo tratamento igualitário a todos seus administrados, sem vantagens e privilégios indevidos; c) **moralidade**: os agentes públicos devem atuar com base em valores éticos, de probidade e lealdade com o interesse público, sob pena de cometimento do crime de responsabilidade (art. 85, V, CF/1988) ou de responder em eventual ação popular (art. 5º,

---

[8]  SILVA, Sebastião de Sant'Anna e. *Os princípios orçamentários*. Rio de Janeiro: Fundação Getulio Vargas, 1962. p. 7-9.

LXXIII, CF/1988); d) **publicidade**: a Administração Pública deve conferir ampla publicidade a seus atos; e) **eficiência**: a Administração Pública deve buscar a consecução de seus objetivos com o menor custo possível.

O administrativista José dos Santos Carvalho Filho[9] ressalta que o *princípio da legalidade* é a diretriz básica da conduta dos agentes da Administração, significando que toda e qualquer atividade administrativa deve ser autorizada por lei e, se não for, a atividade será ilícita.[10]

Por sua vez, o *princípio da impessoalidade* objetiva a igualdade de tratamento que a Administração deve dispensar aos administrados que se encontrem em idêntica situação jurídica, representando uma faceta do princípio da isonomia, vedando-se, em consequência, sejam favorecidos alguns indivíduos em detrimento de outros e prejudicados alguns para favorecimento de outros.[11]

Já o *princípio da moralidade* impõe que o administrador público não dispense os preceitos éticos que devem estar presentes em sua conduta, devendo não só averiguar os critérios de conveniência, oportunidade e justiça em suas ações, mas também distinguir o que é honesto do que é desonesto no trato da coisa pública.

O *princípio da publicidade* indica que os atos da Administração devem merecer a mais ampla divulgação possível entre os administrados, para propiciar-lhes a possibilidade de controlar a legitimidade da conduta dos agentes administrativos e aquilatar a legalidade ou não dos atos e o grau de eficiência de que se reveste.

Por fim, o *princípio da eficiência* busca conferir produtividade e economicidade, reduzindo os desperdícios de dinheiro público, o que impõe a execução dos serviços públicos com presteza, perfeição e rendimento funcional. A eficiência não se confunde com a eficácia e nem com a efetividade, pois a eficiência refere-se ao modo pelo qual se processa o desempenho da atividade administrativa, ao passo que a eficácia tem relação com os meios e instrumentos empregados pelos agentes no exercício de seus misteres na administração, enquanto a efetividade é voltada para os resultados obtidos com as ações administrativas.

## 4.3. PRINCÍPIOS ORÇAMENTÁRIOS

A seguir, serão abordados os princípios orçamentários específicos ou setoriais, que devem permear toda atividade orçamentária, desde a elaboração, aprovação, execução e controle orçamentário, conferindo efetividade e legitimidade ao orçamento público.

---

[9]    CARVALHO FILHO, José dos Santos. *Manual de direito administrativo*. 24. ed. Rio de Janeiro: Lumen Juris, 2010. p. 42-55.

[10]   Atualmente, alguns autores (como BINENBOJM, Gustavo. *Uma teoria do direito administrativo*. 2. ed. Rio de Janeiro: Renovar, 2008. p. 208) preferem falar em princípio da juridicidade, numa releitura da legalidade estrita, ou seja, que a Administração Pública poderia atuar mesmo na ausência de lei formal, desde que sua atividade tivesse por escopo cumprir finalidades tuteladas pelo ordenamento jurídico ou mesmo efetivar direitos humanos. Estaríamos diante de um juízo de adequação entre a atividade administrativa e os fins que o ordenamento jurídico como um todo pretende salvaguardar.

[11]   Uma faceta orçamentária desse princípio encontra-se na previsão do § 19 do art. 166 da CF/1988 com a redação dada pela EC nº 126/2022, que considera equitativa a execução das programações orçamentárias de cumprimento obrigatório oriundas de emendas parlamentares que observe critérios objetivos e imparciais e que atenda de forma igualitária e impessoal às emendas apresentadas, independentemente da autoria.

### 4.3.1. Princípio da legalidade

O **princípio orçamentário da legalidade** estatui que o Poder Público está obrigado a realizar suas atividades de acordo com o previsto nas leis orçamentárias.

A atual Constituição dispõe, no art. 165, *caput*, que leis de iniciativa do Poder Executivo estabelecerão o plano plurianual, as diretrizes orçamentárias e os orçamentos anuais. Portanto, será sempre a partir das previsões de receitas e das autorizações de despesas – constantes da lei orçamentária – que a Administração Pública exercerá sua atividade financeira.

Ademais, temos a importante limitação prevista no inc. II do art. 167 da Constituição Federal, que veda "a realização de despesas ou a assunção de obrigações diretas que excedam os créditos orçamentários ou adicionais".[12]

Esse mesmo dispositivo constitucional também veda (incisos V a IX), sem prévia autorização legislativa, a abertura de crédito suplementar ou especial, a transposição, o remanejamento ou a transferência de recursos de uma categoria de programação para outra ou de um órgão para outro, a concessão ou utilização de créditos ilimitados, a utilização de recursos dos orçamentos fiscal e da seguridade social para suprir necessidade ou cobrir déficit de empresas, fundações e fundos, e a instituição de fundos de qualquer natureza.

Por sua vez, os §§ 6º e 7º do art. 166 da Constituição Federal prescrevem que os projetos de lei do plano plurianual, das diretrizes orçamentárias e do orçamento anual serão enviados pelo Presidente da República ao Congresso Nacional, e a eles aplicam-se, no que não contrariar as normas constitucionais específicas, as demais normas relativas ao processo legislativo.

Já em nível infraconstitucional, o art. 22 da Lei nº 4.320/1964 determina que a proposta orçamentária que o Poder Executivo encaminhará ao Poder Legislativo nos prazos estabelecidos nas Constituições e nas Leis Orgânicas dos Municípios, será composta de: I – mensagem, que conterá: exposição circunstanciada da situação econômico-financeira, documentada com demonstração da dívida fundada e flutuante, saldos de créditos especiais, restos a pagar e outros compromissos financeiros exigíveis; exposição e justificação da política econômica-financeira do Governo; justificação da receita e despesa, particularmente no tocante ao orçamento de capital; II – projeto de Lei de Orçamento; III – tabelas explicativas, contendo estimativas de receita e despesa; IV – especificação dos programas especiais de trabalho custeados por dotações globais, em termos de metas visadas, decompostas em estimativa do custo das obras a realizar e dos serviços a prestar, acompanhadas de justificação econômica, financeira, social e administrativa.

Portanto, desde a Lei nº 4.320/1964, a atividade orçamentária já era pautada pela legalidade, devendo ser executada conforme o que estabelecer a lei do orçamento, não havendo espaço para a realização de despesas em desacordo com o contexto e conteúdo das leis orçamentárias.

Com igual espírito, apresentando as balizas da legalidade, o art. 5º da Lei de Responsabilidade Fiscal estatui que o projeto de LOA, elaborado de forma compatível com o plano plurianual, com a lei de diretrizes orçamentárias e com as normas da própria LRF, conterá: a)

---

[12] TCU. Acórdão 825/2015, Rel. Min. José Mucio Monteiro, Plenário, julg. 15.04.2015: "A realização de pagamento de dívidas da União no âmbito da Lei 11.977/2009 (Programa Minha Casa Minha Vida) junto ao Fundo de Garantia do Tempo de Serviço (FGTS), sem a devida autorização em lei orçamentária anual ou em lei de créditos adicionais, contraria o que estabelecem o art. 167, inciso II, da Constituição Federal e o art. 5º, § 1º, da LC 101/2000 (Lei de Responsabilidade Fiscal)".

demonstrativo da compatibilidade da programação dos orçamentos com os objetivos e metas constantes do Anexo de Metas Fiscais; b) documento demonstrativo regionalizado do efeito, sobre as receitas e despesas, decorrente de isenções, anistias, remissões, subsídios e benefícios de natureza financeira, tributária e creditícia, bem como das medidas de compensação a renúncias de receita e ao aumento de despesas obrigatórias de caráter continuado; c) reserva de contingência, cuja forma de utilização e montante, definidos com base na receita corrente líquida, serão estabelecidos na lei de diretrizes orçamentárias, destinada ao atendimento de passivos contingentes e outros riscos e eventos fiscais imprevistos.

Por esses dispositivos constitucionais e infraconstitucionais, temos que o orçamento público se materializa por leis orçamentárias, e que as despesas públicas a serem realizadas anualmente deverão constar expressamente delas, sendo que a sua execução estará limitada aos valores nelas previstos. Qualquer despesa fora ou além do estabelecido na lei orçamentária anual será considerada ilegal.

Não é demais lembrar que as três leis orçamentárias são formalmente **leis ordinárias**.

O art. 315 do Código Penal prevê que as despesas apenas podem ser realizadas segundo o previsto e autorizado no orçamento público, sob pena de se caracterizar uma conduta ilícita, a saber, "Dar às verbas ou rendas públicas aplicação diversa da estabelecida em lei". Nos arts. 359-A a 359-H do Código Penal, estão tipificados os delitos contra as finanças públicas, devendo-se ressaltar o art. 359-D, impondo reclusão, de 1 a 4 anos, para aquele que "ordenar despesa não autorizada por lei".

Além disso, o art. 15 da LRF reputa que a criação de despesa em desconformidade com a lei é "não autorizada, irregular ou lesiva ao patrimônio público".

No âmbito das receitas, ainda que a função de arrecadação não esteja adstrita à lei orçamentária para ser executada, tal como ocorre com os gastos, a adequada indicação do volume esperado de receitas é essencial para uma gestão satisfatória, pois sem tal estimativa não se tem como fixar os gastos a serem realizados. Deve-se recordar também que, com a não previsão no sistema constitucional de 1988 do princípio da *anualidade tributária* – que somente permitia a cobrança de tributos caso estivessem previstos no orçamento anual – não mais se vincula as receitas tributárias às leis orçamentárias.

Em determinadas situações, porém, observa-se que o princípio da legalidade orçamentária é sopesado com outros princípios, conduzindo a seu abrandamento ou afastamento pontual, desde que com a devida motivação e mesmo assim em casos específicos e excepcionais. Um exemplo tradicional é o do gestor público obrigado por decisão judicial a efetuar despesa sem dotação orçamentária (por exemplo, fornecimento de medicamentos). Nesses casos, comprovado que o gestor não poderia agir de modo diverso, sua conduta não será ilícita. Ou, dito de outro modo, o que se requer é a atuação do administrador de acordo com formas autorizadas pelo ordenamento jurídico tomado em sua integralidade (juridicidade da conduta).

### 4.3.2. Princípio da anualidade

O **princípio orçamentário da anualidade** apregoa que a lei orçamentária[13] terá vigência pelo prazo de um ano e, portanto, deve ser elaborada, votada e aprovada anualmente. Este princípio demonstra o caráter de periodicidade do orçamento público.

---

[13] Comumente nos referimos à Lei Orçamentária Anual (LOA), mas podemos estender a afirmação para a Lei de Diretrizes Orçamentárias (LDO), uma vez que ambas têm vigência de um ano.

## PARTE II · Cap. IV · PRINCÍPIOS ORÇAMENTÁRIOS | 113

Na sua origem histórica, na Inglaterra e França, o princípio representava a ideia de que o Poder Executivo deveria pedir autorização de forma periódica (anual) ao Parlamento para poder realizar a cobrança de tributos e também os gastos, evitando-se, sobretudo, que o monarca detivesse um poder arrecadatório permanente. Hoje, no Brasil, a anualidade é apenas orçamentária e não mais tributária.

A atual Constituição, em seu art. 165, inc. III, prevê a anualidade do orçamento. E o art. 34 da Lei nº 4.320/1964 estatui que o exercício financeiro deve coincidir com o ano civil,[14] bem como que a lei do orçamento deverá obedecer ao princípio da anualidade (art. 2º).

Mais do que fixar o prazo de vigência, a base deste princípio é aquela de compelir o Executivo a efetuar uma revisão anual da programação orçamentária, com suas prioridades, ações e investimentos, bem como de conferir ao Legislativo um instrumento de apreciação e controle periódico da atividade orçamentária da Administração Pública.

Segundo Heleno Torres,[15] de acordo com o princípio da anualidade orçamentária,

> anualmente, renova-se a autorização legislativa das despesas e estimativas de receitas, segundo critérios democráticos, para vincular a Administração no exercício seguinte. Trata-se de critério objetivo, sobre o qual não pode pairar qualquer valoração política ou de qualquer outra espécie. Assim, quanto à vigência da lei anual e da lei de diretrizes e bases, esse princípio reforça a transparência e a segurança jurídica de previsibilidade na atividade financeira do Estado.

Deve-se ter cuidado para não confundir o princípio da *anualidade orçamentária*, presente na Constituição de 1988, com o princípio da *anualidade tributária*, não reproduzido no atual sistema constitucional, e que somente permitia a cobrança de tributos caso estivessem previstos no orçamento anual. Em comum ostentam apenas o nome "anualidade", mas o qualificativo de cada um (*orçamentária* e *tributária*) indicam que se trata de realidades jurídicas distintas.

Merece registro que não se aplica o princípio da anualidade orçamentária à lei do plano plurianual, pois seu prazo de duração é de quatro anos. O princípio da anualidade é aplicado apenas à lei orçamentária anual e à lei de diretrizes orçamentárias. É neste sentido que Regis Fernandes de Oliveira[16] afirma que, atualmente, tal princípio restaria ultrapassado, porque, ao lado do orçamento anual, há o plurianual.

Fato é que, a partir da Emenda Constitucional nº 102/2019, incluindo o novo § 14 ao art. 165 da Constituição, a subsistência do princípio da anualidade orçamentária tornou-se ainda mais questionável, já que o referido dispositivo, de maneira literal e expressa, passa a autorizar a previsão de despesas de investimentos para anos subsequentes na própria Lei Orçamentária Anual, conforme está na sua dicção:

---

[14] Apesar de no Brasil o exercício financeiro coincidir com o ano civil (01/01 a 31/12), tal como na maioria dos países, isto não é uma regra geral. Na Itália e na Suécia o exercício financeiro começa em 01/07 e termina em 30/06. Na Inglaterra, no Japão e na Alemanha o exercício financeiro vai de 01/04 a 31/03. Nos Estados Unidos começa em 01/10, prolongando-se até 30/09.

[15] TORRES, Heleno Taveira. *Direito constitucional financeiro*: teoria da constituição financeira. São Paulo: Revista dos Tribunais, 2014. p. 376.

[16] OLIVEIRA, Regis Fernandes de. *Curso de direito financeiro*. 7. ed. São Paulo: Revista dos Tribunais, 2015. p. 99.

A lei orçamentária anual poderá conter previsões de despesas para exercícios seguintes, com a especificação dos investimentos plurianuais e daqueles em andamento.

A mesma emenda constitucional também incluiu o § 12 no art. 165, estabelecendo que

Integrará a lei de diretrizes orçamentárias, para o exercício a que se refere e, pelo menos, para os 2 (dois) exercícios subsequentes, anexo com previsão de agregados fiscais e a proporção dos recursos para investimentos que serão alocados na lei orçamentária anual para a continuidade daqueles em andamento.

Na exposição de motivos do projeto[17] de emenda constitucional que deu origem aos novos dispositivos, constou:

Objetiva-se, ao introduzir os §§ 12 e 14 ao art. 165 da Constituição, criar ferramentas de transparência e controle visando um processo diferenciado para a alocação de recursos a projetos, mais especificamente, investimentos. Às leis de diretrizes orçamentárias é acrescentado um anexo que conterá, para o exercício a que se refere e pelo menos para os dois subsequentes, a previsão de agregados fiscais e a proporção dos recursos para investimentos que serão alocados na lei orçamentária anual para a continuidade daqueles em andamento. No tocante às leis orçamentárias anuais, reforçando o caráter de planejamento do orçamento público, é permitido a elas conter previsões de despesas para exercícios seguintes, com especificação dos investimentos plurianuais e os em andamento. Ressalte-se que esse dispositivo amplia o entendimento do consagrado princípio orçamentário da exclusividade, insculpido no § 8º do art. 165 da Constituição. Ademais, vale notar que, enquanto a lei orçamentária fixa a despesa para o exercício a que se refere, para os dois exercícios financeiros ela trará uma previsão (sem caráter vinculante) de despesas, com detalhamento dos investimentos. Somada a essas iniciativas, há a determinação para que a União organize e mantenha registro centralizado de projetos de investimento contendo, por Estado ou Distrito Federal, pelo menos, análises de viabilidade, estimativas de custos e informações sobre a execução física e financeira. Trata-se de iniciativa louvável, haja vista que esse banco de projetos poderá auxiliar o planejamento de alocação de recursos públicos.

Portanto, a finalidade dos novos dispositivos é reforçar as ideias de continuidade e de planejamento orçamentário, vinculando ainda mais as despesas previstas na lei orçamentária anual aos investimentos plurianuais estabelecidos. Com isso, suas previsões de despesas, até então restritas apenas ao período de primeiro de janeiro até trinta e um de dezembro (exercício fiscal), agora deixam de se limitar ao seu próprio exercício. Da mesma forma, para a lei de diretrizes orçamentárias, passa a ser exigido um anexo com a previsão de agregados fiscais e proporção de recursos para investimentos para, no mínimo, os dois exercícios subsequentes.

De fato, podemos dizer que hoje vivencia-se a dúvida sobre a manutenção do princípio da anualidade orçamentária no ordenamento jurídico, por três motivos: i) pela vigência de 4 anos da lei do plano plurianual (PPA); ii) pelo fato de a lei de diretrizes orçamentárias contemplar anexo para 2 anos subsequentes; iii) porque a lei orçamentária anual não mais contempla apenas previsões exclusivamente vinculadas ao período do exercício fiscal para o qual foi criada.[18]

---

[17]  PEC nº 98/2019.

[18]  Uma dúvida nos surge: como é possível prever despesas para exercícios seguintes se a própria lei terá a sua vigência de um ano apenas?

PARTE II · Cap. IV · PRINCÍPIOS ORÇAMENTÁRIOS | **115**

Uma forma de encarar tal princípio aplicado ao plano plurianual seria o de interpretá-lo não literalmente, a saber, no sentido de *periodicidade estável* que abarcaria a plurianualidade e o valor democrático representado pela necessidade de revisão a cada 4 anos do plano de gestão do governo e a necessária aprovação pelo Legislativo.

Ademais, não podemos desconsiderar que este princípio, além de representar o período determinado e limitado de vigência de um ano tanto para a LDO como para a LOA, também ilumina a necessidade de *reavaliação anual* das prioridades estabelecidas para os gastos públicos.

### 4.3.3. Princípio da unidade

O **princípio orçamentário da unidade** estabelece que se deve reunir em um único documento ou peça orçamentária anual, consubstanciada numa lei orçamentária, as receitas e despesas estatais, de modo a possibilitar uma análise global e propiciar um controle mais efetivo.

Gaston Jèze[19] afirma que, pelo princípio da unidade orçamentária, deve ser apresentado o orçamento público em documento único de forma que baste a subtração entre dois somatórios (o total de receitas menos o total de despesas) para saber se este apresenta equilíbrio, excedente de receitas ou déficit.

Esse princípio é mencionado expressamente no final do *caput* do art. 2º da Lei nº 4.320/1964,[20] para o fim de vedar a criação de múltiplos orçamentos dentro da mesma esfera política. Todas as receitas previstas e despesas fixadas, em cada exercício financeiro dos três poderes, órgãos, entidades, autarquias, fundos e fundações integrantes de cada ente federativo devem compor um único documento legal orçamentário, que se materializa na Lei Orçamentária Anual (LOA), ainda que esta seja dividida em seções.

Por meio desse **documento único**, é possível obter eficazmente um "retrato geral" das finanças públicas, permitindo ao Poder Legislativo (e tribunais de contas) o controle das operações financeiras de responsabilidade do Executivo. Evita-se a existência de orçamentos paralelos e extraordinários, mediante os quais se poderiam camuflar gastos específicos e eventual desequilíbrio fiscal, dificultando a fiscalização da execução orçamentária.

Por isso, a Constituição de 1988 estabelece que o documento único que consubstancia a LOA deve ser composto de três seções específicas, isto é, o orçamento fiscal, de investimento e da seguridade social (art. 165, § 5º, CF/1988), cada um com seu próprio conteúdo. A esse respeito, Ricardo Lobo Torres[21] assevera que o princípio da unidade deveria ser objeto de uma

---

[19] JÈZE, Gaston. *Cours de science des finances et de législation financière française*. 6. ed. Paris: Marcel Giard, 1922. p. 192.

[20] Apesar de já previsto na Lei nº 4.320/1964, esse princípio era desconsiderado nas décadas de 1970 e 1980. Até então, havia um convívio simultâneo com três orçamentos distintos: o orçamento fiscal, o orçamento monetário e o orçamento das estatais. Não ocorria nenhuma consolidação entre eles. Na verdade, o art. 62 da Constituição de 1967 emendada, limitava o alcance de sua aplicação, ao excluir expressamente do orçamento anual as entidades que não recebessem subvenções ou transferências à conta do orçamento (exemplo: Banco do Brasil - exceto se houver integralização de capital pela União). Assim, o orçamento fiscal era sempre equilibrado e era aprovado pelo Legislativo. O orçamento monetário e o das Empresas Estatais eram deficitários e sem controle e, além do mais, não eram votados. Ora, como o déficit público e os subsídios mais importantes estavam no orçamento monetário, o Legislativo encontrava-se, praticamente, alijado das decisões mais relevantes em relação à política fiscal e monetária da Nação.

[21] TORRES, Ricardo Lobo. *Curso de direito financeiro e tributário*. 18. ed. Rio de Janeiro: Renovar, 2011. p. 118.

releitura, pois já não significaria simplesmente a existência de documento uno, mas, ao revés, a integração finalística e harmonização entre os diversos orçamentos.

Alguns autores são ainda mais radicais em sua apreciação: o próprio princípio da unidade restaria esvaziado de sentido com o advento da Constituição de 1988, originando outro princípio de abrangência mais ampla: o *princípio da totalidade orçamentária*.[22] Tal princípio se consubstancia na existência de orçamentos setoriais condicionados, entretanto, a que sejam consolidados em documento que permita se ter uma visão geral e de conjunto das finanças públicas.[23]

Outrossim, não se pode esquecer de que a Constituição estabelece que o orçamento público, como instituto jurídico do direito financeiro, é composto de três leis orçamentárias: LOA, LDO e PPA. Não obstante, mesmo para essas três leis, deverá haver uma integração, consolidação e unidade.

### 4.3.4. Princípio da universalidade

O **princípio orçamentário da universalidade** pode ser conceituado como a exigência de que todos os valores, independentemente de seu tipo, modalidade, natureza, origem ou destinação, deverão estar integralmente contidos no orçamento, entendido como plano financeiro global de cada ente federado.

Significa dizer que a lei orçamentária anual deverá prever todas as receitas e despesas pelo seu valor total bruto, sem deduções ou exclusões, de todos os poderes, órgãos, fundos, fundações e entidades do respectivo ente da federação. Por isso, é conhecido também por "princípio do orçamento bruto".

Para Sebastião Sant'Anna e Silva, o princípio da universalidade orçamentária constitui uma regra salutar de administração financeira e um elemento valioso para a elaboração de uma boa política orçamentária e fiscal. Nas suas palavras:

> De acordo com esse princípio, todas as receitas e despesas do Estado devem ser incluídas no orçamento e sujeitas ao processo orçamentário comum: elaboração, aprovação, execução e controle. O princípio da universalidade é habitualmente complementado pela regra do orçamento bruto, segundo a qual as parcelas da receita e da despesa devem figurar em bruto no orçamento, isto é, sem qualquer compensação ou dedução. [...]

> Tanto o princípio da universalidade quanto a regra do orçamento bruto tiveram origem na França, durante o século XIX, com o objetivo de assegurar um controle parlamentar efetivo sobre as operações financeiras do governo. Como salienta Gaston Jèze: Estas duas regras, regra do orçamento bruto e regra da universalidade, são consideradas, a justo título, como a condição essencial do controle financeiro da Assembleia. No momento em que o Parlamento é chamado

---

[22] Mas a expressão "totalidade orçamentária" já foi utilizada na década de 1950, tanto pelo francês Robert Jacomet, em um texto seu intitulado "L'Adaptation du Budget aux Tâches de l'Etat Moderne" (Public Finance, Haya, nº 1, 1953), assim como por Pierre Hervieu, em "L'Évolution Actuelle des Institutions Budgétaires en France" (Le Budget dans le Cadre de L'Economie Nationale, Paris, 1950), conforme nos relata Sebastião de Sant'Anna e Silva, *Os princípios orçamentários*. Rio de Janeiro: Fundação Getulio Vargas, 1962. p. 21-22.

[23] MENDES, Gilmar Ferreira; COELHO, Inocêncio Mártires; BRANCO, Paulo Gustavo Gonet. *Curso de direito constitucional*. 4. ed. São Paulo: Saraiva, 2009. p. 1.402.

a votar o imposto e a fixar as despesas que são o seu fundamento e a sua medida, é necessário que o orçamento lhe apresente a lista de todas as despesas e todas as receitas.[24]

O princípio encontra previsão legal na conjunção dos arts. 2º, 4º e 6º da Lei nº 4.320/1964:

> Art. 2º. A Lei do Orçamento conterá a discriminação da receita e despesa de forma a evidenciar a política econômica financeira e o programa de trabalho do Governo, obedecidos os princípios de unidade, *universalidade* e anualidade.
> [...]
> Art. 4º. A Lei de Orçamento compreenderá todas as despesas próprias dos órgãos do Governo e da administração centralizada, ou que, por intermédio deles se devam realizar, observado o disposto no artigo 2º.
> [...]
> Art. 6º. Todas as receitas e despesas constarão da Lei de Orçamento pelos seus totais, vedadas quaisquer deduções.

Esse princípio permite o controle das contas pelos órgãos competentes, pelo Poder Legislativo e pelo cidadão, possibilitando-se: a) conhecer de plano todas as receitas e despesas do ente federativo; b) impedir que o Poder Executivo realize qualquer operação financeira, sobretudo gastos, sem prévia autorização legislativa; c) conhecer o exato volume global das despesas estabelecidas pelo governo, identificando-se os recursos para financiá-las.

Ressalte-se que não se deve confundir o princípio da universalidade com o princípio da unidade, pois este último está relacionado com a forma do documento ou peça orçamentária, enquanto a universalidade vincula-se ao conteúdo do orçamento.

### 4.3.5. Princípio da exclusividade

O **princípio orçamentário da exclusividade** proíbe que qualquer matéria estranha à previsão de receitas e à fixação de despesas seja inserida na lei orçamentária anual, de acordo com o art. 165, § 8º, CF/1988.

Contudo, essa norma excepciona da vedação a abertura de créditos suplementares e contratação de operações de crédito, ainda que por antecipação de receita, nos termos da lei. Em verdade, não se trata de exceção propriamente dita, pois tanto os créditos suplementares como as operações de crédito, ao fim e ao cabo, versam sobre receitas e despesas públicas.

Tal princípio cumpre uma função que é eminentemente prática, a saber, impedir maior lentidão no processo legislativo orçamentário, bem como evitar que nesta lei se façam manobras políticas populistas ou que atendem apenas a grupos de pressões. A praxe de se inserir nas leis orçamentárias assuntos estranhos ao orçamento – algo que não foi exclusivo do Brasil – recebia a denominação de "caudas orçamentárias" ou, na jocosa alcunha dada por Rui Barbosa, "orçamentos rabilongos" (com *"rabo longo"*, a indicar a presença indevida de temas não orçamentários em leis orçamentárias).

Há relatos de que, no período da Primeira República brasileira (1889-1930), os excessos inseridos nas leis orçamentárias eram tão significativos que até mesmo chegou-se a incluir na lei orçamentária alterações no processo da ação de desquite, sendo que esses abusos só foram

---

[24] SILVA, Sebastião de Sant'Anna e. *Os princípios orçamentários*. Rio de Janeiro: Fundação Getulio Vargas, 1962. p. 13-14.

eliminados pela Reforma Constitucional de 1926, primeira vez em que se previu o princípio da exclusividade, que acabou reproduzido nas constituições subsequentes.[25]

### 4.3.6. Princípio da programação

O **princípio orçamentário da programação** expressa a característica de *mecanismo de gestão* do orçamento, em que devem ser apresentados sob forma de programa o plano de ação governamental para determinado período, buscando integrar harmônica e finalisticamente as previsões da lei orçamentária anual com a lei de diretrizes orçamentárias e com a lei do plano plurianual.

É também chamado de *princípio do planejamento orçamentário*, uma vez que apresenta diretrizes, metas e prioridades estatais, incluindo-se os programas de duração continuada.

Em termos evolutivos, inicialmente tinha-se o denominado *orçamento tradicional*, que se tratava apenas de um documento de previsão de receitas e de despesas, classificando-se os gastos por unidades administrativas e elementos de despesas. Em seguida, com o *orçamento de desempenho*, o gestor preocupou-se com as realizações, com ênfase nos resultados, mas ainda sem adotar uma estrutura de planejamento. Por sua vez, o *orçamento incremental* realizava, essencialmente, acréscimos marginais em cada item de despesa, incorporando-os com os montantes anteriores, mantendo-se inalteradas as opções e prioridades ao longo do tempo. Já o *orçamento base-zero* não levava em consideração os gastos e investimentos anteriores, desconsiderando a base histórica orçamentária, em que cada despesa deveria ser considerada anualmente como uma nova iniciativa, sendo necessária a apresentação de sua justificação e revisão a cada ano. Por fim, o orçamento-programa é o instrumento de planejamento que permite identificar os programas, os projetos e as atividades que se pretende realizar, além de estabelecer objetivos, metas, custos e resultados, conferindo, ademais, maior transparência nos gastos públicos.[26]

Esse princípio nasce como corolário dos dispositivos trazidos pela Lei nº 4.320/1964, que introduziu em nosso país o modelo orçamentário de orçamento-programa,[27] provindo dos Estados Unidos da América, na década de 1950, com o nome de *Planning-Programming-Budgeting System* (PPBS). Tal modelo prevê, para além de dados financeiros sobre as receitas e despesas, os programas de ação estatais, identificando projetos, planos, objetivos e metas, informações estas primordiais para a realização do planejamento governamental.[28]

---

[25] SILVA, Sebastião de Sant'Anna e. *Os princípios orçamentários*. Rio de Janeiro: Fundação Getulio Vargas, 1962. p. 32.

[26] VASCONCELLOS, Alexandre. *Orçamento público para concursos*. Rio de Janeiro: Ferreira, 2007. p. 100.

[27] Lei nº 4.320/1964. Art. 2º. A Lei do Orçamento conterá a discriminação da receita e despesa de forma a evidenciar a política econômica financeira e o programa de trabalho do Governo, obedecidos os princípios de unidade, universalidade e anualidade.

[28] Registre-se que o modelo de orçamento-programa foi expressamente mencionado no Decreto-lei nº 200/1967, no seu art. 7º: "A ação governamental obedecerá a planejamento que vise a promover o desenvolvimento econômico-social do País e a segurança nacional, norteando-se segundo planos e programas elaborados, na forma do Título III, e compreenderá a elaboração e atualização dos seguintes instrumentos básicos: a) plano geral de governo; b) programas gerais, setoriais e regionais, de duração plurianual; c) orçamento-programa anual; d) programação financeira de desembolso".

No modelo de orçamento-programa, os meios e recursos são colocados em relação com os objetivos e metas específicos a serem alcançados em um certo espaço de tempo. Por meio dele se identifica, de forma segmentada, as despesas com cada projeto e seus custos, possibilitando a realização, ao fim, de um controle em relação à eficiência do planejamento. Ao revés, o modelo clássico de orçamento usado anteriormente ao advento da Lei nº 4.320/1964 ficava limitado a uma mera listagem das receitas e fixação das despesas, com controle voltado apenas à avaliação da probidade dos agentes públicos e à legalidade na execução do orçamento.

Segundo James Giacomoni,[29] do orçamento-programa constam os seguintes elementos essenciais: a) os objetivos e propósitos perseguidos pela instituição e para cuja consecução são utilizados os recursos orçamentários; b) os programas, isto é, os instrumentos de integração dos esforços governamentais no sentido da concretização dos objetivos; c) os custos dos programas medidos pela identificação dos meios ou insumos (pessoal, material, equipamentos, serviços etc.) necessários para a obtenção dos resultados; e d) medidas de desempenho com a finalidade de medir as realizações (produto final) e os esforços despendidos na execução dos programas.

Este autor traça interessante comparação. No *orçamento tradicional*: 1) o processo orçamentário é dissociado dos processos de planejamento e programação; 2) a alocação de recursos visa à aquisição de meios; 3) as decisões orçamentárias são tomadas tendo em vista as necessidades das unidades organizacionais; 4) na elaboração do orçamento são consideradas as necessidades financeiras das unidades organizacionais; 5) a estrutura do orçamento dá ênfase aos aspectos contábeis de gestão; 6) principais critérios classificatórios: unidades administrativas e elementos; 7) inexistem sistemas de acompanhamento e medição do trabalho, assim como dos resultados; 8) o controle visa avaliar a honestidade dos agentes governamentais e a legalidade no cumprimento do orçamento.

Por sua vez, no *orçamento-programa*: 1) o orçamento é o elo entre o planejamento e as funções executivas da organização; 2) a alocação de recursos visa à consecução de objetivos e metas; 3) as decisões orçamentárias são tomadas com base em avaliações e análises técnicas das alternativas possíveis; 4) na elaboração do orçamento são considerados todos os custos dos programas, inclusive os que extrapolam o exercício; 5) a estrutura do orçamento está voltada para os aspectos administrativos e de planejamento; 6) principal critério de classificação: funcional-programático; 7) utilização sistemática de indicadores e padrões de medição do trabalho e dos resultados; 8) o controle visa avaliar a eficiência, a eficácia e a efetividade das ações governamentais.[30]

Ademais, o Decreto-lei nº 200/1967 estabelece, em seu art. 16, que "em cada ano, será elaborado um orçamento-programa, que pormenorizará a etapa do programa plurianual a ser realizada no exercício seguinte e que servirá de roteiro à execução coordenada do programa anual". Já no seu parágrafo único consta que "na elaboração do orçamento-programa serão considerados, além dos recursos consignados no Orçamento da União, os recursos extraorçamentários vinculados à execução do programa do Governo".

Cabe destacar que o planejamento orçamentário (ou programação) foi devidamente organizado na LRF ao se impor a implementação de um ciclo fiscal caracterizado pela responsabilidade gerencial de longo prazo e pela qualidade do gasto público, com a devida legitimidade conferida pela assim chamada trindade orçamentária: plano plurianual (PPA), a

---

29 GIACOMONI, James. *Orçamento público*. 15. ed. São Paulo: Atlas, 2010. p. 166.

30 GIACOMONI, James. *Orçamento público*. 15. ed. São Paulo: Atlas, 2010. p. 170.

lei de diretrizes orçamentárias (LDO) e a lei orçamentária anual (LOA). Associar os números orçamentários às metas propostas e mensurar se estas foram alcançadas é uma das virtudes do ciclo orçamentário.

A ausência de planejamento adequado conduz a um gasto indevido dos recursos estatais, por vezes canalizados para desejos imediatistas, fugidios e subjetivistas dos gestores eventuais da coisa pública. Essa desorganização na programação orçamentária acaba por levar a tomada de empréstimos onerosos aos cofres públicos, obras inacabadas, déficits galopantes e toda sorte de mazelas financeiras. Isso tudo era uma realidade originária de um período em que o plano plurianual (PPA), a lei de diretrizes orçamentárias (LDO) e a lei orçamentária anual (LOA) eram tidas como peças de ficção, mas essa realidade vem se alterando paulatinamente com o reconhecimento da importância das normas da LRF.

### 4.3.7. Princípio da discriminação

O **princípio orçamentário da discriminação** ou da **especificação** veda a previsão de dotações globais na lei orçamentária anual para cobrir despesas indistintamente com pessoal, material, serviços ou quaisquer outras.

Segundo tal princípio, as despesas públicas devem ser especificadas, no mínimo, por elementos, nos termos da Lei nº 4.320/1964, ou por categoria econômica, grupo de despesas e modalidade de aplicação, nos termos da Portaria STN/SOF nº 163/2001.

Sua origem encontra-se no art. 15 da Lei nº 4.320/1964, ao estabelecer que, "na Lei de Orçamento a discriminação da despesa far-se-á no mínimo por elementos", entendendo-se por elementos o desdobramento da despesa. Trata-se, ademais, de um reforço ao comando contido no art. 5º da mesma lei, o qual estatui que "a Lei de Orçamento não consignará dotações globais", exceto nos casos de certos programas especiais de investimentos, que, por sua natureza, poderão ser custeados por dotações globais (art. 20).

Por sua vez, a Lei de Responsabilidade Fiscal fixa o seguinte conteúdo que deve estar presente no Relatório Resumido de Execução Orçamentária (RREO): I – balanço orçamentário, que especificará, por categoria econômica, as: a) receitas por fonte, informando as realizadas e a realizar, bem como a previsão atualizada; b) despesas por grupo de natureza, discriminando a dotação para o exercício, a despesa liquidada e o saldo; II – demonstrativos da execução das: a) receitas, por categoria econômica e fonte, especificando a previsão inicial, a previsão atualizada para o exercício, a receita realizada no bimestre, a realizada no exercício e a previsão a realizar; b) despesas, por categoria econômica e grupo de natureza da despesa, discriminando dotação inicial, dotação para o exercício, despesas empenhada e liquidada, no bimestre e no exercício; c) despesas, por função e subfunção.

Além disso, a Portaria Interministerial STN/SOF nº 163/2001 (que trata das normas gerais de consolidação das Contas Públicas no âmbito da União, Estados, Distrito Federal e Municípios) estatui, no seu art. 3º, que a classificação da despesa, segundo a sua natureza, compõe-se de: I – categoria econômica; II – grupo de natureza da despesa; III – elemento de despesa.

A categoria econômica da despesa indica se ela consubstancia uma despesa corrente ou de capital. Já o grupo de natureza de despesa configura-se pela agregação de elementos de despesa com as mesmas características quanto ao objeto de gasto. Por fim, o elemento de despesa é uma classificação que tem por finalidade identificar os objetos de gastos, tais como vencimentos e vantagens fixas, juros, diárias, material de consumo, serviços de terceiros prestados sob qualquer forma, subvenções sociais, obras e instalações etc. O art. 6º da Portaria

Interministerial STN/SOF nº 163/2001 estabelece que a LOA deverá discriminar a despesa, em relação à sua natureza, no mínimo por categoria econômica, grupo de natureza de despesa e modalidade de aplicação.

O respectivo princípio permite um maior controle sobre as despesas públicas e uma execução orçamentária estritamente compatível com o disposto na LOA. Cumpre destacar, entretanto, que o princípio da especificação comporta duas exceções.

A primeira delas encontra-se prevista na própria Lei nº 4.320/1964 que, em seu art. 20, parágrafo único, dispõe que os programas especiais de trabalho classificados como investimentos poderão ser custeados às expensas de dotações globais. A segunda exceção está prevista no art. 91 do Decreto-Lei nº 200/1967, dispondo que a LOA poderá conter previsão de dotação global para reserva de contingência. Em síntese, os programas especiais de trabalho classificados como investimentos e a reserva de contingência poderão ser custeados por dotações globais, sendo exceção ao princípio em tela.

### 4.3.8. Princípio da não vinculação

O **princípio orçamentário da não vinculação** ou da **não afetação** de receitas veda a vinculação de impostos a uma finalidade específica. Concede-se, assim, certa flexibilidade ao chefe do Poder Executivo para alocar os recursos estatais em políticas públicas que entender mais essenciais, convenientes e oportunas para melhor consecução do interesse público, sem estar obrigado a realizar um gasto público previamente vinculado. Cumpre destacar que tal princípio não se aplica a todas as receitas, mas somente àquelas provenientes de impostos.

Previsto no inc. IV do art. 167 da Constituição Federal, trata-se, na realidade, de uma vedação constitucional dirigida ao legislador ordinário, impedindo-o de vincular receita de impostos a órgão, fundo ou despesa (ressalvadas as exceções previstas).

Destina-se a prover recursos para custear despesas públicas ligadas às necessidades públicas básicas da sociedade, ou seja, de natureza geral e indivisível, tais como aquelas para segurança pública, justiça, obras, dentre outros.

O princípio em tela possui o escopo também de impedir a instituição de impostos que não sejam direcionados ao atendimento das demandas da população, mas sim para custear determinados interesses políticos que deveriam ser pagos com financiamento particular.

Mas, como bem colocou Ricardo Lobo Torres:[31]

> O princípio constitucional vem perdendo a sua relevância, tendo em vista as inúmeras exceções criadas por sucessivas emendas constitucionais e a circunstância de que as normas do direito administrativo e do direito econômico já vinculam boa parte das receitas. [...]
>
> A principal crítica às vinculações constitucionais é que engessam o orçamento, retirando da Administração e do próprio Legislativo a competência discricionária para as escolhas acerca dos investimentos e das políticas públicas.

O princípio da não vinculação comporta diversas exceções previstas na Constituição de 1988. O art. 167, inc. IV, com redação dada pela Emenda Constitucional nº 42/2003, autoriza

---

[31] TORRES, Ricardo Lobo. Princípio da não afetação. In: TORRES, Ricardo Lobo; KATAOKA, Eduardo Takemi; GALDINO, Flávio (org.). *Dicionário de princípios jurídicos*. Rio de Janeiro: Elsevier, 2011. p. 861-862.

a vinculação de impostos para fins de repartição do produto arrecadado, de destinação da arrecadação para custeio das ações e serviços públicos de saúde, manutenção e desenvolvimento do ensino e realização de atividades da administração tributária, e de prestação de garantia às operações de crédito por antecipação de receita. O art. 198, § 2º, regulamentado pela Lei Complementar nº 141/2012, por sua vez, determina que um montante mínimo da arrecadação de impostos deva ser, anualmente, destinado ao custeio de ações e serviços públicos da área de saúde.

Outra exceção encontra-se no § 4º do art. 167 (EC nº 109/2021), ao estabelecer ser permitida a vinculação das receitas a que se referem os arts. 155, 156, 156-A, 157, 158 e às alíneas *a*, *b*, *d*, *e* e *f* dos incisos I e II do *caput* do art. 159 da Constituição para pagamento de débitos com a União e para prestar-lhe garantia ou contragarantia.

O art. 204, parágrafo único, autoriza a vinculação de um percentual das receitas de natureza tributária, na qual se incluem os impostos, para o custeio de programas de apoio à inclusão e promoção social, sendo vedado, contudo, que tal vinculação se destine ao pagamento de pessoal, encargos sociais, serviços da dívida ou qualquer outra despesa corrente que não seja relacionada aos investimentos e ações apoiados. Por fim, o art. 212 preconiza a vinculação de um percentual mínimo da arrecadação de impostos ao custeio da manutenção e desenvolvimento do ensino. A Emenda Constitucional nº 01/1994, ao criar o Fundo Social de Emergência para atender as demandas de certo período, vinculou o Imposto de Renda, o Imposto Territorial Rural, o Imposto sobre Operações Financeiras e 20% dos demais impostos federais ao respectivo fundo, corroborando a ideia de que o princípio da não vinculação não é absoluto.

Conforme já ressaltado anteriormente, o princípio ora abordado refere-se, tão somente, às receitas provenientes de impostos. Portanto, não se aplica às demais receitas tributárias, como taxas e contribuições de melhoria, cujo produto da arrecadação, em razão de sua própria natureza, possui destinação especificada em lei. Tampouco se aplica às demais receitas correntes orçamentárias, como receitas patrimonial, agropecuária, industrial, de serviços, transferências correntes e outras receitas correntes.

Em relação à espécie tributária contribuição, embora seja um tributo vinculado por sua própria natureza, cabe observar que a Emenda Constitucional nº 27/2000, por meio da inserção do art. 76 no Ato das Disposições Constitucionais Transitórias – ADCT, dispôs sobre a **Desvinculação de Recursos da União – DRU**, possibilitando a desvinculação de 20% da arrecadação de impostos e contribuições. A referida Emenda Constitucional, posteriormente, foi prorrogada por sucessivas emendas subsequentes, tendo hoje a DRU o percentual de 30% (trinta por cento) e a seguinte redação (dada pela EC nº 126/2022):

> Art. 76. São desvinculados de órgão, fundo ou despesa, até 31 de dezembro de 2024, 30% (trinta por cento) da arrecadação da União relativa às contribuições sociais, sem prejuízo do pagamento das despesas do Regime Geral de Previdência Social, às contribuições de intervenção no domínio econômico e às taxas, já instituídas ou que vierem a ser criadas até a referida data.

Por sua vez, a Emenda Constitucional nº 93/2016 introduziu os arts. 76-A e 76-B ao ADCT, dispondo sobre o teto de 30% para a Desvinculação de Receitas da União (DRU), Desvinculação de Receitas dos Estados e Distrito Federal (DRE) e Desvinculação de Receitas dos Municípios (DRM), relativas a impostos, taxas e multas e demais acréscimos, prorrogadas até a data de 31.12.2032, nos termos da EC nº 132/2023.

A previsão constitucional de desvinculação de receitas tributárias de contribuições, a partir da EC nº 27/2000, sofreu severas críticas doutrinárias, sob o fundamento de que tal desvinculação afrontaria a natureza do respectivo tributo. A própria literalidade do art. 149 da Constituição Federal parece corroborar esse entendimento, dispondo que as contribuições sociais terão como finalidade ser "instrumento de sua atuação nas respectivas áreas". Ou seja, os percentuais desvinculados, inicialmente, de 20% e, atualmente, de 30%, estariam desvirtuados de sua finalidade social, podendo tal desvinculação incorrer, até mesmo, em inconstitucionalidade.

Apesar das críticas supracitadas sobre a desvinculação de receitas de contribuições sociais, com elas não estamos de acordo, pois, nos termos do art. 4º do Código Tributário Nacional, a natureza do tributo é caracterizada por sua finalidade e não pela destinação de sua arrecadação.

Consideramos, contudo, que a controvérsia possível em relação à desvinculação de receitas de contribuições reside na possibilidade de afronta ao princípio do Federalismo Fiscal, pois a DRU, na prática, acarretaria certa concentração do poder financeiro pela União.[32] A DRU destaca um percentual de até 30% dos recursos que pertenceriam a outros entes federados para concentrá-los nas mãos da União, prejudicando a consecução das políticas públicas pelos Estados, Distrito Federal e Municípios.

O Supremo Tribunal Federal, por sua vez, possui entendimento consolidado e vinculante, explicitado no Tema nº 277 de repercussão geral, de 09.12.2015, no sentido de que "não é inconstitucional a desvinculação, ainda que parcial, do produto da arrecadação das contribuições sociais instituídas pelo art. 76 do ADCT, seja em sua redação original, seja naquela resultante das Emendas Constitucionais 27/2000, 42/2003, 56/2007, 59/2009 e 68/2011".

### 4.3.9. Princípio da limitação

O **princípio orçamentário da limitação** traz a ideia de que o orçamento é instrumento de limitação dos gastos públicos, na medida em que as despesas somente podem ser empenhadas nos limites postos pelo orçamento anual, não podendo ultrapassá-los.

O art. 167 da CF/1988 proíbe expressamente: a) o início de programas ou projetos não incluídos na lei orçamentária anual; b) a realização de despesas ou a assunção de obrigações diretas que excedam os créditos orçamentários ou adicionais; c) a realização de operações de créditos que excedam o montante das despesas de capital (ressalvadas as autorizadas mediante créditos suplementares ou especiais com finalidade precisa); d) a abertura de crédito suplementar ou especial sem prévia autorização legislativa e sem indicação dos recursos correspondentes; e) a transposição, o remanejamento ou a transferência de recursos de uma categoria de programação para outra ou de um órgão para outro, sem prévia autorização legislativa; f) a concessão ou utilização de créditos ilimitados; g) a utilização, sem autorização legislativa específica, de recursos dos orçamentos fiscal e da seguridade social para suprir necessidade ou cobrir déficit de empresas, fundações e fundos; h) a instituição de fundos de qualquer natureza, sem prévia autorização legislativa; i) a transferência voluntária de recursos e a concessão de empréstimos, inclusive por antecipação de receita, pelos Governos Federal e Estaduais e suas instituições financeiras, para pagamento de despesas com pessoal ativo, inativo e pensionista, dos Estados, do Distrito Federal e dos Municípios; j) a utilização de recursos da seguridade social para fins diversos; k) a transferência voluntária de recursos, a concessão de avais, as garantias e as subvenções pela União e a concessão de empréstimos e

---

[32] ABRAHAM, Marcus. *As emendas constitucionais tributárias e os 20 anos da Constituição Federal de 1988*. São Paulo: Quartier Latin, 2009.

de financiamentos por instituições financeiras federais aos Estados, ao Distrito Federal e aos Municípios na hipótese de descumprimento das regras gerais de organização e de funcionamento de regime próprio de previdência social; l) a criação de fundo público, quando seus objetivos puderem ser alcançados mediante a vinculação de receitas orçamentárias específicas ou mediante a execução direta por programação orçamentária e financeira de órgão ou entidade da Administração Pública.

O princípio orçamentário da limitação encontra-se também previsto no art. 1º, § 1º, da Lei de Responsabilidade Fiscal, o qual estatui que devem ser observados limites e condições no que tange a renúncia de receita, geração de despesas com pessoal, da seguridade social e outras, dívidas consolidada e mobiliária, operações de crédito, inclusive por antecipação de receita, concessão de garantia e inscrição em Restos a Pagar.

Como exceção, a Emenda Constitucional nº 85/2015 incluiu o § 5º no art. 167, possibilitando a transposição, o remanejamento ou a transferência de recursos de uma categoria de programação para outra no âmbito das atividades de ciência, tecnologia e inovação, com o objetivo de viabilizar os resultados de projetos restritos a essas funções, mediante ato do Poder Executivo, sem necessidade de prévia autorização legislativa.

Cabe esclarecer que os **remanejamentos** financeiros são feitos de um órgão para outro, ao passo que as **transposições** são realocações financeiras no âmbito de programas de trabalho, dentro do mesmo órgão, e as **transferências** são realocações de recursos entre as categorias econômicas de despesas.[33]

O princípio ora analisado se relaciona diretamente com o princípio da legalidade orçamentária e a ideia de democracia fiscal, uma vez que a espécie e o montante da despesa pública devem estar previstos na lei orçamentária, e qualquer modificação qualitativa ou quantitativa – seja por créditos adicionais, remanejamentos, transposições ou transferências – deve ser previamente autorizada pela mesma casa legislativa que aprovou o orçamento.

### 4.3.10. Princípio da publicidade

O **princípio orçamentário da publicidade** dispõe que todos os cidadãos, entidades públicas e privadas e órgãos de controle devem poder ter acesso ao orçamento e, para tanto, o orçamento público deve ser divulgado pelos meios oficiais de comunicação, devendo, inclusive, ser publicado em *Diário Oficial* (art. 166, § 7º, CF/1988).

O art. 48, *caput*, da Lei de Responsabilidade Fiscal também determina que se dê ampla divulgação, inclusive em meios eletrônicos de acesso público, aos planos, orçamentos e leis de diretrizes orçamentárias; às prestações de contas e respectivo parecer prévio; ao Relatório Resumido da Execução Orçamentária e ao Relatório de Gestão Fiscal; e às versões simplificadas desses documentos.

O § 2º do art. 48 da mesma lei, inserido pela Lei Complementar nº 156/2016, também estabeleceu:

A União, os Estados, o Distrito Federal e os Municípios disponibilizarão suas informações e dados contábeis, orçamentários e fiscais conforme periodicidade, formato e sistema estabele-

---

[33] OLIVEIRA, Rogério Sandoli de. Comentários aos arts. 40 a 46. In: CONTI, José Maurício (coord.). *Orçamentos públicos*: a Lei 4.320/1964 comentada. 2. ed. São Paulo: Revista dos Tribunais, 2010. p. 146.

cidos pelo órgão central de contabilidade da União, os quais deverão ser divulgados em meio eletrônico de amplo acesso público.

Em 2020, a norma do art. 48, § 2º, LRF migrou para a Constituição, com ligeiras modificações, por meio da Emenda Constitucional nº 108/2020, que inseriu o art. 163-A no texto da Lei Maior:

> Art. 163-A. A União, os Estados, o Distrito Federal e os Municípios disponibilizarão suas informações e dados contábeis, orçamentários e fiscais, conforme periodicidade, formato e sistema estabelecidos pelo órgão central de contabilidade da União, de forma a garantir a rastreabilidade, a comparabilidade e a publicidade dos dados coletados, os quais deverão ser divulgados em meio eletrônico de amplo acesso público.

Ademais, a publicidade dos atos públicos é prevista também no art. 37 da CF/1988, ao prescrever que a Administração Pública direta e indireta de qualquer dos Poderes da União, dos Estados, do Distrito Federal e dos Municípios obedecerá, dentre outros princípios, ao da publicidade.

Embora sejam similares, o princípio da publicidade não se confunde com o princípio da transparência, que será abordado adiante. Enquanto o princípio da publicidade diz respeito à divulgação do orçamento por todas as vias oficiais e eletrônicas, o princípio da transparência traz a ideia de que a publicidade do orçamento deve ocorrer de forma ampla, sendo vedadas omissões e obscuridades nas informações divulgadas. Ou seja, a publicidade relaciona-se à forma de divulgação e a transparência faz referência ao conteúdo daquilo que é divulgado.

Cumpre destacar que o princípio da publicidade incide não apenas em relação ao orçamento propriamente dito (LOA), mas também em relação aos relatórios resumidos de execução orçamentária (RREO), nos termos da Constituição e da LRF, propiciando o controle de todas as etapas do ciclo orçamentário. O art. 165, § 3º, CF/1988 dispõe que o Poder Executivo publicará, até trinta dias após o encerramento de cada bimestre, um relatório resumido da execução orçamentária, devendo conter as seguintes informações, nos termos do art. 52 da LC nº 101/2000: I – um balanço orçamentário, que especificará, por categoria econômica, as: a) as receitas por fonte, informando as realizadas e a realizar, bem como a previsão atualizada; b) despesas por grupo de natureza, discriminando a dotação para o exercício, a despesa liquidada e o saldo; II – demonstrativos da execução das: a) receitas, por categoria econômica e fonte, especificando a previsão inicial, a previsão atualizada para o exercício, a receita realizada no bimestre, a realizada no exercício e a previsão a realizar; b) despesas, por categoria econômica e grupo de natureza da despesa, discriminando dotação inicial, dotação para o exercício, despesas empenhada e liquidada, no bimestre e no exercício; c) despesas, por função e subfunção.

É imperioso mencionar que o princípio da publicidade é tão relevante em nosso ordenamento jurídico que o art. 52, § 2º, LRF previu que o descumprimento do prazo de 30 dias para a publicação do RREO submete o ente às sanções previstas no art. 51, § 2º da mesma lei, quais sejam impedimento para receber transferências voluntárias e para contratar operações de crédito, com exceção das destinadas ao pagamento da dívida mobiliária.

### 4.3.11. Princípio da tecnicidade

O **princípio orçamentário da tecnicidade** determina que o orçamento deve apresentar características capazes de permitir aos usuários sua ampla compreensão, podendo ser sintetizadas nas seguintes notas: a) *padronização* na forma de apresentar os dados, permitindo ao usuário realizar comparações e análises; b) *clareza* ao evidenciar seu conteúdo; c) *discriminação especificada* da classificação e apresentação dos dados, de modo a identificar as rubricas de ingressos e gastos, demonstrando-as de modo analítico e detalhado.

O princípio se concretiza principalmente com a adoção das regras previstas na contabilidade aplicada ao setor público, por meio das quais se registra e evidencia o orçamento público, tanto quanto à sua aprovação quanto à sua execução (aspecto orçamentário); a composição patrimonial do ente público, voltando-se para o reconhecimento, mensuração e evidenciação dos ativos e passivos e de suas variações patrimoniais (aspecto patrimonial); os indicadores estabelecidos pela LRF, dentre os quais se destacam os da despesa com pessoal, das operações de crédito e da dívida consolidada, além da apuração da disponibilidade de caixa, do resultado primário e do resultado nominal, a fim de verificar-se o equilíbrio das contas públicas (aspecto fiscal).[34]

### 4.3.12. Princípio da transparência

O **princípio orçamentário da transparência** determina que a divulgação das informações do orçamento deve ocorrer, além de amplamente, de modo *claro* e de *fácil compreensão* não apenas para o executor do orçamento e órgãos de controle, mas também para os cidadãos. Previsto nos arts. 48, 48-A e 49 da LRF, relaciona-se com o princípio da publicidade, mas não se confunde com ele.

Tal princípio visa promover o controle da administração por parte dos órgãos e entidades competentes e, também, pela sociedade. Possui ainda o escopo de impedir a fixação de despesas obscuras, a realização de gastos com projetos de difícil explicação e a concessão de benefícios fiscais imprecisos, evitando o cometimento de erros ou manipulação das informações orçamentárias para a realização de objetivos diversos dos originalmente desejados quando da elaboração da LOA.[35]

Segundo Ricardo Lobo Torres,[36] o princípio da transparência indica que a atividade financeira deve se desenvolver segundo os ditames da clareza, abertura e simplicidade, balizando e modulando a problemática da elaboração do orçamento e da sua gestão responsável. Segundo ele:

> O princípio da transparência recomenda que o orçamento organize as entradas e as despesas com clareza e fidelidade. Condena as classificações tortuosas e distanciadas da técnica e os incentivos encobertos ou camuflados.

Embora a transparência seja um princípio constitucional implícito, pode ser facilmente depreendido do art. 165, § 6º, ao dispor que o projeto de LOA deve ser instruído com o demonstrativo regionalizado do efeito, sobre as receitas e despesas, decorrente de isenções, anistias, remissões, subsídios e benefícios de natureza financeira, tributária e creditícia.

---

[34] BRASIL. Secretaria do Tesouro Nacional. Manual de contabilidade aplicada ao setor público. 9. ed. Brasília: Secretaria do Tesouro Nacional, 2021. p. 27.

[35] A LC nº 178/2021 estabeleceu o Programa de Acompanhamento e Transparência Fiscal, tendo por objetivo reforçar a transparência fiscal dos Estados, do Distrito Federal e dos Municípios e compatibilizar as respectivas políticas fiscais com a da União.

[36] TORRES, Ricardo Lobo. *Dicionário de princípios jurídicos.* Rio de Janeiro: Elsevier, 2011. p. 1.359-1360.

Com o advento do art. 163-A, CF/1988 (inserido pela Emenda Constitucional nº 108/2020), encontra-se mais um fundamento constitucional para sua existência, sobretudo quando se prevê que as informações e dados contábeis, orçamentários e fiscais devem ser divulgados "de forma a garantir a rastreabilidade, a comparabilidade e a publicidade dos dados coletados".

Por sua vez, como nova ferramenta de transparência fiscal (e controle das finanças), a Emenda Constitucional nº 102/2019 inseriu no art. 165 o § 15, prevendo que a União organizará e manterá registro centralizado de projetos de investimento contendo, por Estado ou Distrito Federal, pelo menos, análises de viabilidade, estimativas de custos e informações sobre a execução física e financeira.

Destaque-se, ainda, que a LC nº 178/2021 estabeleceu o Programa de Acompanhamento e Transparência Fiscal, tendo por objetivo reforçar a transparência fiscal dos Estados, do Distrito Federal e dos Municípios e compatibilizar as respectivas políticas fiscais com a da União.

Por fim, outro objetivo do princípio da transparência é evitar a chamada "contabilidade criativa" no orçamento público, caracterizada por artifícios fiscais ilegítimos e ilegais, perpetrados por administradores públicos com vistas a maquiar resultados financeiros e metas fiscais. A título de exemplo, recordamos as então intituladas "pedaladas fiscais" (objeto do processo de *impeachment* presidencial no ano de 2016), que consistiram em procedimentos fiscais nos quais se postergaram os repasses mensais de valores devidos a bancos públicos para custeio de programas sociais e previdenciários, gerando, de modo artificial, um aumento no superávit primário dos cofres públicos e um aparente cumprimento das metas fiscais.

### 4.3.13. Princípio da sinceridade orçamentária

O **princípio da sinceridade orçamentária** ou da **exatidão** visa evitar uma superestimativa ou subestimativa de receitas e despesas, de forma a que o orçamento seja elaborado do modo mais exato possível, conferindo-lhe consistência para, de fato, ser um verdadeiro instrumento de planejamento e controle das contas públicas. Em última instância, veda que o orçamento seja mera "peça de ficção", não traduzindo a realidade econômico-social de forma fidedigna.

O referido princípio decorre da moralidade, da legalidade, da transparência e do planejamento orçamentário. Funda-se, também, na boa-fé dos gestores públicos e na confiança depositada pelos cidadãos de que as políticas públicas constantes nas leis orçamentárias serão materializadas.

O Ministro Marco Aurélio, no âmbito da ADI 4.663, criticando a não efetivação das políticas públicas explicitadas no orçamento, asseverou que "A lei orçamentária ganha, então, contornos do *faz de conta*. Faz de conta que a Casa do Povo aprova certas destinações de recursos, visando às políticas públicas, sendo que o Executivo tudo pode, sem dizer a razão".

Ao contrário do Brasil, em que o princípio da exatidão é implícito no ordenamento jurídico, a legislação francesa é expressa, ao dispor, no art. 32 do Título III do Capítulo I da Lei Orgânica 2001-692, de 01.08.2001 ("*Du principe de sincérité*"), que: "As leis financeiras apresentam, de maneira sincera, todos os recursos e despesas do Estado. Sua sinceridade é avaliada à luz das informações disponíveis e das previsões que dela podem ser razoavelmente derivadas". O art. 27 do mesmo diploma legal estabelece que: "As contas do Estado devem ser regulares, sinceras e dar uma imagem verdadeira de seu patrimônio e da situação financeira". Nota-se que a doutrina francesa aborda o princípio da sinceridade orçamentária sob o viés jurídico-político, visando à elaboração de um orçamento em conformidade com a concreta realidade econômico-financeira do Estado.[37]

### 4.3.14. Princípio do equilíbrio fiscal

O **princípio orçamentário do equilíbrio fiscal** dispõe que, a cada despesa, deve corresponder uma receita apta a financiá-la, evitando o surgimento de déficits constantes, elevados ou descontrolados, que possam prejudicar a higidez das contas públicas no presente e no futuro.

A necessidade de observância do princípio do equilíbrio fiscal, acolhido implicitamente pelo arts. 167, incs. II, III, V, VII e § 7º, e 167-A da Constituição Federal, e pelos arts. 7º, § 1º e 48, *b*, da Lei nº 4.320/1964 e expresso no regime da responsabilidade fiscal estruturado pela LRF, assim como pela LC nº 200/2023 (que traz medidas de ajuste fiscal e sustentabilidade financeira), demanda dos Poderes e dos agentes públicos demonstrar o impacto nas finanças públicas da imposição de obrigações para o Erário.

O equilíbrio fiscal não representa uma mera equação matemática cujo resultado seja necessariamente o empate, mas sim a imperiosa adoção de diversos parâmetros e mecanismos de ajustes fiscais que permitam uma estabilidade financeira e projeção de equilíbrio sustentável de médio e longo prazo. Portanto, nesse conceito são aceitáveis variações financeiras e a ocorrência de resultados deficitários, desde que eventuais, em montantes não significativos e fiscalmente administráveis.

Esse princípio tem, na sua origem, fundamento nos ideais liberais dos economistas clássicos como Adam Smith, Jean-Baptiste Say e David Ricardo. Não obstante, posteriormente, o keynesianismo (a partir dos anos de 1930) passou a pregar a sua mitigação, justificando a necessidade de intervenção do governo e a realização de gastos públicos nos períodos de recessão, para fins de reaquecimento da economia. Já o neoliberalismo do final do século XX (Milton Friedman e outros) voltou a defender a austeridade, privatizações e o equilíbrio fiscal, a partir da redução da intervenção estatal, sem, contudo, abrir mão de políticas sociais quando as demandas desta natureza não puderem ser atendidas pela iniciativa privada.

Um dos objetivos primordiais da Lei de Responsabilidade Fiscal é a preservação do equilíbrio fiscal das contas públicas. Assim, logo em seu art. 1º, § 1º, prevê que o equilíbrio fiscal está relacionado a uma ação planejada do Estado, no sentido de prevenir riscos e corrigir desvios que possam afetar esse equilíbrio, mediante o cumprimento de metas de resultados entre receitas e despesas e a obediência a limites e condições no que tange à renúncia de receita, geração de despesas com pessoal, da seguridade social e outras, dívidas consolidada e mobiliária, operações de crédito, inclusive por antecipação de receita, concessão de garantia e inscrição em Restos a Pagar. Ou seja, nos termos postos pela LRF, equilíbrio fiscal e planejamento orçamentário são realidades indissociáveis. Por sua vez, o art. 4º, inc. I, alínea *a*, da própria LRF disciplina que a LDO deve dispor sobre o equilíbrio entre receitas e despesas, mais uma vez enfatizando a relevância do equilíbrio fiscal no contexto de um desenvolvimento estatal sustentável.[38]

---

[37] PANCRAZI, Laurent. *Le principe de sincérité budgétaire*. Paris: L. Hartmann, 2012.

[38] A LC nº 178/2021 estabeleceu o Plano de Promoção do Equilíbrio Fiscal, que consubstancia um conjunto de metas e de compromissos pactuados entre a União e cada Estado, o Distrito Federal ou cada Município, com o objetivo de promover o equilíbrio fiscal e a melhoria das respectivas capacidades de pagamento.

PARTE II · Cap. IV · PRINCÍPIOS ORÇAMENTÁRIOS | **129**

Ainda, a LRF, ao trazer em seu art. 9º o mecanismo conhecido como *limitação de empenho*, reforça a ideia de equilíbrio fiscal, ao prever que, se verificado, ao final de um bimestre, que a realização da receita poderá não comportar o cumprimento das metas de resultado primário ou nominal estabelecidas no Anexo de Metas Fiscais, os Poderes e o Ministério Público promoverão, por ato próprio e nos montantes necessários, nos trinta dias subsequentes, limitação de empenho e movimentação financeira, segundo os critérios fixados pela lei de diretrizes orçamentárias.

Ademais, a Lei nº 4.320/1964 já autorizava ao Poder Executivo contingenciar despesas da lei orçamentária, conforme estabelecido no seu art. 48, alínea *h*, ao dispor que fixação das cotas trimestrais da despesa levará em consideração a necessidade de manutenção do equilíbrio fiscal. Nas palavras do dispositivo:

> Art. 48 [...]
> b) manter, durante o exercício, na medida do possível o equilíbrio entre a receita arrecadada e a despesa realizada, de modo a reduzir ao mínimo eventuais insuficiências de tesouraria.

A Constituição Federal de 1967, em seu art. 66, versava, expressamente, sobre o equilíbrio fiscal (equilíbrio fiscal em sentido formal): "Art. 66. O montante da despesa autorizada em cada exercício financeiro não poderá ser superior ao total das receitas estimadas para o mesmo período". Já a Constituição Federal de 1988 não trouxe o respectivo princípio de modo expresso, substituindo a previsão constitucional anterior pela chamada "Regra de Ouro" do equilíbrio fiscal contemporâneo (equilíbrio fiscal em sentido material), nos termos do art. 167, inc. III, que assim dispõe: "São vedados: III – a realização de operações de crédito que excedam o montante das despesas de capital, ressalvadas as autorizadas mediante créditos suplementares ou especiais com finalidade precisa, aprovados pelo Poder Legislativo por maioria absoluta".

O constituinte de 1988 almejou, com a nova previsão, manter a limitação de gastos excessivos e irresponsáveis, mas, ao mesmo tempo, conferir maior flexibilidade ao gestor público para, em dadas conjunturas, realizar mais ou menos gastos públicos. Por exemplo, em momentos de crise ou recessão, pode ser necessária uma atuação regulatória mais enfática do Estado, realizando um investimento reforçado no setor em infraestrutura, em empregos e demais áreas sociais relevantes.

Ricardo Lobo Torres[39] explana que

> A CF não proclama explicitamente o princípio do equilíbrio orçamentário, embora o recomende em diversos dispositivos. A própria Emenda Constitucional de Revisão nº 1, de 1994, que criou o Fundo Social de Emergência, disse que o seu objetivo era o de "saneamento financeiro da Fazenda Pública Federal e de estabilização econômica", fórmulas próximas do conceito de equilíbrio orçamentário, mas que com este não se confundem. Nem mesmo com a mudança do apelido para Fundo de Estabilização Fiscal (EC 10/96 e EC 17/97) houve a assimilação pelo conceito de equilíbrio orçamentário. Até porque o princípio claramente estampado na Constituição seria uma demasia, posto que o equilíbrio orçamentário depende da conjuntura econômica e não de preceitos jurídicos. Regras positivas de limitação de endividamento, de transparência orçamentária e de controle de gastos, como algumas constam da CF, é que podem conduzir ao equilíbrio orçamentário. Por isso mesmo justificou-se o desaparecimento, na Emenda Constitucional nº 1, de 1969, do princípio do equilíbrio financeiro que era proclamado no art. 66 da Constituição de

---

[39] TORRES, Ricardo Lobo. *Tratado de direito constitucional financeiro e tributário*: o orçamento na Constituição. 3. ed. revista e atualizada. Rio de Janeiro: Renovar, 2008. v. V. p. 174.

1967, em sua redação originária ("o montante da despesa autorizada em cada exercício financeiro não poderá ser superior ao total das receitas estimadas para o mesmo período") e no seu § 3º ("se no curso do exercício financeiro a execução orçamentária demonstrar a probabilidade de déficit superior a dez por cento do total da receita estimada, o Poder Executivo deverá propor ao Poder Legislativo as medidas necessárias para restabelecer o equilíbrio orçamentário").

A Emenda Constitucional nº 109/2021 instituiu, por meio da inclusão do art. 167-A na Constituição Federal, uma espécie de instrumento de ajuste fiscal facultativo para os Estados, Distrito Federal e Municípios, permitindo a contenção de gastos, sobretudo de natureza de pessoal, caso seja apurado que em um período de 12 (doze) meses a relação entre despesas correntes e receitas correntes supere 95% (noventa e cinco por cento).

Por sua vez, a Emenda Constitucional nº 128/2022, ao incluir o § 7º ao art. 167 da Constituição, também criou outra limitação financeira a determinados gastos públicos sem que haja a respectiva contrapartida, prevendo que a lei não imporá nem transferirá qualquer encargo financeiro decorrente da prestação de serviço público, inclusive despesas de pessoal e seus encargos, para a União, os Estados, o Distrito Federal ou os Municípios, sem a previsão de fonte orçamentária e financeira necessária à realização da despesa ou sem a previsão da correspondente transferência de recursos financeiros necessários ao seu custeio, ressalvadas as obrigações assumidas espontaneamente pelos entes federados e aquelas decorrentes da fixação do salário mínimo, na forma do inc. IV do *caput* do art. 7º da Constituição Federal.

Outra norma que instituiu um conjunto de medidas de ajustes fiscais foi a Lei Complementar nº 200/2023, porém mais precisamente relacionado com o princípio da sustentabilidade financeira e orçamentária, que é um desdobramento do princípio do equilíbrio fiscal (tema que será analisado na próxima seção).

Por fim, importante ressaltar que o planejamento e a responsabilidade na gestão pública são pilares do equilíbrio fiscal. Contemporaneamente, no contexto de um Estado Democrático de Direito, não é crível que se admita um governo irresponsável, que se utilize das receitas públicas para finalidades espúrias, imprimindo dinheiro sem critério e realizando gastos de forma arbitrária e descontrolada. Tal conduta pode gerar danos de difícil reparação ao Estado e à própria população, aumentando significativamente a inflação e prejudicando a atuação do país no cenário econômico mundial.

### 4.3.15. Princípio da sustentabilidade orçamentária

Sobretudo após a publicação do Tratado sobre Estabilidade, Coordenação e Governação na União Europeia, em 2012, adquiriu especial relevância no cenário mundial o **princípio da sustentabilidade orçamentária**. Tal princípio dirige-se ao orçamento estatal considerado de forma ampla, não só no curto prazo, mas a médio e longo prazo. A sustentabilidade orçamentária relaciona-se a uma realidade de consolidação, de solidificação, de estabilidade do orçamento público, de modo que se vislumbre um equilíbrio entre receitas e despesas não apenas em determinado exercício financeiro, mas também ao longo do tempo. Essa realidade somente é possível por meio de uma gestão racional e eficiente dos recursos e da dívida pública, segundo a concepção de solidariedade e equidade intergeracional.

Acerca da sustentabilidade orçamentária, leciona João Ricardo Catarino[40] que tal princípio pressupõe uma "resposta à questão de saber qual deve ser a dimensão da intervenção do Estado

---

[40] CATARINO, João Ricardo. *Finanças públicas e direito financeiro*. 2. ed. Coimbra: Almedina, 2014. p. 274-275.

e quais os recursos que lhe devem ser afetos sem colocar em risco os recursos necessários para garantir a sustentabilidade das gerações vindouras". Tal resposta, contudo, não é simples, pois dependerá de fatores como os ciclos políticos, as preferências dos eleitores, as condições econômicas estruturais, internas e externas, e o próprio ciclo econômico.

Atualmente, o equilíbrio orçamentário e a sustentabilidade financeira são denominados "princípios orçamentários estruturantes", pois constituem a base sólida para a construção de uma estabilidade fiscal com gestão adequada da dívida pública, afiançando uma relação entre custos e benefícios distribuídos equitativamente num esquema plurianual entre as diversas gerações de uma nação.

A Emenda Constitucional nº 109/2021 introduziu expressamente na Constituição Federal o imperativo da **sustentabilidade da dívida pública** em diversos dispositivos.

Para a Lei de Diretrizes Orçamentárias, inseriu o preceito de se garantir a "trajetória sustentável da dívida pública" (art. 165, § 2º).

No art. 163, inc. VIII, acrescentou que lei complementar disporá sobre a sustentabilidade da dívida, especificando: a) indicadores de sua apuração; b) níveis de compatibilidade dos resultados fiscais com a trajetória da dívida; c) trajetória de convergência do montante da dívida com os limites definidos em legislação; d) medidas de ajuste, suspensões e vedações; e) planejamento de alienação de ativos com vistas à redução do montante da dívida.

Também foi acrescentado o art. 164-A no texto da Lei Maior, estatuindo que a "União, os Estados, o Distrito Federal e os Municípios devem conduzir suas políticas fiscais de forma a manter a dívida pública em níveis sustentáveis, na forma da lei complementar referida no inciso VIII do *caput* do art. 163 desta Constituição". O respectivo parágrafo único contempla que a "elaboração e a execução de planos e orçamentos devem refletir a compatibilidade dos indicadores fiscais com a sustentabilidade da dívida".

A referida Lei Complementar exigida pela Constituição é a LC nº 200/2023, que institui o regime fiscal sustentável. Essa lei estabelece que a política fiscal da União deve ser conduzida de modo a manter a dívida pública em níveis sustentáveis, prevenindo riscos e promovendo medidas de ajuste fiscal em caso de desvios, garantindo a solvência e a sustentabilidade intertemporal das contas públicas, bem como integram o conjunto de medidas de ajuste fiscal a obtenção de resultados fiscais compatíveis com a sustentabilidade da dívida, a adoção de limites ao crescimento da despesa, a aplicação das vedações previstas nos incisos I a X do *caput* do art. 167-A da Constituição Federal, bem como a recuperação e a gestão de receitas públicas.

Inequivocamente, a sustentabilidade da dívida pública integra o conceito maior de sustentabilidade orçamentária, na medida em que este deverá garantir, por meio dos resultados fiscais (equilibrados e superavitários), a capacidade de gestão no médio e longo prazos e de adimplemento dos compromissos financeiros assumidos pelo endividamento público. Portanto, a sustentabilidade da dívida pública, junto com o equilíbrio fiscal, são componentes do princípio da sustentabilidade orçamentária.

### 4.3.16. Princípio da equidade fiscal intergeracional

O **princípio orçamentário da equidade fiscal intergeracional**, umbilicalmente ligado à sustentabilidade orçamentária, expressa a necessidade de que os ônus das dívidas públicas contraídas no passado sejam distribuídos equitativamente num esquema plurianual entre as diversas gerações, de modo que as futuras gerações não sejam sobrecarregadas com o custeio de tais despesas.

Da mesma forma, os benefícios obtidos com o uso dos recursos provenientes do endividamento devem ser repartidos entre as gerações, de forma que não fiquem as gerações futuras apenas com a "conta a pagar" de benefícios fruídos apenas por gerações anteriores.

O conceito de *equidade entre gerações*, segundo Ricardo Lobo Torres,[41] significa que "os empréstimos públicos não devem sobrecarregar as gerações futuras, cabendo à própria geração que delas se beneficia arcar com o ônus respectivo".

Para além da questão jurídica, a equidade intergeracional traz consigo uma profunda preocupação ética, a saber, a de que as gerações atuais devem conter-se no uso de recursos para evitar que se prejudique o bem-estar das futuras gerações.

Segundo o ensinamento de Fernando Facury Scaff,[42]

> é necessário que as *escolhas públicas* sejam realizadas de modo inteligente, de tal modo que as futuras gerações possam aproveitar o gasto realizado pela atual, e não apenas sejam responsáveis pelo pagamento da conta, tampouco sejam beneficiários sem arcar com o custo.

Ressalte-se que a Lei Complementar nº 159/2017, instituidora do Regime de Recuperação Fiscal dos Estados e voltada a corrigir os desvios que afetaram o equilíbrio das contas públicas em Estados que optaram por aderir aos termos desta lei, menciona em seu art. 1º, § 1º, os princípios da sustentabilidade econômico-financeira, da equidade intergeracional e da solidariedade entre os Poderes e os órgãos da Administração Pública.

---

[41]  TORRES, Ricardo Lobo. *O orçamento na Constituição*. Rio de Janeiro: Renovar, 1995. p. 176.

[42]  SCAFF, Fernando Facury. *Orçamento republicano e liberdade igual*. Belo Horizonte: Fórum, 2018. p. 322.

*Capítulo V*
# ELABORAÇÃO DO ORÇAMENTO PÚBLICO

## 5.1. REQUISITOS PRELIMINARES

Todo orçamento público deve ser elaborado visando atender as demandas da coletividade, balanceando-as com as intenções e ideário político do governante e com as viabilidades financeiras para a sua concretização.

Da mesma forma, as propostas orçamentárias a serem encaminhadas pelo Poder Executivo ao Poder Legislativo para serem transformadas em leis – PPA, LDO e LOA –, seguindo um processo legiferante próprio, devem atender a requisitos jurídicos mínimos necessários, não apenas aqueles de natureza constitucional, como também decorrentes das principais normas gerais orçamentárias,[1] seja a Lei nº 4.320/1964 (Lei Geral dos Orçamentos), seja a Lei Complementar nº 101/2000 (Lei de Responsabilidade Fiscal).

Igualmente relevante é o respeito a todos os princípios orçamentários anteriormente analisados no capítulo anterior.

No momento da elaboração do orçamento, junto ao princípio da discriminação, destaca-se o princípio da tecnicidade orçamentária, incluindo-se as regras de contabilidade orçamentária, as quais permitem não apenas a necessária uniformização das demonstrações financeiras, para fins de acompanhamento e controle orçamentário, como também para conferir transparência fiscal e permitir a participação do cidadão no importante processo orçamentário.

O respeito ao princípio da sustentabilidade orçamentária passa também a ser outro elemento determinante no momento inicial da elaboração do orçamento público (assim como na etapa de execução), já que a Constituição Federal de 1988, no parágrafo único do art. 164-A,[2] prevê expressamente que "a elaboração e a execução de planos e orçamentos devem refletir a compatibilidade dos indicadores fiscais com a sustentabilidade da dívida".

Primeiramente, caberá ao Poder Executivo de cada nível federativo elaborar as propostas das leis orçamentárias (PPA a cada 4 anos; LDO e LOA anualmente), nos prazos estabelecidos por cada respectiva Constituição ou Lei Orgânica, para encaminhamento à sua Casa Legislativa, que as analisará previamente por meio de comissão parlamentar específica, para debatê-las, votá-las e aprová-las. Ao final desse processo, caberá ao chefe do Poder Executivo a sanção dessas leis orçamentárias.

---

[1] Além de outras leis complementares de finanças e orçamento, tais como a LC nº 156/2016, que dispõe sobre o Plano de Auxílio aos Estados e ao Distrito Federal e medidas de estímulo ao reequilíbrio fiscal; a LC nº 178/2021, que trata do Programa de Acompanhamento e Transparência Fiscal e o Plano de Promoção do Equilíbrio Fiscal; a LC nº 200/2023, que trata do regime fiscal sustentável etc.

[2] Introduzido pela EC nº 109/2021.

O Direito Financeiro brasileiro possui um complexo e eficaz sistema jurídico, financeiro e contábil para a elaboração das leis orçamentárias, disciplinando a participação harmônica e equilibrada do Poder Executivo e do Legislativo no processo constitutivo, traduzindo-se em uma legítima obra democrática.

Tais normas orientam a criação do orçamento público, mas também a sua interpretação, execução e avaliação. Sem elas, correríamos o risco de ter um orçamento que não representasse os anseios da sociedade, ou mesmo um que não pudesse ser adequadamente executado.

Dotado o orçamento público de tais características, a sua execução será efetivada com o fim de satisfazer as suas previsões, buscando fazê-lo de forma transparente, eficaz e ampla, já que seria inócuo um orçamento não provido de legalidade, legitimidade e efetividade.

## 5.2. NORMAS DE CONTABILIDADE PÚBLICA APLICADA AO ORÇAMENTO

A **contabilidade** é a ciência especialmente concebida para, metodologicamente, captar, registrar, acumular, resumir e interpretar os fenômenos que afetam as situações patrimoniais, financeiras e econômicas de qualquer ente, seja este uma pessoa física ou jurídica, pública ou privada, com finalidade de ofertar dados voltados ao planejamento, controle e auxílio no processo decisório.[3]

Por sua vez, a **contabilidade aplicada ao setor público** é um ramo da ciência social contábil que, a partir da geração de informações úteis aos usuários primários (por exemplo, cidadãos) ou secundários (órgãos de controle), aplica as normas e princípios da contabilidade e do Direito Financeiro para subsidiar tomadas de decisão, controle e responsabilização do gestor público, com vistas ao controle do patrimônio público.

Consiste em importante instrumento de controle e planejamento orçamentário, na medida em que, utilizando-se de *técnica de gestão* ou de *sistema de informações* de natureza monetária, possibilita a classificação, o registro e a evidenciação do panorama financeiro e patrimonial das diversas entidades públicas, incluindo suas variações e resultados, permitindo, assim, que o administrador público se posicione do melhor modo possível diante das realidades econômicas verificadas.

A sua natureza de instrumento de planejamento orçamentário é reforçada a partir da adoção, no Brasil, do regime misto para a contabilidade pública, ou seja, aplica-se o regime de competência para as despesas e o regime de caixa para as receitas. Isso significa que as despesas somente podem ser assim consideradas a partir do empenho e os ingressos somente são considerados propriamente receitas públicas a partir da arrecadação, que é a etapa em que se tem a certeza de disponibilidade de recursos pelo Estado. A adoção do regime de caixa para as receitas diminui os riscos para a administração pública, na medida em que as despesas são realizadas não com base em receitas que, futuramente, espera-se que ingresse nos cofres públicos, mas fundando-se no montante que, efetivamente, o Estado dispõe em cofres públicos.

Cumpre destacar que as regras e princípios da contabilidade pública podem ter incidência obrigatória ou facultativa para determinadas entidades. De um modo geral, todos os entes públicos que se utilizem de recursos estatais deverão obrigatoriamente observar as normas da contabilidade pública, incluindo: 1) administração direta, União, Estados, Distrito

---

[3] IUDÍCIBUS, Sérgio (coord.). *Contabilidade introdutória*. 11. ed. São Paulo: Atlas, 2010. p. 1 e 5.

Federal, Municípios, seus Poderes (Legislativo, Executivo, Judiciário, inclusive Ministério Público, defensorias e tribunais de conta, suas autarquias e fundações públicas); 2) fundos e consórcios públicos; 3) empresas estatais dependentes (empresas públicas ou sociedades de economia mista que dependam de recursos públicos para custeio de despesas com pessoal e custeios em geral ou de capital, excluindo o aumento de participação acionária); 4) entidades do orçamento fiscal e da seguridade social; 5) serviços sociais autônomos.

Conforme já mencionado, o objeto da contabilidade pública é o patrimônio público, incluindo bens, direitos e obrigações que integram o acervo patrimonial do Estado.

Quanto às finalidades da contabilidade pública, dispõe o art. 85 da Lei nº 4.320/1964:

> Os serviços de contabilidade serão organizados de forma a permitirem o acompanhamento da execução orçamentária, o conhecimento da composição patrimonial, a determinação dos custos dos serviços industriais, o levantamento dos balanços gerais, a análise e a interpretação dos resultados econômicos e financeiros.

O art. 89 do mesmo diploma legal estipula que "a contabilidade evidenciará os fatos ligados à administração orçamentária, financeira, patrimonial e industrial".

Depreende-se, a partir dos dispositivos legais supracitados, que a contabilidade pública possui três dimensões: a) **contabilidade orçamentária, evidenciando as receitas e despesas previstas na LOA e as efetivamente realizadas, bem como as dotações disponíveis para a execução da previsão orçamentária;** b) **contabilidade financeira, evidenciado as variações do patrimônio financeiro do Estado; c) contabilidade patrimonial**, evidenciando os bens, direitos e obrigações que integram o patrimônio estatal.

A Lei de Responsabilidade Fiscal (LC nº 101/2000) prevê expressamente no seu art. 50 que a **escrituração das contas públicas** obedecerá às normas da contabilidade pública, e no seu § 2º é determinado que a edição de normas gerais para consolidação das contas públicas caberá ao órgão central de contabilidade da União, enquanto não implantado o Conselho de Gestão Fiscal.

Diante da não implantação, até os dias atuais, do referido Conselho de Gestão Fiscal, a **Secretaria do Tesouro Nacional,** Órgão Central do Sistema de Contabilidade Federal, nos termos da Lei nº 10.180/2001, e do Decreto nº 6.976/2009, por meio de **portarias de consolidação das normas contábeis do setor público**, vem exercendo a função de coordenar e harmonizar as normas de contabilidade pública federais com as normas de contabilidade pública estaduais, distritais e municipais. A finalidade dessa integração das normas de contabilidade pública de todas as esferas federativas é a padronização dos procedimentos contábeis e, consequentemente, padronização da evidenciação das contas públicas para fins de facilitação de execução e controle orçamentário.

Não se pode deixar de registrar que as normas de contabilidade pública no Brasil encontram-se em consonância com as **Normas Brasileiras de Contabilidade Técnicas Aplicadas ao Setor Público (NBC TSP)** editadas pelo Conselho Federal de Contabilidade (CFC), tudo em sintonia com as normas internacionais de contabilidade aplicada ao setor público – *International Public Sector Accounting Standards (IPSAS)* – editadas pelo *International Public Sector Accounting Standards Board (IPSASB)*.

A **padronização orçamentária** das normas de contabilidade pública em todas as esferas federativas concretiza a própria finalidade da contabilidade: fornecer informações úteis e consistentes aos usuários para subsidiar processo de tomada de decisão, controle e responsabilização, com vistas a tutelar o patrimônio público.

Ademais, a padronização dos registros contábeis tem o objetivo de: a) adotar as diretrizes internacionais sobre contabilidade pública; b) concretizar procedimentos e práticas contábeis que possibilitem a evidenciação de todos os aspectos relacionados ao patrimônio público, como reconhecimento, mensuração e avaliação; c) implementação de um sistema integrado de custos voltado para o setor público; d) constante melhoria qualitativa das informações constantes nas Demonstrações Contábeis e nos relatórios para a consolidação das contas públicas do Estado; e) permitir a avaliação da efetividade das políticas públicas, isto é, se, de fato, provocaram uma alteração social, econômica e fiscal satisfatórias, levando-se em consideração a variação patrimonial requerida para sua implementação.

A Secretaria do Tesouro Nacional editou o **Manual de Contabilidade Aplicada ao Setor Público** (MCASP)[4] para fins de padronização da classificação de receitas e despesas em âmbito nacional, devendo ser observado por todos os entes federados. O referido manual é composto de cinco partes: 1) Procedimentos Contábeis Orçamentários; 2) Procedimentos Contábeis Patrimoniais; 3) Procedimentos Contábeis Específicos; 4) Plano de Contas Aplicado ao Setor Público, 5) Demonstrações Contábeis Aplicadas ao Setor Público. O referido manual assim destaca:

> A ciência contábil no Brasil vem passando por significativas transformações rumo à convergência aos padrões internacionais. A necessidade de evidenciar com qualidade os fenômenos patrimoniais e a busca por um tratamento contábil padronizado dos atos e fatos administrativos no âmbito do setor público tornou imprescindível a elaboração de um plano de contas com abrangência nacional. Este plano apresenta uma metodologia, estrutura, regras, conceitos e funcionalidades que possibilitam a obtenção de dados que atendam aos diversos usuários da informação contábil.

O **Conselho Federal de Contabilidade (CFC)**, por sua vez, seguindo o mesmo objetivo de harmonização das normas de contabilidade pública em nosso país e padronização de tais normas aos parâmetros internacionais, em 2016, implementou a **Estrutura Conceitual** para Elaboração e Divulgação de Informação Contábil de Propósito Geral pelas Entidades do Setor Público.[5]

A Estrutura Conceitual disciplina os critérios que devem ser adotados na elaboração das Normas Brasileiras de Contabilidade Aplicadas ao Setor Público (NBCs) do Conselho Federal de Contabilidade, bem como na elaboração e divulgação dos Relatórios Contábeis de Propósito Geral das Entidades do Setor Público (RCPGs).[6]

---

[4]   BRASIL. Secretaria do Tesouro Nacional. Manual de contabilidade aplicada ao setor público. 10. ed. Brasília: Secretaria do Tesouro Nacional, 2023.

[5]   Conforme a Norma Brasileira de Contabilidade, NBC TSP Estrutura Conceitual, de 23 de setembro de 2016 - Estrutura Conceitual para Elaboração e Divulgação de Informação Contábil de Propósito Geral pelas Entidades do Setor Público.

[6]   Em 31 de outubro de 2018, o CFC publicou 11 normas aprovadas por seu Plenário acerca da contabilidade aplicada ao setor público. São elas: 1. **NBC TSP 11 – Apresentação das Demonstrações Contábeis**, referente à Ipsas 1 – *Presentation of Financial Statements*; 2. **NBC TSP 12 – Demonstração dos Fluxos de Caixa**, referente à Ipsas 2 – *Cash Flow Statements*; 3. **NBC TSP 13 – Apresentação de Informações Orçamentárias nas Demonstrações Contábeis**, referente à Ipsas 24 – *Presentation of Budget Information in Financial Statements*; 4. **NBC TSP 14 – Custos de Empréstimos**, referente à Ipsas 5 – *Borrowing Costs*; 5. **NBC TSP 15 – Benefícios a Empregados**, referente à Ipsas 39 – *Employee Benefits*; 6. **NBC TSP 16 – Demonstrações Contábeis Separadas**, referente à Ipsas 34 – *Separate Financial Statements*;

As informações prestadas aos usuários por meio das normas de contabilidade pública permitem a verificação do desempenho da execução orçamentária pelas entidades do setor público, por meio da comparação entre as previsões constantes na LOA e o que, de fato, foi concretizado, bem como a constatação de observância dos requisitos legais relativos às finanças públicas em todas as etapas orçamentárias.

As demonstrações contábeis podem fornecer também informação que auxilia os usuários na avaliação da extensão na qual: a) a entidade satisfez os seus objetivos financeiros; b) as receitas, as despesas, os fluxos de caixa e o desempenho da entidade estão em conformidade com os orçamentos aprovados; e c) a entidade observou a legislação vigente e outros regulamentos que regem a captação e a utilização de recursos públicos.[7]

Além das normas expedidas pelo Conselho Federal de Contabilidade (Estrutura Conceitual) e pela Secretaria do Tesouro Nacional (MCASP), aplicam-se à contabilidade pública preceitos contidos na Lei nº 4.320/1964, na Lei de Responsabilidade Fiscal e na Lei nº 10.180/2001.

Contudo, a literalidade das normas explicitadas, muitas vezes, não é suficiente para a interpretação adequada das informações de contabilidade pública prestadas, sendo necessária a compreensão de três aspectos da Contabilidade Aplicada ao Setor Público, a saber: 1) aspecto orçamentário; 2) aspecto patrimonial; 3) aspecto fiscal.[8]

O **aspecto orçamentário** diz respeito à evidenciação das informações relativas ao orçamento público, desde sua aprovação até o término da fase de execução, por meio dos Relatórios Resumidos da Execução Orçamentária (RREO) e dos Balanços Orçamentário e Financeiro.

O **aspecto patrimonial**, por sua vez, refere-se ao registro e à evidenciação da composição patrimonial das entidades públicas. Para atingir sua finalidade de prestação de informações úteis aos usuários, deve, necessariamente, adotar normas e princípios contábeis concernentes ao reconhecimento, à mensuração e evidenciação dos ativos, passivos e suas variações patrimoniais, por meio do Balanço Patrimonial (BP) e da Demonstração das Variações Patrimoniais (DVP).

Já o **aspecto fiscal** está relacionado à apuração e evidenciação, segundo as normas de contabilidade pública, dos indicadores previstos na LRF, como despesas com pessoal, operações de crédito, dívida consolidada, resultado primário e nominal, com o intuito precípuo de preservação do equilíbrio das contas públicas. Os principais instrumentos para a evidenciação do aspecto fiscal são o Relatório de Gestão Fiscal (RGF) e o Relatório Resumido da Execução Orçamentária (RREO).

---

7. **NBC TSP 17 – Demonstrações Contábeis Consolidadas**, convergida a partir da Ipsas 35 – *Consolidated Financial Statement*; 8. **NBC TSP 18 – Investimento em Coligadas e em Empreendimento Controlado em Conjunto**, relativa à Ipsas 36 – *Investments in Associates and Joint Ventures*; 9. **NBC TSP 19 – Acordos em Conjunto,** baseada na Ipsas 37 – *Joint Arrangements*; 10. **NBC TSP 20 – Divulgação de Participações em Outras Entidades**, relativa à Ipsas 38 – *Disclosure of Interests in Other Entities*; 11. **NBC TSP 21 – Combinações no Setor Público**, referente à Ipsas 40 – *Public Sector Combinations*. As normas NBC TSP 11; NBC TSP 12; NBC TSP 13; NBC TSP 14; e NBC TSP 15 possuem vigência para 2019. Já as normas NBC TSP 16; NBC TSP 17; NBC TSP 18; NBC TSP 19; NBC TSP 20; e NBC TSP 21 produzirão efeitos apenas a partir de 2021.

7     BRASIL. Secretaria do Tesouro Nacional. Manual de contabilidade aplicada ao setor público. 10. ed. Brasília: Secretaria do Tesouro Nacional, 2023. p. 31.

8     BRASIL. Secretaria do Tesouro Nacional. Manual de contabilidade aplicada ao setor público. 10. ed. Brasília: Secretaria do Tesouro Nacional, 2023. p. 27.

Pode-se afirmar que a prestação de informação será útil aos usuários quando observar os seguintes princípios: 1) relevância; 2) representação fidedigna; 3) compreensibilidade; 4) tempestividade; 5) comparabilidade; 6) verificabilidade.

O princípio da *relevância* determina que as informações contábeis prestadas aos usuários sejam, de fato, úteis à consecução do próprio objetivo da contabilidade pública, qual seja subsidiar decisões, prestação ou tomada de contas e responsabilização, com vistas à proteção do patrimônio público. Para isso, tais informações devem apresentar conteúdo confirmatório, preditivo ou ambos.

O princípio da *representação fidedigna* preconiza que as informações evidenciadas pelos demonstrativos e balancetes da contabilidade pública correspondam, de fato, à realidade econômica e financeira do Estado, isto é, sejam explicitadas de modo integral, neutro e sem erros materiais que comprometam a integridade da informação.

O princípio da *compreensibilidade* diz respeito ao modo como a informação contábil é prestada aos usuários. Ou seja, requer que as demonstrações contábeis sejam explicitadas de modo que os interessados sejam capazes de compreender o seu conteúdo.

O princípio da *tempestividade* refere-se ao resultado útil da informação prestada, isto é, a evidenciação das informações contábeis deve se dar em tempo suficiente para possibilitar a devida avaliação da prestação de contas, eventual responsabilização (*accountability*) e subsidiar processos de tomada de decisão. A inobservância da tempestividade pode prejudicar a utilidade da informação fornecida.

O princípio da *comparabilidade* refere-se à possibilidade de os usuários identificarem semelhanças e diferenças entre dois conjuntos de fenômenos, com base nas informações contábeis fornecidas. Os fenômenos a serem comparados podem referir-se, por exemplo, à situação patrimonial da entidade, ao desempenho, aos fluxos de caixa, dentre outros, servindo, novamente, de subsídio para tomadas de decisão, controle e responsabilização (*accountability*) dos gestores públicos para melhor proteção do patrimônio estatal.

O princípio da *verificabilidade* diz respeito à compatibilidade entre as informações contábeis evidenciadas e a realidade econômica e financeira que se pretende explicitar, com a apresentação de informações fidedignas e completas que evitem erros e com a devida neutralidade.

Paralelamente ao MCASP e demais normas aplicáveis à contabilidade pública, encontra-se o Plano de Contas Aplicado ao Setor Público (PCASP), também gerido pela Secretaria do Tesouro Nacional, direcionado a fornecer a estrutura básica para a escrituração contábil. A referida estrutura básica é composta por uma relação padronizada de contas contábeis, que permite o registro contábil dos atos e fatos praticados pela entidade de maneira padronizada e sistematizada, bem como a elaboração de relatórios gerenciais e demonstrações contábeis de acordo com as necessidades de informações dos usuários. O PCASP, portanto, consiste em mais um instrumento que objetiva a prestação de informações úteis aos usuários para fins de controle do patrimônio público, padronizando os registros contábeis, separando os registros de natureza patrimonial, orçamentária e os direcionados ao controle e à consolidação das contas públicas, dentre outros.

Por **contas contábeis**, objeto da estrutura básica do PCASP, entende-se a expressão qualitativa e quantitativa de fatos de mesma natureza, evidenciando a composição, variação e estado do patrimônio, bem como de bens, direitos, obrigações e situações nele não compreendidos, mas que, direta ou indiretamente, possam vir a afetá-lo. As contas são explicitadas sob diferentes classificações e codificações, tornando possível: a) identificar, classificar e efetuar a escrituração contábil, pelo método das partidas dobradas, dos atos e fatos de gestão, de maneira uniforme e sistematizada; b) determinar os custos das operações do governo; c) acompanhar e controlar a execução orçamentária, evidenciando a receita prevista, lançada, realizada e a realizar, bem como a despesa autorizada, empenhada, liquidada, paga e as dotações disponíveis; d) elaborar os Balanços Orçamentário, Financeiro e Patrimonial, a Demonstração das Variações Patrimoniais, de Fluxo de Caixa, das Mutações do Patrimônio Líquido e do Resultado Econômico; e) conhecer a composição e situação do patrimônio analisado, por meio da evidenciação de todos os ativos e passivos; f) analisar e interpretar os resultados econômicos e financeiros; g) individualizar os devedores e credores, com a especificação necessária ao controle contábil do direito ou obrigação; e h) controlar contabilmente os atos potenciais oriundos de contratos, convênios, acordos, ajustes e outros instrumentos congêneres.

Assim como o MCASP (STN) e a Estrutura Conceitual (CFC), o PCASP deverá ser observado de forma obrigatória pelas entidades do setor público e, de modo facultativo, às demais entidades. Desse modo, são entidades que devem, necessariamente, utilizar o PCASP: 1) Administração Pública direta, União, Estados, Distrito Federal, Municípios, bem como todos os seus poderes, fundos, órgãos, autarquias e fundações instituídas e mantidas pelo Poder Público; 2) empresas estatais dependentes (empresa controlada que recebe do órgão controlador recursos para custeio de despesas com pessoal, com custeio em geral e de capital, exceto aqueles resultantes de aumento de participação acionária); 3) serviços sociais autônomos. Por outro lado, aplicam o PCASP de modo facultativo a: 1) empresas estatais independentes; 2) conselhos profissionais (embora devam adotar a Estrutura Conceitual, pois, segundo entendimento do CFC, por serem autarquias, deveriam observar, de modo obrigatório, as normas de contabilidade pública).

A estrutura do PCASP sofre influência direta da chamada "teoria das contas", que preconiza a classificação das contas contábeis em: 1) contas de natureza personalista, que são aquelas que se referem a pessoas que se relacionam com a entidade; 2) contas de natureza materialista, que se referem a movimentações de ativos e passivos que não correspondam a direitos e obrigações de pessoas; 3) contas de natureza patrimonialista, que se referem ao patrimônio a ser administrado pelas entidades do setor público. O PCASP versa, diretamente, sobre as contas de natureza patrimonialista, que é objeto da contabilidade atual. Por essa razão, é correto afirmar que o PCASP adota a teoria patrimonialista das contas contábeis.

O PCASP segmenta as contas segundo a natureza das informações contábeis: 1) **natureza patrimonial**: registra, processa e evidencia os fatos financeiros e não financeiros relacionados com a composição do patrimônio público e suas variações qualitativas e quantitativas; 2) **natureza orçamentária**: registra, processa e evidencia os atos e fatos relacionados ao planejamento e execução orçamentária, inclusive restos a pagar; 3) **natureza típica de controle**: registra, processa e evidencia os atos de gestão cujos efeitos possam produzir modificações no patrimônio da entidade do setor público, bem como aqueles com funções específicas de controle.

As contas, por sua vez, são classificadas em diferentes níveis de desdobramento: 1º nível: classe; 2º nível: grupo; 3º nível: subgrupo; 4º nível: título; 5º nível: subtítulo; 6º nível: item; 7º nível: subitem. No âmbito do 1º nível da conta, a estrutura do PCASP divide-se em oito classes: 1ª. Ativo; 2ª. Passivo e Patrimônio Líquido; 3ª. Variações Patrimoniais Diminutivas; 4ª. Variações Patrimoniais Aumentativas; 5ª. Controles da Aprovação do Planejamento e Orçamento; 6ª. Controles da Execução do Planejamento e Orçamento; 7ª. Controles Devedores; e 8ª. Controles Credores. As quatro primeiras classes referem-se às contas de natureza patrimonial. As informações trazidas pelas 5ª e 6ª classes são de natureza orçamentária. Já as informações das 7ª e 8ª classes possuem natureza de controle.

É importante registrar que a compreensão do orçamento público exige o conhecimento de sua estrutura e de sua organização, as quais são implementadas por meio de um sistema de classificação estruturada e codificada. Esse sistema tem o propósito de atender às exigências de informação demandadas por todos os interessados nas questões de finanças públicas, como os poderes públicos, as organizações públicas e privadas e a sociedade em geral.

Por fim, lembremo-nos da lição de Jesse Burkhead: "A classificação é a chave para a organização consciente e racional do orçamento do governo".[9]

### 5.2.1. Codificação das receitas públicas

As receitas públicas em sentido amplo são todos os **ingressos financeiros** nos cofres públicos, e podem ser classificadas em: a) **receita orçamentária**, que representa todos os recursos financeiros que ingressam definitivamente ao longo do exercício fiscal e geram acréscimo patrimonial/financeiro estatal, destinados ao financiamento dos programas, ações e despesas públicas; b) **receita extraorçamentária**, que contempla todo ingresso financeiro temporário e passível de restituição, tais como depósitos em caução, fianças, operações de crédito por antecipação de receita orçamentária etc., e por isso não integram a lei orçamentária.

Neste sentido, estabelece o art. 3º da Lei nº 4.320/1964 que "a Lei de orçamentos compreenderá todas as receitas, inclusive as de operações de crédito autorizadas em lei". Por sua vez, o parágrafo único ressalva que "não se consideram para os fins deste artigo as operações de crédito por antecipação da receita, as emissões de papel-moeda e outras entradas compensatórias, no ativo e passivo financeiros".

O art. 57 da Lei nº 4.320/1964 prevê que, ressalvado o disposto no parágrafo único do art. 3º, serão classificadas como receita orçamentária, sob as rubricas próprias, todas as receitas arrecadadas, inclusive as provenientes de operações de crédito, ainda que não previstas no Orçamento.

Quanto ao impacto na situação patrimonial líquida, a receita pode ser "efetiva" ou "não efetiva": a) **receita orçamentária efetiva** é aquela em que os ingressos de disponibilidade de recursos não foram precedidos de registro de reconhecimento do direito e não constituem obrigações correspondentes; b) **receita orçamentária não efetiva** é aquela em que os ingressos de disponibilidades de recursos foram precedidos de registro do reconhecimento do direito ou constituem obrigações correspondentes, como é o caso das operações de crédito.[10]

Conforme estabelece o Manual Técnico do Orçamento – MTO,[11] a classificação da receita orçamentária, a exemplo do que ocorre na despesa, é de utilização obrigatória por todos os entes da Federação, sendo facultado o seu desdobramento para atendimento das respectivas necessidades. As receitas orçamentárias são classificadas segundo os seguintes critérios: 1) natureza de receita; 2) indicador de resultado primário; 3) fonte/destinação de recursos; e 4) esfera orçamentária.

---

[9] BURKHEAD, Jesse. *Orçamento público*. Trad. Margaret Costa. Rio de Janeiro: Fundação Getulio Vargas, 1971. p. 145.

[10] BRASIL. Secretaria do Tesouro Nacional. Manual de contabilidade aplicada ao setor público. 10. ed. Brasília: Secretaria do Tesouro Nacional, 2023. p. 38.

[11] BRASIL. Ministério da Economia. Secretaria Especial de Fazenda. Manual Técnico de Orçamento MTO 2024. 6 ed. Brasília: Secretaria do Orçamento Federal, 2024.

Essa classificação orçamentária por **natureza de receita** é estabelecida pelo § 4º do art. 11 da Lei nº 4.320/1964. No âmbito da União, sua codificação é normatizada por meio de Portaria da SOF, órgão do Ministério da Economia. A normatização da codificação válida para Estados e Municípios é feita por meio de Portaria Ministerial (SOF e STN).

Portanto, a fim de possibilitar a identificação detalhada dos recursos que ingressam nos cofres públicos, essa classificação é formada por um código numérico de 8 dígitos que se subdivide em cinco níveis: Categoria Econômica, Origem, Espécie, Desdobramentos e Tipo.

As receitas serão identificadas por um código numérico, denominado de *"código de natureza da receita orçamentária"*, que visa identificar a origem do recurso segundo o que ocasionou o ingresso da receita nos cofres públicos. Representa o nível mais analítico da receita, visando auxiliar a elaboração de análises econômico-financeiras sobre a atuação estatal.

A Portaria Interministerial STN/SOF nº 163/2001, que dispõe sobre as normas gerais de consolidação das Contas Públicas no âmbito da União, Estados, Distrito Federal e Municípios, estabelecia que o denominado Código de Natureza de Receita Orçamentária, de oito dígitos, continha a seguinte estrutura "**a.b.c.d.dd.d.e**".

Entretanto, por meio da Portaria Conjunta STN/SOF nº 650/2019[12] (e alterações subsequentes), foi promovida a alteração no código da natureza de receita, a ser utilizada por todos os entes da Federação de forma obrigatória a partir de 2023. Essa alteração reservou dois dígitos do código da natureza de receita, referente aos Desdobramentos da receita para a separação dos códigos da União daqueles códigos específicos para os demais entes federados. Esse procedimento visou otimizar a utilização dos códigos da natureza de receita, encerrando com a reserva do número "8" no quarto nível do código da natureza da receita para atendimento das peculiaridades ou necessidades dos estados, Distrito Federal e municípios.

Com essa alteração, a classificação por Natureza de Receita Orçamentária, que continua sendo composta por um código de oito dígitos numéricos, passou a ter a seguinte estrutura "**a.b.c.d.ee.f.g**", em que: I. "a" corresponde à Categoria Econômica da receita; II. "b" corresponde à Origem da receita; III. "c" corresponde à Espécie da receita; IV. "d", "ee" e "f" correspondem a desdobramentos que identificam peculiaridades ou necessidades gerenciais de cada natureza de receita, sendo que os desdobramentos "ee", correspondentes aos 5º e 6º dígitos da codificação, separam os códigos da União daqueles específicos dos demais entes federados, de acordo com a seguinte estrutura lógica: a) "00" até "49" identificam códigos reservados para a União, que poderão ser utilizados, no que couber, por Estados, Distrito Federal e Municípios; b) "50" até "98" identificam códigos reservados para uso específico de Estados, Distrito Federal e Municípios; e c) "99" será utilizado para registrar "outras receitas", entendidas assim as receitas genéricas que não tenham código identificador específico, atendidas as normas contábeis aplicáveis; e V. "g" identifica o Tipo de Receita.

No que se refere à classificação por **categoria econômica**, a Lei nº 4.320/1964 estabelece no seu art. 11 que "a receita classificar-se-á nas seguintes categorias econômicas: Receitas Correntes e Receitas de Capital". No § 1º do referido artigo consta que "são Receitas Correntes as receitas tributária, de contribuições, patrimonial, agropecuária, industrial, de serviços e outras e, ainda, as provenientes de recursos financeiros recebidos de outras pessoas de direito público ou privado, quando destinadas a atender despesas classificáveis em Despesas Correntes". E, no § 2º, temos que "são Receitas de Capital as provenientes da realização de recursos financeiros oriundos de constituição de dívidas; da conversão, em espécie, de bens e direitos;

---

[12] Altera o art. 2º e o Anexo I da Portaria Interministerial STN/SOF nº 163, de 4 de maio de 2001.

os recursos recebidos de outras pessoas de direito público ou privado, destinados a atender despesas classificáveis em Despesas de Capital e, ainda, o *superávit* do Orçamento Corrente". Já o *superávit* do Orçamento Corrente resultante do balanceamento dos totais das receitas e despesas correntes não constituirá item de receita orçamentária (§ 3º).

Assim, os §§ 1º e 2º do art. 11 da Lei nº 4.320/1964 classificam as receitas orçamentárias em Receitas Correntes (código 1) e Receitas de Capital (código 2). Já a *origem* é o detalhamento das categorias econômicas Receitas Correntes e Receitas de Capital, com vistas a identificar a procedência das receitas no momento em que ingressam nos cofres públicos. Por sua vez, a *espécie* é o nível de classificação que permite qualificar com maior detalhe o fato gerador das receitas. O *desdobramento* é a codificação de 4 dígitos e tem como finalidade identificar peculiaridades de cada receita. O *tipo*, correspondente ao último dígito na natureza de receita, tem a finalidade de identificar o tipo de arrecadação a que se refere aquela natureza.

Cabe esclarecer que as "operações intraorçamentárias" são aquelas realizadas entre órgãos e demais entidades da Administração Pública integrantes dos Orçamentos Fiscal e da Seguridade Social do mesmo ente federativo. Não representam novas entradas de recursos nos cofres públicos do ente, mas apenas remanejamento de receitas entre seus órgãos. Assim, não constituem novas categorias econômicas de receita, mas apenas especificações das categorias econômicas Receitas Correntes e Receitas de Capital.[13]

Por sua vez, as **origens** que compõem as **receitas correntes** são: *Impostos, Taxas e Contribuições de Melhoria*: decorrentes da arrecadação dos tributos previstos na Constituição Federal; *Contribuições*: oriundas das contribuições sociais, de intervenção no domínio econômico e de interesse das categorias profissionais ou econômicas, conforme preceitua o art. 149 da CF/1988; *Receita Patrimonial*: provenientes da fruição de patrimônio pertencente ao ente público, tais como as decorrentes de aluguéis, dividendos, compensações financeiras/*royalties*, concessões, entre outras; *Receita Agropecuária*: receitas de atividades de exploração ordenada dos recursos naturais vegetais em ambiente natural e protegido, que compreende as atividades de cultivo agrícola, de cultivo de espécies florestais para produção de madeira, celulose e para proteção ambiental, de extração de madeira em florestas nativas, de coleta de produtos vegetais, além do cultivo de produtos agrícolas; *Receita Industrial*: provenientes de atividades industriais exercidas pelo ente público, tais como a extração e o beneficiamento de matérias-primas, a produção e a comercialização de bens relacionados às indústrias mecânica, química e de transformação em geral; *Receita de Serviços*: decorrem da prestação de serviços por parte do ente público, tais como comércio, transporte, comunicação, serviços hospitalares, armazenagem, serviços recreativos, culturais etc., que são remunerados mediante preço público, também chamado de tarifa; *Transferências Correntes*: provenientes do recebimento de recursos financeiros de outras pessoas de direito público ou privado destinados a atender despesas de manutenção ou funcionamento que não impliquem contraprestação direta em bens e serviços a quem efetuou essa transferência; *Outras Receitas Correntes*: constituem-se pelas receitas cujas características não permitam o enquadramento nas demais classificações da receita corrente, tais como indenizações, restituições, ressarcimentos, multas previstas em legislações específicas, entre outras.[14]

---

[13] BRASIL. Manual Técnico de Orçamento MTO 2024. 15. ed. Brasília: Secretaria do Orçamento Federal, 2022. p. 37 e seguintes.

[14] BRASIL. Manual Técnico de Orçamento MTO 2024. 15. ed. Brasília: Secretaria do Orçamento Federal, 2022. p. 37 e seguintes.

Já as **origens** que compõem as **receitas de capital** são: *Operações de Crédito*: recursos financeiros oriundos da colocação de títulos públicos ou da contratação de empréstimos junto a entidades públicas ou privadas, internas ou externas; *Alienação de Bens*: ingressos financeiros provenientes da alienação de bens móveis, imóveis ou intangíveis de propriedade do ente público; *Amortização de Empréstimos*: ingressos financeiros provenientes da amortização de financiamentos ou empréstimos que o ente público haja previamente concedido; *Transferências de Capital*: recursos financeiros recebidos de outras pessoas de direito público ou privado destinados a atender despesas com investimentos ou inversões financeiras, independentemente da contraprestação direta a quem efetuou essa transferência; *Outras Receitas de Capital*: registram-se nesta *origem* receitas cujas características não permitam o enquadramento nas demais classificações da receita de capital, tais como resultado do Banco Central, remuneração das disponibilidades do Tesouro, entre outras.[15]

O **tipo da receita** pode se referir a: a) receita não valorizável ou agregadora; b) arrecadação principal da receita; c) arrecadação de multas e juros de mora da receita principal; d) arrecadação da dívida ativa; e) arrecadação de multas e juros de mora da dívida ativa.

Nos termos da Portaria Conjunta STN/SOF nº 650/2019, a codificação das receitas públicas deve seguir o padrão da tabela abaixo, por natureza da receita:

| Código | Descrição |
| --- | --- |
| 1.0.0.0.00.0.0 | Receitas Correntes |
| 1.1.0.0.00.0.0 | Impostos, Taxas e Contribuições de Melhoria |
| 1.1.1.0.00.0.0 | Impostos |
| 1.1.1.1.00.0.0 | Impostos sobre o Comércio Exterior |
| 1.1.1.2.00.0.0 | Impostos sobre o Patrimônio |
| 1.1.1.3.00.0.0 | Impostos sobre a Renda e Proventos de Qualquer Natureza |
| 1.1.1.4.00.0.0 | Impostos sobre a Produção e Circulação de Mercadorias e Serviços |
| 1.1.1.5.00.0.0 | Impostos sobre Operações de Crédito, Câmbio e Seguro, ou Relativas a Títulos ou Valores Mobiliários |
| 1.1.1.6.00.0.0 | Imposto sobre Circulação de Mercadorias e Serviços |
| 1.1.1.7.00.0.0 | Impostos sobre Transferências Patrimoniais |
| 1.1.1.8.00.0.0 | Impostos Específicos de Estados, DF e Municípios |
| 1.1.1.9.00.0.0 | Outros Impostos |
| 1.1.2.0.00.0.0 | Taxas |
| 1.1.2.1.00.0.0 | Taxas pelo Exercício do Poder de Polícia |
| 1.1.2.2.00.0.0 | Taxas pela Prestação de Serviços |
| 1.1.2.8.00.0.0 | Taxas – Específicas de Estados, DF e Municípios |
| 1.1.3.0.00.0.0 | Contribuição de Melhoria |

---

[15] BRASIL. Manual Técnico de Orçamento MTO 2024. 15. ed. Brasília: Secretaria do Orçamento Federal, 2022. p. 14-15.

| Código | Descrição |
|---|---|
| 1.1.3.0.00.1.0 | Contribuição de Melhoria |
| 1.1.3.8.00.0.0 | Contribuição de Melhoria – Específica de Estados, DF e Municípios |
| 1.2.0.0.00.0.0 | Contribuições |
| 1.2.1.0.00.0.0 | Contribuições Sociais |
| 1.2.1.1.00.0.0 | Contribuição para Financiamento da Seguridade Social – COFINS |
| 1.2.1.2.00.0.0 | Contribuição para o Programa de Integração Social e para Programa de Formação de Patrimônio do Servidor Público PIS/PASEP |
| 1.2.1.3.00.0.0 | Contribuição Social sobre o Lucro Líquido – CSLL |
| 1.2.1.4.00.0.0 | Contribuições para o Regime Geral de Previdência Social - RGPS |
| 1.2.1.5.00.0.0 | Contribuição para o Plano de Seguridade Social do Servidor Público – CPSSS |
| 1.2.1.6.00.0.0 | Contribuição para Fundos de Assistência Médica |
| 1.2.1.7.00.0.0 | Contribuições sobre Concursos de Prognósticos e Sorteios |
| 1.2.1.8.00.0.0 | Contribuições Sociais Específicas de Estados, DF e Municípios |
| 1.2.1.9.00.0.0 | Outras Contribuições Sociais |
| 1.2.2.0.00.0.0 | Contribuições Econômicas |
| 1.2.2.8.00.0.0 | Contribuições Econômicas Específicas de Estados e Municípios |
| 1.2.3.0.00.0.0 | Contribuições para Entidades Privadas de Serviço Social e de Formação Profissional |
| 1.2.4.0.00.0.0 | Contribuição para o Custeio do Serviço de Iluminação Pública |
| 1.3.0.0.00.0.0 | Receita Patrimonial |
| 1.3.1.0.00.0.0 | Exploração do Patrimônio Imobiliário do Estado |
| 1.3.2.0.00.0.0 | Valores Mobiliários |
| 1.3.3.0.00.0.0 | Delegação de Serviços Públicos Mediante Concessão, Permissão, Autorização ou Licença |
| 1.3.3.1.00.0.0 | Delegação para a Prestação dos Serviços de Transporte |
| 1.3.3.2.00.0.0 | Delegação dos Serviços de Infraestrutura |
| 1.3.3.3.00.0.0 | Delegação dos Serviços de Telecomunicação |
| 1.3.3.3.03.0.0 | Delegação dos Serviços de Radiodifusão Sonora e de Sons e Imagens |
| 1.3.3.9.00.0.0 | Demais Delegações de Serviços Públicos |
| 1.3.4.0.00.0.0 | Exploração de Recursos Naturais |
| 1.3.4.1.00.0.0 | Petróleo – Regime de Concessão |
| 1.3.4.2.00.0.0 | Petróleo – Regime de Cessão Onerosa |
| 1.3.4.3.00.0.0 | Petróleo – Regime de Partilha de Produção |
| 1.3.4.4.00.0.0 | Exploração de Recursos Minerais |
| 1.3.4.5.00.0.0 | Exploração de Recursos Hídricos |
| 1.3.4.6.00.0.0 | Exploração de Recursos Florestais |
| 1.3.4.9.00.0.0 | Exploração de Outros Recursos Naturais |
| 1.3.5.0.00.0.0 | Exploração do Patrimônio Intangível |
| 1.3.6.0.00.0.0 | Cessão de Direitos |

## PARTE II · Cap. V · ELABORAÇÃO DO ORÇAMENTO PÚBLICO | 145

| Código | Descrição |
|---|---|
| 1.3.9.0.00.0.0 | Demais Receitas Patrimoniais |
| 1.4.0.0.00.0.0 | Receita Agropecuária |
| 1.5.0.0.00.0.0 | Receita Industrial |
| 1.6.0.0.00.0.0 | Receita de Serviços |
| 1.6.1.0.00.0.0 | Serviços Administrativos e Comerciais Gerais |
| 1.6.2.0.00.0.0 | Serviços e Atividades Referentes à Navegação e ao Transporte |
| 1.6.3.0.00.0.0 | Serviços e Atividades Referentes à Saúde |
| 1.6.3.0.01.0.0 | Serviços de Atendimento à Saúde |
| 1.6.3.8.00.0.0 | Serviços e Atividades Referentes à Saúde – Específico para Estados/DF/Municípios |
| 1.6.4.0.00.0.0 | Serviços e Atividades Financeiras |
| 1.6.9.0.00.0.0 | Outros Serviços |
| 1.7.0.0.00.0.0 | Transferências Correntes |
| 1.7.1.0.00.0.0 | Transferências da União e de suas Entidades |
| 1.7.1.0.00.1.0 | Transferências da União e de suas Entidades |
| 1.7.1.8.00.0.0 | Transferências da União – Específicas de Estados, DF e Municípios |
| 1.7.2.0.00.0.0 | Transferências dos Estados e do Distrito Federal e de suas Entidades |
| 1.7.2.0.00.1.0 | Transferências dos Estados e do Distrito Federal e de suas Entidades |
| 1.7.2.8.00.0.0 | Transferências dos Estados – Específicas de Estados, DF e Municípios |
| 1.7.3.0.00.0.0 | Transferências dos Municípios e de suas Entidades |
| 1.7.3.0.00.1.0 | Transferências dos Municípios e de suas Entidades |
| 1.7.3.8.00.0.0 | Transferências dos Municípios – Específicas de Estados, DF e Municípios |
| 1.7.4.0.00.0.0 | Transferências de Instituições Privadas |
| 1.7.4.1.01.0.0 | Outras Transferências de Instituições Privadas |
| 1.7.4.8.00.0.0 | Transferências de Instituições Privadas – Específicas de Estados, DF e Municípios |
| 1.7.5.0.00.0.0 | Transferências de Outras Instituições Públicas |
| 1.7.5.0.00.1.0 | Transferências de Outras Instituições Públicas |
| 1.7.5.8.00.0.0 | Transferências de Outras Instituições Públicas – Específicas de Estados, DF e Municípios |
| 1.7.6.0.00.0.0 | Transferências do Exterior |
| 1.7.6.0.00.1.0 | Transferências do Exterior |
| 1.7.6.8.00.0.0 | Transferências do Exterior – Específicas de Estados, DF e Municípios |
| 1.7.7.0.00.0.0 | Transferências de Pessoas Físicas |
| 1.7.7.0.00.1.0 | Transferências de Pessoas Físicas |
| 1.7.7.8.00.0.0 | Transferências de Pessoas Físicas – Específicas de Estados, DF e Municípios |
| 1.9.0.0.00.0.0 | Outras Receitas Correntes |
| 1.9.1.0.00.0.0 | Multas Administrativas, Contratuais e Judiciais |
| 1.9.2.0.00.0.0 | Indenizações, Restituições e Ressarcimentos |
| 1.9.3.0.02.1.0 | Alienação de Bens e Mercadorias Apreendidos |

| Código | Descrição |
|---|---|
| 1.9.4.0.00.0.0 | Multas e Juros Decorrentes de Receitas de Capital |
| 1.9.9.0.00.0.0 | Demais Receitas Correntes |
| 2.0.0.0.00.0.0 | Receitas de Capital |
| 2.1.0.0.00.0.0 | Operações de Crédito |
| 2.1.1.0.00.0.0 | Operações de Crédito – Mercado Interno |
| 2.1.1.1.00.0.0 | Títulos de Responsabilidade do Tesouro Nacional – Mercado Interno |
| 2.1.1.2.00.0.0 | Operações de Crédito Contratuais – Mercado Interno |
| 2.1.1.3.00.0.0 | Empréstimos Compulsórios |
| 2.1.1.8.00.0.0 | Operações de Crédito – Mercado Interno – Estados/DF/Municípios |
| 2.1.1.9.00.0.0 | Outras Operações de Crédito – Mercado Interno |
| 2.1.2.0.00.0.0 | Operações de Crédito – Mercado Externo |
| 2.1.2.1.00.0.0 | Títulos de Responsabilidade do Tesouro Nacional – Mercado Externo |
| 2.1.2.2.00.0.0 | Operações de Crédito Contratuais – Mercado Externo |
| 2.1.2.8.00.0.0 | Operação de Crédito Externas – Estados/DF/Municípios |
| 2.1.2.9.00.0.0 | Outras Operações de Crédito – Mercado Externo |
| 2.2.0.0.00.0.0 | Alienação de Bens |
| 2.2.1.0.00.0.0 | Alienação de Bens Móveis |
| 2.2.1.1.00.0.0 | Alienação de Títulos Mobiliários |
| 2.2.1.2.00.0.0 | Alienação de Estoques |
| 2.2.1.3.00.0.0 | Alienação de Bens Móveis e Semoventes |
| 2.2.1.8.00.0.0 | Alienação de Bens Móveis Específica para Estados, Distrito Federal e Municípios |
| 2.2.2.0.00.0.0 | Alienação de Bens Imóveis |
| 2.2.3.0.00.0.0 | Alienação de Bens Intangíveis |
| 2.3.0.0.00.0.0 | Amortização de Empréstimos |
| 2.4.0.0.00.0.0 | Transferências de Capital |
| 2.4.1.0.00.0.0 | Transferências da União e de suas Entidades |
| 2.4.1.8.00.0.0 | Transferências da União - Específicas de Estados, DF e Municípios |
| 2.4.2.0.00.0.0 | Transferências dos Estados e do Distrito Federal e de suas Entidades |
| 2.4.2.0.00.1.0 | Transferências dos Estados e do Distrito Federal e de suas Entidades |
| 2.4.2.8.00.0.0 | Transferências dos Estados, Distrito Federal, e de suas Entidades |
| 2.4.3.0.00.0.0 | Transferências dos Municípios e de suas Entidades |
| 2.4.3.0.00.1.0 | Transferências dos Municípios e de suas Entidades |
| 2.4.3.8.00.0.0 | Transferências dos Municípios e de suas Entidades |
| 2.4.4.0.00.0.0 | Transferências de Instituições Privadas |
| 2.4.4.0.00.1.0 | Transferências de Instituições Privadas |
| 2.4.4.8.00.0.0 | Transferências de Instituições Privadas – Específicas de Estados, DF e Municípios |
| 2.4.5.0.00.0.0 | Transferências de Outras Instituições Públicas |

| Código | Descrição |
|---|---|
| 2.4.5.0.00.1.0 | Transferências de Outras Instituições Públicas |
| 2.4.5.8.00.0.0 | Transferências de Outras Instituições Públicas – Específicas de Estados, DF e Municípios |
| 2.4.6.0.00.0.0 | Transferências do Exterior |
| 2.4.6.0.00.1.0 | Transferências do Exterior |
| 2.4.6.8.00.0.0 | Transferências do Exterior – Específicas de Estados, DF e Municípios |
| 2.4.7.0.00.0.0 | Transferências de Pessoas Físicas |
| 2.4.7.0.00.1.0 | Transferências de Pessoas Físicas |
| 2.4.7.8.00.0.0 | Transferências de Pessoas Físicas – Específicas de Estados, DF e Municípios |
| 2.4.8.0.00.0.0 | Transferências Provenientes de Depósitos Não Identificados |
| 2.4.8.0.00.1.0 | Transferências Provenientes de Depósito Não Identificados |
| 2.4.8.8.00.0.0 | Transferências Provenientes de Depósito Não Identificados – Específica E/DF/M |
| 2.9.0.0.00.0.0 | Outras Receitas de Capital |
| 2.9.1.0.00.0.0 | Integralização de Capital Social |
| 2.9.2.0.00.0.0 | Resultado do Banco Central |
| 2.9.3.0.00.0.0 | Remuneração das Disponibilidades do Tesouro |
| 2.9.4.0.00.0.0 | Resgate de Títulos do Tesouro |
| 2.9.9.0.00.0.0 | Demais Receitas de Capital |
| 2.9.9.8.00.0.0 | Demais Receitas de Capital Específicas de Estados, DF e Municípios |
| 9.9.9.0.00.0.0 | Recursos Arrecadados em Exercícios Anteriores |

### 5.2.2. Codificação das despesas públicas

Como se sabe, a despesa orçamentária representa o conjunto de gastos realizados pelos entes públicos para o funcionamento e manutenção dos serviços públicos prestados e dos bens fornecidos à sociedade.

Para fins contábeis, a despesa orçamentária pode ser classificada *quanto ao impacto na situação patrimonial líquida* em: a) **despesa orçamentária efetiva**: aquela que, no momento de sua realização, reduz a situação líquida patrimonial da entidade. Constitui fato contábil modificativo diminutivo; b) **despesa orçamentária não efetiva**: aquela que, no momento da sua realização, não reduz a situação líquida patrimonial da entidade. Constitui fato contábil permutativo.[16]

Por sua vez, a *classificação institucional* reflete a estrutura de alocação dos créditos orçamentários e está estruturada em dois níveis hierárquicos: órgão orçamentário e unidade orçamentária. Constitui unidade orçamentária o agrupamento de serviços subordinados ao mesmo órgão ou repartição a que serão consignadas dotações próprias (art. 14 da Lei nº 4.320/1964). Os órgãos orçamentários correspondem a agrupamentos de unidades orçamentárias. As dotações são consignadas às unidades orçamentárias, responsáveis pela realização das ações.

---

[16] BRASIL. Secretaria do Tesouro Nacional. Manual de contabilidade aplicada ao setor público. 10. ed. Brasília: Secretaria do Tesouro Nacional, 2023. p. 73.

Já a *classificação funcional* segrega as dotações orçamentárias em funções e subfunções, buscando responder basicamente à indagação "em que área" de ação governamental a despesa será realizada. A classificação funcional é representada por cinco dígitos. Os dois primeiros referem-se à função, enquanto os três últimos dígitos representam a subfunção, que podem ser traduzidos como agregadores das diversas áreas de atuação do setor público, nas esferas legislativa, executiva e judiciária. A *função* é representada pelos dois primeiros dígitos da classificação funcional e pode ser traduzida como o maior nível de agregação das diversas áreas de atuação do setor público. A função quase sempre se relaciona com a missão institucional do órgão, por exemplo, cultura, educação, saúde, defesa, que, na União, de modo geral, guarda relação com os respectivos Ministérios/Secretarias. A *subfunção*, indicada pelos três últimos dígitos da classificação funcional, representa um nível de agregação imediatamente inferior à função e deve evidenciar cada área da atuação governamental, por intermédio da agregação de determinado subconjunto de despesas e identificação da natureza básica das ações que se aglutinam em torno das funções.[17]

A *classificação quanto ao programa* indica a realização dos objetivos estratégicos definidos no Plano Plurianual (PPA), a partir dos quais são relacionadas às ações sob a forma de atividades, projetos ou operações especiais, especificando os respectivos valores e metas e as unidades orçamentárias responsáveis pela realização da ação. A cada projeto ou atividade só poderá estar associado um produto, que, quantificado por sua unidade de medida, dará origem à meta.[18]

Entende-se por **programa** o instrumento de organização da atuação governamental que articula um conjunto de ações que concorrem para a concretização de um objetivo comum preestabelecido, visando à solução de um problema ou ao atendimento de determinada necessidade ou demanda da sociedade. As **ações** são operações das quais resultam produtos (bens ou serviços) que contribuem para atender ao objetivo de um programa e podem ser classificadas como atividades, projetos ou operações especiais, assim entendidos: a) *atividade*: é um instrumento de programação utilizado para alcançar o objetivo de um programa, envolvendo um conjunto de operações que se realizam de modo contínuo e permanente, das quais resulta um produto ou serviço necessário à manutenção da ação de Governo; b) *projeto*: é um instrumento de programação utilizado para alcançar o objetivo de um programa, envolvendo um conjunto de operações, limitadas no tempo, das quais resulta um produto que concorre para a expansão ou o aperfeiçoamento da ação de Governo; c) *operação especial*: são despesas que não contribuem para a manutenção, expansão ou aperfeiçoamento das ações de governo, das quais não resulta um produto, e não gera contraprestação direta sob a forma de bens ou serviços.[19]

A classificação da despesa orçamentária *quanto a sua natureza* compõe-se de: a) categoria econômica; b) grupo de natureza da despesa; c) elemento de despesa (arts. 12 e 13 da Lei nº 4.320/1964).

---

[17] BRASIL. Secretaria do Tesouro Nacional. Manual de contabilidade aplicada ao setor público. 10. ed. Brasília: Secretaria do Tesouro Nacional, 2023. p. 76.

[18] BRASIL. Secretaria do Tesouro Nacional. Manual de contabilidade aplicada ao setor público. 10. ed. Brasília: Secretaria do Tesouro Nacional, 2023. p. 77.

[19] BRASIL. Secretaria do Tesouro Nacional. Manual de contabilidade aplicada ao setor público. 10. ed. Brasília: Secretaria do Tesouro Nacional, 2023. p. 38. p. 78.

A despesa orçamentária é classificada em duas *categorias econômicas*: a) *despesas correntes*: todas as despesas que não contribuem, diretamente, para a formação ou aquisição de um bem de capital; b) *despesas de capital*: aquelas despesas que contribuem, diretamente, para a formação ou aquisição de um bem de capital. O *grupo de natureza da despesa* é um agregador de elementos de despesa orçamentária com as mesmas características quanto ao objeto de gasto. E o *elemento da despesa orçamentária* tem por finalidade identificar os objetos de gasto, tais como vencimentos e vantagens fixas, juros, diárias, material de consumo, serviços de terceiros prestados sob qualquer forma, subvenções sociais, obras e instalações, equipamentos e material permanente, auxílios, amortização e outros que a administração pública utiliza para a consecução de seus fins.[20]

As despesas públicas no orçamento estão distribuídas da seguinte maneira: 1º) por *esfera orçamentária*, que indica em qual orçamento ela será realizada; 2º) por *órgão e unidade orçamentária*, revelando quem será responsável por realizá-la; 3º) por *função e subfunção*, mostrando em que áreas de despesa a ação governamental será realizada; 4º) por *programa*, que expõe a política pública que será implementada; 5º) por *ação*, que apresenta o que será feito para alcançar o objetivo do programa, contendo a descrição do que será feito, a forma de implementação, o que será produzido ou prestado, as unidades de medidas para fins de mensuração, o local e o beneficiário que são os destinatários do gasto.

Assim, primeiramente, deve ser identificada a esfera a que a despesa pública pertence: se ao orçamento fiscal, ao orçamento da seguridade social ou ao orçamento de investimento.

Já a identificação institucional, ou seja, as estruturas organizacionais e administrativas que respondem pelas despesas, são codificadas com cinco dígitos, sendo os dois primeiros para a identificação do órgão orçamentário e os outros três para a unidade orçamentária.

Por sua vez, para definir e identificar em que área governamental a despesa será realizada, esta seguirá a classificação de despesas do orçamento por funções e subfunções, assim discriminadas:

A *Função 01 – Legislativa* é composta pelas subfunções "Ação Legislativa" e "Controle Externo"; a *Função 02 – Judiciária* é composta pelas subfunções "Ação Judiciária" e "Defesa do Interesse Público no Processo Judiciário"; a *Função 03 – Essencial à Justiça* é composta pelas subfunções "Defesa da Ordem Jurídica" e "Representação Judicial e Extrajudicial"; a *Função 04 – Administração* é composta pelas subfunções "Planejamento e Orçamento", "Administração Geral", "Administração Financeira", "Controle Interno", "Normatização e Fiscalização", "Tecnologia da Informação", "Ordenamento Territorial", "Formação de Recursos Humanos", "Administração de Receitas", "Administração de Concessões" e "Comunicação Social"; a *Função 05 – Defesa Nacional* é composta pelas subfunções "Defesa Aérea", "Defesa Naval" e "Defesa Terrestre"; a *Função 06 – Segurança Pública* é composta pelas subfunções "Policiamento", "Defesa Civil" e "Informação e Inteligência"; a *Função 07 – Relações Exteriores* é composta pelas subfunções "Relações Diplomáticas" e "Cooperação Internacional"; a *Função 08 – Assistência Social* é composta pelas subfunções "Assistência ao Idoso", "Assistência ao Portador de Deficiência", "Assistência à Criança e ao Adolescente" e "Assistência Comunitária"; a *Função 09 – Previdência Social* é composta pelas subfunções "Previdência Básica", "Previdência do Regime Estatutário", "Previdência Complementar" e "Previdência Especial"; a *Função 10 – Saúde* é composta pelas subfunções "Atenção Básica", "Assistência Hospitalar e Ambulatorial", "Suporte Profilático e

---

[20] BRASIL. Secretaria do Tesouro Nacional. Manual de contabilidade aplicada ao setor público. 10. ed. Brasília: Secretaria do Tesouro Nacional, 2023. p. 80 e segs.

Terapêutico", "Vigilância Sanitária", "Vigilância Epidemiológica" e "Alimentação e Nutrição"; a *Função 11 – Trabalho* é composta pelas subfunções "Proteção e Benefícios ao Trabalhador", "Relações de Trabalho", "Empregabilidade" e "Fomento ao Trabalho"; a *Função 12 – Educação* é composta pelas subfunções "Ensino Fundamental", "Ensino Médio", "Ensino Profissional", "Ensino Superior", "Educação Infantil", "Educação de Jovens e Adultos", "Educação Especial" e "Educação Básica"; a *Função 13 – Cultura* é composta pelas subfunções "Patrimônio Histórico, Artístico e Arqueológico" e "Difusão Cultural"; a *Função 14 – Direitos da Cidadania* é composta pelas subfunções "Custódia e Reintegração Social", "Direitos Individuais, Coletivos e Difusos" e "Assistência aos Povos Indígenas"; a *Função 15 – Urbanismo* é composta pelas subfunções "Infra-Estrutura Urbana", "Serviços Urbanos" e "Transportes Coletivos Urbanos"; a *Função 16 – Habitação* é composta pelas subfunções "Habitação Rural" e "Habitação Urbana"; a *Função 17 – Saneamento* é composta pelas subfunções "Saneamento Básico Rural" e "Saneamento Básico Urbano"; a *Função 18 – Gestão Ambiental* é composta pelas subfunções "Preservação e Conservação Ambiental", "Controle Ambiental", "Recuperação de Áreas Degradadas", "Recursos Hídricos" e "Meteorologia"; a *Função 19 – Ciência e Tecnologia* é composta pelas subfunções "Desenvolvimento Científico", "Desenvolvimento Tecnológico e Engenharia" e "Difusão do Conhecimento Científico e Tecnológico"; a *Função 20 – Agricultura* é composta pelas subfunções "Promoção da Produção Vegetal", "Promoção da Produção Animal", "Defesa Sanitária Vegetal", "Defesa Sanitária Animal", "Abastecimento", "Extensão Rural", "Irrigação", "Promoção da Produção Agropecuária" e "Defesa Agropecuária"; a *Função 21 – Organização Agrária* é composta pelas subfunções "Reforma Agrária" e "Colonização"; a *Função 22 – Indústria* é composta pelas subfunções "Promoção Industrial", "Produção Industrial", "Mineração", "Propriedade Industrial" e "Normalização e Qualidade"; a *Função 23 – Comércio e Serviços* é composta pelas subfunções "Promoção Comercial", "Comercialização", "Comércio Exterior", "Serviços Financeiros" e "Turismo"; a *Função 24 – Comunicações* é composta pelas subfunções "Comunicações Postais" e "Telecomunicações"; a *Função 25 – Energia* é composta pelas subfunções "Conservação de Energia", "Energia Elétrica", "Combustíveis Minerais" e "Biocombustíveis"; a *Função 26 – Transporte* é composta pelas subfunções "Transporte Aéreo", "Transporte Rodoviário", "Transporte Ferroviário", "Transporte Hidroviário" e "Transportes Especiais"; a *Função 27 – Desporto e Lazer* é composta pelas subfunções "Desporto de Rendimento", "Desporto Comunitário" e "Lazer"; a *Função 28 – Encargos Especiais* é composta pelas subfunções "Refinanciamento da Dívida Interna", "Refinanciamento da Dívida Externa", "Serviço da Dívida Interna", "Serviço da Dívida Externa", "Outras Transferências", "Outros Encargos Especiais" e "Transferências para a Educação Básica". A Função "*Encargos Especiais*" comporta as despesas públicas não associadas a um bem ou serviço gerado no processo produtivo corrente, tais como dívidas, ressarcimentos, indenizações e outras afins. Essa função irá requerer o uso das suas subfunções típicas, discriminadas anteriormente.

Essa classificação funcional é representada por cinco dígitos, sendo os dois primeiros relativos às *funções* e os três últimos às *subfunções*.

A estrutura da natureza da despesa a ser observada na execução orçamentária de todas as esferas de Governo será "**c.g.mm.ee.dd**", em que: "c" representa a categoria econômica; "g" o grupo de natureza da despesa; "mm" a modalidade de aplicação; "ee" o elemento de despesa; e "dd" o desdobramento, facultativo, do elemento de despesa.

## 5.3. PLANEJAMENTO, PROGRAMAS E METAS ORÇAMENTÁRIAS

Muito mais do que uma mera peça contábil ou financeira, o orçamento público é um relevante instrumento de planejamento.

O **planejamento** pode ser conceituado como um processo contínuo, ativo e parametrizado de administração e gestão, formado por um composto de atividades ordenadas e interligadas, por meio do qual se determina previamente os fins que se busca alcançar, com o propósito de atingir um resultado considerado adequado.

O planejamento é uma das tarefas essenciais da *gestão pública*. É por meio dele que se estabelecem as estratégias para guiar e orientar o que se pretende realizar e aonde se quer chegar. Entre as diversas finalidades do orçamento como instrumento de planejamento, destacamos a sistematização das prioridades do governante, com a identificação dos meios para atingi-las.

A propósito, alerta Heleno Taveira Torres[21] que

> no Estado Democrático de Direito, o planejamento não é uma opção ou algo meramente indicativo. Trata-se de comando impositivo, segundo os princípios definidos pela Carta Constitucional. É criticável a ausência de um planejamento de longo prazo dos arts. 3º e 43, para assegurar a erradicação da pobreza e a eliminação ou redução de desigualdades regionais. Contudo, a Constituição obriga ao mínimo de planejamento, o que foi atribuído ao plano plurianual, como instrumento de direcionamento das ações do Estado, com vistas a realizar os fins constitucionais, mediante intervencionismo, para o qual a lei de diretrizes orçamentárias e a lei de orçamento anual devem propiciar todas as condições de concretização.

O **planejamento orçamentário** faz-se presente na atual Constituição brasileira por meio da instituição da *tríade orçamentária*, conjunto de três leis orçamentais chamadas a atuar de modo harmônico e integrado (art. 165, CF/1988): o Plano Plurianual (PPA), voltado a fixar as ações de médio prazo, com vigência de quatro anos; a Lei Orçamentária Anual (LOA), estabelecendo as despesas do exercício financeiro; e a Lei de Diretrizes Orçamentárias (LDO), atuando como mecanismo de interface entre o PPA e a LOA para sistematizar e dar coerência à programação e execução orçamentárias. Por meio dessas três leis, os entes federados projetam e controlam suas receitas e gastos ao longo do tempo, determinados os resultados a serem alcançados.

Cabe destacar que a Lei de Responsabilidade Fiscal aperfeiçoou o modelo de orçamento-programa criado pela Lei nº 4.320/1964 ao introduzir novas funções para a LDO e a LOA e estabelecendo metas, limites e condições de gestão dos gastos e receitas. Além de a LRF fortalecer a atuação das leis orçamentárias como ferramenta de planejamento global, também articulou as ações de planejamento e execução das despesas públicas ao definir metas fiscais e regular instrumentos para seu monitoramento regular.

É o planejamento orçamentário adequadamente elaborado que possibilita realizar a execução orçamentária de modo eficiente e a implementação de uma política fiscal que atinja metas palpáveis e perceptíveis para a coletividade.

O processo de planejamento orçamentário, segundo Alexandre Vasconcellos,[22] se desenvolve a partir dos seguintes passos: 1º) determinação da situação, em que se deve conhecer o problema existente e proceder a verificação das causas que o estão originando; 2º) diagnóstico da situação, que se realiza a partir das verificações feitas, compreendendo-se as condições existentes; 3º) apresentação de soluções, buscando-se formas e maneiras para minimizar ou resolver os problemas identificados; 4º) estabelecimento de prioridades, definindo a ordem que deve ser seguida no atendimento das propostas; 5º) definição de objetivos, detalhando-se

---

[21] TORRES, Heleno Taveira. *Direito constitucional financeiro*: teoria da constituição financeira. São Paulo: Revista dos Tribunais, 2014. p. 356.

[22] VASCONCELLOS, Alexandre. *Orçamento público para concursos*. Rio de Janeiro: Ferreira, 2007. p. 27.

o que se pretende alcançar; 6º) determinação das atividades, em que são relacionadas as ações para concretizar os objetivos; 7º) determinação de recursos humanos, materiais e financeiros, ou seja, os elementos necessários para a execução das atividades.

Pode-se sintetizar em três categorias que integram um **plano governamental**: a) as *diretrizes*: possuem a finalidade de retratar as declarações de governo e indicam as preferências políticas dos governantes eleitos; b) os *temas*: buscam refletir a estrutura institucional adotada pela administração; c) os *programas*, que evidenciam as políticas públicas e suas ações orçamentárias e não orçamentárias para concretizar as diretrizes de governo.

Exemplificativamente, um planejamento orçamentário estratégico deverá, em regra, contemplar as seguintes áreas em que se pretende obter resultados predeterminados e mensuráveis: Educação; Saúde; Desenvolvimento Social; Segurança Pública, Justiça e Defesa Social; Desenvolvimento Econômico; Infraestrutura Logística; Desenvolvimento Urbano e Regional; Meio Ambiente e Agricultura; Turismo, Cultura e Esporte; Gestão Pública.

Para cada uma dessas áreas, devem ser definidos os objetivos, as diretrizes e as prioridades. A partir daí, definem-se os programas – conjunto de ações estruturadas – a serem realizados para o atingimento dos resultados esperados, os valores que serão disponibilizados e as metas pretendidas.

Neste sentido, a Lei nº 4.320/1964 estabelece:

> Art. 25. Os programas constantes do Quadro de Recursos e de Aplicação de Capital sempre que possível serão correlacionados a metas objetivas em termos de realização de obras e de prestação de serviços.
>
> Parágrafo único. Consideram-se metas os resultados que se pretendem obter com a realização de cada programa.

A propósito, lembra James Giacomoni[23] que a linguagem tradicional do orçamento tinha por base os tetos financeiros como objeto de despesa: pessoal, material, serviços, encargos etc., sendo que a linguagem moderna do orçamento expressa as realizações pretendidas de forma programada.

Em igual sentido, afirma Rogério Sandoli de Oliveira[24] que

> O orçamento é um instituto que sofreu grande evolução em sua concepção ao longo dos tempos. Antes, considerado mera peça de previsão de receitas e de fixação de despesas, hoje, constitui-se em importantíssimo instrumento de planejamento e de implementação das ações governamentais.
>
> Antes, no chamado orçamento tradicional, toda a atenção era dada ao gasto público, pura e simplesmente. A nova concepção de orçamento-programa valoriza o planejamento governamental, com o estabelecimento de objetivos e metas a serem alcançados durante o exercício financeiro em que vigora.

Entende-se por **programa orçamentário** a concretização dos objetivos pretendidos pelo governante, sendo mensurado por indicadores. É a articulação de um conjunto coerente de ações (orçamentárias e não orçamentárias) necessárias e suficientes para enfrentar o problema, de modo a superar ou evitar as causas identificadas, como também para aproveitar

---

[23] GIACOMONI, James. *Orçamento público*. 16. ed. São Paulo: Atlas, 2012. p. 83.

[24] OLIVEIRA, Rogério Sandoli de. Comentários aos arts. 40 a 46. In: CONTI, José Maurício (coord.). *Orçamentos públicos*: a Lei 4.320/1964 comentada. 2. ed. São Paulo: Revista dos Tribunais, 2010. p. 143.

as oportunidades existentes. Materializa-se pelo desdobramento da classificação funcional programática, por meio da qual se faz a ligação entre os planos de longo e médio prazo aos orçamentos plurianuais e anuais, representando os meios e instrumentos de ação organicamente articulados para o cumprimento das funções. Os programas, geralmente, representam os produtos finais da ação governamental. Noutras palavras, o programa orçamentário é o instrumento de organização da atuação governamental que articula um conjunto de ações que concorrem para um objetivo comum preestabelecido, mensurado por indicadores estabelecidos no PPA, visando à solução de um problema ou o atendimento de uma necessidade ou demanda da sociedade.[25]

A elaboração de um programa envolve duas fases: a) *qualitativa*, em que se identificam as necessidades públicas a serem atendidas; b) *quantitativa*, na qual são fixados os indicadores de desempenho.

A classificação dos **indicadores de desempenho** pode ser assim estabelecida: a) *economicidade*: medem os custos envolvidos na utilização dos insumos (materiais, humanos, financeiros etc.) necessários às ações que produzirão os resultados pretendidos; b) *eficiência*: medem a relação entre os produtos/serviços gerados com os insumos utilizados, possuindo estreita relação com produtividade, ou seja, o quanto se consegue produzir com os meios disponibilizados; c) *eficácia*: medem o grau com que um programa governamental atinge as metas e objetivos planejados, ou seja, uma vez estabelecido o referencial (linha de base) e as metas a serem alcançadas, avalia-se se estas foram atingidas ou superadas; d) *efetividade*: medem os efeitos positivos ou negativos na realidade que sofreu a intervenção, indicando se houve mudanças socioeconômicas, ambientais ou institucionais decorrentes dos resultados produzidos pela atuação governamental, sendo a variável chave para aferir os efeitos de transformação social.[26]

Relata James Giacomoni[27] que, a partir da Portaria nº 9/1974, do então Ministério do Planejamento e Coordenação Geral, se adotou a classificação funcional-programática no orçamento público, ao estabelecer as categorias de função, programa, subprograma, projeto e atividade, sendo que, a partir de 1990, os orçamentos federais passaram a adotar, como menor categoria de programação do critério funcional-programático, o subprojeto e a subatividade. Todavia, a classificação funcional-programática vigorou nos orçamentos até o ano de 2001. Porém, segundo o autor, a classificação mais moderna contempla as categorias de programa, projeto, atividade e operações especiais.

Explica José Maurício Conti que "cada programa contém um objetivo, indicador que quantifica a situação que o programa tenha por fim modificar e os produtos (bens e serviços) necessários para atingir o objetivo". Ainda, esclarece o autor que a partir do **programa de governo** são identificadas as ações, sob a forma de atividades, projetos ou operações especiais, especificando os respectivos valores e metas e as unidades orçamentárias responsáveis pela realização da ação. Por sua vez, **projeto** é o instrumento de programação destinado a alcançar o objetivo de um programa, que compreende um conjunto de operações, em um período determinado voltado a uma ação de governo. Já a **atividade** corresponde a um ins-

---

[25] COSTA, Daniela Corrêa da et al. *Glossário de planejamento, orçamento e gestão*. Cuiabá: Secretaria de Estado de Saúde de Mato Grosso, 2010. p. 72.

[26] BRASIL. Ministério da Economia. *Manual Técnico do Plano Plurianual do Governo Federal 2024-2027*. Brasília: Ministério da Economia, 2019. p. 19.

[27] GIACOMONI, James. *Orçamento público*. 16. ed. São Paulo: Atlas, 2012. p. 99-100.

trumento de programação que visa alcançar um objetivo de um programa, envolvendo um conjunto de operações contínuas e permanentes. E as **operações especiais** representam uma categoria que engloba as despesas que não contribuem para a manutenção das ações de governo, das quais não resulta um produto e nem contraprestação em forma de bem ou serviço. Por fim, cada programa de governo, que deverá ser desdobrado em subprogramas, deve ter uma denominação, identificar o órgão e a unidade responsável pelo seu gerenciamento e as ações governamentais que o integram, com os respectivos objetivos, público-alvo, produto e correspondente unidade de medida, a meta a ser atingida e, por fim, o valor da dotação que lhe é destinada.[28]

São elementos integrantes dos programas: a) *insumos*: são os meios ou recursos necessários para a execução da política pública, que se desdobram em financeiros, de infraestrutura (equipamentos, materiais, instalações), humanos (perfil e quantitativo da força de trabalho requerida), suporte institucional, condicionantes normativos etc.; b) *processos*: correspondem ao conjunto de ações (em sentido amplo) necessário para viabilizar a implementação da política pública, sendo ideal que essas ações possam ser desenhadas na forma de processos, ou seja, atividades encadeadas passo a passo, e cada atividade corresponde a um conjunto de insumos necessário à sua consecução; c) *produtos*: compreendem as consequências diretas e quantificáveis das atividades realizadas no âmbito do programa, que podem ser entregues à sociedade, inserindo-se nesta categoria os bens, serviços, medidas normativas ou qualquer outra intervenção cuja entrega contribua para a consecução dos objetivos da política; d) *resultados*: são mudanças na realidade social observadas no curto prazo, como efeito dos produtos entregues, que devem ser observáveis e mensuráveis, tendo por referência os problemas diagnosticados e os beneficiários da política pública; e) *impactos*: são efeitos relacionados ao fim último esperado das ações públicas, que representam as evidências detectadas, usualmente em prazo mais longo, das mudanças ocorridas na sociedade.

Para avaliar a efetividade do orçamento-programa devemos atentar para: a) os *objetivos* e propósitos perseguidos para cuja consecução são utilizados os recursos orçamentários; b) os *programas*, ou seja, os instrumentos de integração para a concretização dos objetivos; c) os *custos* dos programas medidos pelos meios utilizados; d) as *medidas de desempenho*, que tem a finalidade de aferir as realizações e os esforços despendidos na execução dos programas.[29]

A adequada definição dos objetivos governamentais é fundamental para o orçamento público. Assim, primeiramente há que se definir os objetivos do programa, ou seja, os resultados pretendidos; em seguida, definem-se os meios alternativos para atingir os objetivos do programa; por fim, realiza-se a ponderação entre as alternativas, sobretudo no que se refere a custos e grau de contribuição para atingir os objetivos (custo-eficácia).[30]

Por sua vez, a **meta** é o objetivo a ser atingido em determinada medida e prazo. Ou seja, é um objetivo previamente quantificado a ser atingido dentro de um prazo especificado. Portanto, uma meta definida no orçamento público é a especificação e quantificação de um resultado pretendido nas ações governamentais. Ressalta-se que não podemos confundir estas metas físicas, que representam realizações concretas, com as metas fiscais, que envolvem as estimativas entre receitas e despesas, ou seja, parâmetros de déficit ou superávit fiscal.

---

[28] CONTI, José Maurício. Comentários aos arts. 22 a 33. In: CONTI, José Maurício (coord.). *Orçamentos públicos*: a Lei 4.320/1964 comentada. 2. ed. São Paulo: Revista dos Tribunais, 2010. p. 103.

[29] GIACOMONI, James. *Orçamento público*. 16. ed. São Paulo: Atlas, 2012. p. 163.

[30] GIACOMONI, James. *Orçamento público*. 16. ed. São Paulo: Atlas, 2012. p. 173.

## 5.4. PLANEJAMENTO ORÇAMENTÁRIO E FINANCEIRO NA LEI Nº 10.180/2001

Como já abordado, cada dia mais a legislação nacional impõe à União a atribuição de unificação e uniformização de normas orçamentárias para serem aplicáveis a todos os níveis federativos, estendendo tais regras federais para Estados, Distrito Federal e Municípios.

Sobre isso, importante marco jurídico foi a Lei nº 10.180/2001, diploma legal que disciplina os Sistemas de Planejamento e de Orçamento Federal, de Administração Financeira Federal, de Contabilidade Federal e de Controle Interno do Poder Executivo Federal.

Dentre outras finalidades dessa lei, tais como formular o planejamento estratégico nacional; formular planos nacionais, setoriais e regionais de desenvolvimento econômico e social; formular o plano plurianual, as diretrizes orçamentárias e os orçamentos anuais; e gerenciar o processo de planejamento e orçamento federal, o inc. V do seu art. 1º prevê como escopo "promover a articulação com os Estados, o Distrito Federal e os Municípios, visando à compatibilização de normas e tarefas afins aos diversos Sistemas, nos planos federal, estadual, distrital e municipal".

Considerando que os entes subnacionais devem adotar o mesmo modelo de planejamento e de orçamento federal, é fundamental, ao tratarmos do planejamento orçamentário, conhecer os contornos da referida norma, pelo que remetemos o leitor à seção 1.12 desta obra, na qual a Lei nº 10.180/2001 já foi devidamente tratada.

## 5.5. UNIDADES ORÇAMENTÁRIAS

A elaboração do orçamento envolve todos os órgãos e entidades do respectivo Governo, que deverão consolidar as respectivas propostas orçamentárias setoriais de maneira harmônica e alinhada.

Por se tratar de um processo articulado que se desenvolve de forma transversal à estrutura administrativa, abrangendo órgãos naturalmente diferenciados em termos de funções e atribuições, o seu bom desempenho exige esforços redobrados de integração. A integração, por sua vez, requer que cada um dos órgãos participantes domine os conceitos fundamentais, conheça os procedimentos específicos que compõem o processo, sua finalidade última e as atribuições específicas que lhe competem no seu desenvolvimento.

Nesta linha, estabelece o art. 27 da Lei nº 4.320/1964 que "as propostas parciais de orçamento guardarão estrita conformidade com a política econômico-financeira, o programa anual de trabalho do Governo e, quando fixado, o limite global máximo para o orçamento de cada unidade administrativa".

Portanto, recebidas as propostas setoriais, deverá ser feita uma análise global, procedendo-se, se for o caso, aos ajustes necessários, em articulação com as unidades orçamentárias, tendo em vista as prioridades do Governo e as efetivas disponibilidades de recursos. Uma vez ratificada a consistência da proposta consolidada com as metas fiscais e com as projeções de receita e de despesa e, depois de eliminadas as eventuais pendências, será possível proceder ao fechamento da proposta de lei orçamentária apta a ser encaminhada ao respectivo Poder Legislativo.

Para tanto, cada ente – federal, estadual, distrital ou municipal – deverá dispor de uma instituição que seja responsável por todo o processo orçamentário.

Em nível federal, cabe à Secretaria de Orçamento Federal (SOF) o papel de coordenar, consolidar e supervisionar a elaboração das leis orçamentárias, compreendendo os orçamentos fiscal e da seguridade social, bem como estabelecer as normas necessárias à elaboração e à implementação dos orçamentos federais sob sua responsabilidade, e proceder, sem prejuízo da competência atribuída a outros órgãos, ao acompanhamento da execução orçamentária.

Por sua vez, os entes subnacionais também devem possuir um "sistema de planejamento e orçamento" próprio, normalmente institucionalizado em uma Secretaria de Planejamento, Gestão e Patrimônio (Seplag), com a finalidade de coordenar, orientar, estabelecer diretrizes e normas técnicas e supervisionar a elaboração do orçamento anual, além de sua revisão e do acompanhamento de sua execução. A ela cabe também consolidar as propostas relativas ao plano plurianual e às suas alterações, às diretrizes orçamentárias e ao orçamento anual, assim como às solicitações de créditos adicionais, além de desenvolver estudos, coordenar e orientar o processo de viabilização de fontes alternativas de recursos para o financiamento das ações governamentais.

De acordo com o art. 14 da Lei nº 4.320/1964, constitui *unidade orçamentária* o agrupamento de serviços subordinados ao mesmo órgão ou repartição a que serão consignadas dotações próprias. Nesses termos, constituem unidades orçamentárias, por exemplo, o Poder Executivo, Legislativo e Judiciário, os respectivos Tribunais de Contas, Ministério Público e Defensorias Públicas e os demais órgãos da Administração Direta e Indireta a elas vinculados.

Em regra, as estruturas organizacionais orçamentárias dos entes públicos são divididas em: *poder, órgão, tipo de instituição* e *unidade orçamentária*. Assim temos os Poderes Legislativo, Executivo e Judiciário, juntamente com o Ministério Público e a Defensoria Pública. Já os órgãos podem ser, por exemplo, os Ministérios, as Secretarias, dentre outros. Por sua vez, como tipo de instituição, temos: Administração Direta, Fundação, Autarquia, Empresa Pública, Sociedade de Economia Mista, Fundos, Agência Reguladora e o Órgão em Regime Especial. Cada um destes terá uma ou várias unidades orçamentárias. Exemplificativamente, podemos identificar o Poder: Executivo; o Órgão: Secretaria de Desenvolvimento; o Tipo de Instituição: Administração Direta; a Unidade orçamentária: Diretoria.

Diz-se, portanto, que a unidade orçamentária é a entidade da Administração Direta, inclusive fundo ou órgão autônomo, da Administração Indireta (autarquia, fundação ou empresa estatal) em cujo nome a lei orçamentária ou crédito adicional consigna, expressamente, dotações com vistas à sua manutenção e à realização de um determinado programa de trabalho. Constituem desdobramentos dos órgãos orçamentários.

Por sua vez, **unidade gestora** é a unidade orçamentária ou administrativa investida do poder de gerir recursos orçamentários e financeiros, próprios ou sob descentralização, sendo certo que cada órgão tem a sua unidade gestora, que contabiliza todos os seus atos e fatos administrativos.

Já a **unidade executora** é a unidade que utiliza o crédito recebido da unidade gestora responsável, transformando-o em bens ou serviços.

Compete às unidades orçamentárias, no seu âmbito de atuação: a) coordenar e orientar os procedimentos das unidades administrativas do seu órgão no processo de elaboração da proposta orçamentária e das solicitações de créditos adicionais; b) elaborar a proposta orçamentária e as solicitações de créditos adicionais, formalizando-as aos respectivos órgãos setoriais, bem como promover o acompanhamento da execução orçamentária; c) desenvolver projetos, participar de estudos e de processos de captação de recursos para o financiamento das ações orçamentárias sob sua responsabilidade, em articulação com os órgãos setorial e central do Sistema de Planejamento e Orçamento; d) analisar e avaliar sistematicamente a adequação dos programas e das ações orçamentárias sob sua responsabilidade, propondo ao órgão setorial as necessárias alterações; e) fixar, de acordo com as diretrizes e prioridades do seu órgão, os limites financeiros para elaboração das propostas orçamentárias das unidades administrativas; f) realizar estudos e pesquisas concernentes ao desenvolvimento e ao aperfeiçoamento do processo de orçamento, propondo ao órgão setorial as medidas consideradas pertinentes.

## 5.6. ESTIMATIVA DAS RECEITAS PÚBLICAS

De nada adianta a pretensão em se elaborar um orçamento público repleto de planos, programas e políticas públicas se não houver recursos financeiros suficientes para executá-lo.

A despesa pública pressupõe a existência de receita pública suficiente para custeá-la.

A elaboração que respeite os princípios orçamentários, sobretudo os da sinceridade orçamentária, equilíbrio fiscal e sustentabilidade financeira, depende de uma correta estimativa de receitas. Do contrário, a lei orçamentária será inexequível e não passará de uma "peça de propaganda" ou "peça de ficção", como muitos a ela já se referiram.

A Lei de Responsabilidade Fiscal (LC nº 101/2000) traz no seu art. 12 a seguinte regra a respeito da estimativa de receitas públicas:

> Art. 12. As previsões de receita observarão as normas técnicas e legais, considerarão os efeitos das alterações na legislação, da variação do índice de preços, do crescimento econômico ou de qualquer outro fator relevante e serão acompanhadas de demonstrativo de sua evolução nos últimos três anos, da projeção para os dois seguintes àquele a que se referirem, e da metodologia de cálculo e premissas utilizadas.

Segundo o "Manual das Receitas Públicas"[31] da Secretaria do Tesouro Nacional (aplicado à União, Estados, Distrito Federal e Municípios), a estimativa de arrecadação da receita é resultante de uma adequada **metodologia de projeção de receitas orçamentárias**, que deverá se basear na série histórica de arrecadação ao longo dos anos ou meses anteriores (base de cálculo), corrigida por parâmetros de preço (efeito preço), de quantidade (efeito quantidade) e de alguma mudança de aplicação de alíquota em sua base de cálculo (efeito legislação).

Essa metodologia busca traduzir matematicamente o comportamento da arrecadação de uma determinada receita ao longo dos meses e anos anteriores e refleti-la para os meses ou anos seguintes, utilizando-se de modelos matemáticos. Dependerá em grande parte da série histórica de arrecadação e de informações dos Órgãos ou Unidades Arrecadadoras que estão diretamente envolvidos com a receita que se pretende projetar. Assim, para cada receita deve ser avaliado o modelo matemático mais adequado para sua projeção.

Uma das formas de projetar valores de arrecadação é a utilização de modelos incrementais na estimativa das receitas orçamentárias. Essa metodologia corrige os valores arrecadados pelos índices de preço, quantidade e legislação, por meio da seguinte equação: "*Projeção = Base de Cálculo x (índice de preço) x (índice de quantidade) x (efeito legislação)*".

Nessa fórmula, considera-se "projeção" o valor a ser projetado para uma determinada receita, de forma mensal para atender à execução orçamentária, cuja programação é feita mensalmente.

---

[31] BRASIL. Ministério da Fazenda. Secretaria do Tesouro Nacional. *Receitas públicas*: manual de procedimentos: aplicado à União, Estados, Distrito Federal e Municípios. 4. ed. Brasília: Secretaria do Tesouro Nacional, Coordenação-Geral de Contabilidade, 2007.

A "base de cálculo" é obtida por meio da série histórica de arrecadação da receita e dependerá do seu comportamento mensal, e pode ser calculada a partir: a) da arrecadação de cada mês (arrecadação mensal) do ano anterior; b) da média de arrecadação mensal do ano anterior (arrecadação anual do ano anterior dividido por doze); c) da média de arrecadação mensal dos últimos doze meses ou média móvel dos últimos doze meses (arrecadação total dos últimos doze meses dividido por doze); d) da média trimestral de arrecadação ao longo de cada trimestre do ano anterior; e) da média de arrecadação dos últimos meses do exercício.

Já o "índice de preços" é o índice que fornece a variação média dos preços de uma determinada cesta de produtos. Existem diversos índices de preços nacionais ou mesmo regionais, como o IGP-DI, o INPC, o IPCA, a variação cambial, a taxa de juros, a variação da taxa de juros, dentre outros. Esses índices são divulgados mensalmente por entidades oficiais como o IBGE e o Banco Central, bem como por instituições como a Fundação Getulio Vargas, e são utilizados pelo Governo Central para projeção de índices futuros. A escolha do índice dependerá do fato gerador da receita que se está projetando.

O "índice de quantidade" é o índice que fornece a variação média na quantidade de bens de um determinado segmento da economia. Está relacionado à variação física de um determinado fator de produção. Como exemplos, podemos citar o Produto Interno Bruto Real do Brasil – PIB real; o crescimento real das importações ou das exportações; a variação real na produção mineral do país; a variação real da produção industrial; a variação real da produção agrícola; o crescimento vegetativo da folha de pagamento do funcionalismo público federal; o crescimento da massa salarial; o aumento na arrecadação como função do aumento do número de fiscais no país ou mesmo do incremento tecnológico na forma de arrecadação; o aumento do número de alunos matriculados em uma escola; e assim por diante.

Por fim, o "efeito legislação" leva em consideração a mudança na alíquota ou na base de cálculo de alguma receita, em geral tarifas públicas e receitas tributárias decorrentes de ajustes na legislação ou nos contratos públicos.

## 5.7. FIXAÇÃO DAS DESPESAS PÚBLICAS

As **despesas públicas** são aquelas fixadas em lei (constantes da lei orçamentária anual de cada ente federativo), para o custeio das atividades estatais, na entrega de bens e serviços à população, na concretização das políticas públicas e também nos gastos imprescindíveis para o funcionamento administrativo do Estado.

Um gasto a ser realizado pelo Estado somente é considerado despesa pública propriamente dita a partir do empenho e, aqui, é importante mencionar as etapas da despesa pública:

1) *fixação* da despesa na LOA, que é o limite de gastos estabelecido com base na previsão de arrecadação de receitas;

2) *empenho*, que é o ato exarado pela autoridade competente, criando uma obrigação de pagamento para o Estado. Nessa etapa, o dispêndio fixado na LOA passa a ser considerado despesa pública, pela adoção do regime de competência pela contabilidade pública brasileira;

3) *liquidação*, ocorre quando o credor, por meio de documentos comprobatórios do respectivo crédito, demonstra seu direito líquido e certo perante o Estado;

4) *pagamento*, etapa final da despesa, consistente na entrega do montante devido ao credor por meio de cheque nominativo, ordem de pagamento ou depósito em conta.

A doutrina menciona, ainda, uma quinta etapa, que seria o controle exercidos pelos órgãos internos e externos e pelos cidadãos.

As etapas de fixação, empenho, liquidação e pagamento estarão sempre presentes quando se estiver diante de despesas orçamentárias. Isso porque as despesas extraorçamentárias, isto é, aquelas que não constam na LOA, não percorrem todas essas etapas, já surgindo como um passivo financeiro em compensação a uma entrada de recursos financeiro, a exemplo da devolução de cauções prestadas como garantia em procedimentos licitatórios. De modo geral, as despesas extraorçamentárias são aquelas que não constam na LOA e provocam uma compensação no ativo e passivos financeiros, consistindo na devolução a quem de direito de um recurso que ingressou nos cofres públicos de modo temporário, como é o caso, por exemplo, das cauções, depósitos, restos a pagar e operações de crédito por antecipação de receita orçamentária.

Em relação às despesas públicas orçamentárias, sem dúvida, a sua fixação na LOA reflete as decisões estatais sobre a alocação de recursos em âmbitos que julgue mais relevantes para a melhor consecução do interesse público, levando-se em consideração as demandas populacionais mais urgentes e as normas constitucionais que estabelecem os direitos fundamentais individuais, sociais e coletivos. Deste modo, é possível afirmar que a Constituição Federal e as normas de Direito Financeiro fornecem balizas e prioridades para a fixação das despesas públicas.

Tradicionalmente, a doutrina afirmava que a fixação das despesas públicas na LOA possui natureza essencialmente política, entendimento esse reforçado pela literalidade do art. 165 da Constituição Federal, que dispõe sobre a competência privativa do chefe do Poder Executivo para elaboração e apresentação do projeto de LOA ao Poder Legislativo.

Contemporaneamente, contudo, a concepção de um critério para a fixação de despesas públicas puramente político vem sendo superada, configurando-se um cenário dual jurídico--fiscal. Após o advento da Constituição Federal de 1988, as despesas públicas passaram a ser instrumento de concretização dos comandos jurídicos nela previstos. Isto é, a escolha de alocação dos gastos públicos deixou de ser realizada de forma totalmente discricionária, permeada somente pelas aspirações e ideologias do chefe do Poder Executivo, devendo realizar, na prática, os direitos fundamentais previstos em nossa Carta Magna. Ademais, as despesas públicas devem ser fixadas em compatibilidade com as metas e prioridades da LDO e com as diretrizes, objetivos e metas do PPA, sendo a conjugação de tais instrumentos de planejamento mais um limite à sua fixação na LOA.

O Ministro Celso de Mello, do STF, no julgamento da ADPF nº 45, afirmou que, a despeito de a formulação e execução de políticas públicas serem dependentes de opções políticas feitas pelos detentores de mandato eletivo legitimamente recebido por delegação popular, deve-se atualmente reconhecer que tais opções já não são absolutas.

É o que leciona Ana Paula de Barcellos,[32] ao afirmar que, dada a escassez de recursos, o gestor público terá de eleger prioridades e escolher em que os recursos públicos serão aplicados. É necessário também decidir como gastar, diante dos objetivos que se pretenda atingir. Mas, ao fazê-lo, é necessário levar em consideração as opções constitucionais sobre as finalidades que devem ser perseguidas em caráter prioritário.

---

[32] BARCELLOS, Ana Paula de. Constitucionalização das políticas públicas em matéria de direitos fundamentais: o controle político-social e o controle jurídico no espaço democrático. *Revista de Direito do Estado*, n. 3, jul./set. 2006. p. 23.

Vale, também, deixar o registro de Celso Antônio Bandeira de Mello,[33] no sentido de que:

> A ordenação normativa propõe uma série de finalidades a serem alcançadas, as quais se apresentam, para quaisquer agentes estatais, como obrigatórias. A busca destas finalidades tem o caráter de dever (antes do que "poder"), caracterizando uma função, em sentido jurídico.

A contemporânea afirmação de que a *decisão da despesa pública deixa de ser eminentemente política e passa a ter um viés jurídico-constitucional também se torna, mais recentemente,* o entendimento de Regis Fernandes de Oliveira.[34] Este autor reconhece a evolução das obrigações orçamentárias, ao ponderar:

> Vê-se, pois, que o legislador constituinte, o primeiro originário e o segundo derivado, elegeram valores que entenderam essenciais e primordiais para a subsistência e o desenvolvimento da sociedade. Já se começa a ver que o legislador, ao estruturar a peça orçamentária, não tem mais a liberdade que possuía. Já está, parcialmente, vinculado. O que era uma atividade discricionária, que ensejava opções ao político na escolha e destinação das verbas, passa a ser vinculada. [...] É curioso observar a evolução das obrigações orçamentárias.

Daí o porquê de se poder afirmar que emerge uma nova linha doutrinária contemporânea – à qual perfilhamos – a entender que a natureza da despesa pública é, em sua essência, **jurídico-constitucional**.

Entretanto, os limites constitucionais e legais à fixação de despesas orçamentárias não excluem, contudo, a margem de liberdade que o governante possui para decidir onde e como alocar certos recursos para a concretização de políticas públicas que entenda prioritárias. Ao determinar, por exemplo, que um percentual mínimo das despesas seja realizado com educação ou saúde, a Constituição apenas fixa a área e o quantitativo, mas não o modo como esses montantes serão executados, cabendo ao governante fazê-lo por meio das políticas públicas que entenda mais convenientes e oportunas. Assim, cabe à esfera política decidir se tais recursos serão utilizados para a construção de escolas, hospitais, contratação de professores, profissionais de limpeza, aquisição de computadores, dentre outros.

Feitas estas considerações de fundo teórico, passemos à definição da despesa pública, a qual se manifesta de formas distintas quando da elaboração do PPA, da LDO e da LOA.

Isso porque, como sabemos, a Lei do Plano Plurianual é um instrumento de planejamento governamental que deve estabelecer, de forma regionalizada, diretrizes, objetivos e metas da administração pública para as despesas de capital e outras delas decorrentes, e para as relativas aos programas de duração continuada (art. 165, § 1º, da Constituição Federal). Por sua vez, a Lei de Diretrizes Orçamentárias orientará a elaboração orçamentária, compreendendo as prioridades e metas em consonância com o PPA, porém, referindo-se apenas ao exercício financeiro subsequente. Já a Lei Orçamentária Anual é o documento que apresenta os recursos que deverão ser mobilizados, no ano específico de sua vigência, para a execução das políticas públicas e do programa de trabalho do Governo, compreendendo o orçamento fiscal, o orçamento da seguridade social e o orçamento de investimento das estatais.

---

[33] MELLO, Celso Antônio Bandeira de. *Discricionariedade e controle jurisdicional*. 2. ed. São Paulo: Malheiros, 2006. p. 13.

[34] OLIVEIRA, Regis Fernandes de. *Curso de direito financeiro*. 6. ed. São Paulo: Revista dos Tribunais, 2014. p. 585-586.

Segundo a estrutura atual do orçamento público, este organiza-se em programas de trabalho que contêm informações qualitativas e quantitativas. O programa de trabalho, que define qualitativamente a programação orçamentária, deve responder, de maneira clara e objetiva, às perguntas clássicas que caracterizam o ato de orçar, sendo, do ponto de vista operacional, composto dos seguintes blocos de informação: classificação por esfera, classificação institucional, classificação funcional e estrutura programática.[35]

O art. 13 da Lei nº 4.320/1964 estabelece que a discriminação ou especificação da despesa por elementos, em cada unidade administrativa ou órgão de governo, obedecerá ao seguinte esquema: 1) **Despesas correntes**, divididas em: a) *Despesas de custeio*: Pessoal Civil, Pessoal Militar, Material de Consumo, Serviços de Terceiros e Encargos Diversos; b) *Transferências Correntes*: Subvenções Sociais, Subvenções Econômicas, Inativos, Pensionistas, Salário Família e Abono Familiar, Juros da Dívida Pública, Contribuições de Previdência Social e Diversas Transferências Correntes; 2) **Despesas de capital**, divididas em: a) *Investimentos*: Obras Públicas, Serviços em Regime de Programação Especial, Equipamentos e Instalações, Material Permanente, Participação em Constituição ou Aumento de Capital de Empresas ou Entidades Industriais ou Agrícolas; b) *Inversões Financeiras*: Aquisição de Imóveis, Participação em Constituição ou Aumento de Capital de Empresas ou Entidades Comerciais ou Financeiras, Aquisição de Títulos Representativos de Capital de Empresa em Funcionamento, Constituição de Fundos Rotativos, Concessão de Empréstimos, Diversas Inversões Financeiras; c) *Transferências de Capital*: Amortização da Dívida Pública, Auxílios para Obras Públicas, Auxílios para Equipamentos e Instalações, Auxílios para Inversões Financeiras, Outras Contribuições.

Por fim, um aspecto importantíssimo na definição da despesa pública nas leis orçamentárias é a análise dos programas e ações anteriormente estabelecidos, visando identificar o cumprimento das metas e o atingimento dos resultados pretendidos, assim como a atualização de novas políticas públicas a partir das necessidades emergentes, tanto para o curto como para o médio e longo prazo. Essa tarefa deve ser executada de maneira a estarem sempre alinhadas a LOA e a LDO com as previsões do PPA.

## 5.8. DESPESAS PÚBLICAS CONSTITUCIONAIS

Identificamos no texto Constitucional previsões como "*a saúde é direito de todos e dever do Estado*" (art. 196) e "*a educação, direito de todos e dever do Estado*" (art. 205). Esses são exemplos de que há despesas públicas que são constitucionalmente previstas, tendo, inclusive, em certos casos, o montante de recursos a ser aplicado fixado na própria norma constitucional, o que acaba por condicionar a elaboração do orçamento público.

A **saúde** possui no texto constitucional previsão específica de aplicação de recursos financeiros mínimos, como define o § 9º do art. 166 quanto à aplicação de 1,0% da Receita Corrente Líquida para emendas parlamentares em saúde (inserido pela Emenda Constitucional nº 86/2015 e alterado pela EC nº 126/2022), e os §§ 2º e 3º do art. 198, estabelecendo que a União, os Estados, o Distrito Federal e os Municípios aplicarão, anualmente, em ações e serviços públicos de saúde, recursos mínimos derivados da aplicação de percentuais calculados sobre: I – no caso da União, a receita corrente líquida do respectivo exercício financeiro, não podendo ser inferior a 15% (quinze por cento); II – no caso dos Estados e do Distrito Federal, o produto da arrecadação dos impostos a que se referem os arts. 155 e 156-A e dos recursos

---

[35] ABREU, Welles Matias de; GUIMARÃES, Daniela Rode. *Gestão do orçamento público*. Brasília: ENAP – Escola Nacional de Administração Pública, 2014. p. 41.

de que tratam os arts. 157 e 159, I, *a*, e II, deduzidas as parcelas que forem transferidas aos respectivos Municípios; III – no caso dos Municípios e do Distrito Federal, o produto da arrecadação dos impostos a que referem os arts. 156 e 156-A e dos recursos de que tratam os arts. 158 e 159, I, *b* e § 3º, sendo que uma Lei complementar, que será reavaliada pelo menos a cada cinco anos, estabelecerá: I – os percentuais de que tratam os incisos II e III do § 2º; II – os critérios de rateio dos recursos da União vinculados à saúde destinados aos Estados, ao Distrito Federal e aos Municípios, e dos Estados destinados a seus respectivos Municípios, objetivando a progressiva redução das disparidades regionais; III – as normas de fiscalização, avaliação e controle das despesas com saúde nas esferas federal, estadual, distrital e municipal.

Nos termos do art. 198, § 3º, da Constituição Federal e da Lei Complementar nº 141/2012, a União, anualmente, deverá destinar recursos para a área da saúde em montante correspondente ao valor empenhado no exercício financeiro anterior, apurado nos termos da LC nº 141/2012, acrescido de, no mínimo, o percentual correspondente à variação nominal do Produto Interno Bruto (PIB) ocorrida no ano anterior ao da LOA (art. 5º). Os Estados e o Distrito Federal, por sua vez, deverão, anualmente, destinar à saúde o percentual mínimo de 12% da arrecadação dos impostos e recursos referidos nos arts. 155, 157, inc. I, alínea *a*, e art. 159, inc. II, *caput*, da Constituição Federal, após dedução das transferências constitucionais devidas pelos Estados aos Municípios. Já os Municípios e o Distrito Federal devem destinar o percentual mínimo de 15% para a área de saúde da arrecadação de impostos e recursos a que se referem os arts. 156, 158 e 159, *caput*, inc. I, e § 3º, da Constituição Federal.

Assim como na área da saúde, a **educação** também possui destinação orçamentária mínima pelos entes federados, nos termos do art. 212 da Constituição Federal. Assim, anualmente, a União deverá destinar 18% e os Estados, o Distrito Federal e os Municípios, no mínimo 25%, das receitas resultantes de impostos, incluídas as provenientes de transferências legais ou constitucionais, para essa área.[36] Nos termos do § 5º do art. 212, a educação pública básica, além das receitas previstas para educação, será custeada, de modo adicional, pela contribuição social do salário-educação, recolhida pelas empresas na forma da lei.

Segundo o art. 212-A, CF/1988, os Estados, o Distrito Federal e os Municípios destinarão parte dos recursos a que se refere o art. 212 da Constituição à manutenção e ao desenvolvimento do ensino na educação básica e à remuneração condigna de seus profissionais. A distribuição desses recursos e de responsabilidades entre o Distrito Federal, os Estados e seus Municípios é assegurada mediante a instituição, no âmbito de cada Estado e do Distrito Federal, de um Fundo de Manutenção e Desenvolvimento da Educação Básica e de Valorização dos Profissionais da Educação (Fundeb), de natureza contábil.

A Constituição Federal buscou, ainda, fomentar a área da cultura, dispondo, no art. 216, § 6º, que Estados e o Distrito Federal poderão vincular, de modo facultativo, a fundo estadual de fomento à **cultura** até 0,5% (cinco décimos por cento) de sua receita tributária líquida, para o financiamento de programas e projetos culturais, vedada a aplicação desses recursos no pagamento de despesas com pessoal e encargos sociais, serviço da dívida e qualquer outra despesa corrente não vinculada diretamente aos investimentos ou ações apoiados. Ao contrário

---

[36] Registre-se que, nos termos do art. 119, ADCT (inserido pela EC nº 119/2022), em razão do estado de calamidade pública provocado pela pandemia da Covid-19, os Estados, o Distrito Federal, os Municípios e os agentes públicos desses entes federados não poderão ser responsabilizados administrativa, civil ou criminalmente pelo descumprimento, exclusivamente nos exercícios financeiros de 2020 e 2021, do disposto no caput do art. 212 da Constituição Federal (mínimo constitucional na área da educação). Contudo, o ente deverá complementar, até o exercício financeiro de 2023, a diferença a menor entre o valor aplicado e o valor mínimo exigível constitucionalmente para os exercícios de 2020 e 2021 (art. 119, parágrafo único, ADCT).

da educação e da saúde, conforme explicitado, a destinação mínima de recursos públicos à cultura não é obrigatória, sendo uma liberalidade dos entes federados.

Outrossim, com a redação dada pela EC nº 89/2015, o art. 42 do ADCT estabelece que, durante 40 (quarenta) anos, a União aplicará, dos recursos destinados à **irrigação**, 20% (vinte por cento) na Região Centro-Oeste e 50% (cinquenta por cento) na Região Nordeste, preferencialmente no semiárido, sendo que, desses percentuais, no mínimo 50% (cinquenta por cento) serão destinados a projetos de irrigação que beneficiem agricultores familiares que atendam aos requisitos previstos em legislação específica.

Na fase de elaboração e aprovação do projeto da lei orçamentária anual, o administrador público deverá fazer constar a destinação mínima de recursos para áreas de saúde e educação, nos termos da Constituição Federal. A fixação de despesas, nesses casos, é vinculada a um montante mínimo das receitas arrecadas, podendo, contudo, o gestor público estipular um percentual maior, se houver disponibilidade de recursos.

Mas há, ainda, outras previsões constitucionais que fixam obrigações estatais para o oferecimento de certos bens e serviços à sociedade, e que geram, por conseguinte, um direito subjetivo ao cidadão, que poderá, até mesmo, demandá-lo do Estado judicialmente. Por isso, na elaboração do orçamento público, o ente estatal deverá também levar em consideração a necessidade da realização dessas despesas.

São exemplos de previsões constitucionais de direitos e garantias exigíveis pelos cidadãos ou grupo de cidadãos em face do Estado, independentemente de previsão na LOA, os seguintes: **art. 6º**, que explicita os "direitos sociais a educação, a saúde, a alimentação, o trabalho, a moradia, o transporte, o lazer, a segurança, a previdência social, a proteção à maternidade e à infância, a assistência aos desamparados, na forma desta Constituição"; o **art. 194**, que traz o direito à seguridade social, nos seguintes termos: "a seguridade social compreende um conjunto integrado de ações de iniciativa dos Poderes Públicos e da sociedade, destinadas a assegurar os direitos relativos à saúde, à previdência e à assistência social"; o **art. 196**, que veicula o direito à saúde como um direito do cidadão e um dever do Estado; o **art. 204**, dispondo que "as ações governamentais na área da assistência social serão realizadas com recursos do orçamento da seguridade social"; os **arts. 205 e 208**, que disciplinam a educação como um direito de todos em face do Estado e da família, sob pena de responsabilização da autoridade competente, no caso do ensino obrigatório; o **art. 215**, versando sobre os direitos culturais como devendo ser garantidos pelo Estado; o **art. 217**, dispondo sobre o dever do Estado de fomento das atividades desportivas; e o **art. 225**, que explicita o direito de todos a um meio-ambiente equilibrado, dispondo que "todos têm direito ao meio ambiente ecologicamente equilibrado, bem de uso comum do povo e essencial à sadia qualidade de vida, impondo-se ao Poder Público e à coletividade o dever de defendê-lo e preservá-lo para as presentes e futuras gerações".

Os referidos dispositivos constitucionais representam verdadeiros *direitos* dos cidadãos e da coletividade em face do Estado e não somente meras diretrizes abstratamente consideradas ou normas programáticas. Em função da busca pela efetividade da Constituição, são, portanto, metas que devem ser concretizadas, sob pena de o Estado ser demandado judicialmente em caso de inércia ou omissão, como se pode ver no julgamento do RE 1.008.166[37] pelo STF:

> 1. A educação básica em todas as suas fases – educação infantil, ensino fundamental e ensino médio – constitui direito fundamental de todas as crianças e jovens, assegurado por normas constitucionais de eficácia plena e aplicabilidade direta e imediata. 2. A educação infantil compreende

---

[37]  STF. RE 1.008.166 (repercussão geral), Rel. Min. Luiz Fux, Pleno, julg. 22.09.2022.

creche (de zero a 3 anos) e a pré-escola (de 4 a 5 anos). Sua oferta pelo Poder Público pode ser exigida individualmente, como no caso examinado neste processo. 3. O Poder Público tem o dever jurídico de dar efetividade integral às normas constitucionais sobre acesso à educação básica.

Quando o texto constitucional dispõe sobre direitos e garantias fundamentais, cria-se um dever de atuação do Estado e um direito subjetivo para os cidadãos ou coletividade. Desse modo, em face de uma omissão do Poder Público em fixar despesas correspondentes a tais direitos essenciais, por exemplo, saúde e educação, poderia o Poder Judiciário ser demandado a compelir o Estado a fornecê-los, mesmo sem ter havido previsão orçamentária para tais despesas.

Esses direitos tornam-se prioridades impostas ao Poder Executivo na eleição e realização da despesa pública. Admitir a atual natureza não apenas política, mas também jurídica, da fixação de despesas permite um controle jurisdicional de tais atos. Se a omissão ou inércia do Poder Público na fixação de tais despesas violar os parâmetros constitucionais e legais, deixando de contemplar direitos fundamentais, em casos específicos, poderá o Poder Judiciário atuar supletivamente, compelindo a Administração Pública à prestação de determinado bem da vida que deveria ter sido fornecido e não o foi.

## 5.9. PARÂMETROS, LIMITES E TETO DAS DESPESAS PÚBLICAS

Não é apenas o montante total estimado de receitas públicas que limitará e condicionará a soma – global e individual – das despesas públicas que serão definidas no orçamento. Há algumas regras condicionantes e limitadoras dos valores que decorrem tanto de previsão legal como de foro constitucional.

A primeira regra básica decorre da ideia de que não se podem vincular despesas fixas e constantes a receitas variáveis e eventuais, sob pena de haver desequilíbrio nas contas públicas e o consequente *déficit* fiscal orçamentário. A previsibilidade fiscal indica que as receitas ordinárias, que são certas e minimamente variáveis, devem financiar as despesas ordinárias, igualmente constantes.

Quando da elaboração do orçamento público, deve-se, antes de fixar as despesas, ter-se uma real estimativa das receitas disponíveis para custeio dos gastos estatais, de modo a se ter uma previsibilidade de receitas. Por isso, da perspectiva do equilíbrio das contas públicas, é inadequado valer-se de receitas extraordinárias (eventuais e imprevisíveis) para realizar o cálculo orçamentário das despesas fixas e correntes. Desse modo, seria incabível, por exemplo, relacionar as receitas provenientes de *royalties* de petróleo (preços variáveis e flutuantes) ao pagamento de despesas correntes com pessoal, que são estáveis e, por vezes, até crescentes.

A mesma lógica se aplica às operações de crédito (dívida pública), que devem se limitar ao financiamento das despesas de capital (por exemplo, investimentos e obras públicas), não podendo ser ordinariamente utilizada esta fonte para custear despesas correntes, de custeio ou de funcionamento da máquina administrativa. Aqui estamos diante da denominada "**regra de ouro fiscal**", prevista no art. 167, inc. III, da Constituição Federal de 1988, que diz:

> Art. 167. São vedados: [...]
>
> III – a realização de operações de créditos que excedam o montante das despesas de capital, ressalvadas as autorizadas mediante créditos suplementares ou especiais com finalidade precisa, aprovados pelo Poder Legislativo por maioria absoluta;[38]

---

[38] Registre-se que, durante a vigência do estado de calamidade pública nacional por força da pandemia da COVID-19, essa regra constitucional sofreu mitigações, tal como o que dispôs a EC nº 106/2020 no seu

PARTE II · Cap. V · ELABORAÇÃO DO ORÇAMENTO PÚBLICO **165**

O respectivo dispositivo constitucional versa sobre o princípio do equilíbrio das contas públicas em sentido material. Ou seja, não basta que as receitas e despesas sejam quantitativamente equivalentes, sendo necessário que, qualitativamente, as operações de crédito não sejam superiores às despesas de capital realizadas. Há uma preocupação com a relação entre a natureza do gasto e da receita que irá custeá-lo. Objetiva-se, com isso, evitar a constituição de dívidas públicas para custeio de despesas correntes, como o pagamento de pessoal, por exemplo.

O postulado da sustentabilidade financeira da dívida pública (art. 163, VIII) também é outro fator de limitação de gastos e de operações de créditos, uma vez que tal princípio tem como parâmetros a trajetória de convergência do montante da dívida com os limites definidos em legislação, e a adoção de medidas de ajuste, suspensões e vedações.

Além do equilíbrio material, há observância também do *princípio da equidade intergeracional,* que visa prevenir que gerações futuras precisem suportar o ônus de dívidas contraídas no presente, sem nenhum benefício decorrente desse endividamento. Quando a dívida pública custeia despesas de capital, a exemplo de investimentos em rodovias, ao menos se está deixando um legado para a posteridade.

Observando o disposto no art. 169 da Constituição Federal, a Lei de Responsabilidade Fiscal (LC nº 101/2000), em seus arts. 18 a 20, dispõe sobre a limitação do teto de gastos com despesas de pessoal, incluindo ativos, inativos e pensionistas de todas as esferas federativas e poderes.

A despesa total com pessoal será apurada somando-se a realizada no mês em referência com as dos 11 (onze) imediatamente anteriores, adotando-se o regime de competência, independentemente de empenho (art. 18, § 2º, LRF). Para a apuração da despesa total com pessoal, será observada a remuneração bruta do servidor, sem qualquer dedução ou retenção, ressalvada a redução para atendimento ao disposto no art. 37, inc. XI, da Constituição Federal (art. 18, § 3º, LRF).

A **despesa total com pessoal** (limites globais), não se computando aquelas excetuadas no § 1º do art. 19, em cada período de apuração e em cada ente da Federação, não poderá exceder os percentuais da **receita corrente líquida**, conforme os a seguir discriminados: I – **União: 50%** (cinquenta por cento); II – **Estados: 60%** (sessenta por cento); III – **Municípios: 60%** (sessenta por cento).

A repartição dos limites globais anteriormente citados não poderá exceder os seguintes percentuais de **limites por poder, órgão e ente federativo** (art. 20, LRF): I – na esfera federal: a) 2,5% (dois inteiros e cinco décimos por cento) para o Legislativo, incluído o Tribunal de Contas da União; b) 6% (seis por cento) para o Judiciário; c) 40,9% (quarenta inteiros e nove décimos por cento) para o Executivo; d) 0,6% (seis décimos por cento) para o Ministério Público da União; II – na esfera estadual: a) 3% (três por cento) para o Legislativo, incluído o Tribunal de Contas do Estado; b) 6% (seis por cento) para o Judiciário; c) 49% (quarenta e nove por cento) para o Executivo; d) 2% (dois por cento) para o Ministério Público dos Estados; III – na esfera municipal: a) 6% (seis por cento) para o Legislativo, incluído o Tribunal de Contas do Município, quando houver; b) 54% (cinquenta e quatro por cento) para o Executivo.

---

art. 4º: "Será dispensada, durante a integralidade do exercício financeiro em que vigore a calamidade pública nacional de que trata o art. 1º desta Emenda Constitucional, a observância do inciso III do caput do art. 167 da Constituição Federal". Essa norma deu origem ao art. 167-E da Constituição. Por sua vez, a EC nº 123/2022 previu, para o ano de 2022, o estado de emergência decorrente da elevação extraordinária e imprevisível dos preços do petróleo, combustíveis e seus derivados e dos impactos sociais dela decorrentes, trazendo consigo algumas flexibilizações e dispensas do cumprimento de limitações legais.

Além de fixar o limite máximo para realização de despesas com pagamento de pessoal ativo e inativo, a LRF, em seu art. 30, também dispõe sobre a necessidade de fixação de teto de gastos para o endividamento público e contratação de operações de crédito para todos os entes federados. O respectivo teto de gastos foi disciplinado pelas Resoluções 40/2001, 43/2001 e 48/2007, expedidas pelo Senado Federal. As Resoluções 40/2001 e 43/2001 versam sobre os limites globais da dívida pública consolidada e da dívida pública mobiliária e das operações de crédito interno e externo dos Estados, Distrito Federal e Municípios. Já a Resolução 48/2007 traz o limite de gastos globais no âmbito da União, autarquias e demais entidades federais para a contratação de operações de crédito.

Assim, segundo a **Resolução nº 40/2001** do Senado Federal, a dívida consolidada líquida dos Estados, do Distrito Federal e dos Municípios, ao final do ano de 2016, não poderá exceder, respectivamente: I) no caso dos Estados e do Distrito Federal, a 2 (duas) vezes a receita corrente líquida; II) no caso dos Municípios a 1,2 (um inteiro e dois décimos) vezes a receita corrente líquida.

Conforme a **Resolução nº 43/2001** do Senado Federal, as operações de crédito interno e externo dos Estados, do Distrito Federal, dos Municípios observarão, ainda, os seguintes limites: I – o montante global das operações realizadas em um exercício financeiro não poderá ser superior a 16% (dezesseis por cento) da receita corrente líquida; II – o comprometimento anual com amortizações, juros e demais encargos da dívida consolidada, inclusive relativos a valores a desembolsar de operações de crédito já contratadas e a contratar, não poderá exceder a 11,5% (onze inteiros e cinco décimos por cento) da receita corrente líquida; III – o montante da dívida consolidada não poderá exceder o teto estabelecido pelo Senado Federal, conforme o disposto pela Resolução que fixa o limite global para o montante da dívida consolidada dos Estados, do Distrito Federal e dos Municípios.

E a **Resolução nº 48/2007** do Senado Federal dispôs sobre os limites globais para as operações de crédito externo e interno da União, de suas autarquias e demais entidades controladas pelo Poder Público federal (os quais não poderão ser superiores a 60% da Receita Corrente Líquida), bem como estabeleceu limites e condições para a concessão de garantia da União em operações de crédito externo e interno.

A elaboração do orçamento também devia atentar para o limite de gastos estabelecido pela Emenda Constitucional nº 95/2016, editada para enfrentar grave crise fiscal pela qual o Brasil passava, visando à retomada do crescimento econômico e à recondução da situação financeira ao equilíbrio fiscal sustentável. Pela inclusão dos arts. 106 a 114 no ADCT, a referida Emenda instituiu o "**Regime do Teto dos Gastos Públicos**", que deveria ser observado ao longo de 20 (vinte) exercícios financeiros por todos os Poderes e órgãos autônomos da União quando da elaboração do orçamento, limitando a despesa primária total de cada ano, corrigida apenas pela variação do Índice Nacional de Preços ao Consumidor Amplo - IPCA, com exceção daquelas despesas relativas à dívida pública. Portanto, enquanto estava em vigor o regime, não seria possível realizar crescimento real dos gastos públicos em âmbito federal e a despesa de cada ano deve se limitar às despesas do ano anterior, apenas corrigidas pela inflação, e assim por diante nos anos sucessivos.

Ocorre que aquele regime do teto de gastos, por não ter atingido os objetivos pretendidos, acabou sendo revogado pela EC nº 126/2022, tendo sido substituído pelo "**Novo Arcabouço Fiscal**" instituído pela EC nº 126/2022 e regulamentado pela Lei Complementar nº 200/2023.

Enquanto o "teto de gastos" limitava o crescimento das despesas anuais do governo federal apenas com base no índice oficial de variação da inflação do ano anterior (não havendo crescimento real das despesas públicas), as regras do novo "arcabouço fiscal" estabelecem que as despesas podem crescer acima da inflação, desde que haja efetivo aumento na arrecadação, sendo que o seu montante deverá estar sempre abaixo do valor de receitas efetivamente recebidas, garantindo um resultado fiscal anual positivo (superávit fiscal), necessário para obter almejada sustentabilidade financeira e, consequentemente, reduzir paulatinamente o montante da dívida pública.

Além de impor limites ao crescimento da despesa e a adequada gestão das receitas, estabelece a necessidade de se conduzir a política fiscal com a adoção de medidas preventivas e corretivas para evitar a insustentabilidade intertemporal das contas públicas. Ou seja, afora tratar-se de uma regra que atingirá e influenciará a gestão de vários anos à frente (e governos subsequentes), talvez este seja o primeiro passo para ir ao encontro da almejada equidade intergeracional fiscal.

Para atingir tal objetivo, a fixação de metas fiscais superavitárias é, segundo a LC nº 200/2023, a chave mestra para se garantir a sustentabilidade financeira. O que a lei intitula como "metas fiscais compatíveis com a sustentabilidade da dívida" encontra-se previsto no § 1º do seu art. 2º, que expressamente esclarece que se considera compatível com a sustentabilidade da dívida pública o estabelecimento de metas de resultados primários, nos termos das leis de diretrizes orçamentárias, até a estabilização da relação entre a Dívida Bruta do Governo Geral (DBGG) e o Produto Interno Bruto (PIB).

Outro importante mecanismo adotado pela LC nº 200/2023 é a limitação de despesas por órgão e poder. Nesse aspecto, a lei impõe para aos Poderes Executivo, Judiciário e Legislativo federais, ao Ministério Público da União e à Defensoria da União, limites individualizados para o montante global das dotações orçamentárias relativas às respectivas despesas primárias, tendo como base as dotações previstas na Lei Orçamentária Anual de 2023 (Lei nº 14.535/2023), incluindo-se créditos especiais e suplementares vigentes no exercício, as quais deverão ser corrigidas a cada exercício pela variação acumulada do Índice Nacional de Preços ao Consumidor Amplo (IPCA), ou de outro índice que vier a substituí-lo, acrescidos da variação real da despesa, calculada conforme a disciplina estabelecida na própria LC nº 200/2023. E esse mesmo dispositivo (art. 3º) elencou uma série de despesas as quais foram excluídas da respectiva base de cálculo.

O ponto central da lei – crescimento real das despesas – está contido no art. 5º, que estabelece que a variação real dos limites de despesa primária será cumulativa e ficará limitada, em relação à variação real da receita primária, nas seguintes proporções: I – 70% (setenta por cento), caso a meta de resultado primário apurada no exercício anterior ao da elaboração da lei orçamentária anual tenha sido cumprida; ou II – 50% (cinquenta por cento), caso a meta de resultado primário apurada no exercício anterior ao da elaboração da lei orçamentária anual não tenha sido cumprida. Outrossim, o crescimento real dos limites da despesa primária não será inferior a 0,6% ao ano e nem superior a 2,5% ao ano.

Noutras palavras, as despesas públicas poderão crescer acima da variação oficial da inflação, mas dentro de uma faixa que vai de 0,6% a 2,5% de crescimento real ao ano. Assim, se as contas públicas estiverem dentro da meta fiscal estabelecida, o aumento do montante dos gastos públicos terá um limite de 70% do crescimento das receitas primárias, ao passo que se o resultado primário ficar abaixo da meta estipulada, o limite para os gastos cai para 50% do crescimento da receita pública.

Por sua vez, as limitações de gastos para Estados, Distrito Federal e Municípios foram introduzidas pela EC nº 109/2021, por meio do art. 167-A, que apresenta instrumentos a permitir que os entes da Federação possam limitar despesas públicas quando o aumento de despesas correntes se aproximar do volume total das receitas correntes.

Tal norma prevê que, apurando-se, no período de 12 meses, que a relação entre despesas correntes e receitas correntes supera 95%, no âmbito dos Estados, do Distrito Federal e dos Municípios, é facultado aos Poderes Executivo, Legislativo e Judiciário, ao Ministério Público, ao Tribunal de Contas e à Defensoria Pública do ente, enquanto permanecer a situação, aplicar o mecanismo de ajuste fiscal de vedação da: I – concessão, a qualquer título, de vantagem, aumento, reajuste ou adequação de remuneração de membros de Poder ou de órgão, de servidores e empregados públicos e de militares, exceto dos derivados de sentença judicial transitada em julgado ou de determinação legal anterior ao início da aplicação das medidas de que trata este artigo; II – criação de cargo, emprego ou função que implique aumento de despesa; III – alteração de estrutura de carreira que implique aumento de despesa; IV – admissão ou contratação de pessoal, a qualquer título, ressalvadas: a) as reposições de cargos de chefia e de direção que não acarretem aumento de despesa; b) as reposições decorrentes de vacâncias de cargos efetivos ou vitalícios; c) as contratações temporárias de que trata o inc. IX do *caput* do art. 37 desta Constituição; e d) as reposições de temporários para prestação de serviço militar e de alunos de órgãos de formação de militares; V – realização de concurso público, exceto para as reposições de vacâncias previstas no inc. IV deste *caput*; VI – criação ou majoração de auxílios, vantagens, bônus, abonos, verbas de representação ou benefícios de qualquer natureza, inclusive os de cunho indenizatório, em favor de membros de Poder, do Ministério Público ou da Defensoria Pública e de servidores e empregados públicos e de militares, ou ainda de seus dependentes, exceto quando derivados de sentença judicial transitada em julgado ou de determinação legal anterior ao início da aplicação das medidas de que trata este artigo; VII – criação de despesa obrigatória; VIII – adoção de medida que implique reajuste de despesa obrigatória acima da variação da inflação, observada a preservação do poder aquisitivo referida no inc. IV do *caput* do art. 7º da Constituição; IX – criação ou expansão de programas e linhas de financiamento, bem como remissão, renegociação ou refinanciamento de dívidas que impliquem ampliação das despesas com subsídios e subvenções; X – concessão ou ampliação de incentivo ou benefício de natureza tributária.

Apurado que a despesa corrente supera 85% da receita corrente, sem exceder o percentual mencionado no *caput* do art. 167-A, as medidas nele indicadas podem ser, no todo ou em parte, implementadas por atos do chefe do Poder Executivo com vigência imediata, facultado aos demais Poderes e órgãos autônomos implementá-las em seus respectivos âmbitos. Esses atos devem ser submetidos, em regime de urgência, à apreciação do Poder Legislativo, perdendo a eficácia (mas reconhecida a validade dos atos praticados na sua vigência) quando: I – rejeitado pelo Poder Legislativo; II – transcorrido o prazo de 180 (cento e oitenta) dias sem que se ultime a sua apreciação; ou III – apurado que não mais se verifica a hipótese de superação do limite de 85%, mesmo após a sua aprovação pelo Poder Legislativo. A apuração deve ser realizada bimestralmente (art. 167-A, §§ 1º a 4º).

Todavia, caso ultrapassado o limite de 95% previsto no art. 167-A, *caput*, até que todas as medidas nele previstas tenham sido adotadas por todos os Poderes e órgãos nele mencionados, de acordo com declaração do respectivo Tribunal de Contas, fica vedada: I – a concessão, por qualquer outro ente da Federação, de garantias ao ente envolvido; II – a tomada de operação de crédito por parte do ente envolvido com outro ente da Federação, diretamente ou por intermédio de seus fundos, autarquias, fundações ou empresas estatais dependentes, ainda que sob a forma de novação, refinanciamento ou postergação de dívida contraída anteriormente, ressalvados os financiamentos destinados a projetos específicos celebrados na forma de operações típicas das agências financeiras oficiais de fomento (art. 167-A, § 6º).

Deve-se ressaltar aqui a distinção entre o previsto no art. 167-A, *caput* e seu § 6º. No *caput*, a Lei Maior apenas *faculta* (não obriga) a Estados, Distrito Federal e Municípios tomar

PARTE II · Cap. V · ELABORAÇÃO DO ORÇAMENTO PÚBLICO | 169

as medidas previstas no *caput*. Já no § 6º existe uma obrigatoriedade, pois fica determinado que o ente federado que optar por não tomar tais medidas (quando a relação entre despesas correntes e receitas correntes superar 95%) ficará obrigatoriamente impedido de receber garantia de outro ente e de tomar operações de crédito com outro ente.

Ao encerrar esta seção, não podemos deixar de registrar uma preocupação quanto a qualquer limitação de gastos que possa colocar em risco a efetividade dos direitos sociais e fundamentais.

## 5.10. RENÚNCIAS DE RECEITAS

A renúncia de receita tem sempre um impacto orçamentário, tanto no exercício financeiro em que é concedida quanto nos orçamentos subsequentes, uma vez que a redução na arrecadação dela decorrente tem o efeito financeiro de um gasto. Ocorre aqui uma subtração de recursos que poderiam estar disponíveis e serem aplicados em bens e serviços públicos. A expressão inglesa mais comumente usada para tais benefícios é *"tax expenditure"*, que pode ser traduzida por despesa ou gasto tributário. Por esta razão, deve ser sempre considerada na execução como na elaboração dos orçamentos.

A Lei de Responsabilidade Fiscal (LC nº 101/2000) trata as **renúncias de receitas** com abordagem similar àquela dada às despesas públicas. A fim de garantir mais transparência, racionalidade e controle de tais renúncias, a LC nº 101/2000, em seu art. 14, *caput*, estabeleceu que a concessão ou ampliação de incentivo ou benefício de natureza tributária da qual decorra renúncia de receita deverá estar acompanhada de estimativa do impacto orçamentário-financeiro no exercício em que deva iniciar sua vigência e nos dois seguintes, atender ao disposto na lei de diretrizes orçamentárias e a pelo menos uma das seguintes condições: I – demonstração pelo proponente de que a renúncia foi considerada na estimativa de receita da lei orçamentária, e de que não afetará as metas de resultados fiscais previstas no anexo próprio da lei de diretrizes orçamentárias; II – estar acompanhada de medidas de compensação, no exercício em que deva iniciar sua vigência e nos dois seguintes, por meio do aumento de receita, proveniente da elevação de alíquotas, ampliação da base de cálculo, majoração ou criação de tributo ou contribuição.

A exigência de se prever o impacto das renúncias fiscais encontra guarida na própria Constituição, uma vez que o seu art. 165, § 6º, dispõe que o projeto de lei orçamentária será acompanhado de demonstrativo regionalizado do efeito sobre as receitas e despesas, decorrente de isenções, anistias, remissões, subsídios e benefícios de natureza financeira, tributária e creditícia. No mesmo sentido, o art. 113 do ADCT dispõe que a proposição legislativa que crie ou altere despesa obrigatória ou renúncia de receita deverá ser acompanhada da estimativa do seu impacto orçamentário e financeiro.

A LC nº 101/2000, contudo, veicula duas exceções em que as regras de renúncia de receitas do art. 14 da LRF não se aplicam: I – quando se está diante de alterações das alíquotas dos impostos previstos nos incisos I, II, IV e V do art. 153 da Constituição, na forma do seu § 1º (II, IE, IPI e IOF); II – quando do cancelamento de débito cujo montante seja inferior ao dos respectivos custos de cobrança (art. 14, § 3º, LRF).

Dada a função extrafiscal do Imposto de Importação (II), Imposto de Exportação (IE), Imposto sobre Produtos Industrializados (IPI) e Imposto sobre Operações Financeiras (IOF), o art. 153, § 1º, CF/1988 faculta ao Poder Executivo, por ato normativo infralegal (*e.g.*, um Decreto do Presidente da República), alterar as alíquotas de tais impostos. Caso não houvesse essa celeridade na alteração de alíquotas, a função extrafiscal restaria comprometida.

Tampouco seria possível com rapidez exigir os requisitos previstos no art. 14, *caput*, da LRF, ainda que a redução de alíquota desses impostos efetivamente diminua os recursos recolhidos aos cofres federais.

Já a exceção do cancelamento de débito cujo montante seja inferior ao dos respectivos custos de cobrança segue uma lógica clara: seria antieconômico gastar mais para cobrar certa receita pública do que o próprio valor a ser arrecadado.[39]

O art. 14, § 1º, da LRF, por sua vez, indica quais são os institutos jurídicos considerados como renúncia de receita para os fins desta lei: anistia, remissão, subsídio, crédito presumido, concessão de isenção em caráter não geral, alteração de alíquota ou modificação de base de cálculo que implique redução discriminada de tributos ou contribuições, e outros benefícios que correspondam a tratamento diferenciado.

A **isenção** pode ser conceituada classicamente como uma dispensa legal do pagamento de tributo devido, ou, em doutrina mais contemporânea, como fator impeditivo previsto em lei do nascimento da obrigação tributária ao subtrair fato, ato ou pessoa da hipótese de incidência da norma impositiva.[40] A lei específica que dispensa o pagamento do tributo tem como fundamento interesse social ou econômico relevante.

Ressalte-se, contudo, que somente se submete às exigências do art. 14, *caput*, da LRF a isenção concedida em *caráter não geral*, isto é, aquela efetivada, em cada caso, por despacho da autoridade administrativa, em requerimento com o qual o interessado faça prova do preenchimento das condições e do cumprimento dos requisitos previstos em lei para sua concessão (art. 179, CTN).

A **anistia** é o perdão legal da infração cometida e respectiva multa ainda não aplicada, desobrigando o sujeito passivo do pagamento de penalidades (não deve ser confundida com a *remissão*, que é o perdão do pagamento do valor da obrigação principal). A anistia abrange exclusivamente as infrações cometidas anteriormente à vigência da lei que a concede, não se aplicando aos atos qualificados em lei como crimes ou contravenções e aos que, mesmo sem essa qualificação, sejam praticados com dolo, fraude ou simulação pelo sujeito passivo ou por terceiro em benefício daquele, e nem às infrações resultantes de conluio entre duas ou mais pessoas naturais ou jurídicas (art. 180, CTN). É atualmente utilizada como forma de estimular o pagamento de dívidas e recuperação de créditos, dispensando de multa o devedor que desejar realizar o pagamento de seus débitos para com a Fazenda Pública.

A **remissão** é o perdão legal (total ou parcial) da dívida fiscal propriamente dita, podendo ser concedida em caráter geral ou por despacho fundamentado da autoridade administrativa, atendendo à situação econômica do sujeito passivo; ao erro ou ignorância

---

[39] A Lei Complementar nº 208, de 2 de julho de 2024, visando contornar a questão dos altos custos para os entes federados da cobrança de certas receitas públicas, inseriu o art. 39-A na Lei nº 4.320/1964. Nesse novo dispositivo, passou-se a prever que a "União, o Estado, o Distrito Federal ou o Município poderá ceder onerosamente, nos termos desta Lei e de lei específica que o autorize, direitos originados de créditos tributários e não tributários, inclusive quando inscritos em dívida ativa, a pessoas jurídicas de direito privado ou a fundos de investimento regulamentados pela Comissão de Valores Mobiliários (CVM)". Assim, a iniciativa privada poderá se tornar credora dos devedores das Fazendas Públicas, pela via da cessão onerosa de créditos de origem pública, passando a ser ela a responsável por tal cobrança e liberando os entes federados não apenas dos custos de cobrança, mas também do percentual de insucesso sempre presente na arrecadação das receitas públicas.

[40] COÊLHO, Sacha Calmon Navarro. *Curso de direito tributário brasileiro*. 15. ed. Rio de Janeiro: Forense, 2016. p. 765.

escusáveis do sujeito passivo, quanto a matéria de fato; à diminuta importância do crédito tributário; a considerações de equidade, em relação às características pessoais ou materiais do caso; ou às condições peculiares a determinada região do território da entidade tributante (art. 172, CTN).

O **subsídio** (do latim *subsidium*, significando auxílio ou reforço) é uma espécie de subvenção, incentivo financeiro ou auxílio econômico ofertado pelo Estado a pessoas privadas com fins de fomento, intervenção econômica ou promoção de políticas públicas relevantes, sem que haja necessidade, por parte do beneficiário, de reembolso dos valores recebidos. Um exemplo clássico é a oferta de subsídios financeiros para setores produtivos, com vistas a diminuir os preços de produtos e serviços oferecidos aos consumidores finais. Em sentido próprio, não configura renúncia de receita, mas sim despesa pública, uma vez que recursos são efetivamente transferidos do erário para os particulares beneficiados.

O **crédito presumido** (também chamado *crédito outorgado*) configura benefício fiscal previsto em lei de reconhecimento ao contribuinte de um crédito em face da Fazenda Pública, a ser fruído por meio de compensação ou restituição tributária, equivalente a uma parte ou total do valor do próprio tributo a ser apurado, incidente sobre determinadas operações. Constitui forma indireta de redução do tributo a ser pago, sendo comum este mecanismo nos chamados impostos indiretos, tal como o ICMS.

A **redução de alíquota** ou de **base de cálculo** constitui uma alteração para menor em elementos do aspecto quantitativo do fato gerador de tributos, ocasionando uma diminuição do valor final do tributo devido, seja pela redução do valor da base de cálculo, seja pela redução da alíquota incidente sobre a base de cálculo.

O objetivo da implementação de tais benefícios fiscais é que as renúncias de receita ou gastos realizados se traduzam em condutas dos beneficiados que resultem em ganhos esperados para a coletividade.

Contudo, um questionamento subsiste: será que todos esses benefícios fiscais cumprem adequadamente o seu papel e oferecem à sociedade brasileira o retorno pretendido? Ou seria melhor o próprio Estado aplicá-los diretamente e destinar tais recursos ao objetivo final?

A situação se torna delicada quando estamos diante de renúncias fiscais concedidas por Estados-membros e que acabam gerando uma indesejável guerra fiscal ao tentarem atrair para o seu território empresas e empreendimentos por meio de desonerações tributárias e créditos financeiros, fenômeno conhecido como "guerra fiscal".

Apesar do ganho político gerado na propaganda positiva em favor do administrador público que "ganha" o duelo fiscal, com argumentos que vão desde aumento de empregos, desenvolvimento local, incremento da arrecadação futura e desconcentração industrial, as críticas à guerra fiscal são inúmeras e de diversas ordens e naturezas.

Em primeiro lugar, deve-se reconhecer que, apesar de um ente se beneficiar no curto prazo com o redirecionamento do empreendimento ao seu território em detrimento do outro – o que, por si só, já não é algo efetivamente eficiente, a partir de uma visão global –, a federação como um todo é que perde, não apenas pela desarmonia federativa, mas também pela privação dos recursos financeiros renunciados. Além disso, sempre existe o risco de tal prática ser banalizada, com o aumento desenfreado da concessão de tais benefícios, levando à sua ineficácia e a uma diminuição geral da arrecadação tributária.

Ademais, não há comprovação quantitativa de que os resultados dos investimentos alocados após o redirecionamento do empreendimento sejam superiores ao valor das renúncias concedidas, deixando dúvidas se a aplicação direta dos recursos abdicados geraria maior benefício para aquela sociedade em vez da concessão dos estímulos. Indo além, não se leva em consideração o impacto que o desenvolvimento daquele local trará, como aumento de população e de necessidade de prestação de serviços públicos de toda sorte, gerando com isso maiores despesas por parte do ente estatal.

E, em uma nação com agudas desigualdades regionais, a guerra fiscal amplia o desequilíbrio fiscal entre os entes federados, já que Estados e Municípios mais desenvolvidos não apenas logram ofertar melhores benefícios, mas também conseguem suportar por períodos mais longos a ausência de arrecadação decorrente das renúncias fiscais, arregimentando para si mais investimentos e causando prejuízo aos entes federados menos desenvolvidos.

Assim, nunca será demais a criação de novos instrumentos e mecanismos de controle das contas públicas, sobretudo no caso de concessão de subsídios do Estado ao particular, já que não é incomum deixar de identificar se a política pública financiada pela desoneração fiscal atingiu o seu objetivo final, o que eventualmente pode acarretar um gasto ao erário sem a respectiva contrapartida, sendo a sociedade e o cidadão os grandes perdedores deste jogo.

Por fim, importante registrar que a "Reforma Tributária" introduzida pela EC nº 132/2023 estabeleceu uma ampla restrição à concessão de benefícios fiscais, ao dispor no inc. X do § 1º do art. 156-A que o novo Imposto sobre Bens e Consumo (IBS) não será objeto de concessão de incentivos e benefícios financeiros ou fiscais relativos ao imposto ou de regimes específicos, diferenciados ou favorecidos de tributação, excetuadas as hipóteses previstas na própria Constituição.

## 5.11. PRAZOS ORÇAMENTÁRIOS

Em relação às leis orçamentárias federais, os principais prazos estão previstos na Constituição Federal de 1988. Já quanto aos Estados, Distrito Federal e Municípios, é comum que sigam os mesmos prazos. Contudo, de forma a respeitar a autonomia legislativa de cada ente, as matérias orçamentárias de natureza secundária podem ser por eles alteradas, tal como a liberdade para, em sua legislação local (Constituições Estaduais e Leis Orgânicas), fixar outros prazos de encaminhamento das propostas legislativas orçamentárias ao Legislativo diferentes daqueles previstos na Constituição Federal para as leis orçamentárias federais.

Isso ocorre sobretudo em função de o art. 165, § 9º, CF/1988 determinar que será a lei complementar a regulamentar sobre "o exercício financeiro, a vigência, os prazos, a elaboração e a organização do plano plurianual, da lei de diretrizes orçamentárias e da lei orçamentária anual". Contudo, na ausência de uma lei complementar de caráter nacional fixando prazos para todos os entes, estes conservam a competência plena para estabelecer os prazos de tramitação das leis orçamentárias locais (ADI 4.629[41]).

---

[41] STF. ADI 4.629, Rel. Min. Alexandre de Moraes, Pleno, julg. 20.09.2019, DJe 03.10.2019: "1. O legislador constituinte deixou a cargo da lei complementar a regulamentação sobre 'o exercício financeiro, a vigência, os prazos, a elaboração e a organização do plano plurianual, da lei de diretrizes orçamentárias e da lei orçamentária anual' (CF, art. 165, § 9º). No plano federal, enquanto não editadas as normas gerais, aplica-se o disposto no art. 35, § 2º, I, II e III, do ADCT. 2. O art. 35, § 2º, I, do ADCT dispõe que a lei do plano plurianual tem vigência até 'o final do primeiro exercício financeiro do mandato presidencial subsequente', com início no segundo ano de mandato. Assim, no ano em que for editado o PPA, a Lei de Diretrizes Orçamentárias deve ser compatível com o plano então vigente (CF, art. 166, § 4º). 3. No caso

PARTE II · Cap. V · ELABORAÇÃO DO ORÇAMENTO PÚBLICO | **173**

Primeiramente, em relação aos **prazos de vigência**, temos que a Lei do Plano Plurianual (PPA) tem duração de quatro anos, iniciando-se no primeiro dia do exercício do segundo ano de cada mandato executivo; ao passo que a Lei de Diretrizes Orçamentárias (LDO) e a Lei Orçamentária Anual são leis de duração de um ano, vigentes ao longo de todo o exercício financeiro.

Por sua vez, como **prazos de encaminhamento**, por parte do Poder Executivo da União, de suas propostas orçamentárias ao Poder Legislativo, temos: até 31 de agosto de cada ano para o encaminhamento das propostas de Lei Orçamentária Anual e da Lei do Plano Plurianual; e até 15 de abril de cada ano para o encaminhamento da proposta da Lei de Diretrizes Orçamentárias.

Já a **data limite** para o Poder Legislativo da União votar os projetos de leis orçamentárias e devolvê-las para sanção e início de vigência são: 22 de dezembro para a lei orçamentária anual e para a lei do plano plurianual; 17 de julho para a lei de diretrizes orçamentárias.[42]

O Decreto de Programação Orçamentária, também conhecido como "decreto de contingenciamento", deve ser publicado em até 30 dias após a edição da lei orçamentária anual.

O Relatório Resumido da Execução Orçamentária (RREO), que deve ser publicado até trinta dias após o encerramento de cada bimestre, será apresentado nos meses de março, maio, julho, setembro e novembro. Por sua vez, o Relatório de Gestão Fiscal (RGF), emitido ao final de cada quadrimestre, será apresentado até o fim de abril, agosto e dezembro. Mas é facultado aos Municípios com população inferior a cinquenta mil habitantes optar por apresentá-los em até trinta dias após o final de cada semestre.

## 5.12. PROCESSO LEGISLATIVO DAS LEIS ORÇAMENTÁRIAS

A Constituição traz não apenas os três tipos de leis orçamentárias (PPA, LDO e LOA), suas funções e atributos, mas também o rito procedimental necessário à sua elaboração, votação e aprovação.

A Lei Maior trata apenas acerca da tríade orçamentária na esfera federal, pois visa preservar a autonomia dos demais entes federados para, em matérias secundárias, dispor de modo diverso.

Mas, em geral, os entes subnacionais costumam seguir as disposições constitucionais previstas para as leis orçamentárias da União, inclusive em matérias não essenciais, até mesmo como forma de evitar a discussão judicial se certa norma orçamentária constitucional é ou não de observância obrigatória por força do princípio da simetria.

Assim, nas partes em que, na Constituição Federal, se faz menção ao Presidente da República ou ao chefe do Poder Executivo, deve-se, por simetria, entender por compreendidos

---

da Emenda Constitucional 59/2011 do Estado do Rio Grande do Sul, o legislador estadual manteve a mesma sistemática aplicada à União, embora com prazos próprios de tramitação das leis orçamentárias. Respeito ao Princípio da Simetria. 4. Além disso, no tocante à distribuição de competências, a Constituição Federal instituiu um 'condomínio legislativo' entre a União e os Estados-Membros, cabendo à primeira a edição de normas gerais sobre as matérias elencadas no art. 24 da CF. 5. Competência legislativa plena dos Estados-Membros quando inexistente norma federal a estabelecer normatização de caráter geral (CF, art. 24, § 3º). 6. Ação Direta julgada improcedente".

[42] Caso o Projeto de LOA não seja aprovado dentro do mesmo exercício do seu encaminhamento (para viger no subsequente exercício fiscal), tem sido adotada a sistemática de autorização expressa na LDO da execução provisória do PLOA para determinadas despesas, consideradas relevantes.

também os Governadores dos Estados e do Distrito Federal, bem como os Prefeitos Municipais. Da mesma forma, as menções ao Congresso Nacional ou às Casas Legislativas federais devem ser entendidas como também se referindo às Assembleias Legislativas Estaduais, Câmara Legislativa do Distrito Federal e Câmaras Municipais.

Por sua vez, o art. 165, CF/1988 estatui que as leis orçamentárias são elaboradas por **iniciativa do Poder Executivo**. Em nosso sistema orçamentário, o Executivo tem o poder-dever (iniciativa vinculada) de elaborar os projetos das leis orçamentárias. Contudo, recebe dos outros Poderes e órgãos autônomos as respectivas propostas de orçamento, para consolidá-las na peça final que será posteriormente enviada ao Legislativo, conformes as diretrizes estabelecidas na LDO.[43]

Importante registrar que essa iniciativa para elaborar os projetos das leis orçamentárias não é igual às demais que conferem a competência para propor um projeto de lei, pois não se trata de uma faculdade conferida a seu titular, mas sim de um dever. Por isso, dizemos que o Poder Executivo possui um "poder-dever" de propor os projetos de leis orçamentárias, devendo encaminhá-los ao Poder Legislativo no prazo legal.

Já o art. 84, XIII, CF/1988 estabelece ser competência privativa do Presidente da República o envio ao Congresso Nacional do plano plurianual, do projeto de lei de diretrizes orçamentárias e das propostas de orçamento previstos na Constituição. Os Governadores e Prefeitos terão a mesma competência orçamentária privativa.[44]

A elaboração do orçamento público na esfera federal tem seu início na Secretaria de Orçamento Federal, a qual, posteriormente à divulgação das normas gerais do orçamento, coordena o sistema orçamentário da União com os demais Poderes e órgãos autônomos. O projeto da LOA deve ser elaborado de acordo com a LDO (abarcando a fixação dos objetivos para aquele período) e com o cálculo de recursos humanos, materiais e financeiros indispensáveis à sua execução.

---

[43] Para salvaguardar a autonomia financeira dos demais Poderes e órgãos autônomos, cada um deles elabora sua própria proposta orçamentária anual, a qual é enviada para o Poder Executivo para fins de consolidação. Assim é que, por exemplo, a Constituição estabelece ser ao Poder Judiciário assegurada autonomia administrativa e financeira, devendo os tribunais elaborar suas propostas orçamentárias dentro dos limites estipulados conjuntamente com os demais Poderes na lei de diretrizes orçamentárias, bem como encaminhá-las ao Poder Executivo por meio dos Presidentes de cada Tribunal (art. 99, §§ 1º, 2º e 3º, CF/1988). Contudo, não pode o chefe do Executivo realizar qualquer juízo de valor sobre o montante ou o impacto financeiro da proposta orçamentária de outro Poder ou órgão autônomo, cabendo-lhe tão somente consolidar a proposta encaminhada e remetê-la ao órgão legislativo correspondente, sem introduzir nela quaisquer reduções ou modificações (STF. ADI 5.287, Rel. Min. Luiz Fux, Pleno, julg. 18.05.2016, *DJe* 12.09.2016).

[44] TCU. Acórdão 2.691/2016, Revisor Min. Weder de Oliveira, Plenário, julg. 19.10.2016: "Em face do que registrei, entendo ser decisão discricionária dos poderes municipais constituídos decidir se darão cumprimento espontâneo à condenação de ressarcir o erário federal, ainda que o ente federado inclua em sua lei orçamentária dotação para cobertura dessa despesa. A iniciativa de projetos de leis orçamentárias é do chefe do Poder Executivo e, portanto, exceto no que tange às despesas obrigatórias, encontra-se em sua esfera de autonomia decidir a programação a constar naqueles projetos ou nos de créditos adicionais. O chefe do Poder Executivo municipal não pode ser instado por esta Corte a incluir no orçamento municipal recursos para satisfazer o débito que lhe foi imputado, sob pena de aplicação de multa, uma vez que não há norma legal ou constitucional que imponha ao prefeito tal obrigação ou que atribua a este Tribunal tal poder".

PARTE II · Cap. V · ELABORAÇÃO DO ORÇAMENTO PÚBLICO | 175

O chefe do Poder Executivo tem o dever de, com o projeto da LOA, remeter mensagem ao Legislativo contendo "exposição circunstanciada da situação econômico-financeira, documentada com a demonstração da dívida fundada e flutuante, saldos de créditos especiais, restos a pagar e outros compromissos financeiros exigíveis", bem como uma "exposição e justificação da política econômico-financeira do Governo" e uma "justificação das receitas e despesas" (art. 22, Lei nº 4.320/1964).

Como vimos na seção anterior, o art. 35, § 2º, do ADCT estabelece que, até a entrada em vigor da lei complementar que estabeleça prazos para elaboração das leis orçamentárias federais (cf. art. 165, § 9º, CF/1988) – até o momento, inexistente –, tais prazos serão: I – o **projeto do plano plurianual**, para vigência até o final do primeiro exercício financeiro do mandato presidencial subsequente, será encaminhado até quatro meses antes do encerramento do primeiro exercício financeiro e devolvido para sanção até o encerramento da sessão legislativa; II – o **projeto de lei de diretrizes orçamentárias** será encaminhado até oito meses e meio antes do encerramento do exercício financeiro e devolvido para sanção até o encerramento do primeiro período da sessão legislativa; III – o **projeto de lei orçamentária da União** será encaminhado até quatro meses antes do encerramento do exercício financeiro e devolvido para sanção até o encerramento da sessão legislativa.

Contudo, como já ressalvado, os Estados, o Distrito Federal e os Municípios não são obrigados a replicar literal e integralmente todos os preceitos orçamentários da CF/1988 em suas Constituições e Leis Orgânicas locais. Há certa liberdade e autonomia normativa para os entes subnacionais, sobretudo no que se refere às questões orçamentárias de natureza secundária (aspecto não substancial), como a liberdade na fixação de prazos próprios para apresentação e encaminhamento dos projetos de leis orçamentárias (PPA, LDO e LOA).

Se o Legislativo não receber a proposta orçamentária no prazo fixado, considerará como proposta a Lei de Orçamento vigente (art. 32, Lei nº 4.320/1964), ou em determinados casos adota-se a expressa previsão na LDO da utilização provisória do PLOA para suprir temporariamente tal anomalia.

Entretanto, esta omissão do chefe do Executivo pode caracterizar crime de responsabilidade.

Uma vez que tenham sido elaborados pelo Poder Executivo, os projetos de lei relativos ao plano plurianual, às diretrizes orçamentárias, ao orçamento anual e aos créditos adicionais deverão ser apreciados por ambas as Casas do Congresso Nacional, na forma do regimento comum (art. 166, *caput*, CF/1988). No âmbito estadual, a votação se dá apenas na Assembleia Legislativa e, na esfera municipal, na Câmara de Vereadores, por se tratar em ambas as searas de Legislativo unicameral.

Após remeter os projetos de leis orçamentárias ao Legislativo, ainda assim o Presidente da República poderá enviar mensagem ao Congresso Nacional para propor modificação em tais projetos, desde que não se tenha iniciado a votação, na Comissão mista, da parte cuja alteração é proposta (art. 166, § 5º, CF/1988). A mesma disposição vale para os chefes do Executivo estadual e municipal.

Passados esses momentos, a atribuição constitucional para a aprovação das leis orçamentárias é do Legislativo de cada ente federado, consubstanciando o momento de participação do povo por meio de seus representantes nas Casas Legislativas. É o que se pode denominar de "democracia orçamentária".

O § 7º do art. 166 da Constituição estabelece que se aplicam aos projetos de lei orçamentária, no que não contrariar as regras constitucionais, as demais normas relativas ao processo legislativo.

A análise e a votação dos projetos de leis orçamentárias serão feitas durante o prazo legal para sua tramitação, o qual se inicia com o encaminhamento pelo chefe do Poder Executivo ao Legislativo, concluindo-se de preferência antes de se iniciar o exercício financeiro em que deverão estar em vigor as leis orçamentárias a serem aprovadas, a fim de que possam ser executadas. Mas nada impede – embora seja inadequado – que a aprovação ocorra durante o exercício financeiro seguinte, fato que eventualmente acontece.

A Constituição, no § 2º do art. 57, ressalva que a sessão legislativa não será interrompida (no meio do ano) sem a aprovação do projeto de lei de diretrizes orçamentárias. Todavia, não faz o mesmo em relação à lei do plano plurianual e à lei orçamentária anual. Pensamos tratar--se de um equívoco do constituinte, uma vez que deveria ser estabelecido como prazo limite de votação e aprovação o encerramento do ano legislativo, impedindo-se que o parlamento entrasse no recesso de fim de ano até que fossem aprovadas as leis orçamentárias.

De maneira sintética, pode-se dizer que a tramitação do projeto de lei orçamentária contempla as seguintes fases no Congresso Nacional: a) recebimento da proposta do Poder Executivo na Comissão Mista Orçamentária; b) leitura do projeto do Executivo; c) distribuição dos projetos aos parlamentares; d) designação do relator do projeto; e) realizações de audiências públicas; f) apresentação, discussão e votação dos pareceres preliminares (estabelecem as regras gerais para o processo); g) abertura do prazo de emendas ao projeto; h) recebimento e parecer sobre as emendas (realizado pelo relator); i) apreciação e votação do relatório final na CMO (com a aceitação ou rejeição das emendas propostas); j) votação do relatório geral no Plenário do Congresso; e k) encaminhamento ao Presidente da República para sanção, tendo o Presidente três opções: aprovar, vetar parcialmente ou vetar integralmente. As razões do veto devem ser comunicadas ao Presidente do Senado, sendo que sua apreciação deverá ocorrer em sessão conjunta da Câmara e Senado, que podem acatar o veto ou rejeitá-lo. Nessa última opção, o projeto em questão será remetido ao Presidente da República para promulgação.[45]

Os projetos de leis orçamentárias federais são apreciados pela **Comissão Mista Orçamentária** permanente de Deputados e Senadores a que faz menção o art. 166, § 1º, da Constituição. As Assembleias Legislativas estaduais e Câmaras Municipais também possuem suas próprias Comissões de Orçamento permanentes.

A tramitação de tais projetos federais na Comissão Mista – bem como sua composição e funcionamento – é regulamentada pela Resolução nº 01/2006 do Congresso Nacional, que a denomina de Comissão Mista de Planos, Orçamentos Públicos e Fiscalização – CMO (art. 1º). É composta por 40 membros titulares, sendo 30 Deputados e 10 Senadores, com igual número de suplentes (art. 5º).

A CMO tem por competência (art. 2º) emitir parecer e deliberar sobre: I – projetos de lei relativos ao plano plurianual, diretrizes orçamentárias, orçamento anual e créditos adicionais, assim como sobre as contas do chefe do Poder Executivo, dos Presidentes dos órgãos dos Poderes Legislativo e Judiciário e do chefe do Ministério Público, bem como do Tribunal de Contas; II – planos e programas nacionais, regionais e setoriais; III – documentos pertinentes ao acompanhamento e fiscalização da execução orçamentária e financeira e da gestão fiscal.

Apresenta quatro comitês permanentes (art. 18), a saber: I – Comitê de Avaliação, Fiscalização e Controle da Execução Orçamentária; II – Comitê de Avaliação da Receita; III –

---

[45] ABREU, Welles Matias de; GUIMARÃES, Daniela Rode. *Gestão do orçamento público*. Brasília: ENAP – Escola Nacional de Administração Pública, 2014. p. 20.

PARTE II · Cap. V · ELABORAÇÃO DO ORÇAMENTO PÚBLICO | 177

Comitê de Avaliação das Informações sobre Obras e Serviços com Indícios de Irregularidades Graves; IV – Comitê de Exame da Admissibilidade de Emendas.

No curso da análise e apreciação dos projetos de leis orçamentárias, os membros do Congresso Nacional poderão oferecer **emendas parlamentares** a tais projetos, as quais devem ser apresentadas perante a CMO. Esta emitirá parecer sobre as emendas e irá apreciá-las, na forma regimental, pelo Pleno de ambas as Casas Legislativas (Senado e Câmara dos Deputados).

As apresentações de propostas de emenda às leis orçamentárias são facultativas, podendo ser de quatro espécies: a) *emenda aditiva*: que propõe a inclusão de um novo dispositivo antes ou depois do item selecionado; b) *emenda modificativa*: que propõe a alteração do texto de um dispositivo específico, sem afetar os demais; c) *emenda substitutiva*: que propõe a exclusão do dispositivo por inteiro, substituindo-o por outro; d) *emenda supressiva*: propõe a exclusão do dispositivo.

As emendas parlamentares poderão ser oferecidas de forma *individual* ou *coletiva* (as chamadas emendas de *comissões* ou de *bancadas*), sendo mecanismos previstos na Constituição para que os parlamentares interfiram no conteúdo dos projetos de leis orçamentárias, uma vez que estas são de elaboração privativa do Executivo.

Quanto à autoria, as emendas parlamentares se classificam em: I – emendas individuais; II – emendas coletivas; III – emendas de relator.

As **emendas individuais** são aquelas individualmente apresentadas por cada parlamentar, num total de até 25 emendas dentro de seu mandato, de acordo com os limites de valores estabelecidos pelo Parecer Preliminar do Relator-Geral do Orçamento.[46] Como desdobramento, temos as *emendas individuais impositivas* apresentadas ao projeto de LOA, que poderão alocar recursos a Estados, ao Distrito Federal e a Municípios por meio de: I – transferência especial; ou II – transferência com finalidade definida. Tais modalidades estão previstas no art. 166-A[47] da Constituição (introduzido pela EC nº 105/2019).

As **emendas coletivas** são aquelas propostas coletivamente, seja por bancadas estaduais (relativas a matérias de interesse de cada Estado ou Distrito Federal), seja por comissões per-

---

[46] Resolução CN nº 01/2006. Art. 51. O Relator-Geral apresentará Relatório Preliminar que, aprovado pelo Plenário da CMO, estabelecerá os parâmetros e critérios que deverão ser obedecidos na apresentação de emendas e na elaboração do relatório do projeto pelo Relator-Geral e pelos Relatores Setoriais.

[47] O art. 166-A da Constituição contempla as seguintes previsões: i) o § 1º estabelece que tais recursos transferidos não integrarão a receita do Estado, do DF e dos Municípios para fins de repartição e para o cálculo dos limites da despesa com pessoal ativo e inativo, nos termos do § 16 do art. 166, e de endividamento do ente federado, vedada, em qualquer caso, a aplicação dos recursos a que se refere o caput deste artigo no pagamento de despesas com pessoal e encargos sociais relativas a ativos e inativos, e com pensionistas e de encargos referentes ao serviço da dívida; ii) o § 2º dispõe que na transferência especial, os recursos: I – serão repassados diretamente ao ente federado beneficiado, independentemente de celebração de convênio ou de instrumento congênere; II – pertencerão ao ente federado no ato da efetiva transferência financeira; e III – serão aplicadas em programações finalísticas das áreas de competência do Poder Executivo do ente federado beneficiado, observado o disposto no § 5º deste artigo; iii) o § 3º autoriza o ente federado beneficiado da transferência especial firmar contratos de cooperação técnica para fins de subsidiar o acompanhamento da execução orçamentária na aplicação dos recursos; iv) o § 4º prevê que na transferência com finalidade definida, os recursos serão: I – vinculados à programação estabelecida na emenda parlamentar; e II – aplicados nas áreas de competência constitucional da União; v) o § 5º determina que pelo menos 70% (setenta por cento) das transferências especiais deverão ser aplicadas em despesas de capital, observada a restrição a que se refere o inc. II do § 1º.

manentes do Senado Federal ou da Câmara dos Deputados (relativas a suas competências, de caráter institucional e representando interesse nacional).

As **emendas de relator** são aquelas voltadas exclusivamente a corrigir erros e omissões de ordem técnica ou legal; a recompor, total ou parcialmente, dotações canceladas, limitada a recomposição ao montante originalmente proposto no projeto; a atender às especificações dos Pareceres Preliminares.

Quanto a seu objeto, as emendas parlamentares se classificam em: I – emendas à receita: II – emendas à despesa: III – emendas ao texto.

As **emendas à receita** são aquelas que têm por finalidade alteração da estimativa da receita, inclusive as que propõem redução dessa estimativa em decorrência de aprovação de projeto de lei. Poderá ser apresentada emenda de renúncia de receita, decorrente de projeto de lei de iniciativa do Congresso Nacional, em tramitação em qualquer das suas Casas, que satisfaça as seguintes condições: a) tenha recebido, previamente ao exame da compatibilidade e da adequação orçamentária e financeira, parecer favorável de mérito, na Casa de origem, pelas Comissões Permanentes; b) esteja, até o prazo final para a apresentação de emendas, instruída com a estimativa da renúncia de receita dela decorrente, oriunda do Poder Executivo ou de órgão técnico especializado em matéria orçamentária do Poder Legislativo. Esta emenda de renúncia de receita somente será aprovada caso indique os recursos compensatórios necessários, provenientes de anulação de despesas ou de acréscimo de outra receita.

As **emendas à despesa** são classificadas como de remanejamento, de apropriação ou de cancelamento. *Emenda de remanejamento* é a que propõe acréscimo ou inclusão de dotações e, simultaneamente, como fonte exclusiva de recursos, a anulação equivalente de dotações constantes do projeto, exceto as da Reserva de Contingência. *Emenda de apropriação* é a que propõe acréscimo ou inclusão de dotações e, simultaneamente, como fonte de recursos, a anulação equivalente de recursos integrantes da Reserva de Recursos ou outras dotações definidas no Parecer Preliminar. *Emenda de cancelamento* é a que propõe, exclusivamente, a redução de dotações constantes do projeto.

As **emendas ao texto** são aquelas que têm como objetivo tão somente alterar o texto do projeto de lei orçamentária ou de seus anexos, mas sem modificar valores das dotações orçamentárias.

Como **condicionantes** ao processo de alteração dos projetos de lei orçamentárias, de acordo com o art. 166, §§ 3º e 4º, CF/1988, as emendas ao projeto de lei do orçamento anual ou aos projetos que o modifiquem somente podem ser aprovadas caso: I – sejam compatíveis com o plano plurianual e com a lei de diretrizes orçamentárias; II – indiquem os recursos necessários, admitidos apenas os provenientes de anulação de despesa, excluídas as que incidam sobre: a) dotações para pessoal e seus encargos; b) serviço da dívida; c) transferências tributárias constitucionais para Estados, Municípios e Distrito Federal; ou III – sejam relacionadas: a) com a correção de erros ou omissões; ou b) com os dispositivos do texto do projeto de lei. Já as emendas ao projeto de lei de diretrizes orçamentárias não poderão ser aprovadas quando incompatíveis com o plano plurianual.

Concluídas as análises e emitido o parecer da CMO, as propostas são votadas no Plenário do Congresso Nacional. Os projetos aprovados pelas Casas Legislativas serão encaminhados ao Presidente da República para a devida sanção, promulgação e publicação no Diário Oficial da União.

No entanto, o Presidente da República pode rejeitar a totalidade ou parte do orçamento aprovado pelo Legislativo por meio de veto total ou parcial. Nessa situação, o projeto de lei será devolvido ao Legislativo dentro de 15 dias, devidamente acompanhado das razões de veto,

PARTE II · Cap. V · ELABORAÇÃO DO ORÇAMENTO PÚBLICO | **179**

para análise e votação no Parlamento no prazo de 30 dias. Uma vez rejeitado o veto, haverá devolução ao Presidente da República para promulgação final. Caso o veto seja mantido, o projeto será promulgado pelo chefe do Executivo sem conter a parcela vetada.

Caso o exercício financeiro comece sem a aprovação do projeto de orçamento pelo Legislativo, não há regulamentação legal (de natureza geral) ou constitucional clara para tratar deste cenário. Contudo, parte da doutrina[48] entende que, por analogia com o art. 32 da Lei nº 4.320/1964 (que trata da situação de não envio da lei orçamentária pelo chefe do Executivo no prazo estipulado, permitindo a utilização da lei orçamentária então vigente), se pode tomar a lei orçamentária do ano precedente para fornecer uma base provisória para a realização dos gastos, em proporção de 1/12 avos por mês (duodécimos), até que ocorra a sua aprovação. Outra hipótese é a Lei de Diretrizes Orçamentárias (LDO) estabelecer a execução provisória do Projeto de LOA, para determinadas despesas expressamente elencadas.[49]

Infelizmente, essa situação de "anomia orçamental" não é incomum em nosso país. A cada ano, vemos se tornar comum que as leis orçamentárias federais acabem por ser aprovadas nos meses de fevereiro ou março, aprovação essa que deveria ter acontecido no final de dezembro do ano anterior. Vale lembrar que, em 1994, a então lei orçamentária (Lei nº 8.933, de 09.11.1994) foi aprovada apenas em novembro, com 11 meses de atraso.

Em razão do princípio da legalidade orçamentária, não pode haver nenhum gasto público sem adequada previsão em lei que a autorize. Por isso, o art. 167, I, CF/1988 veda o início de

---

[48] "E se o orçamento não for votado até o início do exercício seguinte? Duas são as soluções adotadas pelo direito constitucional positivo: a prorrogação do orçamento do ano anterior (CF 1934, art. 50, § 52; CF 46, art. 74) ou a aplicação do orçamento constante do projeto de lei ainda não aprovado (CF 1937, art. 72, letra d; CF 67/69, art. 66). Silente a CF 88, veio a Lei de Diretrizes Orçamentárias (Lei nº 7.800, de 10.07.1989 - art. 5º) optar pela primeira solução, que é a mais democrática, admitindo a prorrogação do orçamento anterior, na razão de 1/12 das dotações, até que o novo seja publicado". TORRES, Ricardo Lobo. *Curso de direito financeiro e tributário*. 18. ed. Rio de Janeiro: Renovar, 2011. p. 180-181.

[49] Assim estabelece o art. 72 da LDO-2024 da União (Lei nº 14.791/2023): "Na hipótese de a Lei Orçamentária de 2024 não ser publicada até 31 de dezembro de 2023, a programação constante do Projeto de Lei Orçamentária de 2024 poderá ser executada para o atendimento de: I – despesas com obrigações constitucionais ou legais da União relacionadas nas Seções I e II do Anexo III; II – ações de prevenção a desastres ou resposta a eventos críticos em situação de emergência ou estado de calamidade pública, classificadas na subfunção "Defesa Civil", ações relativas a operações de garantia da lei e da ordem, ações de acolhimento humanitário e interiorização de migrantes em situação de vulnerabilidade, ações de fortalecimento do controle de fronteiras e ações emergenciais de recuperação de ativos de infraestrutura na subfunção "Transporte Rodoviário" para garantia da segurança e trafegabilidade dos usuários nos eixos rodoviários; III – concessão de financiamento ao estudante e integralização de cotas nos fundos garantidores no âmbito do Fundo de Financiamento Estudantil – Fies; IV – dotações destinadas à aplicação mínima em ações e serviços públicos de saúde classificadas com o IU 6; V – realização de eleições e continuidade da implementação do sistema de automação de identificação biométrica de eleitores pela Justiça Eleitoral; VI – despesas custeadas com receitas próprias, de convênios e de doações; VII – formação de estoques públicos vinculados ao programa de garantia de preços mínimos; VIII – outras despesas de capital de projetos em andamento, cuja paralisação possa causar prejuízo ou aumento de custos para a administração pública, até o limite de um doze avos do valor previsto para cada órgão no Projeto de Lei Orçamentária de 2024, multiplicado pelo número de meses total ou parcialmente decorridos até a data de publicação da respectiva Lei; e IX – outras despesas correntes de caráter inadiável não autorizadas nos incisos I a VIII, até o limite de um doze avos do valor previsto para cada órgão no Projeto de Lei Orçamentária de 2024, multiplicado pelo número de meses total ou parcialmente decorridos até a data de publicação da respectiva Lei.

programas ou projetos não incluídos na lei orçamentária anual. Ainda, de acordo com o art. 6º da Lei nº 4.320/1964, todas as despesas devem ser incluídas na lei orçamentária.

Nos Estados Unidos, tal situação não ocorre, pois não há norma que faça uma exceção à regra de que os gastos não podem ser feitos sem uma provisão orçamentária legal (art. 1º da Constituição dos EUA e §1.341, a, 1, A, do "*U.S. Code*"), tampouco sendo possível assumir obrigações de pagamento futuro sem previsão em lei (§1.341, a, 1, B, do "*U.S. Code*"). Caso a lei orçamentária não seja aprovada até o primeiro dia do ano fiscal (1º de outubro), nem leis provisórias de autorização de despesas, executa-se o "*shutdown*" (fechamento) da administração pública, que será implementado imediatamente por falta de recursos financeiros. De 1976 até o presente (após a revisão do processo orçamentário pelo *Budget and Accounting Act* de 1974), houve vários períodos de *shutdown* com duração superior a 20 dias. Entre 22 de dezembro de 2018 e 25 de janeiro de 2019, o maior *shutdown* da história daquele país teve lugar, com a suspensão de vários serviços públicos por 35 dias e a paralisação de aproximadamente 800 mil agentes públicos federais.

## 5.13. CRÉDITOS ORÇAMENTÁRIOS

Os **créditos orçamentários** são o valor estipulado pela lei orçamentária destinados à realização dos gastos públicos, configurando as dotações orçamentárias para as despesas.

Após a aprovação da lei orçamentária anual, os gestores públicos deverão verificar nos créditos orçamentários o valor financeiro voltado a cada unidade gestora da administração, de modo que possam exercer suas atividades com regularidade. É por meio dos créditos orçamentários que, por exemplo, são pagas as remunerações e proventos de agentes públicos ativos e inativos, os serviços prestados à administração, obras de infraestrutura etc., correspondendo a cada gasto um valor programado para sua execução.

No entanto, no curso da execução orçamentária, o valor inicialmente estabelecido pela lei orçamentária pode se revelar insuficiente para realizar as despesas, tornando-se necessária a aprovação de créditos adicionais por meio de lei, uma vez que a atividade financeira está submetida ao princípio da legalidade orçamentária.

É importante lembrar a efetividade do princípio da legalidade orçamentária, que se materializa por meio da exigência constitucional de prévia autorização legislativa quando se tratar de matéria orçamentária. Assim é que o art. 167 da Constituição diz serem vedados o início de programas ou projetos não incluídos na lei orçamentária anual; a realização de despesas ou a assunção de obrigações diretas que excedam os créditos orçamentários ou adicionais; a realização de operações de créditos que excedam o montante das despesas de capital, ressalvadas as autorizadas mediante créditos suplementares ou especiais com finalidade precisa, aprovados pelo Poder Legislativo por maioria absoluta; a abertura de crédito suplementar ou especial sem prévia autorização legislativa e sem indicação dos recursos correspondentes; a transposição, o remanejamento ou a transferência de recursos de uma categoria de programação para outra ou de um órgão para outro, sem prévia autorização legislativa;[50] a concessão ou utilização de créditos ilimitados; a utilização, sem autorização legislativa específica, de

---

[50] Exceção a esta regra está no § 5º do art. 167 da Constituição, ao estabelecer que a transposição, o remanejamento ou a transferência de recursos de uma categoria de programação para outra poderão ser admitidos, no âmbito das atividades de ciência, tecnologia e inovação, com o objetivo de viabilizar os resultados de projetos restritos a essas funções, mediante ato do Poder Executivo, sem necessidade de prévia autorização legislativa.

recursos dos orçamentos fiscal e da seguridade social para suprir necessidade ou cobrir déficit de empresas, fundações e fundos, inclusive dos mencionados no art. 165, § 5º.

**Crédito adicional** é o valor concedido para suprir a ausência de recursos orçamentários. De acordo com o art. 40 da Lei nº 4.320/1964, créditos adicionais são "as autorizações de despesa não computadas ou insuficientemente dotadas na Lei de Orçamento". Ressalte-se que o ato de abertura de créditos adicionais deve indicar, tanto quanto possível, o valor, sua espécie e a classificação da despesa (art. 46, Lei nº 4.320/1964), tendo, em regra, vigência adstrita ao exercício financeiro em que forem abertos (art. 45, Lei nº 4.320/1964).

Segundo Rogério Sandoli de Oliveira,[51] o instituto está diretamente relacionado com a possibilidade de ajustes ao longo da execução orçamentária, entendendo que é "necessária a existência de instrumentos que permitam a correção da previsão inicial da despesa fixada, tornando o orçamento mais flexível e como consequência, executável. Um desses instrumentos denomina-se *créditos adicionais*". Dentro dessa lógica, também identifica a relação entre o uso dos créditos adicionais e a eficiência do planejamento orçamentário, ao afirmar:

> A análise do montante de créditos adicionais abertos no exercício demonstra o grau de não correspondência entre planejamento e orçamento. Assim, quanto menor for a abertura de créditos adicionais em determinado exercício, maior eficiência no planejamento governamental.[52]

Segundo o art. 41, Lei nº 4.320/1964, os créditos adicionais classificam-se em: I – *suplementares:* os destinados a reforço de dotação orçamentária; II – *especiais:* os destinados a despesas para as quais não haja dotação orçamentária específica; III – *extraordinários*: os destinados a despesas urgentes e imprevistas, em caso de guerra, comoção intestina ou calamidade pública.[53]

A abertura de créditos suplementares poderá ser autorizada pela própria lei do orçamento anual, algo que é geralmente feito por meio de um percentual da dotação originária. Uma vez que seja permitida, ela se incorporará ao próprio orçamento.

De acordo com o art. 42, Lei nº 4.320/1964, os créditos suplementares e especiais serão autorizados por lei e abertos por decreto executivo, dependendo da existência de recursos disponíveis para ocorrer a despesa e sendo precedidos de exposição justificativa (art. 43,

---

[51] OLIVEIRA, Rogério Sandoli de. Comentários aos arts. 40 a 46. In: CONTI, José Maurício (coord.). *Orçamentos públicos: a Lei 4.320/1964 comentada.* 2. ed. São Paulo: Revista dos Tribunais, 2010. p. 144.

[52] OLIVEIRA, Rogério Sandoli de. Comentários aos arts. 40 a 46. In: CONTI, José Maurício (coord.). *Orçamentos públicos: a Lei 4.320/1964 comentada.* 2. ed. São Paulo: Revista dos Tribunais, 2010. p. 145.

[53] Exemplo de crédito extraordinário previsto no texto constitucional foi aquele inserido pela EC nº 123/2022 no art. 120, parágrafo único, I, a do ADCT, para fazer frente a despesas oriundas do reconhecimento, no ano de 2022, do estado de emergência decorrente da elevação extraordinária e imprevisível dos preços do petróleo, combustíveis e seus derivados e dos impactos sociais dela decorrentes. Tal abertura de crédito extraordinário pôde ser feita independentemente da observância dos requisitos exigidos no § 3º do art. 167 da Constituição Federal. Os créditos extraordinários abertos foram da ordem de até vinte e seis bilhões de reais para extensão do Programa Auxílio Brasil; até um bilhão e cinquenta milhões de reais para o auxílio Gás dos Brasileiros; até cinco bilhões e quatrocentos milhões de reais para o auxílio aos Transportadores Autônomos de Cargas; dois bilhões e quinhentos milhões de reais para auxílio no custeio da gratuidade de idosos nos transportes coletivos urbanos; até três bilhões e oitocentos milhões de reais aos Estados e o Distrito Federal que outorgarem créditos tributários do ICMS aos produtores ou distribuidores de etanol hidratado em seu território, em montante equivalente ao valor recebido; até dois bilhões de reais aos taxistas (art. 5º, I a VI, EC 123/2022).

*caput*). Tais recursos disponíveis poderão se originar de: I – superávit financeiro apurado em balanço patrimonial do exercício anterior; II – excesso de arrecadação; III – anulação parcial ou total de dotações orçamentárias ou de créditos adicionais, autorizados em lei; IV – produto de operações de crédito autorizadas, em forma que juridicamente possibilite ao Poder Executivo realizá-las (art. 43, § 1º).

O art. 167, incisos V e VII da Constituição prevê serem vedadas a abertura de crédito suplementar ou especial sem prévia autorização legislativa e sem indicação dos recursos correspondentes, bem como a concessão ou utilização de créditos ilimitados.

Nos termos do estabelecido pelo art. *43, §§ 1º e 2º,* Lei nº 4.320/1964, entende-se por superávit financeiro "a diferença positiva entre o ativo financeiro e o passivo financeiro, conjugando-se, ainda, os saldos dos créditos adicionais transferidos e as operações de crédito a eles vinculadas". Por sua vez, o excesso de arrecadação configura o "saldo positivo das diferenças acumuladas mês a mês entre a arrecadação prevista e a realizada, considerando-se, ainda, a tendência do exercício".

Já a anulação *parcial ou total de dotações orçamentárias ou de créditos adicionais* decorre do cancelamento de gasto que já havia sido previamente autorizado em lei. E as operações de créditos configuram empréstimo público contraído com credor nacional ou internacional, sendo o compromisso financeiro assumido em razão de mútuo, abertura de crédito, emissão e aceite de título, aquisição financiada de bens, recebimento antecipado de valores provenientes da venda a termo de bens e serviços, arrendamento mercantil e outras operações assemelhadas, inclusive com o uso de derivativos financeiros.

A Constituição (art. 167, § 2º) estabelece que os créditos especiais e extraordinários terão vigência no exercício financeiro em que forem autorizados, salvo se o ato de autorização for promulgado nos últimos quatro meses daquele exercício, caso em que, reabertos nos limites de seus saldos, serão incorporados ao orçamento do exercício financeiro subsequente.

Como exceção, a abertura de crédito extraordinário poderá ser admitida por meio de Medida Provisória, mas apenas para atender a despesas imprevisíveis e urgentes, como as decorrentes de guerra, comoção interna ou calamidade pública (art. 167, § 3º, CF/1988).

Por fim, cabe a ressalva de que não se pode confundir os créditos orçamentários e suas espécies com os créditos originários de empréstimos públicos, que são intitulados "operações de crédito".

## 5.14. PRECATÓRIOS

De maneira simplificada, podemos dizer que o **Precatório** é uma requisição formal de pagamento em dinheiro que se origina de condenação judicial transitada em julgado contra a Fazenda Pública. É disciplinado no art. 100 da Constituição Federal.

Diversamente do particular que, ao ser condenado judicialmente, é obrigado a realizar o pagamento imediatamente em dinheiro ao vencedor do processo, a Fazenda Pública condenada em uma ação realiza o respectivo pagamento apenas no exercício financeiro seguinte, após a inclusão de tal despesa na proposta de lei orçamentária, desde que apresentada até 2 de abril do ano anterior.

Isso porque se trata de uma despesa pública que, pela sua natureza ou origem, não pode ser programada e quantificada a fim de inseri-la ordinariamente na proposta de orçamento.

Ocorre que o pagamento decorrente de **condenação judicial da Fazenda Pública** tampouco se insere no conceito de despesa pública extraordinária, já que esta obrigação necessariamente ocorrerá a cada ano, ainda que não se saiba o montante exato a ser dispendido e quando isto ocorrerá.

Tais despesas públicas apresentam incerteza quanto ao valor a ser pago e quanto ao tempo em que o pagamento deve ser efetuado, mas é certo que todos os anos a Fazenda Pública terá precatórios a pagar, uma vez que as condenações ocorrem com constância.

Se fossem pagas imediatamente após o encerramento do processo judicial, haveria um desequilíbrio orçamentário, já que o seu valor e o momento do seu pagamento são, como já dito, incertos e imprevisíveis, e por isso não estão previstos na lei orçamentária do próprio ano da condenação.

O regime jurídico dos precatórios apresenta as seguintes notas distintivas: a) possui assento constitucional; b) volta-se à definição de regras objetivas e impessoais para ordem de pagamento de dívidas dos entes e entidades públicos decorrentes de condenações judiciais; c) configura regime de pagamento exclusivo das Fazendas Públicas e respectivas entidades de direito público.[54]

Em caráter excepcional, por interpretação analógica do STF,[55] também se aplica o regime de precatórios para as empresas públicas ou sociedades de economia mista que prestarem serviços públicos essenciais de competência típica do Estado, cuja atividade esteja submetida ao regime de monopólio (portanto, fora do regime de concorrência), ou que não realizem distribuição de lucros a acionistas privados nem ofereçam risco ao equilíbrio concorrencial, apesar da sua personalidade jurídica de direito privado,[56] como no caso da Casa da Moeda do Brasil,[57] EBCT – Empresa Brasileira de Correios e Telégrafos[58] e Infraero.[59] Em sentido oposto, as demais estatais que realizem atividades eminentemente econômicas, lucrativas e

---

[54] STF. AI 390.212 AgR, Rel. Min. Dias Toffoli, 1ª Turma, julg. 13.09.2011. "Agravo regimental no agravo de instrumento. Administração dos Portos de Paranaguá e Antonina (APPA). Natureza de autarquia. Execução. Regime de precatório. Precedentes. 1. É pacífico o entendimento desta Corte de que não se aplica o art. 173, § 1º, da Constituição Federal à Administração dos Portos de Paranaguá e Antonina (APPA), uma vez que se trata de autarquia prestadora de serviço público e que recebe recursos estatais, atraindo, portanto, o regime de precatórios contido no art. 100 da Constituição Federal. 2. Agravo regimental não provido."

[55] STF. RE 627.242 AgR, Rel. Min. Roberto Barroso, julg. 02.05.2017; RE 592.004 AgR, Rel. Min. Joaquim Barbosa, julg. 05.06.2012. Contudo, em que pese a natureza jurídica dos Conselhos Profissionais de autarquias federais especiais, o STF, por maioria, no julgamento do RE 938.837 (19.04.2017 – repercussão geral), decidiu que o regime de precatórios a eles não se aplica, por não terem orçamento ou não receberem aportes da União, não estando submetidos às regras constitucionais do capítulo de finanças públicas (arts. 163 a 169 da Constituição), o que inviabiliza sua submissão ao regime de precatórios.

[56] STF. RE 592.004, julg. em 05.06.2012, de relatoria do Ministro Joaquim Barbosa: "O Pleno assentou que as entidades jurídicas que atuam em mercado sujeito à concorrência permitem a acumulação ou a distribuição de lucros, submetem-se ao regime de execução comum às empresas controladas pelo setor privado (RE 599.628, Rel. Min. Carlos Britto, Red. p/ Acórdão Min. Joaquim Barbosa, j. 25.05.2011). Porém, trata-se de entidade que presta serviços públicos essenciais de saneamento básico, sem que tenha ficado demonstrado nos autos se tratar de sociedade de economia mista ou empresa pública que competiria com pessoas jurídicas privadas ou que teria por objetivo primordial acumular patrimônio e distribuir lucros. Nessa hipótese, aplica-se o regime de precatórios. Precedentes. Agravo regimental ao qual se nega provimento."

[57] STF. RE 1.009.828 AgR, Rel. Min. Roberto Barroso, 1ª Turma, julg. 24.08.2018, *DJe* 06.09.2018.

[58] STF. RE 393.032 AgR, Rel. Min. Cármen Lúcia, 1ª Turma, julg. 27.10.2009.

[59] STF. AI 700.336, Rel. Min. Joaquim Barbosa, julg. 20.09.2011.

em regime concorrencial sofrerão o rito da execução comum da sistemática de direito privado (p. ex.: Eletronorte[60]).

Os precatórios são oriundos do art. 100 da Constituição de 1988, o qual determina em seu *caput* que

> os pagamentos devidos pelas Fazendas Públicas Federal, Estaduais, Distrital e Municipais, em virtude de sentença judiciária, far-se-ão exclusivamente na ordem cronológica de apresentação dos precatórios e à conta dos créditos respectivos, proibida a designação de casos ou de pessoas nas dotações orçamentárias e nos créditos adicionais abertos para este fim.

Por sua vez, o Código de Processo Civil, em seus arts. 535 e 910, prevê que, nos cumprimentos de sentença e execuções contra a Fazenda Pública, deve ser expedido precatório ou requisição de pequeno valor em favor do beneficiário, por intermédio do presidente do tribunal competente, com observância do disposto na Constituição.

Já a Lei nº 4.320/1964, em seu art. 67, estatui que "os pagamentos devidos pela Fazenda Pública, em virtude de sentença judiciária, far-se-ão na ordem de apresentação dos precatórios e à conta dos créditos respectivos, sendo proibida a designação de casos ou de pessoas nas dotações orçamentárias e nos créditos adicionais abertos para esse fim".

Como mencionado, o regime dos precatórios se justifica por ser certa a ocorrência anual do surgimento de obrigação de pagar condenações judiciais pela Fazenda Pública, mas o valor e o prazo dos pagamentos são incertos. Da perspectiva orçamentária, se fazia necessário um instrumento que permitisse a previsibilidade nos orçamentos anuais dos recursos necessários a tais desembolsos, sendo justamente essa a função dos precatórios.

Por esse motivo de previsão orçamentária, o art. 100, § 5º, CF/1988 estabelece que é obrigatória a inclusão no orçamento das entidades de direito público de verba necessária ao pagamento de seus débitos oriundos de sentenças transitadas em julgado constantes de precatórios judiciários apresentados até 2 de abril, fazendo-se o pagamento até o final do exercício seguinte, quando terão seus valores atualizados monetariamente (redação dada pela EC nº 114/2021).

Portanto, transitada em julgado a decisão que condenou a Fazenda Pública e fixado o valor a ser pago, o processamento se faz com a solicitação do juiz da demanda ao presidente do respectivo tribunal para que este requisite os recursos necessários ao pagamento do credor.

A solicitação do juiz da causa ao presidente de seu tribunal é denominada de **ofício requisitório**, devendo neste constar dados de identificação tais como o número do processo, nome das partes, natureza da obrigação e do crédito, valor individualizado por beneficiário, a data-base para efeitos de atualização etc.

Já ao presidente do tribunal respectivo compete a atribuição de comunicar à Fazenda Pública a existência da obrigação, a fim de que seja inserida no orçamento como despesa pública a ser paga no exercício financeiro seguinte (desde que a comunicação ao presidente do tribunal, por ofício requisitório, se faça até 2 de abril de cada ano; do contrário, somente haverá inserção na ordem de pagamentos do ano subsequente).

A ordem de pagamento deve ser rigorosamente seguida para evitar violações à igualdade entre os credores, havendo o estabelecimento de responsabilidade pessoal do presidente de

---

[60] STF. RE 599.628, Rel. Min. Ayres Britto, Rel. p/ Acórdão: Min. Joaquim Barbosa, julg. 25.05.2011.

PARTE II · Cap. V · ELABORAÇÃO DO ORÇAMENTO PÚBLICO | 185

tribunal que, por ato comissivo ou omissivo, retardar ou tentar frustrar a liquidação regular de precatórios, incorrendo em crime de responsabilidade e respondendo também perante o Conselho Nacional de Justiça (art. 100, § 7º, CF/1988).

A sequência de pagamento das condenações judiciais da Fazenda Pública, contudo, não é a mesma. A própria Constituição estabelece sistemáticas diferentes, levando em consideração critérios da natureza do crédito a ser pago, características especiais do beneficiário ou mesmo o valor da condenação.

Assim, os créditos de precatórios de natureza alimentar são pagos antes (com preferência) dos créditos de precatórios comuns (desprovidos de natureza alimentar). Já dentro da classe de precatórios alimentares, os créditos alimentares cujos titulares tenham 60 anos de idade, ou sejam portadores de doença grave, ou ainda pessoas com deficiência, até um determinado limite de valor, são pagos antes dos demais precatórios alimentares. Por sua vez, os créditos de pequeno valor (chamados de *requisição de pequeno valor* – RPV) são pagos mais celeremente, fora do sistema de pagamento de precatórios.

Os **créditos de precatórios de natureza alimentar** são aqueles vinculados à subsistência do seu titular, com referência a sua dignidade como pessoa humana. Segundo o art. 100, § 1º, CF/1988, compreendem aqueles decorrentes de salários, vencimentos, proventos, pensões e suas complementações, benefícios previdenciários e indenizações por morte ou por invalidez, fundadas em responsabilidade civil, em virtude de sentença judicial transitada em julgado, e serão pagos com preferência sobre os precatórios comuns ou ordinários (sem natureza alimentar).

A esse respeito, inclusive, já se manifestou a jurisprudência consolidada de nossos tribunais superiores:

> Súmula 655, STF. A exceção prevista no art. 100, *caput*, da Constituição, em favor dos créditos de natureza alimentícia, não dispensa a expedição de precatório, limitando-se a isentá-los da observância da ordem cronológica dos precatórios decorrentes de condenações de outra natureza.
>
> Súmula Vinculante 47, STF. Os honorários advocatícios incluídos na condenação ou destacados do montante principal devido ao credor consubstanciam verba de natureza alimentar cuja satisfação ocorrerá com a expedição de precatório ou requisição de pequeno valor, observada ordem especial restrita aos créditos dessa natureza.
>
> Súmula 144, STJ. Os créditos de natureza alimentícia gozam de preferência, desvinculados os precatórios da ordem cronológica dos créditos de natureza diversa.

Contudo, dentro da própria classe dos precatórios de natureza alimentar, existe uma categoria especial de créditos que, sendo ainda alimentícios, recebem antes dos demais credores de precatórios de natureza alimentar. São os **precatórios de natureza alimentar preferenciais**, cujos titulares, originários ou por sucessão hereditária, tenham 60 anos de idade, ou sejam portadores de doença grave, ou pessoas com deficiência, assim definidos na forma da lei. Contudo, este pagamento preferencial antes dos demais créditos de precatórios por razões humanitárias fica limitado ao valor equivalente ao triplo fixado em lei para pagamento das requisições de pequeno valor – RPV (por exemplo, na União, em que as RPVs são fixadas em 60 salários mínimos, o triplo seria o equivalente a 180 salários mínimos). O valor que ultrapassar o triplo, por sua vez, será pago na ordem cronológica de apresentação dos precatórios alimentares, sem estar dotado de preferência (art. 100, § 2º, CF/1988).

Já os **créditos de pequeno valor** a serem pagos pela Fazenda Pública decorrentes de decisão judicial transitada em julgado situam-se em classe apartada fora da ordem de pagamentos de precatórios, com adimplemento mais expedito, conforme disposto no art. 100, §

3º, CF/1988. Trata-se das chamadas *Requisições de Pequeno Valor* – RPV, pagas em até dois meses contados da entrega da requisição (art. 535, § 3º, II, CPC, declarado constitucional na ADI nº 5.534).

São consideradas de pequeno valor as condenações judiciais em face da Fazenda Pública de valor igual ou inferior a 60 salários mínimos no âmbito federal (art. 17, § 1º, c/c art. 3º, Lei nº 10.259/2001); de até 40 salários mínimos no âmbito de Estados e Distrito Federal; e de até 30 salários mínimos no âmbito municipal (arts. 87 e 97, § 12, ADCT e art. 13, § 3º, Lei nº 12.153/2009).

Contudo, os entes estaduais e municipais são dotados de autonomia para fixarem valores de RPV inferiores aos máximos de 40 e 30 salários mínimos, respectivamente (art. 13, § 2º, Lei nº 12.153/2009), de acordo com as diversas capacidades econômicas de cada ente, mas sempre respeitado o valor mínimo de RPV, que não pode ser inferior ao valor do maior benefício do regime geral de previdência social (art. 100, § 4º, CF/1988).[61] O mesmo vale para as entidades de direito público como fundações de direito público e autarquias.

De modo a impedir que se burle a fila de pagamentos, é vedado expedir precatório complementar ou suplementar de valor pago, sendo também proibido fracionar o valor da execução para buscar enquadrar valores mais elevados em créditos de pequeno valor (art. 100, § 8º, CF/1988). Todavia, em situações que envolvam mero erro material, aritmético ou falta de exatidão dos cálculos, o Supremo Tribunal Federal aceita que se emita precatório complementar (ADI nº 2.924).

Portanto, na elaboração da proposta de lei orçamentária anual, devem ser considerados os valores decorrentes de condenação judicial da Fazenda Pública, a serem pagos a título de precatórios, desde que apresentados dentro do prazo fixado pela Constituição, e os que forem requisitados após esta data serão inseridos somente na proposta orçamentária do ano seguinte.

A Emenda Constitucional nº 113/2021 introduziu, no regime de pagamentos de precatórios estabelecido no art. 100, uma série de mecanismos na sua utilização, tais como encontro de contas com devedores a ser decidido pelo juízo competente, para quitação de débitos inscritos em dívida ativa (§ 9º), compra de imóveis públicos (§ 11), amortização de dívidas (§ 21), dentre outras hipóteses.

Apesar disso, o STF, no julgamento das ADIs nº 7.047 e 7.064 (01.12.2023),[62] declarou inconstitucional a nova redação do § 9º, art. 100, CF/1988, a qual estabelecia uma compensação dos precatórios com os créditos do ente público contra o titular do precatório. Entendeu nossa Suprema Corte que tal previsão agrediria a duração razoável do processo, visto que a parte poderá ser demandada a aguardar período maior para receber seu crédito; violaria a isonomia, porquanto haveria cobrança executiva diferenciada para os titulares de créditos públicos, além de agredir a separação de poderes.

---

[61]  "Os entes federados são competentes para estabelecer, por meio de leis próprias e segundo a sua capacidade econômica, o valor máximo das respectivas obrigações de pequeno valor, não podendo tal valor ser inferior àquele do maior benefício do regime geral de previdência social (artigo 100, §§ 3º e 4º, da Constituição Federal, na redação da Emenda Constitucional 62/2009). (...) A aferição da capacidade econômica do ente federado, para fins de delimitação do teto para o pagamento de seus débitos por meio de requisição de pequeno valor, não se esgota na verificação do quantum da receita do Estado, mercê de esta quantia não refletir, por si só, os graus de endividamento e de litigiosidade do ente federado" (STF. ADI 5.100, Rel. Min. Luiz Fux, Pleno, julg. 27.04.2020).

[62]  STF. ADIs 7.047 e 7.064, Rel. Min. Luiz Fux, Pleno, julg. 01.12.2023.

Do mesmo modo, conferiu nesses julgamentos interpretação conforme à Constituição quanto ao novo § 11 do art. 100, entendendo que a União não poderia ser compelida, por força do texto constitucional, a aceitar automaticamente o precatório para as finalidades previstas no § 11 sem que lhe fosse ofertada a possibilidade de, por lei ordinária federal, estabelecer os requisitos para tal aceitação.

Por sua vez, a Emenda Constitucional nº 114/2021, além de antecipar de 1º de julho para 2 de abril de cada ano a data limite para inclusão no orçamento das verbas necessárias para o pagamento de precatórios, também fixou limites para a alocação de recursos para os respectivos pagamentos na proposta orçamentária em cada exercício financeiro, conforme estabelece o art. 107-A do ADCT (alterado posteriormente pela EC nº 126/2022).

## 5.15. CIDADANIA FISCAL E ORÇAMENTO PARTICIPATIVO

A elaboração do orçamento é de iniciativa privativa do chefe do Poder Executivo em qualquer esfera (União, Estados, Distrito Federal e Municípios), nos termos do art. 165 da Constituição Federal de 1988.

Não obstante, devemos refletir sobre a possibilidade de participação do cidadão na elaboração do conteúdo do orçamento público a partir de sugestões, propostas, consultas públicas, dentre outros mecanismos de exercício da cidadania.

A propósito, importante registrar que a **cidadania ativa** é a denominação dada para a efetiva e direta participação do cidadão em assuntos que envolvam questões sociais e políticas da sociedade que integra, ao passo que a **cidadania fiscal** se refere a esta participação especificamente em matérias de natureza financeira e, em especial, à orçamentária.

O **orçamento participativo** tem o seu conceito baseado na possibilidade de a população ser consultada e oferecer propostas para a elaboração do orçamento público. Representaria uma espécie de "terceiro centro" decisório descentralizado, funcionando colaborativamente ao Poder Executivo e ao Legislativo, por meio da realização de assembleias locais (municipais, regionais ou de bairros), em que qualquer integrante da coletividade poderia participar dos debates sobre as necessidades e prioridades locais, influenciando por propostas específicas a elaboração do projeto de lei orçamentária, sobretudo quanto a assuntos que envolvam saneamento básico, pavimentação e iluminação, segurança pública, educação, saúde, circulação e transporte, esportes e lazer, turismo, proteção ambiental, dentre outros.

Para Brian Wampler:[63]

> O Orçamento Participativo é um processo decisório que se estende por todo o ano fiscal. Em assembleias organizadas com esse fim, os cidadãos se engajam, juntamente com funcionários da administração, em negociações sobre a alocação de gastos que envolvam novos investimentos de capital em projetos tais como clínicas de assistência médica, escolas e pavimentação de vias públicas.

Não obstante a Constituição Federal possua uma previsão expressa de iniciativa popular para a elaboração de leis em geral (art. 61), não existe dispositivo específico e literal para matéria orçamentária. Os fundamentos normativos mais associados ao orçamento participativo

---

[63] WAMPLER, Brian. A difusão do orçamento participativo brasileiro: "boas práticas" devem ser promovidas? *Opinião Pública*, Campinas, v. 14, n. 1, 2008. p. 69.

encontram-se: a) no art. 29, XII e XIII, da Constituição, em que se prevê a cooperação das associações representativas no planejamento municipal e a iniciativa popular de projetos de lei de interesse específico do Município, da cidade ou de bairros; b) o § 1º, inc. I, do art. 48 da Lei de Responsabilidade Fiscal, que incentiva a participação popular e realização de audiências públicas, durante os processos de elaboração e discussão dos planos, lei de diretrizes orçamentárias e orçamentos.

Ricardo Lobo Torres nos alertava de que a adoção do modelo de orçamento participativo apresentaria vantagens e desvantagens. Como *vantagens*, pode-se dizer que: a) haveria um fortalecimento da cidadania e da democracia deliberativa; b) permitiria escolhas comunitárias conforme suas maiores necessidades; c) traria ao cidadão maior transparência do custo/benefício do orçamento. Já como *desvantagens*, identificam-se: a) o enfraquecimento da representação política ao demonstrar a sua dispensabilidade; b) uma possível manipulação do conteúdo do orçamento por interesses individuais específicos; c) a exigência de conhecimento técnico para análise das propostas, o que nem sempre se vislumbra nas manifestações populares; d) a inexistência de visão global da peça do orçamento, já que o foco será sempre local.[64]

Há inúmeras experiências concretas de adoção deste modelo participativo em matéria orçamentária. Já verificado em diversos países e, no Brasil, em cidades como Angra dos Reis, Volta Redonda e Niterói, todas no Estado do Rio de Janeiro.

Por fim, registre-se que a Lei nº 11.179/1998 do Estado do Rio Grande do Sul, que previa a consulta direta à população quanto à destinação de parcela do orçamento voltada ao atendimento a prioridades de interesse municipal e regional, foi julgada inconstitucional na Ação Direta de Inconstitucionalidade nº 2.037.

Nesta ADI, questionou-se a inclusão de uma fase *obrigatória* de consulta popular com *efeito vinculante* no processo de elaboração da lei orçamentária, ao argumento de que não encontraria fundamento em qualquer norma geral orçamentária, usurpando a competência privativa daquela espécie legal, violando o art. 165, § 9º, da Constituição. Por maioria, o Supremo Tribunal Federal (STF) declarou a inconstitucionalidade da referida lei entendendo que a lei orçamentária anual é de iniciativa reservada ao chefe do Poder Executivo, e que o caráter vinculante atribuído às consultas populares não está previsto na Constituição Federal nem nas normas gerais de direito financeiro editadas pela União. Portanto, o orçamento participativo é possível desde que a participação popular não vincule o Estado (que poderá ou não implementar as sugestões feitas pela população no âmbito do orçamento participativo).

---

[64] TORRES, Ricardo Lobo. *Tratado de direito constitucional financeiro e tributário*. 3. ed. Rio de Janeiro: Renovar, 2008. v. V. p. 104.

*Capítulo VI*
# EXECUÇÃO DO ORÇAMENTO PÚBLICO

## 6.1. PROCEDIMENTOS PARA A EXECUÇÃO ORÇAMENTÁRIA

Não podemos considerar o orçamento uma programação financeira estática e de um ano apenas – apesar de ser este o prazo de vigência da lei orçamentária[1] –, pois é impactado pelo orçamento do ano precedente, bem como influencia o orçamento do ano subsequente. Assim, os orçamentos geram uma sequência não interrompida de programas que se adequam com constância conforme as necessidades coletivas e de acordo com as políticas públicas fixadas por cada governante.

Já analisamos, no capítulo anterior, as etapas iniciais de elaboração e aprovação das leis orçamentárias até sua entrada em vigor. Agora passamos à **execução** e ao **acompanhamento do orçamento público**, deixando o controle para o capítulo seguinte.

Uma vez aprovada, sancionada e publicada a lei orçamentária anual, passando então a viger e produzir efeitos, o orçamento começa a ser executado, concretizando-se os programas e as ações nele previstas, realizando-se as despesas fixadas conforme as dotações inseridas. Nessa etapa, cada órgão público recebe sua alocação orçamentária por meio do processo conhecido como **descentralização de créditos orçamentários**. Isso permite que cada Unidade Gestora Administrativa execute suas despesas conforme o cronograma estabelecido para cada rubrica.

O orçamento anual, ao consignar dotações a uma unidade orçamentária, pode executá-las por meio de: 1) *aplicações diretas*: nesse caso, a própria unidade gasta seus recursos; 2) *transferências*: aqui, outra unidade é responsável por gastar os recursos; 3) *movimentação por órgãos centrais* de administração geral, conforme o art. 66 da Lei 4.320/1964, por intermédio de destaques, de provisões ou da centralização de parte das dotações.

Em qualquer dos casos, observar-se-á o procedimento legal do *empenho*, *liquidação* e *pagamento*, dentro dos limites fixados na programação financeira.

Tendo o procedimento de realização do gasto público natureza de ato administrativo (ou, mais precisamente, de procedimento administrativo), estará sujeito aos parâmetros, limitações e princípios que o direito administrativo aplica a todos os atos praticados pelos órgãos administrativos, sobretudo nos aspectos relacionados à economicidade, à impessoalidade e à moralidade.

---

[1] Não é por outro motivo que os §§ 12 e 14 do art. 165 da Constituição, introduzidos pela EC nº 102/2019, passaram a incluir tanto na LOA como na LDO previsões orçamentárias e anexo fiscal para exercícios subsequentes.

A forma regular de programação e execução da despesa pública é disciplinada pela Lei nº 4.320/1964, e pelo Decreto-lei nº 200, de 25 de fevereiro de 1967,[2] com os balizamentos da Lei de Responsabilidade Fiscal (LC nº 101/2000).

## 6.2. ETAPAS PARA REALIZAÇÃO DAS DESPESAS ORÇAMENTÁRIAS

O procedimento de realização da despesa pública consiste em uma etapa preliminar, em que são determinadas as necessidades de licitação, posteriormente seguida por três outras etapas que incluem o empenho, a liquidação e a ordem de pagamento.

O objetivo da fase preliminar ou **etapa prévia** é verificar se, para realizar essa despesa específica, é necessária uma licitação. Caso se confirme a necessidade de licitação, ela deve ser tomada como condição para a continuidade do processo de implementação da despesa pública. De fato, de acordo com a Constituição (art. 37, XXI), salvo nos casos previstos em lei, as obras, serviços, compras e alienações serão contratados por meio de licitação pública, assegurando-se igualdade de condições a todos os concorrentes, garantindo-se que o produto ou serviço de melhor qualidade, com o menor custo possível, esteja disponível para ser contratado pela Administração Pública.

Portanto, se for necessário contratar uma empresa para prestar serviços ou vender certos bens ao Estado, é necessário realizar uma competição entre os interessados para verificar qual deles possui as melhores habilidades técnicas, o melhor produto e o menor preço. Da mesma forma, se for necessário recrutar funcionários públicos, isso será feito por meio de concurso público para garantir a seleção dos candidatos mais aptos a desempenhar o cargo. Constata-se que, nesses casos, a licitação tem por finalidade assegurar que a Administração Pública apenas contrate as pessoas naturais ou jurídicas mais qualificadas para a satisfação do interesse público relacionado ao gasto público a ser efetuado.

Independentemente de haver ou não licitação prévia, inicia-se o procedimento em sentido estrito para a implementação de um gasto público. Esse procedimento, presente nos arts. 58 a 70 da Lei nº 4.320/1964, é dividido em três etapas: o empenho, a liquidação e a ordem de pagamento.

O **empenho**, de acordo com o art. 58, é o "ato emanado de autoridade competente que cria para o Estado obrigação de pagamento pendente ou não de implemento de condição". Pode-se dizer que configura uma provisão a ser realizada no orçamento, referente ao valor necessário a ser pago, limitado ao crédito concedido (art. 59), já que a lei não permite gastos públicos sem prévio empenho (art. 60, *caput*). Segundo o art. 61, "para cada empenho será extraído um documento denominado 'nota de empenho' que indicará o nome do credor, a especificação e a importância da despesa bem como a dedução desta do saldo da dotação própria".

A fase posterior ao empenho é chamada de **liquidação**, considerada como fase precedente obrigatória ao pagamento, uma vez que o art. 62 estipula claramente que o pagamento das despesas só será feito mediante ordem após regular liquidação. Assim, nos termos do art. 63, a liquidação do débito configura a verificação dos direitos adquiridos pelo credor com base nos títulos e documentos que comprovam o respectivo crédito. Tal verificação determinará

---

[2]  SANCHES, Osvaldo Maldonado. O ciclo orçamentário: uma reavaliação à luz da Constituição de 1988. *In:* GIACOMONI, James; PAGNUSSAT, José Luiz (orgs.). *Planejamento e orçamento governamental.* Brasília: ENAP, 2006. p. 207.

a origem e o objeto do que deverá ser pago, o valor exato a ser pago e a quem, com o fim de extinguir a obrigação, tomando como base o respectivo contrato, ajuste ou acordo, a nota de empenho e os comprovantes da entrega de material ou da prestação efetiva do serviço.

A terceira e última etapa do procedimento de realização da despesa pública é a **ordem de pagamento**, definida pelo art. 64 como "o despacho exarado por autoridade competente, determinando que a despesa seja paga". O pagamento das despesas será feito por tesouraria ou pagadoria regularmente instituídos por estabelecimentos bancários credenciados e, em casos excepcionais, por meio de adiantamento (art. 65).

Segundo o art. 68, o **regime excepcional de adiantamento** é aplicável aos casos de despesas expressamente definidos em lei e consiste na entrega de numerário a servidor, sempre precedida de empenho na dotação própria para o fim de realizar despesas que não possam subordinar-se ao processo normal de aplicação. Trata-se de regime utilizado para adiantar valores a fim de oferecer condições de realizar despesas que, por sua natureza ou urgência, não possam aguardar o processamento normal.

Ressalte-se que a Lei Complementar nº 101/2000 (Lei de Responsabilidade Fiscal) determina, em seu art. 16, § 4º, que, por gerarem aumento de despesa, serão necessárias a estimativa do impacto orçamentário-financeiro[3] no exercício em que deva entrar em vigor e nos dois subsequentes, bem como a declaração do ordenador da despesa[4] de que o aumento tem adequação orçamentária e financeira com a lei orçamentária anual e compatibilidade com o plano plurianual e com a lei de diretrizes orçamentárias, sempre que se for realizar: I – empenho e licitação de serviços, fornecimento de bens ou execução de obras; II – desapropriação de imóveis urbanos para cumprimento da função social.

Apesar disso, na interpretação do Tribunal de Contas da União, a estimativa do impacto orçamentário-financeiro e a declaração do ordenador da despesa acima referidas só se farão necessárias quando se estiver diante de ações qualificadas como *projeto*, das quais resulte um produto voltado à expansão ou aperfeiçoamento da ação governamental. Tal exigência não está presente quando as ações são classificadas como *atividade*, cujo produto visa meramente à manutenção da ação governamental.[5]

---

[3] "A **estimativa do impacto orçamentário-financeiro** no exercício em que deva entrar em vigor e nos dois subsequentes representa a identificação e a apuração do valor a ser gasto na expansão das despesas decorrentes de ação governamental, tendo por finalidades a comprovação de que o crédito constante do orçamento será suficiente para cobertura da despesa que se pretende realizar, para, ao final, garantir-se a manutenção do equilíbrio financeiro na execução do orçamento, e permitir o acompanhamento orçamentário, especialmente no que se refere ao comprometimento de períodos seguintes, de forma a subsidiar a elaboração dos orçamentos posteriores e melhor dimensionar a inclusão de novos investimentos" (ABRAHAM, Marcus. *Lei de Responsabilidade Fiscal comentada*. 3. ed. Rio de Janeiro: Forense, 2021. p. 176).

[4] "A **declaração do ordenador da despesa** de que o aumento é adequado e compatível com as leis orçamentárias tem como finalidade impor responsabilidade àquele que irá ordenar a execução das despesas orçamentárias autorizando pagamentos, e identificar se a dotação orçamentária é suficiente para a sua execução, para que não gere *déficit* nas contas públicas, dentro do espírito da LRF de se garantir a manutenção do equilíbrio fiscal, bem como para verificar se há **compatibilidade da despesa** com o PPA e com a LDO, dentro do ideal de planejamento orçamentário, significando a sua obediência e harmonização com as proposições constantes daqueles relevantes instrumentos de planejamento orçamentário" (ABRAHAM, Marcus. *Lei de Responsabilidade Fiscal comentada*. 3. ed. Rio de Janeiro: Forense, 2021. p. 177).

[5] TCU. Acórdão 713/2019, Rel. Min. Bruno Dantas, Plenário, julg. 27.03.2019.

## 6.3. RESTOS A PAGAR

Como dito anteriormente, a execução da despesa pública é um ato administrativo complexo composto por três fases: empenho (em que ocorre o registro formal do ato), liquidação (a constatação do adimplemento da obrigação) e pagamento (desembolso financeiro efetivo).

Contudo, por vezes não é viável que a Administração Pública pague todas as despesas no mesmo ano, principalmente por questões operacionais que inviabilizam o adimplemento dentro do prazo. O não pagamento de despesas públicas no mesmo ano de empenho e liquidação é uma situação reconhecida e disciplinada pelo art. 36 da Lei nº 4.320/1964, que considera como **Restos a Pagar** "as despesas empenhadas mas não pagas até o dia 31 de dezembro". Trata-se, pois, de pagamentos tardios ocorridos em anos posteriores àquele ano em que deveriam ter sido realizados.

Ao discorrermos sobre *restos a pagar*, deve-se fazer uma distinção entre despesas *processadas* e *não processadas*. No caso das despesas empenhadas e processadas (liquidadas), está-se diante de situação em que o fornecedor dos bens ou serviços já cumpriu suas obrigações e a Administração Pública deve pagá-las, não sendo possível cancelar as obrigações contidas na conta de restos a pagar. Já nas despesas empenhadas e não processadas (não liquidadas), os serviços ou entregas de bens ainda não se processaram (não se concluíram), ficando o pagamento pendente de liquidação, a qual, se não ocorrer, poderá ensejar o cancelamento total ou parcial da despesa.

Na praxe apropriada, ainda que não adimplidos no mesmo exercício financeiro, os encargos com a rubrica "Restos a pagar" devem sempre apresentar crédito financeiro suficiente e adequado para seu adimplemento, cuja disponibilidade deve estar presente no momento em que se for quitar extemporaneamente a dívida. Contudo, não é possível comprometer os recursos financeiros arrecadados no próximo ano para evitar que se violem as boas práticas orçamentárias e a gestão fiscal responsável garantidora do equilíbrio fiscal.

Nesse sentido, "as despesas de exercícios encerrados, para as quais o orçamento respectivo consignava crédito próprio, com saldo suficiente para atendê-las, poderão ser pagos à conta de dotação específica consignada no orçamento, discriminada por elementos, obedecida, sempre que possível, a ordem cronológica" (art. 37, Lei nº 4.320/1964).

Por isso, o art. 103, parágrafo único, Lei nº 4.320/1964, estabelece que "os Restos a Pagar do exercício serão computados na receita extraorçamentária para compensar sua inclusão na despesa orçamentária". O objetivo da norma é garantir que os restos a pagar tenham crédito próprio e pré-existente para fazer frente a esses gastos. Serão, assim, pagos como dispêndio extraorçamentário, a saber, os não constantes da lei orçamentária anual.

Não obstante, ainda que normatizados pela Lei nº 4.320/1964, os pagamentos extemporâneos sob a rubrica de "restos a pagar" deveriam ostentar caráter eventual e residual. Na prática, contudo, se verifica por várias vezes uma utilização excessiva de tal método de pagamento.[6]

---

[6]  TCU. Acórdão 2.823/2015, Rel. Min. José Mucio Monteiro, Plenário, julg. 04.11.2015: "O uso desmesurado de inscrições e reinscrições de obrigações financeiras na rubrica Restos a Pagar configura desvirtuamento do princípio da anualidade. [...] a rubrica Restos a Pagar apresentou um aumento expressivo de seu montante nos últimos cinco exercícios; apesar de, em princípio, não violar o princípio da legalidade, uma vez que as inscrições e reinscrições nessa rubrica obedecem às disposições que tratam do assunto (Lei nº 4.320/1964, Decreto nº 93.872/1986), sua utilização tem sido desvirtuada, pois deixou ela de ser uma ferramenta de exceção para tornar-se numa modalidade amplamente utilizada de execução da despesa,

# PARTE II · Cap. VI · EXECUÇÃO DO ORÇAMENTO PÚBLICO | 193

Tal expediente se equipara a procedimentos contábeis artificiosos de adiar o adimplemento de obrigações financeiras, atuando como instrumento indireto de rolagem de dívida – o art. 92, I, Lei nº 4.320/1964 classifica os restos a pagar como dívida flutuante –, com acúmulo de dívidas passadas na conta de restos a pagar sem os respectivos recursos em volume suficiente para o seu pagamento.

Essa indevida praxe pode ser atribuída, sobretudo, à configuração de orçamentos públicos com receitas desconectadas da realidade e infladas, ou ainda à prática de não se realizar o adequado acompanhamento da execução orçamentária no decorrer do ano.

Por sua vez, o art. 42 da Lei de Responsabilidade Fiscal veda ao titular de Poder ou órgão, nos últimos dois quadrimestres do seu mandato, contrair obrigação de despesa que não possa ser cumprida integralmente dentro dele, ou que tenha parcelas a serem pagas no exercício seguinte sem que haja suficiente disponibilidade de caixa para este efeito. O parágrafo único desse artigo estabelece que, na determinação da disponibilidade de caixa, serão considerados os encargos e despesas compromissadas a pagar até o final do exercício.[7]

Tal artigo tem por escopo impedir que se contraiam obrigações a serem custeadas com recursos futuros, comprometendo-se orçamentos posteriores pelo uso indevido da máquina administrativa para executar atos "eleitoreiros" no último ano de mandato e deixando ao sucessor "legados fiscais" indesejáveis.

Pensamos, contudo, que a proibição desse art. 42 deveria estar presente não apenas nos últimos dois quadrimestres do mandato, mas se estender a todo o seu período. O art. 1º, § 1º, da LRF afirma que a responsabilidade na gestão fiscal pressupõe a ação planejada e transparente, em que se previnem riscos e corrigem desvios capazes de afetar o equilíbrio das contas públicas, mediante o cumprimento de metas de resultados entre receitas e despesas e a obediência a limites e condições no que tange inclusive à inscrição em Restos a Pagar.

Ainda vale a pena indicar que existem consequências penais envolvendo restos a pagar. O art. 359-B do Código Penal apena, com detenção de 6 meses a 2 anos, ordenar ou autorizar a inscrição em restos a pagar, de despesa que não tenha sido previamente empenhada ou que exceda limite estabelecido em lei. O art. 359-C, mais rigoroso, pune com reclusão, de 1 a 4 anos, quem ordenar ou autorizar a assunção de obrigação, nos dois últimos quadrimestres do último ano do mandato ou legislatura, cuja despesa não possa ser paga no mesmo exercício financeiro ou, caso reste parcela a ser paga no exercício seguinte, que não tenha contrapartida suficiente de disponibilidade de caixa. Por fim, o art. 359-F pune, com detenção de 6 meses a 2 anos, quem deixar de ordenar, de autorizar ou de promover o cancelamento do montante de restos a pagar inscrito em valor superior ao permitido em lei.

---

criando uma atípica plurianualidade orçamentária que é incompatível com os preceitos da Constituição Federal, da Lei de Responsabilidade Fiscal e da Lei 4.320/1964, ou seja, na prática, há um desvirtuamento do princípio da anualidade, pois, a execução da despesa pode se estender por vários exercícios". No mesmo sentido, TCU. Acórdão 2.033/2019, Rel. Min. Vital do Rêgo, Plenário, julg. 28.08.2019: "A prática recorrente de elevada inscrição e rolagem de recursos orçamentários na rubrica de restos a pagar ofende os princípios da anualidade orçamentária e da razoabilidade, sendo incompatível com o caráter de excepcionalidade dos restos a pagar, contrariando o disposto no art. 165, inciso III, da Constituição Federal, c/c o art. 2º da Lei 4.320/1964".

[7] O art. 41 da LRF foi vetado integralmente por meio da Mensagem Presidencial 627/2000.

## 6.4. EXECUÇÃO DA PROGRAMAÇÃO FINANCEIRA E CRONOGRAMA DE DESEMBOLSO

A **execução orçamentária** é realizada a cada dia, desde o primeiro dia do mês de janeiro até o último dia do mês de dezembro. Por meio dela é que se torna concreto o disposto na lei orçamentária anual de cada ente federado, considerando-se tanto a arrecadação das receitas como a execução dos gastos autorizados.

Assim, a **execução da programação financeira** consiste num complexo de ações objetivando adequar o ritmo da execução orçamentária ao provável fluxo de recursos financeiros carreados aos cofres públicos.

Na esfera federal, é um decreto do Presidente da República que será responsável por estabelecer a programação financeira do Poder Executivo, com base nas atribuições constitucionais do art. 84, incisos IV e VI, alínea *a*, CF/1988.

Por sua vez, o art. 8º da Lei de Responsabilidade Fiscal dispõe que até trinta dias após a publicação dos orçamentos, nos termos em que dispuser a lei de diretrizes orçamentárias, o Poder Executivo estabelecerá a programação financeira e o cronograma de execução mensal de desembolso.

Desse modo, em âmbito federal, trinta dias após a publicação da lei orçamentária anual aprovada pelo Congresso Nacional e sancionada pelo Presidente da República, o chefe do Poder Executivo, por decreto, deve estabelecer a programação financeira e o cronograma de desembolso mensal por órgãos, tudo de acordo com as metas de resultados fiscais previstas na Lei de Diretrizes Orçamentárias.

Esse **decreto de programação orçamentária**, que é também conhecido por "decreto de contingenciamento", permite que a realização dos gastos acompanhe a proporção de ingressos financeiros e grau arrecadatório, evitando-se desequilíbrio fiscal inesperado.

Esclareça-se que o **contingenciamento** consiste no retardamento ou na inexecução de parte da programação de despesa prevista na Lei Orçamentária em função da insuficiência de receitas, tal como determina o art. 9º da LRF (limitação de empenho).

Ainda em nível federal, temos que a Programação Financeira se realiza em três planos distintos, sendo a Secretaria do Tesouro Nacional o órgão central, contando ainda com a participação das Subsecretarias de Planejamento, Orçamento e Administração (ou os equivalentes órgãos setoriais – OSPF) e as Unidades Gestoras Executoras (UGE). Compete ao Tesouro Nacional estabelecer as diretrizes para a elaboração e formulação da programação financeira mensal e anual, bem como a adoção dos procedimentos necessários à sua execução. Aos órgãos setoriais competem a consolidação das propostas de programação financeira dos órgãos vinculados (UGE) e a descentralização dos recursos financeiros recebidos do órgão central. Às Unidades Gestoras Executoras cabe a realização da despesa pública nas suas três etapas, ou seja: o empenho, a liquidação e o pagamento.

Por sua vez, o Decreto nº 9.884/2019[8] dispõe sobre a Junta de Execução Orçamentária (JEO), órgão de assessoramento direto ao Presidente da República na condução da política fiscal do Governo federal, com vistas ao equilíbrio da gestão dos recursos públicos, à redução de incertezas no ambiente econômico e à sustentabilidade intertemporal do endividamento público. É de competência da JEO o auxílio na elaboração dos atos que estabeleçam a pro-

---

[8] Atualizado pelo Decreto nº 11.381/2023.

gramação financeira e o cronograma de execução mensal de desembolso do Poder Executivo federal; a assistência no estabelecimento das metas anuais de que trata o § 1º do art. 4º da LRF; a apresentação de subsídios para a deliberação sobre os limites globais de despesas constantes da proposta de orçamento anual; e a recomendação de diretrizes para elaboração dos relatórios de que trata o art. 9º da LRF.

Com objetivo e sentido similar ao art. 8º da LRF, porém com literalidade e periodicidade distintas, a Lei nº 4.320/1964 dispõe sobre o denominado "quadro de cotas trimestrais da despesa", ao prescrever que:

> Art. 47. Imediatamente após a promulgação da Lei de Orçamento e com base nos limites nela fixados, o Poder Executivo aprovará um quadro de cotas trimestrais da despesa que cada unidade orçamentária fica autorizada a utilizar.
>
> Art. 48 A fixação das cotas a que se refere o artigo anterior atenderá aos seguintes objetivos:
>
> a) assegurar às unidades orçamentárias, em tempo útil, a soma de recursos necessários e suficientes a melhor execução do seu programa anual de trabalho;
>
> b) manter, durante o exercício, na medida do possível o equilíbrio entre a receita arrecadada e a despesa realizada, de modo a reduzir ao mínimo eventuais insuficiências de tesouraria. [...]
>
> Art. 50. As cotas trimestrais poderão ser alteradas durante o exercício, observados o limite da dotação e o comportamento da execução orçamentária.

Obviamente que essa programação trimestral da Lei nº 4.320/1964 restou superada a partir do estabelecimento na LRF do cronograma de desembolso mensal. Neste sentido, analisando a questão em nível municipal, afirma Flávio C. de Toledo Jr.:

> Há os que digam que esse dispositivo não contradiz o art. 47 da Lei nº 4.320: a programação financeira continuaria trimestral, a despeito de mensal o cronograma de desembolso.
>
> De nossa parte, entendemos redundante a Prefeitura determinar quota financeira trimestral para a Câmara de Vereadores, por exemplo, essa unidade do orçamento local, e, no contexto de tal quota, definir quando será desembolsado a cada mês. Planeja-se o todo, o trimestre; depois, o conteúdo, o mês. Tais procedimentos não parecem soar lógicos.
>
> Assim, quando o tema é programação de desembolsos, há conflito de prazos entre a Lei nº 4.320 e a LRF; esta, contudo, prevalece sobre aquela, posto que mais recente. Assim, a planificação financeira passa a referenciar-se no mês; não mais no trimestre.[9]

Assim, no início de cada ano, o Poder Executivo deve editar um decreto para limitar os valores autorizados na lei orçamentária anual, relativos às despesas discricionárias ou não legalmente obrigatórias (investimentos e custeio em geral). Esse decreto de contingenciamento deve apresentar como anexos os limites orçamentários para a movimentação e o empenho de despesas, bem como limites financeiros que impedem pagamento de despesas empenhadas e inscritas em restos a pagar, inclusive de anos anteriores. Tal expediente é adotado para a consecução de metas de ajuste fiscal, adequando-se a execução da despesa ao fluxo de caixa do Tesouro de cada ente.

---

9   TOLEDO JÚNIOR, Flávio C.; ROSSI, Sérgio Ciqueira de. *Lei de Responsabilidade Fiscal*: comentada artigo por artigo. 2. ed. São Paulo: NDJ, 2002. p. 71.

Importante observar que o contingenciamento não se aplica às dotações orçamentárias relativas: a) a pessoal e encargos sociais; b) a juros e encargos da dívida; c) a amortização da dívida; d) a determinadas despesas financeiras; e) às despesas primárias obrigatórias.

Cabe registrar que o Brasil adotou o **modelo orçamentário misto**, ou seja, em relação às receitas utiliza-se o *regime de caixa*, ao passo que, em relação às despesas, emprega-se o *regime de competência*. Isso é o que se extrai da dicção do art. 35 da Lei nº 4.320/1964, que assim prescreve:

> Art. 35. Pertencem ao exercício financeiro:
>
> I – as receitas nele arrecadadas;
>
> II – as despesas nele legalmente empenhadas.

Ou seja, as **receitas públicas** são reconhecidas pelo **regime de caixa** no momento em que são recolhidas aos cofres públicos, a exemplo do momento do pagamento de um tributo; já as **despesas públicas** pertencem pelo **regime de competência** ao exercício financeiro em que são empenhadas, independentemente do efetivo dispêndio.

Na lição de Francesco Nitti,[10] "um pagamento efetuado é um pagamento de caixa, um pagamento por efetuar é uma despesa de competência".

É graças a este modelo de caixa para a apropriação das receitas que se torna possível saber se o montante arrecadado no período está de acordo com o estimado na LOA, ou, caso seja inferior, que se pode avaliar a necessidade do contingenciamento. Por outro lado, o regime de competência para despesas implica deixar restos a pagar para exercícios subsequentes, muitas vezes considerados pejorativamente como "heranças fiscais".

Conclui-se que, em decorrência da necessidade de uma gestão fiscal responsável, visando garantir o cumprimento dos resultados fiscais estabelecidos na LDO e de obter maior controle sobre os gastos, a Administração Pública, em atendimento aos arts. 8º e 9º da Lei de Responsabilidade Fiscal, realiza a programação orçamentária e financeira da execução das despesas públicas, bem como o monitoramento do cumprimento das metas de superávit primário.

## 6.5. ACOMPANHAMENTO DA EXECUÇÃO ORÇAMENTÁRIA E RELATÓRIOS: RREO E RGF

A **execução responsável do orçamento** depende do seu adequado acompanhamento, tanto para garantir o equilíbrio nas contas públicas, como para aferir o atingimento dos resultados, objetivos e metas estabelecidos.

Esse **acompanhamento** deve ser feito tanto pelos próprios executores do orçamento, para eventualmente acionarem o mecanismo da limitação de empenho (art. 9º, LRF) ou demandarem créditos adicionais, como pelos agentes de controle de contas, e, principalmente, pela sociedade, beneficiária direta da execução orçamentária.

Cabe aqui a ressalva de que não estamos, nesta etapa, diante do controle orçamentário propriamente dito, mas sim de acompanhamento da sua execução. Entretanto, pode-se também dizer que esse acompanhamento não deixa de ser um controle simultâneo e contínuo,

---

[10] NITTI, Francesco. *Princípios da ciência das finanças*. Rio de Janeiro: Atena, 1937. 2 v. p. 233.

realizado *pari passu* e ao longo de todo o exercício financeiro. Ou seja, não deixa de ser um controle orçamentário em sentido amplo.

Assim, de modo a proporcionar uma eficaz avaliação da execução orçamentária, a Constituição traz a previsão, em seu art. 165, § 3º, de publicação, até trinta dias após o encerramento de cada bimestre, do chamado **Relatório Resumido da Execução Orçamentária (RREO)**.

Segundo a LRF (art. 52), o RREO abrangerá todos os Poderes e o Ministério Público, devendo ser publicado até trinta dias após o encerramento de cada bimestre e será composto de: I – **balanço orçamentário**, que especificará, por categoria econômica, as: a) receitas por fonte, informando as realizadas e a realizar, bem como a previsão atualizada; b) despesas por grupo de natureza, discriminando a dotação para o exercício, a despesa liquidada e o saldo; II – **demonstrativos da execução das receitas e despesas**, assim organizadas: a) *receitas*, por categoria econômica e fonte, especificando a previsão inicial, a previsão atualizada para o exercício, a receita realizada no bimestre, a realizada no exercício e a previsão a realizar; b) *despesas*, por categoria econômica e grupo de natureza da despesa, discriminando dotação inicial, dotação para o exercício, despesas empenhada e liquidada, no bimestre e no exercício; c) *despesas*, por função e subfunção. Os valores referentes ao refinanciamento da dívida mobiliária constarão destacadamente nas receitas de operações de crédito e nas despesas com amortização da dívida.

Esse relatório deverá ser acompanhado de demonstrativos relativos a: I – apuração da receita corrente líquida, sua evolução, assim como a previsão de seu desempenho até o final do exercício; II – receitas e despesas previdenciárias; III – resultados nominal e primário; IV – despesas com juros; V – Restos a Pagar, detalhando, por Poder e órgão, os valores inscritos, os pagamentos realizados e o montante a pagar (art. 53).

Por sua vez, no último bimestre de cada exercício, o RREO deverá ser acompanhado também de: I – demonstrativo do total dos recursos de operações de crédito e o das despesas de capital executadas; II – das projeções atuariais dos regimes de previdência social, geral e próprio dos servidores públicos; III – da variação patrimonial, evidenciando a alienação de ativos e a aplicação dos recursos dela decorrentes (§ 1º, art. 53).

E, quando for o caso, serão apresentadas justificativas da limitação de empenho e da frustração de receitas, especificando as medidas de combate à sonegação e à evasão fiscal, adotadas e a adotar, e as ações de fiscalização e cobrança (art. 53, § 2º).

Portanto, além de acompanhamento e de garantia da transparência fiscal, o RREO atende ao espírito da LRF, especialmente quanto ao disposto nos arts. 1º, 4º, 8º, 11, 15, 32, 42 e 43, no sentido de orientar sobre o equilíbrio entre receitas e despesas, a limitação de empenho e movimentação financeira, a não geração de despesas consideradas não autorizadas, irregulares e lesivas ao patrimônio público, os critérios para criação, expansão ou aperfeiçoamento de ação governamental que acarrete aumento de despesa. Norteia, ainda, o cumprimento de metas de resultado primário ou nominal, a instituição, previsão e efetiva arrecadação de todos os tributos da competência constitucional do ente, a contratação de operações de crédito, disponibilidades de caixa, restos a pagar, dentre outras disposições, visando sempre à responsabilização do titular do Poder ou órgão no que se refere à gestão dos recursos e patrimônio públicos.[11]

Por sua vez, estabelecem os arts. 54 e 55 da LRF que, ao final de cada quadrimestre, no prazo de trinta dias, será emitido e assinado pelos titulares dos Poderes e órgãos outro

---

[11] ABRAHAM, Marcus. *Lei de Responsabilidade Fiscal comentada*. 3. ed. Rio de Janeiro: Forense, 2021. p. 260.

relatório, denominado de **Relatório de Gestão Fiscal (RGF)**,com amplo acesso ao público, inclusive por meio eletrônico, contendo: I – comparativo com os limites estabelecidos na legislação, dos seguintes montantes: a) despesa total com pessoal, distinguindo a com inativos e pensionistas; b) dívidas consolidada e mobiliária; c) concessão de garantias; d) operações de crédito, inclusive por antecipação de receita; II – indicação das medidas corretivas adotadas ou a adotar, se ultrapassado qualquer dos limites; III – demonstrativos, no último quadrimestre: a) do montante das disponibilidades de caixa em 31 de dezembro; b) da inscrição em Restos a Pagar, das despesas liquidadas, empenhadas e não liquidadas inscritas até o limite do saldo da disponibilidade de caixa, e as não inscritas por falta de disponibilidade de caixa e cujos empenhos foram cancelados; c) da liquidação das operações de crédito por antecipação de receita.

Por meio do RGF se permite realizar o controle, o monitoramento e a publicidade do cumprimento, por parte dos entes federativos, dos limites estabelecidos pela LRF, quais sejam aqueles definidos em percentuais da Receita Corrente Líquida (RCL) a respeito das despesas com pessoal, dívida consolidada líquida, concessão de garantias e contratação de operações de crédito.[12]

Por fim, cabe registrar que a não publicação desses relatórios – RREO e RGF – no prazo legal impedirá, até que a situação seja regularizada, que o ente da Federação receba transferências voluntárias e contrate operações de crédito, exceto as destinadas ao pagamento do principal atualizado da dívida mobiliária (art. 51, § 2º e art. 55, § 3º).[13]

## 6.6. LIMITAÇÃO DE EMPENHO

Com a preocupação de buscar a compatibilização entre as receitas e despesas na manutenção do equilíbrio fiscal, o art. 9º da LRF instituiu o mecanismo da **limitação de empenho**, derivado do *budget sequestration*[14] do modelo fiscal norte-americano, que impõe uma

---

[12] ABRAHAM, Marcus. *Lei de Responsabilidade Fiscal comentada*. 3. ed. Rio de Janeiro: Forense, 2021. p. 264.

[13] "A ausência de encaminhamento, à Secretaria do Tesouro Nacional (STN), do Relatório de Gestão Fiscal (RGF) e do Relatório Resumido de Execução Orçamentária (RREO) por prefeito municipal não atrai a competência do TCU, porque essa ocorrência não envolve gestão de recursos públicos da União, e sim procedimentos cadastrais da STN atinentes à cautela e à responsabilidade na gestão fiscal (LRF) [...] O fato de o ex-prefeito do município não ter apresentado o RGF e o RREO à Secretaria do Tesouro Nacional, em desatenção aos mandamentos da LRF, não atrai, de per si, a competência do Tribunal de Contas da União, pois esta Corte não possui jurisdição para apreciar irregularidades ocorridas na gestão municipal que não envolvam recebimento e aplicação de recursos federais, à luz do disposto no art. 71, incisos II e VI, da Constituição da República, c/c Lei 8.443/1992, art. 5º, cabendo, possivelmente, ao Tribunal de Contas do Estado do Maranhão as providências cabíveis na situação". (TCU, Acórdão 7.055/2019, Rel. Min. Bruno Dantas, 1ª Câmara, Sessão: 06.08.2019, Boletim de Jurisprudência nº 277 de 26.08.2019).

[14] "'Sequestration' is a process of automatic, largely across-the-board spending reductions under which budgetary resources are permanently canceled to enforce certain budget policy goals. It was first authorized by the Balanced Budget and Emergency Deficit Control Act of 1985 (BBEDCA, Title II of P.L. 99-177, commonly known as the Gramm-Rudman-Hollings Act). In the 1990s, sequestration was used to enforce statutory limits on discretionary spending and a pay-as-you-go (PAYGO) requirement on direct spending and revenue legislation. On direct spending and revenue legislation. Most recently, under the Budget Control Act of 2011 (BCA, P.L. 112-25), sequestration was tied to enforcement of new statutory limits on discretionary spending and achievement of the budget goal established for the Joint

contenção nos gastos públicos, em despesas consideradas discricionárias, quando a receita correspondente não se realizar como originalmente previsto na proposta orçamentária.

Assim, de acordo com o art. 9º, *caput*, LRF, se verificado, ao final de um bimestre, que a realização da receita poderá não comportar o cumprimento das metas de resultado primário ou nominal estabelecidas no Anexo de Metas Fiscais, os Poderes e o Ministério Público promoverão, por ato próprio[15] e nos montantes necessários, nos trinta dias subsequentes, limitação de empenho e movimentação financeira, segundo os critérios fixados pela lei de diretrizes orçamentárias.

O *resultado orçamentário primário* é a diferença decorrente entre o total de todas as receitas, excluindo-se as receitas do recebimento de empréstimos e respectivos juros, menos o total de todas as despesas, excluídas todos os pagamentos feitos com as amortizações dos empréstimos tomados e seus respectivos juros.

Já o *resultado orçamentário nominal* é a diferença entre o somatório de todas as receitas – incluindo-se as receitas decorrentes do recebimento de empréstimos concedidos e seus respectivos juros – menos o total de despesas, abarcando-se as despesas com o pagamento de amortização de empréstimos tomados e seus respectivos serviços da dívida (juros).

A **limitação de empenho** nada mais é do que a *suspensão momentânea* ou *contingenciamento* – até o restabelecimento da receita prevista, ainda que proporcional – da autorização para a realização de determinadas despesas previstas na lei orçamentária, quando as receitas efetivamente arrecadadas estiverem abaixo das estimativas previstas, podendo afetar o cumprimento das metas do resultado primário. Mas, nos bimestres subsequentes, se a tendência for revertida, as limitações poderão ser liberadas, na mesma proporção em que estiver ocorrendo a recuperação (art. 9º, § 1º, LRF).

Contudo, nem todas as despesas podem ser objeto de contingenciamento. Não serão objeto de limitação as despesas que constituam obrigações constitucionais e legais do ente, inclusive aquelas destinadas ao pagamento do serviço da dívida, as relativas à inovação e ao desenvolvimento científico e tecnológico custeadas por fundo criado para tal finalidade e as ressalvadas pela lei de diretrizes orçamentárias (art. 9º, § 2º, LRF). Exemplos que constituem obrigações constitucionais são as despesas para alimentação escolar (Lei 11.947/2009), benefícios do regime geral de previdência social (Lei 8.213/1991), bolsa de qualificação profissional do trabalhador (MP 2.164-41/2001), pagamento de benefício do abono salarial (Lei 7.998/1990), pagamento do seguro-desemprego (Lei 7.998/1990), transferência de renda diretamente às famílias em condições de pobreza extrema (Lei 14.284/2021), despesas de pessoal e encargos sociais, pagamento de sentenças judiciais transitadas em julgado (precatórios), inclusive as consideradas de pequeno valor, pagamento de serviço da dívida, transferências constitucionais ou legais por repartição de receita etc.

---

Select Committee on Deficit Reduction" (SPAR, Karen. *Budget "Sequestration" and Selected Program Exemptions and Special Rules*. Washington, D.C.: Congressional Research Service, 2013).

[15] A limitação de empenho deve ser feita por ato próprio de cada Poder ou órgão autônomo, para evitar que seja violada a independência dos Poderes e sua legítima autonomia. Por este motivo, foi declarado inconstitucional, na ADI 2.238, o art. 9º, § 3º, da LRF: "No caso de os Poderes Legislativo e Judiciário e o Ministério Público não promoverem a limitação no prazo estabelecido no caput, é o Poder Executivo autorizado a limitar os valores financeiros segundo os critérios fixados pela lei de diretrizes orçamentárias".

Até o final dos meses de maio, setembro e fevereiro de cada ano, o Poder Executivo deverá demonstrar e avaliar o cumprimento das metas fiscais de cada *quadrimestre* e a trajetória da dívida em audiência pública na Comissão Mista de Senadores e Deputados (art. 166, § 1º, da CF/1988) e nas equivalentes nas Casas Legislativas estaduais e municipais (art. 9º, § 4º, LRF). E, no prazo de noventa dias após o encerramento de cada *semestre*, o Banco Central do Brasil apresentará, em reunião conjunta das comissões temáticas pertinentes do Congresso Nacional, avaliação do cumprimento dos objetivos e metas das políticas monetária, creditícia e cambial, evidenciando o impacto e o custo fiscal de suas operações e os resultados demonstrados nos balanços (art. 9º, § 5º, LRF).

## 6.7. AJUSTES E CORREÇÃO DE DESVIOS

Como vimos anteriormente (seção 6.5), ao longo da execução orçamentária é necessário que o gestor público emita uma série de relatórios permitindo o devido acompanhamento, a fim de que se identifique a necessidade de implementar ajustes e correções, para que se possa caracterizar uma gestão fiscal responsável.

A definição de responsabilidade na gestão fiscal, conforme estabelecida no § 1º do art. 1º da Lei de Responsabilidade Fiscal (LRF), destaca a importância de uma atuação planejada e transparente. Essa abordagem visa prevenir riscos e corrigir desvios que possam impactar o equilíbrio das finanças públicas, mediante o cumprimento de metas de resultados entre receitas e despesas e a obediência a limites e condições no que tange à renúncia de receita, geração de despesas com pessoal, da seguridade social e outras, dívidas consolidada e mobiliária, operações de crédito, inclusive por antecipação de receita, concessão de garantia e inscrição em Restos a Pagar.

Assim, a **responsabilidade na gestão fiscal** apresenta as seguintes balizas para o alcance de seus objetivos: a) planejamento; b) transparência; c) prevenção de riscos e correção de desvios; d) equilíbrio das contas públicas; e) cumprimento de metas de resultados entre receita e despesas; f) fixação de limites e condições para renúncias de receitas e geração de despesas.

Tanto a **prevenção de riscos** como a **correção de desvios** configuram instrumentos presentes no curso do processo financeiro, de forma a identificar fatos capazes de causar impacto sobre os resultados fiscais fixados para certo período, buscando manter a estabilidade e o equilíbrio das contas públicas. É por isso que a Lei de Responsabilidade Fiscal insere certos mecanismos, impondo sua aplicação de modo a neutralizar riscos e reencaminhar desvios aos níveis e padrões desejados.

Já analisamos que mecanismos como a compensação e a limitação de empenho são exemplos de instrumentos dedicados à prevenção e correção de riscos em situações que possam ensejar o desequilíbrio financeiro nas contas públicas.

Nesta mesma linha, a fixação de **limites para as despesas com pessoal e de dívida pública**, e as respectivas medidas para a sua *recondução aos parâmetros legais* previstos nos arts. 22, 23 e 32 da LRF, são outros exemplos de procedimentos que devem ser implementados ao longo da execução orçamentária com a finalidade de realizar ajustes e corrigir desvios.

Portanto, se os limites específicos para despesa de pessoal dos Poderes e órgãos dos entes federativos, previstos nos arts. 19 e 20 da LRF, forem ultrapassados, o percentual excedente terá de ser eliminado nos dois quadrimestres seguintes, sendo pelo menos um terço no primeiro (art. 23, *caput*). Não alcançada a redução no prazo estabelecido, e enquanto perdurar o excesso, o Poder ou órgão não poderá (art. 23, § 3º): I – receber transferências voluntárias; II – obter garantia, direta ou indireta, de outro ente; III – contratar operações de crédito, ressalvadas as destinadas ao pagamento da dívida mobiliária e as que visem à redução das despesas com pessoal.[16]

Contudo, a Lei de Responsabilidade Fiscal não aguarda o atingimento dos valores máximos para só então agir. Caso se alcance um valor prévio de grande proximidade do teto, conhecido como "**limite prudencial**" (um sinal de advertência), equivalente a **95% do limite previsto em lei**, gera-se um efeito acautelatório e preventivo, vedando-se ao Poder ou órgão que houver incorrido no excesso: I – conceder vantagem, aumento, reajuste ou adequação de remuneração a qualquer título, salvo os derivados de sentença judicial ou de determinação legal ou contratual, ressalvada a revisão prevista no inc. X do art. 37 da Constituição; II – criar cargo, emprego ou função; III – alterar estrutura de carreira que implique aumento de despesa; IV – prover cargo público, admitir ou contratar pessoal a qualquer título, ressalvada a reposição decorrente de aposentadoria ou falecimento de servidores das áreas de educação, saúde e segurança; V – contratar hora extra, salvo no caso do disposto no inc. II do § 6º do art. 57 da Constituição e as situações previstas na Lei de Diretrizes Orçamentárias (art. 22, LRF).

Por sua vez, em relação aos **limites da dívida pública**, a LRF estabelece, em seu art. 31, as regras para a *recondução da dívida* aos limites estabelecidos no art. 30. Assim, caso a dívida consolidada de um ente federado ultrapasse o teto ao fim de um quadrimestre, tal montante da dívida deverá ser reconduzido ao limite até o término dos três quadrimestres subsequentes, reduzindo o excedente em pelo menos 25% (vinte e cinco por cento) no primeiro quadrimestre. E, enquanto perdurar o excesso, o ente que nele houver incorrido: I – estará proibido de realizar operação de crédito interna ou externa, inclusive por antecipação de receita, ressalvadas as para pagamento de dívidas mobiliárias; II – obterá resultado primário necessário à recondução da dívida ao limite, promovendo, entre outras medidas, limitação de empenho. Vencido o prazo para retorno da dívida ao limite, e enquanto perdurar o excesso, o ente ficará também impedido de receber transferências voluntárias da União ou do Estado. Caberá ao Ministério da Fazenda (atualmente, Ministério da Economia) divulgar mensalmente a relação dos entes que tenham ultrapassado os limites das dívidas consolidada e mobiliária (art. 31, § 4º, LRF).

A LC nº 148/2014 autorizou a União a firmar **Programas de Acompanhamento Fiscal**, sob a gestão do então Ministério da Fazenda, com os Municípios das capitais e com os Estados que não estão obrigados a manter Programa de Reestruturação e de Ajuste Fiscal (art. 5º). O art. 5º da LC nº 148/2014, contudo, foi revogado pela LC nº 178/2021, que reestruturou tal Programa, passando a denominá-lo de **Programa de Acompanhamento e Transparência Fiscal** e **Plano de Promoção do Equilíbrio Fiscal**.

O **Programa de Acompanhamento e Transparência Fiscal** tem por objetivo reforçar a transparência fiscal dos Estados, do Distrito Federal e dos Municípios e compatibilizar as respectivas políticas fiscais com a da União (art. 1º, *caput*, LC nº 178/2021), podendo estabelecer metas e compromissos para os entes federados que a ele aderirem (art. 1º, § 2º). O ente que aderir firmará o compromisso de contrair novas dívidas exclusivamente de acordo com

---

[16] Por meio da LC nº 164/2018, foi inserido o § 5º ao art. 23, mitigando-se o rigor do § 3º em relação aos Municípios em caso de queda de receita real superior a 10% (dez por cento), em comparação ao correspondente quadrimestre do exercício financeiro anterior, devido a: I – diminuição das transferências recebidas do Fundo de Participação dos Municípios decorrente de concessão de isenções tributárias pela União; II – diminuição das receitas recebidas de royalties e participações especiais. Mas o disposto nesse § 5º apenas se aplica caso a despesa total com pessoal do quadrimestre vigente não ultrapasse o limite percentual previsto no art. 19 da LRF, considerada, para este cálculo, a receita corrente líquida do quadrimestre correspondente do ano anterior atualizada monetariamente (art. 23, § 6º).

os termos do Programa, e este poderá estabelecer limites individualizados para contratação de dívidas em percentual da receita corrente líquida, de acordo com a capacidade de pagamento apurada conforme metodologia definida pelo Ministério da Economia (art. 1º, §§ 3º e 4º). A adesão a tal Programa é condição para a pactuação de Plano de Promoção do Equilíbrio Fiscal com a União, para a adesão ao Regime de Recuperação Fiscal de que trata a LC nº 159/2017, e para a repactuação de acordos sob a égide da LC nº 156/2016, da Lei nº 9.496/1997, e da Medida Provisória nº 2.192-70/2001. Já o **Plano de Promoção do Equilíbrio Fiscal** contém um conjunto de metas e de compromissos pactuados entre a União e cada ente federado, com o objetivo de promover o equilíbrio fiscal e a melhoria das respectivas capacidades de pagamento (art. 3º, *caput*, LC nº 178/2021).

Cumpre lembrar que a cada dia ganha maior espaço a ideia da sustentabilidade orçamentária, dentro da qual se encontra o equilíbrio fiscal e a **sustentabilidade da dívida pública**.

Não à toa, a EC nº 109/2021 incluiu o art. 164-A na Constituição para estabelecer que a União, os Estados, o Distrito Federal e os Municípios devem conduzir suas políticas fiscais de forma a manter a dívida pública em níveis sustentáveis, bem como a elaboração e a execução de planos e orçamentos devem refletir a compatibilidade dos indicadores fiscais com a sustentabilidade da dívida.

Outrossim, como já abordado anteriormente, a referida emenda inseriu no texto constitucional um novo conjunto de regras para garantir uma gestão fiscal responsável, com equilíbrio entre receitas e despesas, e controle em determinados gastos. Assim é que o art. 167-A estabelece que, em um período de 12 meses, a partir de um acompanhamento bimestral, caso as despesas correntes superem o montante de 95% das receitas correntes, será facultado aos poderes e órgãos dos Estados, DF e Municípios adotarem mecanismos de ajuste fiscal para evitar a ampliação de gastos, contemplando uma série de vedações, tais como: o aumento ou reajuste remuneratório de pessoal; a criação de novos cargos, alteração de estrutura de carreiras, admissão ou contratação de pessoal; a criação ou expansão de programas e linhas de financiamento, bem como remissão, renegociação ou refinanciamento de dívidas que impliquem ampliação das despesas com subsídios e subvenções; a concessão ou ampliação de incentivo ou benefício de natureza tributária. E, caso seja apurado que a despesa corrente se encontre entre 85% e 95% da receita corrente, tais medidas podem ser, no todo ou em parte, implementadas por atos do Chefe do Poder Executivo com vigência imediata, facultado aos demais Poderes e órgãos autônomos implementá-las em seus respectivos âmbitos.

Para regulamentar a sustentabilidade financeira e orçamentária, foi instituído o "novo arcabouço fiscal" por meio da LC nº 200/2023, que criou o "Regime Fiscal Sustentável" para garantir a estabilidade econômico-financeira no país.

## 6.8. IMPOSITIVIDADE DA EXECUÇÃO ORÇAMENTÁRIA

Excluindo-se a parcela do orçamento público que já é de execução obrigatória por determinação constitucional ou legal,[17] as demais previsões orçamentárias devem ser executadas de

---

[17] Conforme leciona Edilberto Pontes Lima: "Há que se ressaltar que a maior parte do orçamento público já é de execução obrigatória, como as despesas com pessoal, com benefícios previdenciários, com transferências a estados e municípios, com pagamento de juros e amortização da dívida pública. Mesmo a ampla maioria das despesas de custeio é de execução obrigatória, já que não há como se deixar de pagar as contas de água, de luz, de serviços de limpeza, entre outras, inerentes ao funcionamento da máquina pública. Resta, portanto, parte do custeio, principalmente o referente a novos programas ou expansão dos existentes e o investimento público, em que há uma discricionariedade relativa, pois muitos projetos

maneira vinculada, obrigatória e em sua totalidade, tal como consignado no PPA, LDO e LOA, salvo se houver impedimento de ordem técnica, financeira ou jurídica, para os quais a justificativa deverá ser expressa, motivada e amplamente divulgada. Assim, diz-se que o **orçamento público é impositivo** quando todas as previsões de despesas e programas das leis orçamentárias devem ter necessariamente o seu empenho, liquidação e pagamento realizados integralmente.

Não obstante a obviedade dessa afirmativa, por décadas no Brasil foi considerado o orçamento público como meramente autorizativo, entendendo-se ser facultado ao gestor público, ao longo do exercício fiscal, deliberar de maneira discricionária e imotivada sobre quais previsões da lei orçamentária seriam efetivamente realizadas e quais seriam contingenciadas e não realizadas.

Ao perfilhar essa lógica, além de reduzir a importância do Poder Legislativo no processo orçamentário, esvaziar o conceito unívoco de lei (orçamentária) presente em nosso ordenamento jurídico e possibilitar o desenvolvimento das tão proclamadas "peças de ficção" inexequíveis e irreais, estar-se-ia chancelando um modelo forjado por Paul Laband[18] há mais de um século e meio, para atender a um regime autoritário decorrente do princípio monárquico vigente na época,[19] completamente desconectado do nosso atual modelo constitucional democrático e republicano.

Ora, a Constituição Federal de 1988, em seu art. 165, § 8º, desde o texto originário, sempre empregou a expressão "fixação de despesa" ao se referir à lei orçamentária anual (e não "autorização de despesa"), e em momento algum há em seu texto qualquer referência a uma suposta facultatividade no cumprimento das prescrições da lei orçamentária que, aliás, é uma **lei em sentido material** como qualquer outra lei ordinária do nosso ordenamento jurídico.

Devemos ponderar que a literalidade do termo "fixação" tem como sinônimos: "firmar", "prender", "segurar", "estabilizar", "imobilizar" etc., conceitos que indicam uma imperatividade, ideia bastante diferente de uma mera autorização ou faculdade na execução do gasto público.

A propósito, Regis Fernandes de Oliveira[20] comunga com o caráter impositivo do orçamento ao asseverar que

> o verbo *fixar*, utilizado para estabelecer as despesas, não se conforma com o sentido pouco estável da mera previsão de despesas. *Fixar* é mais que lançar provisoriamente no rol de gastos. É séria demonstração de reconhecimento de dívida, só ilidida por motivos relevantes e fundados.

---

dependem de investimentos realizados ao longo de vários anos, tornando muito difícil interrompê-los". (LIMA, Edilberto Carlos Pontes. Algumas observações sobre orçamento impositivo. *Planejamento e Políticas Públicas – PPP*, n. 26, jun./dez. 2003. p. 5).

[18] Por volta de 160 anos atrás, o então Reino da Prússia, que veio a se tornar o principal Estado-membro do Império Alemão, se via às voltas com a necessidade de aumentar os gastos bélicos para fazer frente às guerras que enfrentava. Tal situação instaurou um "impasse orçamentário" nos anos de 1860-1866, entre o Poder Executivo e o Parlamento, que rejeitava sucessivamente o aumento das despesas. Sob o comando do chanceler Otto von Bismarck, o conflito político é transferido para a arena jurídica, por meio da construção dogmática do jurista Paul Laband, do orçamento público como "lei meramente formal", mitigando o seu caráter de lei material capaz de criar verdadeiras obrigações para o Estado. Esvaziava--se, então, o perfil impositivo do orçamento, ao argumento de tratar-se de mero ato administrativo de autorização de gastos, e validaram-se juridicamente os ideais do princípio monárquico prussiano, garantindo a soberania do monarca autoritário em detrimento do Parlamento.

[19] ABRAHAM, Marcus. Democracia e orçamento impositivo. *O Globo*, Rio de Janeiro, 2 mar. 2020. p. 3.

[20] OLIVEIRA, Regis Fernandes de. *Curso de direito financeiro*. 6. ed. São Paulo: Revista dos Tribunais, 2014. p. 589-560.

Também trilhando pela compreensão de ser o orçamento público impositivo, Adilson de Abreu Dallari[21] afirma que o orçamento-programa não mais pode ser havido como meramente autorizativo, tendo, sim, por determinação constitucional, um caráter impositivo.

Hely Lopes Meirelles[22] há décadas já lecionava que a execução do orçamento deve encerrar o fiel atendimento do que nele for disposto, pois, em suas palavras, "executar é cumprir o determinado".

Suscitando possível crime de responsabilidade do Poder Executivo pela não execução do orçamento de maneira impositiva, sem que haja motivação idônea para o seu descumprimento, Luis Felipe Valerim Pinheiro entende que não haveria margem de liberdade ao gestor público em executar ou não a LOA.[23] José Marcos Domingues de Oliveira[24] também segue essa mesma linha da imperatividade orçamentária decorrente do fato de se tratar de uma lei emanada do Poder Legislativo.

Felizmente, diversas emendas constitucionais promulgadas em anos recentes tornaram qualquer interpretação induvidosa diante do texto dos respectivos dispositivos inseridos na Constituição estabelecendo a obrigatoriedade da execução orçamentária de maneira impositiva.

A primeira delas foi a **Emenda Constitucional nº 85/2015**, fixando a execução obrigatória de *emendas individuais parlamentares*, limitada a 1,2% da Receita Corrente Líquida (art. 166, §§ 9º e 11, CF/1988).

Por sua vez, a **Emenda Constitucional nº 100/2019** estabeleceu que é obrigatória a execução de *emendas de bancada* limitada ao montante de 1% da Receita Corrente Líquida (art. 166, § 12, CF/1988).

Porém, a grande mudança trazida por esta emenda constitucional acerca do tema da impositividade orçamentária está na previsão contida no § 10 do art. 165, que assim prescreve:

> A administração tem o dever de executar as programações orçamentárias, adotando os meios e as medidas necessários, com o propósito de garantir a efetiva entrega de bens e serviços à sociedade.

Em complemento, a **Emenda Constitucional nº 102/2019** foi promulgada logo em seguida para aprimorar a regra supracitada, a qual poderia colocar em risco o equilíbrio e a sustentabilidade fiscal, além de poder ocasionar responsabilidade ao gestor que não cumprisse a obrigação de execução plena do orçamento. A nova alteração constitucional introduziu no mesmo art. 165, o § 11, o qual apresenta hipóteses e condições excepcionais, prevendo, conforme o que dispuser a respectiva LDO, que a regra geral da impositividade da LOA: I – subordina-se ao cumprimento de dispositivos constitucionais e legais que estabeleçam metas fiscais ou limites de despesas e não impede o cancelamento necessário à abertura de créditos

---

[21] DALLARI, Adilson de Abreu. Orçamento impositivo. *In:* CONTI, José Maurício; SCAFF, Fernando Facury (coords.). *Orçamentos públicos e direito financeiro*. São Paulo: Revista dos Tribunais, 2011. p. 325.

[22] MEIRELLES, Hely Lopes. *Direito municipal brasileiro*. 10. ed. São Paulo: Malheiros, 1998. p. 569.

[23] PINHEIRO, Luís Felipe Valerim. Rumo ao orçamento impositivo. *In:* CONTI, José Maurício; SCAFF, Fernando Facury (coords.). *Orçamentos públicos e direito financeiro*. São Paulo: Revista dos Tribunais, 2011. p. 428.

[24] OLIVEIRA, José Marcos Domingues de. O desvio de finalidade das contribuições e o seu controle tributário e orçamentário no direito brasileiro. In: OLIVEIRA, José Marcos Domingues de (coord.). *Direito tributário e políticas públicas*. São Paulo: MP, 2008. p. 341.

adicionais; II – não se aplica nos casos de impedimentos de ordem técnica devidamente justificados; III – aplica-se exclusivamente às despesas primárias discricionárias.

Além disso, a referida emenda determinou que deverá integrar a lei de diretrizes orçamentárias, para o exercício a que se refere e, pelo menos, para os 2 (dois) exercícios subsequentes, anexo com previsão de agregados fiscais e a proporção dos recursos para investimentos que serão alocados na lei orçamentária anual para a continuidade daqueles em andamento (art. 165, § 12, CF/1988), e que tais dispositivos aplicam-se exclusivamente aos orçamentos fiscal e da seguridade social da União (art. 165, § 13, CF/1988).

Adicionalmente à regra estabelecida pela EC nº 86/2015, a **Emenda Constitucional nº 105/2019** consignou que as emendas individuais impositivas poderão destinar recursos a Estados, ao Distrito Federal e a Municípios por meio dos mecanismos de *transferência especial* ou *transferência com finalidade definida*.

Por sua vez, a **Emenda Constitucional nº 126/2022** aumentou o percentual impositivo das emendas individuais parlamentares de 1,2% para 2,0% (dois por cento) da receita corrente líquida (art. 166, § 9º, CF/1988), tendo estabelecido no § 9º-A do art. 166 que deste novo percentual de dois por cento, 1,55% (um inteiro e cinquenta e cinco centésimos por cento) caberá às emendas de Deputados e 0,45% (quarenta e cinco centésimos por cento) às de Senadores.

Além disso, a mesma Emenda Constitucional determinou que os restos a pagar provenientes das programações orçamentárias previstas nos §§ 11 e 12 (emendas impositivas) poderão ser considerados para fins de cumprimento da execução financeira até o limite de 1% (um por cento) da receita corrente líquida do exercício anterior ao do encaminhamento do projeto de lei orçamentária, para as programações das emendas individuais, e até o limite de 0,5% (cinco décimos por cento) para as programações das emendas de iniciativa de bancada de parlamentares de Estado ou do Distrito Federal.

Caminhando para encerrar esta seção, é necessário fazer uma ressalva de natureza conceitual, visto que há dois momentos distintos no ciclo orçamentário que não podem ser confundidos: a elaboração (etapa anterior) e a execução do orçamento público (etapa posterior). A elaboração das leis orçamentárias, momento em que se fazem escolhas alocativas de recursos públicos, é pautada essencialmente por comandos jurídicos constitucionais e legais, ainda que remanesça um espaço para deliberações políticas e ideológicas do seu proponente (Poder Executivo). Mas, em momento seguinte, em que se executam as leis orçamentárias, tal fase deverá seguir o modelo impositivo, como antes proposto.

Em nossa opinião, o orçamento público impositivo é um instrumento democrático e fundamental para o desenvolvimento da nação brasileira, pois a execução orçamentária em sua plenitude – ressalvadas as limitações legais, financeiras ou técnicas – constitui um imperativo para a efetivação dos direitos fundamentais intimamente conectados ao princípio da dignidade da pessoa humana.

## 6.9. EXCEPCIONALIDADES NA EXECUÇÃO ORÇAMENTÁRIA

Da mesma maneira que encontramos no Direito Privado alguns dispositivos que disciplinam determinadas circunstâncias de natureza excepcional e extraordinária que, ao ocorrerem, impedem o cumprimento ordinário de obrigações e deveres, oferecendo exceções à aplicação da regra geral – tal como as hipóteses de "caso fortuito" e "força maior" –, no Direito Financeiro também temos normas aplicáveis a essas situações extremadas que são capazes de afastar ou mitigar as imposições legais ao cumprimento dos limites de gastos e endividamento durante a execução do orçamento público.

Contudo, devemos considerar dois tipos de normas de exceção: aquelas previstas de maneira ordinária e perene em nosso ordenamento jurídico fiscal, e as que são inseridas casuisticamente, por força de determinadas situações excepcionais e temporárias.

Nesse sentido, citamos como exemplos de circunstâncias que motivaram a criação de "válvulas de escape" normativas em sede fiscal: a decretação de calamidade pública decorrente da pandemia da COVID-19 (anos 2020 a 2022)[25] e o estado de emergência reconhecido no ano de 2022 decorrente da elevação extraordinária e imprevisível dos preços do petróleo.[26]

Lembramos que a Lei de Responsabilidade Fiscal (LC nº 101/2000) já contemplava em seu art. 65 situações consideradas como de **calamidade pública**,[27] devendo ser reconhecida pelo Congresso Nacional, no caso da União, ou pelas Assembleias Legislativas, na hipótese dos Estados e Municípios, para o fim de suspender a contagem de prazos dos arts. 23, 31 e 70 e de dispensar o atingimento dos resultados fiscais e a limitação de empenho prevista no art. 9º.

Ocorre que, quando da pandemia da COVID-19, foi promulgada a Emenda Constitucional nº 106/2020,[28] que veio a afastar temporariamente a denominada "regra de ouro fiscal" inscrita no inc. III do art. 167 da Constituição, norma que veda o endividamento para o pagamento de despesas correntes. Ademais, permitiu que operações de crédito realizadas para o refinanciamento da dívida mobiliária pudessem ser utilizadas também para o pagamento de seus juros e encargos, e concedeu poderes ao Banco Central do Brasil para comprar e vender títulos e valores mobiliários no mercado secundário, desde que possuíssem avaliação de risco positiva. Também dispensou o cumprimento das restrições constitucionais e legais quanto à criação, expansão ou aperfeiçoamento de ação governamental que acarretasse aumento da despesa e a concessão ou ampliação de incentivo ou benefício de natureza tributária da qual decorresse renúncia de receita, desde que não se tratasse de despesa permanente, tendo como propósito exclusivo o enfrentamento do contexto da calamidade pública decretada e seus efeitos sociais e econômicos, com vigência e efeitos restritos ao período de duração da situação excepcional.

Na mesma esteira, a Lei Complementar nº 173/2020 alterou a LRF para o fim de permitir: a) contratação e aditamento de operações de crédito; b) concessão de garantias; c) contratação entre entes da Federação; e d) recebimento de transferências voluntárias. Desobrigaram-se o atendimento aos limites, vedações e sanções do art. 35 (operações de crédito entre entes da

---

[25] Cite-se o Decreto Legislativo nº 06/2020, que reconheceu exclusivamente para os fins do art. 65 da Lei Complementar nº 101, de 4 de maio de 2000, notadamente para as dispensas do atingimento dos resultados fiscais previstos no art. 2º da Lei nº 13.898, de 11 de novembro de 2019, e da limitação de empenho de que trata o art. 9º da Lei Complementar nº 101, de 4 de maio de 2000, a ocorrência do estado de calamidade pública, com efeitos até 31 de dezembro de 2020, nos termos da solicitação do Presidente da República encaminhada por meio da Mensagem nº 93, de 18 de março de 2020.

[26] A Emenda Constitucional nº 123/2022 inseriu no ADCT da Constituição o art. 120, reconhecendo, no ano de 2022, o estado de emergência decorrente da elevação extraordinária e imprevisível dos preços do petróleo, combustíveis e seus derivados e dos impactos sociais dela decorrentes.

[27] A calamidade pública é a situação reconhecida pelo Poder Público decorrente de uma circunstância extraordinária provocada por desastre natural, humano ou misto, que causa sérios danos à comunidade afetada, inclusive à incolumidade e à vida de seus integrantes, afetando as contas públicas negativamente, impondo aumento de gastos para o seu enfrentamento e trazendo como consequência a redução na arrecadação de receitas públicas decorrente da queda no consumo e produção.

[28] Instituiu o regime extraordinário fiscal, financeiro e de contratações, criando-se uma espécie de "orçamento paralelo" mais flexível e que facilitava as contratações, o aumento de gastos e de endividamento, tudo de maneira mais transparente a permitir o controle das despesas destinadas ao combate da pandemia.

federação, direta ou indiretamente, mesmo que sob a forma de novação, refinanciamento ou postergação de dívida), do art. 37 (outras equiparações às operações de crédito) e do art. 42 (restos a pagar), bem como será liberada a destinação específica de recursos vinculados, desde que os recursos arrecadados sejam destinados ao combate à calamidade pública, tal como é exigido no parágrafo único do art. 8º da LRF. Igualmente foram suspensas as condições do art. 14 (estimativa de impacto orçamentário e medidas de compensação para a concessão de benefícios tributários), do art. 16 (estimativa de impacto orçamentário e declaração de compatibilidade orçamentária para o aumento de despesas) e do art. 17 (estimativa de impacto orçamentário e indicação de recursos para a criação ou aumento de despesas de caráter continuado), desde que o incentivo ou benefício e a criação ou o aumento da despesa sejam destinados ao combate à calamidade pública.

Por outro lado, o art. 21 da LRF teve as suas restrições ampliadas, tornando nulo o aumento da despesa com pessoal nos 180 dias anteriores ao final do mandato do titular de Poder ou órgão, bem como nulificando o aumento da despesa com pessoal que preveja parcelas a serem implementadas em períodos posteriores ao final do mandato do titular de Poder ou órgão. O objetivo de tais restrições é colocar um fim na praxe de deixar passivos financeiros oriundos de majorações parceladas de remuneração, também denominadas de "esqueletos fiscais", que por vezes inviabilizavam financeiramente as próximas gestões.

A **Emenda Constitucional nº 109/2021** introduziu na Constituição Federal, para regulamentar o enfrentamento fiscal no estado de calamidade pública, os novos arts. 167-A até 167-G.

Ainda com relação ao evento da Covid-19, adveio a **Lei Complementar nº 195/2022** (popularmente conhecida como "*Lei Paulo Gustavo*", em homenagem ao famoso ator falecido em decorrência da Covid),[29] a qual dispõe sobre o apoio financeiro da União aos Estados, ao Distrito Federal e aos Municípios para garantir ações emergenciais direcionadas ao setor cultural. Essa lei também alterou a LRF para não contabilizar na meta de resultado primário as transferências federais aos demais entes da Federação para enfrentamento das consequências sociais e econômicas no setor cultural decorrentes de calamidades públicas ou pandemias.

Para tanto, incluiu-se o **art. 65-A** na LRF, estatuindo que:

> Não serão contabilizadas na meta de resultado primário, para efeito do disposto no art. 9º desta Lei Complementar, as transferências federais aos demais entes da Federação, devidamente identificadas, para enfrentamento das consequências sociais e econômicas no setor cultural decorrentes de calamidades públicas ou pandemias, desde que sejam autorizadas em acréscimo aos valores inicialmente previstos pelo Congresso Nacional na lei orçamentária anual.

Por outro lado, a **Emenda Constitucional nº 123/2022** inseriu no Ato das Disposições Constitucionais Transitórias o art. 120, reconhecendo no ano de 2022 o **estado de emergência** decorrente da elevação extraordinária e imprevisível dos preços do petróleo, combustíveis e seus derivados. Para o enfrentamento ou mitigação dos impactos decorrentes deste estado de emergência, estabeleceu-se que: I – quanto às despesas: a) serão atendidas por meio de crédito extraordinário; b) não serão consideradas para fins de apuração da meta de resultado primário estabelecida na LDO de 2021 (para a execução da Lei Orçamentária de 2022), e do

---

[29] A Lei Complementar nº 202, de 15 de dezembro de 2023, alterou a LC nº 195/2022 para prorrogar até 31 de dezembro de 2024 o prazo de execução dos recursos da Lei Paulo Gustavo por Estados, Distrito Federal e Municípios.

limite estabelecido para as despesas primárias, conforme o inc. I do *caput* do art. 107 do ADCT; e c) ficarão ressalvadas do disposto no inc. III do *caput* do art. 167 da Constituição Federal; II – a abertura do crédito extraordinário para seu atendimento dar-se-á independentemente da observância dos requisitos exigidos no § 3º do art. 167 da Constituição Federal; e III – a dispensa das limitações legais, inclusive quanto à necessidade de compensação: a) à criação, à expansão ou ao aperfeiçoamento de ação governamental que acarrete aumento de despesa; e b) à renúncia de receita que possa ocorrer.

Já a **Lei Complementar nº 206/2024** – motivada pelas fortíssimas chuvas que causaram enorme tragédia humanitária no Estado do Rio Grande do Sul em 2024 – autorizou a União a postergar o pagamento da dívida de entes federativos afetados por *estado de calamidade pública decorrente de eventos climáticos extremos* reconhecido pelo Congresso Nacional, mediante proposta do Poder Executivo federal, e a reduzir a taxa de juros dos contratos de dívida dos referidos entes com a União.

A lei traz diversos critérios para que tal postergação ocorra, bem como, nessas situações de calamidade pública por eventos climáticos, cria exceções à aplicação de normas mais restritivas da LRF, sendo afastadas as vedações e dispensados os requisitos legais exigidos para a contratação com a União e a verificação dos requisitos exigidos, inclusive os previstos na LRF, para a realização de operações de crédito e equiparadas e para a assinatura de termos aditivos aos contratos de refinanciamento de que trata a LC nº 206/2024.

Também prevê nova redação para o art. 35, § 1º, I, da LRF, permitindo realização de operações entre instituição financeira estatal e outro ente da Federação destinadas a financiar a estruturação de projetos ou a garantir contraprestações em contratos de parceria público-privada ou de concessão para o ente da Federação afetado pelo estado de calamidade pública reconhecido pelo Congresso Nacional de acordo com o art. 65 da LRF.

Embora se possa concordar com a necessidade de possuirmos mecanismos alternativos para gerir as finanças públicas em situações extraordinárias e imprevisíveis, tais normas não devem ser adotadas de maneira abusiva e irresponsável, para evitar que se tornem subterfúgios para afastar o controle orçamentário.

*Capítulo VII*
# O ORÇAMENTO PÚBLICO E SEU CONTROLE

## 7.1. CONSIDERAÇÕES INICIAIS

O orçamento público, após elaborado e aprovado, necessita que sua execução seja objeto de um adequado acompanhamento, com uma eficiente fiscalização e um efetivo controle.

Isso porque, assim como ocorre em qualquer ato que envolva seres humanos, também na execução orçamentária existe a possibilidade de falhas e erros, sejam involuntários, por falta de atenção, equívocos ou dúvidas, ou, por outro lado, por uma atuação deliberada e consciente de malversar, conduzindo por vezes a uma série de irregularidades.

Regimes considerados autoritários ou pouco democráticos não costumam possuir instituições ou estabelecer instrumentos efetivos de fiscalização e controle das contas públicas, exatamente para que se possa fazer uso de tais recursos sem estar sob os olhos populares.

Por sua vez, uma das marcas do regime democrático está precisamente em que a arrecadação e uso das receitas oriundas dos esforços da coletividade possam ser devidamente acompanhados e fiscalizados, sendo a eficiência do sistema de controle essencial para o progresso nacional.

Ao se identificar qualquer irregularidade durante o acompanhamento e a fiscalização orçamentária, esse desvio deve ser objeto de uma pronta correção.

Porém, acompanhar, fiscalizar e controlar a elaboração e a execução das leis orçamentárias não são procedimentos suficientes em um Estado de Direito. Há que se verificar também o nível de concretização das previsões orçamentárias, do contrário, um gasto público não terá nenhuma valia se não gerar mudanças positivas para a coletividade, trazendo melhorias ao bem-estar do cidadão e o desenvolvimento da sociedade.

## 7.2. CONCEITOS DE ACOMPANHAMENTO, FISCALIZAÇÃO E CONTROLE ORÇAMENTÁRIOS

De modo a salvaguardar o interesse público envolvido na correta aplicação dos recursos do erário, o ordenamento jurídico brasileiro instituiu um verdadeiro sistema normativo para fiscalização e controle do orçamento público.

A começar pela Constituição de 1988, tem-se uma seção inteira dedicada à fiscalização contábil, financeira e orçamentária (arts. 70 a 75, CF/1988). Depois, vemos a Lei de Responsabilidade Fiscal (Lei Complementar nº 101/2000) veiculando normas de finanças públicas voltadas para a responsabilidade na gestão fiscal, com regras específicas sobre transparência, controle e fiscalização (arts. 48 a 59). Por fim, destaca-se também a Lei nº 4.320/1964, com seu controle da execução orçamentária (Título VIII – arts. 75 a 82).

O **acompanhamento** da execução do orçamento pode ser feito por qualquer interessado – seja pelo cidadão, seja pelas instituições e órgãos de fiscalização e controle – mediante relatórios periódicos de divulgação obrigatória. Nesse aspecto, revela-se imperiosa a presença da transparência fiscal.

A **fiscalização** diz respeito à verificação da adequação dos atos de elaboração e execução orçamentária às normas aplicáveis, sendo realizada sobretudo por órgãos especificamente constituídos para esse fim, tais como Tribunais e Conselhos de Contas e sistemas de controle interno como Controladorias.

O **controle** do orçamento relaciona-se à retificação de equívocos ou irregularidades identificados nos procedimentos de acompanhamento e fiscalização da execução orçamentária.

Temos no art. 75 da Lei nº 4.320/1964 uma definição legal do que seria o **controle da execução orçamentária**, o qual compreende: I – a legalidade dos atos de que resultem a arrecadação da receita ou a realização da despesa, o nascimento ou a extinção de direitos e obrigações; II – a fidelidade funcional dos agentes da administração, responsáveis por bens e valores públicos; III – o cumprimento do programa de trabalho expresso em termos monetários e em termos de realização de obras e prestação de serviços.

Destaca-se nesse tema também o próprio texto constitucional, ao prever, em seu art. 70, que a fiscalização contábil, financeira, orçamentária, operacional e patrimonial da União e das entidades da administração direta e indireta, quanto à legalidade, legitimidade, economicidade, aplicação das subvenções e renúncia de receitas, será exercida pelo Congresso Nacional, mediante controle externo, e pelo sistema de controle interno de cada Poder.

## 7.3. PRINCÍPIOS GERAIS DE CONTROLE ORÇAMENTÁRIO

A atividade de fiscalização e controle das contas públicas se orienta por princípios gerais que visam à adequada execução dessa tarefa, os quais podem ser resumidos na forma abaixo apresentada.[1]

O **princípio da segregação das funções** aponta que a estrutura das unidades ou entidades administrativas deve prever a separação entre as funções de autorização/aprovação de operações, execução, controle e contabilização, de tal forma que nenhuma pessoa detenha competências e atribuições em desacordo com esse princípio, isto é, deve-se evitar a centralização em uma única pessoa das funções de executar e controlar.

O **princípio da independência funcional** indica que o responsável pelo controle deve manter uma atitude de independência com relação ao agente controlado, bem como possuir as condições técnicas e de trabalho para poder agir com imparcialidade em seu julgamento, nas fases de planejamento, execução e emissão de sua opinião, bem assim nos demais aspectos relacionados com sua atividade profissional.

O **princípio da relação custo-benefício** consiste na avaliação do custo de um controle em relação aos benefícios que ele possa proporcionar, de modo a evitar excessiva onerosidade no controle, levando-se em consideração a razoabilidade e eficiência.

O **princípio da aderência às normas e diretrizes** afirma que o controle interno administrativo deve assegurar observância às diretrizes, planos, normas, leis, regulamentos e procedimentos administrativos, e que os atos e fatos de gestão sejam efetuados mediante atos legítimos, relacionados com a finalidade da unidade ou entidade administrativa.

---

[1] Os princípios foram adaptados a partir do "Manual do Sistema de Controle Interno do Poder Executivo Federal" (aprovado pela Instrução Normativa n.º 01, de 6 de abril de 2001).

O **princípio da oficialidade** ou **formalização das instruções**, por meio do qual, para atingir um grau de segurança adequado, é indispensável que as ações, procedimentos e instruções sejam disciplinados e formalizados por meio de instrumentos eficazes, específicos e previstos em normas; ou seja, claros e objetivos e emitidos por autoridade competente, de forma a evitar indevidos subjetivismos.

A atenção a esses princípios é essencial para que o controle e a fiscalização sejam realizados de forma adequada.

## 7.4. MODALIDADES DE FISCALIZAÇÃO ORÇAMENTÁRIA

Todas as pessoas que lidam com recursos públicos estão submetidas a serem fiscalizadas pelas entidades e órgãos competentes.

Em primeiro lugar, essa fiscalização está voltada aos Poderes e órgãos autônomos responsáveis pela execução do orçamento, com destaque para o Poder Executivo dos entes federados e entidades componentes da Administração Pública, seja direta ou indireta.

Contudo, a norma constitucional sobre o tema é bastante abrangente: devem prestar contas quaisquer pessoas físicas ou jurídicas, públicas ou privadas, que utilizem, arrecadem, guardem, gerenciem ou administrem dinheiros, bens e valores públicos ou pelos quais a União responda, ou que, em nome desta, assumam obrigações de natureza pecuniária (art. 70, parágrafo único, CF/1988). A ideia por trás da atual norma constitucional já estava presente no art. 93 do Decreto nº 200/1967, o qual estabelece que, quem quer que utilize dinheiros públicos, terá de justificar seu bom e regular emprego na conformidade das leis, regulamentos e normas emanadas das autoridades administrativas competentes.

Estão presentes também âmbitos específicos de fiscalização conectados a certos princípios de finanças públicas previstos no art. 70, *caput*, da Constituição, a saber: 1) **legalidade:** o atendimento das disposições previstas na legislação de finanças públicas; 2) **legitimidade:** a demonstração da adequação dos atos administrativo-financeiros aos valores e interesses coletivos que com eles se busca atender; 3) **economicidade:** avaliação de custo-benefício, indicando que os recursos públicos estão a ser utilizados de forma eficiente, sopesando os custos e resultados atingidos; 4) **aplicação das subvenções e renúncia de receitas:** controle do destino de verbas públicas voltadas a subsidiar entidades que colaboram com o setor público no atendimento das necessidades sociais, bem como das renúncias de receitas (*tax expenditures*) como política fiscal de estímulo a certas atividades.

Em relação às **modalidades, tipos** ou **espécies** de fiscalização, segundo a ordem apresentada pelo art. 70, *caput*, da Constituição, podem ser classificados em: 1) **contábil:** controle feito a partir da análise da escrituração contábil; 2) **financeira:** fiscalização empreendida a partir do controle e análise da arrecadação e realização dos gastos públicos; 3) **orçamentária:** controle a partir do acompanhamento e análise da execução do orçamento público; 4) **operacional:** fiscalização do cumprimento das metas e políticas públicas definidos e de seu desempenho, buscando analisar a capacidade de gestão; 5) **patrimonial:** fiscalização do patrimônio mobiliário e imobiliário do Estado em sua situação e alterações pelas quais passa.

## 7.5. MOMENTOS DE CONTROLE ORÇAMENTÁRIO

No que diz respeito ao *momento*, o controle será *prévio*, *concomitante* ou *posterior*.

Assim é que prescreve o art. 77 da Lei nº 4.320/1964: "A verificação da legalidade dos atos de execução orçamentária será prévia, concomitante e subsequente".

O **controle prévio orçamentário** é realizado por meio da utilização de técnicas e medidas *anteriores* à elaboração e execução orçamentárias, buscando garantir de modo preventivo sua adequada concretização.

Consubstancia-se em regras que tratam do tema dirigindo a conduta do agente público de modo a satisfazer as necessidades coletivas. Atendidas essas regras, atos lesivos e irregulares são evitados de antemão. Na elaboração de projetos de lei em matéria orçamentária, já se vislumbra esse controle prévio, pois neles deverão ser consideradas as necessidades sociais que legitimem sua criação, bem como obedecer às regras e princípios orçamentários presentes na Constituição e na legislação infraconstitucional pertinente. Esse controle antecedente também se verifica na elaboração de instrumentos como contratos, instruções e regulamentos.

Já o **controle concomitante orçamentário** é empreendido durante toda a execução do orçamento público, por meio de acompanhamento do proceder do gestor público em sua implementação. É cumprido por fiscalizações e auditorias feitas pelos órgãos de controle interno e externo.

Por fim, o **controle posterior orçamentário** é efetivado analisando-se a documentação e os relatórios emitidos e divulgados pela Administração Pública, em periodicidade estabelecida na legislação aplicável, acerca dos gastos, ações e programas previstos no orçamento. Os mecanismos mais relevantes de exercício desse controle posterior são a tomada de contas, a prestação de contas, o relatório de gestão, o parecer de auditoria e o relatório de resultado.

## 7.6. ESTRUTURAS DE CONTROLE ORÇAMENTÁRIO

Em relação às estruturas do **sistema de controle**, podem ser identificados dois sistemas: o de **controle externo** e o de **controle interno**. O controle externo fica a cargo do Poder Legislativo de cada ente, auxiliado pelo respectivo Tribunal de Contas (art. 71, *caput*, CF/1988), enquanto o controle interno é exercido por órgãos de controle que devem obrigatoriamente fazer parte da estrutura interna de cada Poder ou órgão autônomo, (art. 74, *caput*, CF/1988).

A Lei nº 4.320/1964 preceitua no seu art. 76 que o Poder Executivo exercerá os três tipos de controle referidos em seu art. 75, a saber: I – legalidade dos atos de que resultem a arrecadação da receita ou a realização da despesa, o nascimento ou a extinção de direitos e obrigações; II – fidelidade funcional dos agentes da administração, responsáveis por bens e valores públicos; III – cumprimento do programa de trabalho expresso em termos monetários e em termos de realização de obras e prestação de serviços. Mas todos esses controles se fazem sem prejuízo das atribuições do Tribunal de Contas ou órgão equivalente, e o controle da execução orçamentária, pelo Poder Legislativo, terá por objetivo verificar a probidade da administração, a guarda e legal emprego dos dinheiros públicos e o cumprimento da Lei de Orçamento (art. 81).

Quanto ao *controle externo* exercido pelos Tribunais de Contas, de acordo com o art. 71, CF/1988, tais órgãos auxiliam o Legislativo como órgãos autônomos técnicos encarregados de: I – apreciar as contas prestadas anualmente pelo chefe do Executivo, mediante parecer prévio; II – julgar as contas dos administradores e demais responsáveis por dinheiros, bens e valores públicos da administração direta e indireta, incluídas as fundações e sociedades instituídas e mantidas pelo Poder Público, e as contas daqueles que derem causa à perda, extravio ou outra irregularidade de que resulte prejuízo ao Erário; III – apreciar, para fins de registro, a legalidade dos atos de admissão de pessoal, a qualquer título, na administração direta e indireta, incluídas as fundações instituídas e mantidas pelo Poder Público, excetuadas as nomeações para cargo de provimento em comissão, bem como a das concessões de aposentadorias, reformas e pensões, ressalvadas as melhorias posteriores que não alterem o fundamento legal do ato concessório; IV – realizar, por iniciativa própria, do Poder Legislativo, de Comissão técnica ou de inquérito, inspeções e auditorias de natureza contábil, financeira, orçamentária, operacional e patrimonial, nas unidades administrativas dos Poderes Legislativo, Executivo e Judiciário, e demais entidades que devam prestar contas de sua gestão aos Tribunais de Contas; V – no caso federal, fiscalizar as contas nacionais das empresas supranacionais de cujo capital social a União participe, de forma direta ou indireta, nos termos do tratado constitutivo; VI – fiscalizar a aplicação de quaisquer recursos repassados pelo ente federado mediante convênio, acordo, ajuste ou outros instrumentos congêneres, a outros entes federados; VII – prestar as informações solicitadas pelo Legislativo, ou por suas Comissões, sobre a fiscalização contábil, financeira, orçamentária, operacional e patrimonial e sobre resultados de auditorias e inspeções realizadas; VIII – aplicar aos responsáveis, em caso de ilegalidade de despesa ou irregularidade de contas, as sanções previstas em lei, que estabelecerá, entre outras cominações, multa proporcional ao dano causado ao Erário; IX – assinar prazo para que o órgão ou entidade adote as providências necessárias ao exato cumprimento da lei, se verificada ilegalidade; X – sustar, se não atendido, a execução do ato impugnado, comunicando a decisão ao Legislativo; XI – representar ao Poder competente sobre irregularidades ou abusos apurados.

Por sua vez, o *controle interno* dos três Poderes (bem como dos órgãos autônomos), segundo o art. 74, CF/1988, tem por finalidade: I – avaliar o cumprimento das metas previstas no plano plurianual, a execução dos programas de governo e dos orçamentos do ente federado; II – comprovar a legalidade e avaliar os resultados, quanto à eficácia e eficiência, da gestão orçamentária, financeira e patrimonial nos órgãos e entidades da administração pública, bem como da aplicação de recursos públicos por entidades de direito privado; III – exercer o controle das operações de crédito, avais e garantias, bem como dos direitos e haveres do ente federado; IV – apoiar o controle externo no exercício de sua missão institucional.

O controle interno é realizado analisando-se e conferindo-se a escrituração contábil e financeira, relatórios, documentos que comprovam atos realizados e auditorias internas empreendidos pela Administração Pública em relação a seus próprios atos. Sua finalidade é primordialmente preventiva, sendo importante mecanismo de vigilância da atuação financeira do Estado quanto a seus agentes, órgãos e entidades.

Deve-se observar que o agente de controle interno, caso venha a seu conhecimento alguma ilegalidade ou irregularidade, deverá cientificar o Tribunal de Contas competente, sob pena de responsabilidade solidária (art. 74, § 1º, CF/1988). Além disso, qualquer cidadão, partido político, associação ou sindicato é parte legítima para, na forma da lei, denunciar irregularidades ou ilegalidades perante o Tribunal de Contas competente (art. 74, § 2º, CF/1988).

No âmbito federal, a Lei nº 10.180/2001 é responsável por organizar e disciplinar os Sistemas de Planejamento e de Orçamento Federal, de Administração Financeira Federal, de Contabilidade Federal e de Controle Interno do Poder Executivo Federal. O art. 19 da lei estabelece que o Sistema de Controle Interno do Poder Executivo Federal, que compreende as atividades de avaliação do cumprimento das metas previstas no plano plurianual, da execução dos programas de governo e dos orçamentos da União e de avaliação da gestão dos administradores públicos federais, utilizando como instrumentos a auditoria e a fiscalização, visa à avaliação da ação governamental e da gestão dos administradores públicos federais, por intermédio da fiscalização contábil, financeira, orçamentária, operacional e patrimonial, e a apoiar o controle externo no exercício de sua missão institucional, e tem as seguintes finalidades (art. 20): I – avaliar o cumprimento das metas previstas no plano plurianual, a execução dos programas de governo e dos orçamentos da União; II – comprovar a legalidade e avaliar os resultados, quanto à eficácia e eficiência, da gestão orçamentária, financeira e patrimonial nos órgãos e nas entidades da Administração Pública Federal, bem como da aplicação de recursos públicos por entidades de direito privado; III – exercer o controle das operações de crédito, avais e garantias, bem como dos direitos e haveres da União; IV – apoiar o controle externo no exercício de sua missão institucional.

A regulamentação do Sistema de Controle Interno do Poder Executivo Federal, por sua vez, é feita pelo Decreto nº 3.591/2000, que estabelece serem integrantes desse sistema: I – a Controladoria-Geral da União, como órgão central, incumbido da orientação normativa e da supervisão técnica dos órgãos que compõem o sistema; II – as Secretarias de Controle Interno (CISET) da Casa Civil, da Advocacia-Geral da União, do Ministério das Relações Exteriores e do Ministério da Defesa, como órgãos setoriais; III – as unidades de controle interno dos comandos militares, como unidades setoriais da Secretaria de Controle Interno do Ministério da Defesa.

A **Controladoria-Geral da União (CGU)** é o órgão central do Sistema de Controle Interno, do Sistema de Correição e do Sistema de Ouvidoria do Poder Executivo federal. Está estruturada organizacionalmente da seguinte forma:[2] I – órgãos de assistência direta e imediata ao Ministro de Estado da Controladoria-Geral da União; II – órgãos específicos singulares; a) Secretaria Federal de Controle Interno; b) Ouvidoria-Geral da União; c) Corregedoria-Geral da União; d) Secretaria de Integridade Privada; e) Secretaria de Integridade Pública; f) Secretaria Nacional de Acesso à Informação; III – unidades descentralizadas: Controladorias Regionais da União nos Estados; e IV – órgãos colegiados: a) Conselho de Transparência, Integridade e Combate à Corrupção; b) Comissão de Coordenação de Controle Interno.

Deve-se salientar sua missão de controle interno, atuando nas seguintes áreas de atribuição previstas no art. 49, § 1º, da Lei nº 14.600/2023: I – avaliar, com base em abordagem baseada em risco, as políticas públicas, os programas de governo, a ação governamental e a gestão dos administradores públicos federais quanto à legalidade, à legitimidade, à eficácia, à eficiência e à efetividade e quanto à adequação dos processos de gestão de riscos e de controle interno, por intermédio de procedimentos de auditoria e de avaliação de resultados alinhados aos padrões internacionais de auditoria interna e de fiscalização contábil, financeira, orçamentária, operacional e patrimonial; II – realizar inspeções, apurar irregularidades, instaurar sindicâncias, investigações e processos administrativos disciplinares, bem como acompanhar e, quando necessário, avocar os referidos procedimentos em curso em órgãos e em entidades federais para exame de sua regularidade ou condução de seus atos, além de poder promover a declaração de sua nulidade ou propor a adoção de providências ou a correção de falhas; III – instaurar processos administrativos de responsabilização de pessoas jurídicas com fundamento na Lei nº 12.846, de 1º de agosto de 2013 (Lei Anticorrupção), acompanhar e, quando necessário, avocar os referidos procedimentos em curso em órgãos e em entidades federais para exame de sua regularidade ou condução de seus atos, além de poder promover a declaração de sua nulidade ou propor a adoção de providências ou a correção de falhas, bem como celebrar, quando cabível, acordo de leniência ou termo de compromisso com pessoas jurídicas; IV – dar andamento a representações e a denúncias fundamentadas relativas a lesão ou a ameaça de lesão à administração pública e ao patrimônio público federal, bem como a condutas de agentes públicos, de modo a zelar por sua integral apuração; V – monitorar o cumprimento da Lei nº 12.527, de 18 de novembro de 2011 (Lei de Acesso a Informações),

---

[2]    Anexo I, art. 3º, Decreto nº 11.330/2023.

no âmbito do Poder Executivo federal; VI – promover a fiscalização e a avaliação do conflito de interesses, nos termos do art. 8º da Lei nº 12.813, de 16 de maio de 2013 (Lei de Conflito de Interesses); VII – analisar a evolução patrimonial dos agentes públicos federais e instaurar sindicância patrimonial ou, conforme o caso, processo administrativo disciplinar, caso haja fundado indício de enriquecimento ilícito ou de evolução patrimonial incompatível com os recursos e as disponibilidades informados na declaração patrimonial; VIII – requisitar a órgãos ou a entidades da administração pública federal servidores ou empregados necessários à constituição de comissões ou à instrução de processo ou procedimento administrativo de sua competência; e IX – receber reclamações relativas à prestação de serviços públicos em geral e à apuração do exercício negligente de cargo, de emprego ou de função na administração pública federal, quando não houver disposição legal que atribua essas competências específicas a outros órgãos.

A Controladoria-Geral da União encaminhará à Advocacia-Geral da União os casos que configurarem improbidade administrativa e aqueles que recomendarem a indisponibilidade de bens, o ressarcimento ao erário e outras medidas a cargo da Advocacia-Geral da União e provocará, sempre que necessário, a atuação do Tribunal de Contas da União, da Secretaria Especial da Receita Federal do Brasil do Ministério da Fazenda, dos órgãos do Sistema de Gestão de Riscos e Controle Interno do Poder Executivo federal e, quando houver indícios de responsabilidade penal, da Polícia Federal, do Ministério da Justiça e Segurança Pública e do Ministério Público Federal, inclusive quanto a representações ou a denúncias manifestamente caluniosas (art. 49, § 2º).

Para o desempenho de suas atividades, a CGU deverá ter acesso irrestrito a informações, documentos, bases de dados, procedimentos e a processos administrativos, inclusive os julgados há menos de 5 (cinco) anos ou já arquivados, hipótese em que os órgãos e as entidades da Administração Pública federal ficam obrigados a atender às requisições no prazo indicado e se tornam o órgão de controle corresponsável pela guarda, pela proteção e, conforme o caso, pela manutenção do sigilo compartilhado (art. 49, § 5º).

A Lei nº 12.846/2013 (Lei Anticorrupção) trouxe consigo novas ferramentas para a atividade da CGU, a qual passou a ter competência *concorrente* para instaurar processo administrativo de responsabilização de pessoa jurídica pela prática de atos contra a Administração Pública. Também passou a poder avocar os processos instaurados no âmbito dessa lei para exame de sua regularidade ou para corrigir-lhes o andamento (art. 8º, § 2º).

Se os atos lesivos forem praticados contra a administração pública estrangeira, compete à CGU a apuração, o processo e o julgamento dos atos ilícitos (art. 9º). É igualmente o órgão competente para celebrar os acordos de leniência no âmbito do Poder Executivo federal, bem como no caso de atos lesivos praticados contra a Administração Pública estrangeira (art. 16, § 10).[3]

Recorde-se que, no exercício da atividade de controle interno, desponta o *princípio de autotutela administrativa*, como verdadeiro poder-dever a ser exercido pela Administração Pública na fiscalização de seus próprios atos.

Tal princípio encontra atualmente previsão normativa, no âmbito do processo administrativo federal, no art. 53 da Lei nº 9.784/1999: "A Administração deve anular seus próprios atos, quando eivados de vício de legalidade, e pode revogá-los por motivo de conveniência ou oportunidade, respeitados os direitos adquiridos".

---

[3]    A Lei nº 12.846/2013 é atualmente regulamentada pelo Decreto nº 11.129/2022.

Também o Supremo Tribunal Federal o reconhece nas Súmulas nº 346 e 473:

*Súmula nº 346*: A Administração Pública pode declarar a nulidade dos seus próprios atos.

*Súmula nº 473*: A administração pode anular seus próprios atos, quando eivados de vícios que os tornam ilegais, porque deles não se originam direitos; ou revogá-los, por motivo de conveniência ou oportunidade, respeitados os direitos adquiridos, e ressalvada, em todos os casos, a apreciação judicial.

A Resolução do Senado Federal nº 42/2016 criou, no âmbito do Senado Federal, a Instituição Fiscal Independente (IFI), com a finalidade de: I – divulgar suas estimativas de parâmetros e variáveis relevantes para a construção de cenários fiscais e orçamentários; II – analisar a aderência do desempenho de indicadores fiscais e orçamentários às metas definidas na legislação pertinente; III – mensurar o impacto de eventos fiscais relevantes, especialmente os decorrentes de decisões dos Poderes da República, incluindo os custos das políticas monetária, creditícia e cambial; IV – projetar a evolução de variáveis fiscais determinantes para o equilíbrio de longo prazo do setor público (art. 1º, *caput*).

Segundo José Mauricio Conti e Diogo Luiz Cordeiro Rodrigues,[4] a IFI seria responsável por elaborar análises e estimativas acerca de variáveis e cenários fiscais e macroeconômicos, a fim de subsidiar, com dados técnicos e objetivos, as decisões parlamentares no campo das finanças públicas. Trata-se de conceito desenvolvido internacionalmente, sobretudo no âmbito da Organização para a Cooperação e Desenvolvimento Econômico (OCDE), sendo caracterizada por um conjunto heterogêneo de órgãos, entidades e agências nacionais que exerçam algum papel de controle, geralmente fraco ou persuasivo, sobre a política fiscal e o processo orçamentário de seus respectivos países, de modo a lhes conferir maiores graus de transparência, credibilidade e sustentabilidade a médio e longo prazos.

As IFIs e suas instituições congêneres já estavam presentes em diversos países antes de sua criação no Brasil, tais como Austrália, Áustria, Bélgica, Canadá, Dinamarca, Finlândia, França, Irlanda, Itália, Coreia do Sul, México, Holanda, Portugal, Eslováquia, Espanha, Suécia, Reino Unido e EUA.[5] Destaca-se nesse cenário o *Congressional Budget Office* (CBO) norte-americano, criado em 1974 como órgão do Congresso dos EUA para subsidiar os parlamentares em suas tomadas de decisões em matéria de finanças públicas, pondo fim ao monopólio do Executivo como único provedor dessas informações ao Legislativo daquele país.[6]

Deve-se destacar, contudo, que a IFI brasileira (e, em geral, ao redor do mundo) não detém atribuição de regular a política fiscal nem de fazer o julgamento de contas dos administradores públicos. Trata-se antes de uma função consultiva de elaborar análises, pareceres e relatórios que possam avaliar as políticas fiscais nacionais e programas governamentais, bem como sua eficiência em atender às necessidades coletivas, auxiliando o Parlamento em suas decisões sobre orçamento e finanças públicas.

---

[4] CONTI, José Maurício; RODRIGUES, Diogo Luiz Cordeiro. A instituição fiscal independente do Brasil em perspectiva comparada: em busca de virtudes e fragilidades. *Revista de Direito Brasileira*, Florianópolis, v. 27, n. 10, p. 70-91, set./dez. 2020.

[5] VON TRAPP, Lisa; LIENERT, Ian; WEHNER, Joachim. Principles for independent fiscal institutions and case studies. *OECD Journal on Budgeting*, v. 15, n. 2, 2016. p. 19.

[6] VON TRAPP, Lisa; LIENERT, Ian; WEHNER, Joachim. Principles for independent fiscal institutions and case studies. *OECD Journal on Budgeting*, v. 15, n. 2, 2016. p. 258.

## 7.7. CONTROLE ORÇAMENTÁRIO PELOS TRIBUNAIS DE CONTAS

No sistema brasileiro de controle externo em todos os entes federados, sobressaem em relevância efetiva os órgãos conhecidos como **Tribunais de Contas**, que atuam auxiliando o Legislativo na função de controle externo das finanças públicas e da execução orçamentária.

As estruturas concretas de Tribunais de Contas existentes atualmente no Brasil são: a) Tribunal de Contas da União (órgão federal – fiscalização na esfera federal); b) Tribunais ou Conselhos de Contas dos Estados e do Distrito Federal (órgãos estaduais ou distrital – fiscalização na esfera estadual e municipal, com exceção dos Estados da Bahia, Goiás e Pará, nos quais os Tribunais de Contas do Estado apenas fiscalizam as finanças estaduais, e não aquelas municipais); c) Tribunais ou Conselhos de Contas dos Municípios (órgãos estaduais – fiscalização na esfera de todos os municípios que integram um Estado, mas presentes apenas na Bahia, Goiás e Pará); d) Tribunais de Contas do Município (órgão municipal – fiscalização na esfera de um único Município, mas presentes apenas nos Municípios de São Paulo e Rio de Janeiro).

Segundo o art. 73, *caput*, CF/1988, integram o Tribunal de Contas da União nove Ministros, tendo sua sede no Distrito Federal, quadro próprio de pessoal e jurisdição em todo o território nacional. Para fins orçamentários e de responsabilidade, está ligado ao Legislativo, mas detém independência e autonomia em relação ao Congresso Nacional. No âmbito estadual, os Tribunais ou Conselhos de Contas possuem sete Conselheiros (art. 75, parágrafo único, CF/1988).

Conforme Alexandre Aragão,[7]

> São controlados pelo Tribunal de Contas todos os órgãos e entidades da Administração Pública e todas as pessoas físicas ou jurídicas alheias ao Estado que utilizem, arrecadem ou guardem dinheiro público, aí incluídas as conveniadas, os entes de cooperação etc.
>
> O controle dos Tribunais de Contas não é feito apenas do ponto de vista de uma legalidade estrita, abrangendo também aspectos da legitimidade, eficiência e economicidade (boa relação de custo-benefício).
>
> As suas atribuições são a de apreciar e julgar as contas dos administradores; aplicar as sanções previstas em lei aos danos causados ao Erário; possuindo também função corretiva, quando fixa prazo para o órgão ou entidade sanar irregularidades; e a de ouvidor, recebendo denúncias de irregularidades.

Segundo o arranjo constitucional previsto nos arts. 70 e 71, CF/1988, compete aos Tribunais de Contas, em auxílio ao Legislativo, a fiscalização contábil, financeira, orçamentária, operacional e patrimonial dos entes federados (aí incluídos os três Poderes e órgãos autônomos) e das entidades da administração direta e indireta. Devem prestar-lhes contas quaisquer pessoas físicas ou jurídicas, públicas ou privadas, que utilizem, arrecadem, guardem, gerenciem ou administrem dinheiros, bens e valores públicos pelos quais o ente federado responda, ou que, em nome deste, assuma obrigações de natureza pecuniária.

A Constituição de 1988 dedica alguns artigos específicos a tratar do tema dos Tribunais de Contas (arts. 71, 72, 73 e 75), sendo a estrutura básica e essencial prevista no texto constitucional para o Tribunal de Contas da União de observância obrigatória para todos os Tribunais

---

[7]   ARAGÃO, Alexandre Santos de. *Curso de direito administrativo*. Rio de Janeiro: Forense, 2012. p. 611.

de Contas, em razão do princípio da simetria. Contudo, aspectos laterais (tais como questões envolvendo prazos) não necessitam seguir a estrutura constitucional prevista para o TCU.

Ressalte-se que o art. 31, § 4º, CF/1988 vedou expressamente que, após a entrada em vigor da atual Constituição, fossem criados novos Tribunais, Conselhos ou órgãos de Contas de Município (órgãos municipais).[8] Assim, apenas aqueles já existentes anteriormente à Constituição de 1988, a saber, o Tribunal de Contas do Município do Rio de Janeiro e o Tribunal de Contas do Município de São Paulo (ambos órgãos *municipais*, como dito anteriormente) puderam continuar naturalmente suas atividades.

Por sua vez, a criação de órgãos *estaduais* chamados de Tribunais ou Conselhos de Contas dos Municípios para fiscalização das contas de *todos os municípios* que integram um Estado continua sendo possível (atualmente, presentes apenas nos Estados da Bahia, Goiás e Pará), segundo o art. 31, § 1º e art. 75, *caput*, CF/1988.

A análise da estruturação regimental do Tribunal de Contas da União (Regimento Interno do TCU – RITCU) revela de forma detalhada que esse órgão cumpre as seguintes funções:

**1) função de fiscalização**: a) fiscalizar, por meio de auditorias, inspeções ou acompanhamentos de natureza contábil, financeira, orçamentária, operacional ou patrimonial nas unidades administrativas dos Poderes Legislativo, Executivo e Judiciário e demais órgãos e entidades sujeitos à sua jurisdição (art. 1º, II, RITCU); b) fiscalizar, por meio de auditorias, por solicitação da Comissão Mista de Planos, Orçamentos Públicos e Fiscalização de senadores e deputados, ou de comissão técnica de qualquer das casas do Congresso Nacional, projetos e programas autorizados na lei orçamentária anual, avaliando os seus resultados quanto à eficácia, eficiência, efetividade e economicidade (art. 1º, V, RITCU); c) acompanhar a arrecadação da receita a cargo da União, das entidades da administração indireta, incluídas as fundações e sociedades instituídas e mantidas pelo poder público federal, e das demais instituições sob sua jurisdição, mediante fiscalizações, ou por meio de demonstrativos próprios (art. 1º, VII, RITCU); d) apreciar, para fins de registro, a legalidade dos atos de admissão de pessoal, a qualquer título, na administração direta e indireta, incluídas as fundações instituídas e mantidas pelo poder público federal, excetuadas as nomeações para cargo de provimento em comissão, bem como a das concessões de aposentadorias, reformas e pensões a servidores públicos civis e militares federais ou a seus beneficiários, ressalvadas as melhorias posteriores que não alterem o fundamento legal do ato concessório (art. 1º, VIII, RITCU); e) fiscalizar a entrega dos recursos aos fundos de participação de Estados e Municípios – FPE e FPM – (art. 1º, IX, RITCU); f) fiscalizar, no âmbito de suas atribuições, o cumprimento, por parte dos órgãos e entidades da União, das normas da Lei Complementar nº 101, de 4 de maio de 2000

---

[8] STF. ADI 687: "Municípios e Tribunais De Contas. – A Constituição da República impede que os Municípios criem os seus próprios Tribunais, Conselhos ou órgãos de contas municipais (CF, art. 31, § 4º), mas permite que os Estados-membros, mediante autônoma deliberação, instituam órgão estadual denominado Conselho ou Tribunal de Contas dos Municípios (*RTJ* 135/457, Rel. Min. Octavio Gallotti – ADI 445/DF, Rel. Min. Néri da Silveira), incumbido de auxiliar as Câmaras Municipais no exercício de seu poder de controle externo (CF, art. 31, § 1º). – Esses Conselhos ou Tribunais de Contas dos Municípios – embora qualificados como órgãos estaduais (CF, art. 31, § 1º) – atuam, onde tenham sido instituídos, como órgãos auxiliares e de cooperação técnica das Câmaras de Vereadores. – A prestação de contas desses Tribunais de Contas dos Municípios, que são órgãos estaduais (CF, art. 31, § 1º), há de se fazer, por isso mesmo, perante o Tribunal de Contas do próprio Estado, e não perante a Assembleia Legislativa do Estado-membro. Prevalência, na espécie, da competência genérica do Tribunal de Contas do Estado (CF, art. 71, II, c/c o art. 75)".

PARTE II · Cap. VII · O ORÇAMENTO PÚBLICO E SEU CONTROLE | **219**

– Lei de Responsabilidade Fiscal (art. 1º, XIII, RITCU); g) acompanhar, fiscalizar e avaliar os processos de desestatização realizados pela administração pública federal, compreendendo as privatizações de empresas, incluindo instituições financeiras, e as concessões, permissões e autorizações de serviço público, nos termos do art. 175 da Constituição Federal e das normas legais pertinentes (art. 1º, XV, RITCU); h) fiscalizar as contas nacionais das empresas supranacionais de cujo capital social a União participe, de forma direta ou indireta, nos termos do tratado constitutivo (art. 1º, XVIII, RITCU); i) fiscalizar a aplicação de quaisquer recursos repassados pela União, mediante convênio, acordo, ajuste ou outros instrumentos congêneres, a estado, ao Distrito Federal, a município, e a qualquer outra pessoa, física ou jurídica, pública ou privada (art. 1º, XIX, RITCU); j) acompanhar e fiscalizar, conforme o caso, o cálculo, a entrega e a aplicação de recursos repassados pela União, por determinação legal, a estado, ao Distrito Federal ou a município, conforme dispuser a legislação específica e os respectivos normativos internos (art. 1º, XX, RITCU); k) fiscalizar as declarações de bens e rendas apresentadas pelas autoridades e servidores públicos (art. 1º, XXIII, RITCU); l) fiscalizar a aplicação dos recursos repassados ao Comitê Olímpico Brasileiro e ao Comitê Paraolímpico Brasileiro por força da legislação vigente (art. 1º, XXVII, RITCU); m) realizar outras fiscalizações previstas em lei (art. 1º, XXIX, RITCU).

2) **função opinativa**: a) emitir pronunciamento conclusivo sobre matéria que seja submetida a sua apreciação pela Comissão Mista de Planos, Orçamentos Públicos e Fiscalização de senadores e deputados, nos termos do § 1º do art. 72 da Constituição Federal (art. 1º, IV, RITCU); b) apreciar as contas prestadas anualmente pelo Presidente da República por meio de parecer prévio (art. 1º, VI, RITCU), mas sem efetuar o julgamento destas contas, por ser tal julgamento ato privativo do Congresso Nacional; c) emitir, nos termos do § 2º do art. 33 da Constituição Federal, parecer prévio sobre as contas do governo de território federal, no prazo de sessenta dias, a contar de seu recebimento (art. 1º, XII, RITCU); d) decidir sobre consulta que lhe seja formulada por autoridade competente, a respeito de dúvida suscitada na aplicação de dispositivos legais e regulamentares concernentes a matéria de sua competência (art. 1º, XXV, RITCU).

3) **função de julgamento**: a) julgar as contas de qualquer pessoa física ou jurídica, pública ou privada, que utilize, arrecade, guarde, gerencie ou administre dinheiros, bens e valores públicos ou pelos quais a União responda ou que, em nome desta, assuma obrigações de natureza pecuniária, bem como daqueles que derem causa a perda, extravio ou outra irregularidade de que resulte dano ao erário (art. 1º, I, RITCU); b) processar e julgar as infrações administrativas contra as finanças públicas e a responsabilidade fiscal tipificadas na legislação vigente, com vistas à aplicação de penalidades (art. 1º, XIV, RITCU).

4) **função sancionatória**: aplicar aos responsáveis sanções (art. 1º, XVII, RITCU), tais como multas (arts. 267 e 268, RITCU), inabilitação, por um período que variará de cinco a oito anos, para o exercício de cargo em comissão ou função de confiança (art. 270, RITCU) e inidoneidade do licitante fraudador para participar, por até cinco anos, de licitação (art. 271, RITCU).

5) **função correicional**: a) representar ao Poder competente sobre irregularidades ou abusos apurados, indicando o ato inquinado e definindo responsabilidades, mesmo as de ministro de Estado ou de autoridade de nível hierárquico equivalente (art. 1º, XVI, RITCU); b) adotar medidas cautelares (art. 1º, XVII, RITCU), tais como afastamento temporário do responsável, indisponibilidade de bens por prazo não superior a um ano e suspensão do ato ou do procedimento impugnado (arts. 273, 274 e 276, RITCU); c) assinar prazo para que o órgão ou entidade adote as providências necessárias ao exato cumprimento da lei, se verificada

ilegalidade (art. 1º, XXI, RITCU); d) sustar, se não atendido, a execução do ato impugnado, comunicando a decisão à Câmara dos Deputados e ao Senado Federal (art. 1º, XXII, RITCU).

6) **função informativa**: a) prestar as informações solicitadas pelo Congresso Nacional, por qualquer de suas casas, ou por suas comissões, sobre a fiscalização contábil, financeira, orçamentária, operacional e patrimonial e sobre resultados de auditorias e inspeções realizadas (art. 1º, III, RITCU); b) implementar e manter na Internet a página Contas Públicas, na forma definida em ato normativo (art. 1º, XXVIII, RITCU).

7) **função de ouvidoria**: a) decidir sobre denúncia que lhe seja encaminhada por qualquer cidadão, partido político, associação ou sindicato, bem como sobre representações em geral (art. 1º, XXIV, RITCU); b) decidir sobre representações relativas a licitações e contratos administrativos e ao descumprimento da obrigatoriedade de que as câmaras municipais, os partidos políticos, os sindicatos de trabalhadores e as entidades empresariais sejam notificados da liberação de recursos federais para os respectivos municípios, nos termos da legislação vigente (art. 1º, XXVI, RITCU).

8) **função normativa**: a) poder regulamentar, podendo expedir atos normativos sobre matérias de sua competência e sobre a organização dos processos que lhe devam ser submetidos, obrigando ao seu cumprimento aqueles que lhe estão jurisdicionados, sob pena de responsabilidade (art. 2º, RITCU); b) efetuar, observada a legislação pertinente, o cálculo das quotas referentes aos fundos de participação de Estados e Municípios – FPE e FPM (art. 1º, IX, RITCU); c) efetuar, observada a legislação pertinente, o cálculo das quotas dos recursos provenientes do produto da arrecadação do Imposto sobre Produtos Industrializados destinadas aos estados e ao Distrito Federal, proporcionalmente ao valor das respectivas exportações de produtos industrializados, de que tratam o inciso II do art. 159 e o parágrafo único do art. 161 da Constituição Federal (art. 1º, XI, RITCU).

Estão submetidos à fiscalização e ao controle externo dos Tribunais e Conselhos de Contas todos os órgãos da Administração Direta (tanto os Poderes como os órgãos autônomos) e as entidades da Administração Indireta, fundos constitucionais de investimento ou de gestão, entidades fechadas de previdência complementar – EFPC, organizações sociais de interesse público (OSCIP), conselhos de profissões regulamentadas (CRM, CREA, CREFITO, CRECI etc.), serviços sociais autônomos (Sesi, Senai, Sesc etc.), beneficiários de bolsas de estudo e projetos de pesquisa e beneficiários de renúncias de receitas ou de incentivos fiscais.

## 7.8. SANÇÕES POR INFRAÇÕES AO ORÇAMENTO PÚBLICO

O tema do controle do orçamento público, que envolve as fases de elaboração e execução das leis orçamentárias, contempla não apenas as providências de correção de irregularidades identificadas, mas também a aplicação de sanções em face daqueles que transgredirem as regras legais que regem todo o processo orçamentário.

As consequências por violação de tais normas têm uma dupla finalidade – educativa e sancionadora – e ambas buscam evitar que a infração volte a ocorrer, afinal, de nada adianta termos um ordenamento jurídico-fiscal repleto de regras se estas não forem respeitadas.

Não apenas os órgãos de controle podem realizar o acompanhamento do processo orçamentário e apresentar questionamentos, mas também qualquer cidadão ou entidade, assim como o Ministério Público. Todavia, a aplicação de sanções dependerá da respectiva capacidade institucional diante da irregularidade identificada. Neste caso, a função sancionatória se limita aos Tribunais de Contas, ao Poder Judiciário e ao Parlamento quando se tratar de crime de responsabilidade.

PARTE II · Cap. VII · O ORÇAMENTO PÚBLICO E SEU CONTROLE | **221**

As sanções em matéria orçamentária são de duas ordens: a) sanções *institucionais,* de natureza financeira e que atingem o próprio ente federativo, órgão ou poder que descumprir a regra, tais como a suspensão das transferências voluntárias, da contratação de operações de crédito e da obtenção de garantias; b) *sanções pessoais,* que punem o agente público que deu causa a infração, e que podem ser de natureza política, administrativa, cível e penal.

Entendemos que as referidas sanções institucionais, essencialmente previstas na Lei de Responsabilidade Fiscal, embora de caráter cogente, não possuem a adequada eficácia sancionatória e nem educativa, uma vez que aquele que dá causa a infração – ato que sempre deriva da decisão de um gestor público – acaba não sofrendo diretamente as suas consequências, e sim o ente federativo e, por decorrência, o próprio cidadão.

Nesta obra, pretendemos nos ater apenas às sanções de natureza pessoal do agente público, e que se refiram exclusivamente a atos relacionados à elaboração ou à execução orçamentária.

Assim, inicialmente, cabe destacar a previsão do inc. VI do art. 85 da Constituição Federal de 1988, que estabelece ser **crime de responsabilidade** do chefe do Poder Executivo federal atos que atentem contra a lei orçamentária.

Sobre os **crimes de responsabilidade contra a lei orçamentária**, temos, no art. 10 da Lei 1.079/1950, as seguintes hipóteses: 1) Não apresentar ao Congresso Nacional a proposta do orçamento da República dentro dos primeiros dois meses de cada sessão legislativa (hoje o prazo limite constitucional é 31 de agosto para a LOA e o PPA, e 15 de abril para a LDO); 2) Exceder ou transportar, sem autorização legal, as verbas do orçamento (decorre do art. 167, inciso VI da CF/1988); 3) Realizar o estorno de verbas; 4) Infringir, patentemente, e de qualquer modo, dispositivo da lei orçamentária; 5) deixar de ordenar a redução do montante da dívida consolidada, nos prazos estabelecidos em lei, quando o montante ultrapassar o valor resultante da aplicação do limite máximo fixado pelo Senado Federal; 6) ordenar ou autorizar a abertura de crédito em desacordo com os limites estabelecidos pelo Senado Federal, sem fundamento na lei orçamentária ou na de crédito adicional ou com inobservância de prescrição legal; 7) deixar de promover ou de ordenar, na forma da lei, o cancelamento, a amortização ou a constituição de reserva para anular os efeitos de operação de crédito realizada com inobservância de limite, condição ou montante estabelecido em lei; 8) deixar de promover ou de ordenar a liquidação integral de operação de crédito por antecipação de receita orçamentária, inclusive os respectivos juros e demais encargos, até o encerramento do exercício financeiro; 9) ordenar ou autorizar, em desacordo com a lei, a realização de operação de crédito com qualquer um dos demais entes da Federação, inclusive suas entidades da administração indireta, ainda que na forma de novação, refinanciamento ou postergação de dívida contraída anteriormente; 10) captar recursos a título de antecipação de receita de tributo ou contribuição cujo fato gerador ainda não tenha ocorrido; 11) ordenar ou autorizar a destinação de recursos provenientes da emissão de títulos para finalidade diversa da prevista na lei que a autorizou; 12) realizar ou receber transferência voluntária em desacordo com limite ou condição estabelecida em lei.

Destacamos, também, o art. 167, § 1º, da Constituição, que determina que nenhum investimento cuja execução ultrapasse um exercício financeiro poderá ser iniciado sem prévia inclusão no plano plurianual, ou sem lei que autorize a inclusão, sob pena de crime de responsabilidade.

Por sua vez, dos tipos previstos no Código Penal dentro do capítulo intitulado "Crimes Contra as Finanças Públicas" (arts. 359-A até 359-H) que podem constituir crime envolvendo a execução do orçamento público, destacamos a previsão contida no **art. 359-D**, ao estabelecer que a ordenação **de despesa não autorizada por lei** – neste caso, a lei referida é a orçamentária – será considerada crime e apenada com reclusão, de 1 (um) a 4 (quatro) anos.

Já o **art. 359-B** do Código Penal dispõe sobre a **inscrição de despesas não empenhadas em restos a pagar**, ou seja, tipifica o ato de ordenar ou autorizar a inscrição em restos a pagar de despesa que não tenha sido previamente empenhada ou que exceda limite estabelecido em lei, o que será punido com privação de liberdade, na modalidade de detenção, de 6 (seis) meses a 2 (dois) anos. Juntamente com este dispositivo, temos o **art. 359-F** do Código Penal que tipifica o **não cancelamento de restos a pagar**, segundo o qual deixar de ordenar, de autorizar ou de promover o cancelamento do montante de restos a pagar inscrito em valor superior ao permitido em lei é crime sujeito a pena de detenção, de 6 (seis) meses a 2 (dois) anos.

Ainda, temos na Lei nº 8.429/1992, que define e regula os atos de improbidade, a previsão contida no art. 10, IX, que tipifica como **ato de improbidade administrativa** "ordenar ou permitir a realização de despesas não autorizadas em lei ou regulamento".

*Capítulo VIII*
# ORÇAMENTO E POLÍTICAS PÚBLICAS

A função alocativa do orçamento público é extremamente significativa, uma vez que é por meio dela que o governante estabelecerá de quais recursos financeiros disporá e em que irá gastar, para que ao longo do exercício financeiro materialize os programas que foram fixados na lei do Plano Plurianual como objetivos a serem atingidos.

Esta face do orçamento é a que se conecta com a definição e realização das políticas públicas, conjunto de atos e processos realizados pelo Estado para atingir um fim predeterminado, assim considerado um estado ou situação ideal em determinada área social ou econômica.

Se as políticas públicas não forem adequadamente definidas, planejadas, executadas e avaliadas, não haverá qualidade e eficiência no gasto público, e, como consequência, haverá falha na gestão, desperdício de recursos públicos e ineficácia no avanço do oferecimento de bens e prestação de serviços fundamentais à população.

De nada adianta criar e executar leis orçamentárias se estas não materializarem políticas públicas capazes de trazer melhorias para a vida de todos.

A correlação entre o orçamento público e as políticas públicas é de fundamental importância para uma gestão fiscal responsável e efetiva, garantindo-se, ao final, benefícios reais para a sociedade e para o cidadão.

## 8.1. CONCEITO DE POLÍTICAS PÚBLICAS

Podemos dizer que se consideram políticas públicas o conjunto de programas, ações e atividades desenvolvidas, individual ou conjuntamente, pelos entes federativos do Estado brasileiro, no sentido de assegurar a realização de direitos relevantes e fundamentais – sobretudo aqueles constitucionalmente previstos e assegurados, tais como saúde, educação, habitação, saneamento básico, segurança pública, meio ambiente, dentre outros –, destinados a atender, primordialmente, aqueles que se encontrem em situação menos afortunada na sociedade, assim como para estimular práticas e criar um ambiente que propicie o desenvolvimento da nação, tanto social quanto economicamente.

Numa versão mais sintética do conceito, podemos entender políticas públicas como o conjunto de programas ou ações governamentais necessárias, integradas e articuladas para a provisão de bens ou serviços à sociedade.[1]

---

[1]  Conforme consta no sítio eletrônico do Ministério da Infraestrutura: <www.gov.br/infraestrutura/pt-br/assuntos/politica-e-planejamento/politica-e-planejamento/avaliação-de-políticas-públicas>. Acesso em: 18 jun. 2022.

Leonardo Secchi[2] considera política pública "uma diretriz elaborada para enfrentar um problema público e possui dois elementos fundamentais: intencionalidade pública e resposta a um problema público".

Para Ronald Dworkin,[3] ao conceituar políticas – dentro do contexto de políticas públicas –, estas se referem "àquele tipo de padrão que estabelece um objetivo a ser alcançado, em geral uma melhoria em algum aspecto econômico, político ou social da comunidade".

Por sua vez, Maria Paula Dallari Bucci,[4] ao apregoar que o "ideal de uma política pública é resultar no atingimento dos objetivos sociais (mensuráveis) a que se propôs e obter resultados determinados, em certo espaço de tempo", a define com as seguintes palavras:

> Política pública é o programa de ação governamental que resulta de um processo ou conjunto de processos juridicamente regulados – processo eleitoral, processo de planejamento, processo de governo, processo orçamentário, processo legislativo, processo administrativo, processo judicial – visando coordenar os meios à disposição do Estado e as atividades privadas, para a realização de objetivos socialmente relevantes e politicamente determinados. Como tipo ideal, a política pública deve visar à realização de objetivos definidos, expressando a seleção de prioridades, a reserva de meios necessários à sua consecução e o intervalo de tempo em que se espera o atingimento dos resultados.

A Organização para a Cooperação e Desenvolvimento Econômico (OCDE)[5] identifica as principais áreas a serem objeto de políticas públicas: i) agricultura e alimentação; ii) desenvolvimento; iii) economia; iv) educação; v) emprego; vi) energia; vii) meio ambiente; viii) finanças e investimento; ix) governança; x) indústria e serviços; xi) energia nuclear; xii) ciência e tecnologia; xiii) social/migração/saúde; xiv) tributação; xv) comércio; xvi) transporte; e xvii) desenvolvimento urbano, rural e regional.

Sejam quais forem as espécies de políticas públicas, estas devem ser planejadas e implementadas a partir da integração entre planos, programas, ações e atividades. Os planos estabelecem diretrizes, prioridades e objetivos gerais a serem alcançados em determinados períodos. Os programas estatuem, por sua vez, objetivos gerais e específicos focados em determinado tema. As ações visam o alcance de determinado objetivo estabelecido pelo programa, e a atividade, por sua vez, visa dar concretude à ação.

## 8.2. TIPOS DE POLÍTICAS PÚBLICAS

A doutrina clássica considera quatro tipos de políticas públicas: regulatórias, distributivas, redistributivas e constitutivas.

A partir de três ensaios sobre políticas públicas de autoria de Theodore Lowi,[6] podemos extrair que, segundo ele, as quatro categorias de políticas públicas podem ser assim sintetizadas:

---

[2]   SECCHI, Leonardo. *Políticas públicas*: conceitos, esquemas de análise, casos práticos. 2. ed. São Paulo: Cengage Learning. 2014. p. 1.

[3]   DWORKIN, Ronald. *Levando os direitos a sério*. Trad. Nelson Boeira. São Paulo: Martins Fontes, 2002. p. 36.

[4]   BUCCI, Maria Paula Dallari. O conceito de política pública em direito. In: BUCCI, Maria Paula Dallari (org.). *Políticas públicas*: reflexões sobre o conceito jurídico. São Paulo: Saraiva, 2006. p. 39.

[5]   Disponível em: <https://data.oecd.org/>. Acesso em: 18 jun. 2022.

[6]   LOWI, Theodore. American Business, Public Policy, Case Studies, and Political Theory. *World Politics*, v. XVI, 1964. p. 677-715; Decision making vs. policy making: toward and antidote for technocracy. *Public*

PARTE II · Cap. VIII · ORÇAMENTO E POLÍTICAS PÚBLICAS | **225**

a) *políticas regulatórias*: as que estabelecem padrões de comportamento, serviço ou produto para grupos públicos ou privados; b) *políticas distributivas*: aquelas que geram benefícios concentrados para alguns grupos e custos difusos para toda a coletividade; c) *políticas redistributivas*: aquelas que concedem benefícios concentrados a algumas categorias e implicam custos concentrados sobre outras categorias; d) *políticas constitutivas*: aquelas que representam as regras sobre os poderes e regras sobre as regras, ou seja, são aquelas políticas que definem as competências, jurisdições, regras da disputa política e da elaboração de políticas públicas.

As *políticas regulatórias* envolvem a utilização de legislações que estabelecem regras direcionadas ao atendimento de objetivos específicos para toda a sociedade, ao estabelecer padrões de comportamento. Consistem basicamente na definição de normas e na criação de leis que atuem na garantia do bem comum, tais como a fixação de regras para a prestação de serviços e comércio de bens e para as condutas em geral. O exemplo típico desse tipo de política pública no Brasil foi a edição de uma lei, na década de 1990, estabelecendo a obrigatoriedade do uso de cinto de segurança em automóveis para reduzir o índice de mortalidade em acidentes.

Por sua vez, as *políticas distributivas*, também consideradas como "políticas sociais", indicam a alocação de recursos direcionados para solucionar um determinado tipo de problema social ou regional que seja considerado como de responsabilidade de toda a sociedade, sendo realizada por meio do orçamento público. Ações como campanhas de vacinação para erradicação de doenças são um exemplo comum.

As *políticas redistributivas* envolvem a transferência de recursos financeiros – redistribuição, sobretudo por meio de tributos – dos mais privilegiados economicamente aos menos afortunados, para prover serviços àqueles que atravessam problemas básicos de sobrevivência. Esse modelo tem como exemplo os auxílios estatais em que se transferem diretamente recursos para determinados grupos sociais, como o programa "Bolsa Família" ou "Auxílio Brasil"[7] para o combate à pobreza e redução das desigualdades.

As *políticas constitutivas* dizem respeito à própria regulamentação para a criação de políticas públicas, a partir da definição de competências e responsabilidades entre os entes federativos, da forma de relacionamento intergovernamental e da possibilidade de participação da sociedade.

## 8.3. CICLO DE POLÍTICAS PÚBLICAS

Da identificação de um problema social ou econômico, passando pelo primeiro rascunho do papel e chegando até a sua concretização no mundo real e respectiva avaliação, dizemos que as fases pelas quais passam são identificadas em cinco etapas no denominado "ciclo de políticas públicas".

A primeira etapa é conhecida como a "identificação do problema público" importante e prioritário que precisa de uma solução adequada, o qual somente por iniciativa do Estado

---

*Administration Review*, v. 30, n. 3, maio/jun. 1970; Four Systems of Policy, Politics and Choice. *Public Administration Review*, v. 22, n. 4, jul./aug. 1972.

[7] A EC nº 114/2021 incluiu um parágrafo único no rol de direitos sociais do art. 6º da Constituição, passando a prever que "todo brasileiro em situação de vulnerabilidade social terá direito a uma renda básica familiar, garantida pelo poder público em programa permanente de transferência de renda, cujas normas e requisitos de acesso serão determinados em lei, observada a legislação fiscal e orçamentária". Trata-se, portanto da constitucionalização de programas de renda mínima do cidadão, tais como o "Bolsa Família".

poderá ser resolvido, ainda que mediante uma parceria público-privada. O diagnóstico da existência de um problema é a etapa prévia e necessária para a decisão a ser posteriormente tomada.

Em seguida, vem a etapa conhecida por "formação de agenda", em que se definem quais necessidades (ou problemas públicos) são prioritários para incluí-los na programação governamental, a partir da conclusão da sua viabilidade, ou seja, desde que considerados como passíveis de solução.

A terceira providência é a "tomada de decisão", etapa em que são definidas as ações a serem executadas, montante de recursos financeiros a serem destinados, prazo para a realização da política pública, tudo com sua respectiva formalização por meio de normas específicas que as instituem, especialmente a sua inclusão no orçamento público.

Ao longo dessas três etapas iniciais, consideradas fases de construção de políticas públicas, para fins de aprimoramento da alocação de recursos e para a melhoria da qualidade do gasto, podem-se identificar outras etapas (ou subfases) necessárias a serem atendidas, conforme estudos[8] específicos sugerem:

> A primeira etapa destina-se a apresentar o diagnóstico do problema, que parte da identificação e da caracterização de um problema que demanda intervenção do Estado, dessa forma, instrui a identificar, apresentar as causas e fundamentar o problema. A segunda etapa objetiva delinear os critérios para o desenho e caracterização das políticas, ou seja, quais são os agentes e articuladores envolvidos, os impactos ambientais, o público-alvo, etc. A terceira etapa destina-se a apresentar os critérios para a análise orçamentária e fiscal, isto é, estimar e verificar a conformidade dos custos com as legislações fiscais e orçamentárias pertinentes. A quarta etapa apresenta as estratégias de implementação da política, na qual a intenção é planejar e detalhar a execução para visualizar a gestão de riscos e de governança das políticas, os atores institucionais envolvidos nesse processo e como trabalhar a transversalidade. A quinta etapa propõe as estratégias de confiança e suporte. Tem como finalidade garantir o apoio da população e a legitimidade das partes interessadas. A sexta etapa trata dos critérios para o monitoramento, avaliação e o controle das políticas públicas, tendo como objetivo central verificar se uma determinada política não desvia dos seus objetivos e quais indicadores serão acompanhados.

Já a "implementação" é a quarta etapa do ciclo, momento em que são materializadas as ações antes planejadas e definidas. Importante destacar que de nada adianta identificar, definir e planejar a realização das políticas públicas se elas não forem corretamente executadas.

Por fim, a quinta e última etapa é a "avaliação", fundamental atividade que permite a aferição dos resultados obtidos.

## 8.4. AVALIAÇÃO DAS POLÍTICAS PÚBLICAS

Para além do imprescindível planejamento, as políticas públicas devem ser avaliadas, tanto em momento anterior à sua realização (*ex ante*), como em ocasião posterior (*ex post*) à sua execução, a fim de que se possa aferir se o resultado com elas obtido se coaduna com aquele originalmente pretendido.

---

[8]   BRASIL. Secretaria de Estado do Planejamento e Orçamento do Maranhão. Manual de critérios para a elaboração das políticas públicas. São Luís: Secretaria de Estado do Planejamento e Orçamento do Maranhão, 2019. p. 16-17.

PARTE II · Cap. VIII · ORÇAMENTO E POLÍTICAS PÚBLICAS | **227**

A esse respeito, Edilberto Carlos Pontes Lima,[9] ao analisar e relatar sobre a situação da avaliação das políticas públicas no Brasil de hoje, destaca que:

> a crítica de que políticas são mal elaboradas e mal implementadas é frequente. De fato, a prática de avaliação antes da decisão sobre qualquer política é muito precária e, quando implementada, em muitos poucos casos as políticas são analisadas para verificar custos e benefícios e definir por sua continuidade ou não. Prevalece a cultura do impressionismo, da improvisação, das boas intenções (nem sempre, de fato) sem respaldo em investigações técnicas metodologicamente bem definidas.

Se até recentemente a avaliação das políticas públicas no Brasil se encontrava na Constituição Federal apenas de maneira implícita, dentro do ideal do princípio da eficiência, a partir da Emenda Constitucional nº 109, de 15 de março de 2021, passamos a ter dois comandos expressos: o primeiro, dirigido diretamente ao gestor público; o segundo, para vincular o conteúdo das leis orçamentárias aos resultados do monitoramento e da avaliação das políticas públicas.

Assim, o referido dispositivo constitucional (art. 37, § 16) estabelece que:

> Os órgãos e entidades da administração pública, individual ou conjuntamente, devem realizar avaliação das políticas públicas, inclusive com divulgação do objeto a ser avaliado e dos resultados alcançados, na forma da lei.

Em complemento ao artigo constitucional citado, o constituinte derivado também inseriu outro § 16, mas desta vez ao art. 165, ao prescrever que:

> As leis de que trata este artigo devem observar, no que couber, os resultados do monitoramento e da avaliação das políticas públicas previstos no § 16 do art. 37 desta Constituição.

Entendemos que a parte final do § 16 do art. 37, que traz em seu texto a locução *"na forma da lei"*, não implica qualquer forma de limitação à eficácia imediata do novo preceito constitucional. Tal lei específica deverá ser editada para fins de estabelecer parâmetros para o procedimento de avaliação de políticas públicas, de modo que haja uma metodologia e uniformidade a ser seguida por toda a administração pública.

Não se pode deixar de mencionar que a preocupação com a avaliação das políticas públicas não é um tema novo. Há muito vem sendo explorado. Não à toa, no ano de 2018, o Governo federal editou um manual em dois volumes intitulados: i) *"Avaliação de Políticas Públicas: guia prático de análise ex ante"*; ii) *Avaliação de Políticas Públicas: guia prático de análise ex post"*.

O primeiro (*ex ante*), direcionado à avaliação de políticas públicas em momento anterior, visa orientar a decisão para que ela recaia sobre a alternativa mais efetiva, eficaz e eficiente. Visa direcionar ações para a busca de resultados para a sociedade, encontrando soluções tempestivas e inovadoras para lidar com a limitação de recursos e com as mudanças de prioridades, e para avaliar as propostas de criação, expansão ou aperfeiçoamento de políticas públicas e de concessão de incentivos fiscais – aferindo, sempre que possível, seus custos e benefícios.

---

9   LIMA, Edilberto Carlos Pontes. Avaliação de políticas públicas: um imperativo para o aperfeiçoamento do setor público. *Revista IBDAFT*, ano 1, v. II, jul./dez. 2020, p. 316.

O manual "*Avaliação de Políticas Públicas: guia prático de análise* ex ante"[10] identifica oito etapas da análise *ex ante*, com a finalidade de monitorar e avaliar a intervenção para garantir que sejam alcançados os impactos esperados sobre o problema identificado, conforme abaixo:

i)  diagnóstico do problema;

ii)  caracterização da política: objetivos, ações, público-alvo e resultados esperados;

iii)  desenho da política;

iv)  estratégia de construção de confiabilidade e credibilidade;

v)  estratégia de implementação;

vi)  estratégias de monitoramento, de avaliação e de controle;

vii)  análise de custo-benefício; e

viii) impacto orçamentário e financeiro.

O segundo manual (*ex post*) é um instrumento relevante para a tomada de decisões ao longo da execução da política – dizendo ao gestor o que aprimorar e, em alguns casos, como fazê-lo –, bem como para a melhor alocação de recursos entre as diferentes políticas públicas setoriais. Cumpre a importante função de levantar evidências sobre o desempenho da política, indicando se os recursos públicos estão sendo aplicados em consonância com os parâmetros de economicidade, eficiência, eficácia e efetividade.

Nesse manual,[11] o processo coordenado de avaliação de políticas públicas contempla as seguintes etapas até se chegar a uma política pública melhor:

i)  Seleção das políticas públicas a serem avaliadas;

ii)  Execução da avaliação;

iii)  Apresentação dos resultados e proposição de melhorias;

iv)  Pactuação de melhorias a serem feitas na política pública;

v)  Implementação de melhorias.

Um marco importante em nível federal foi a criação do Conselho de Monitoramento e Avaliação de Políticas Públicas (CMAP), instituído pelo Decreto nº 9.834/2019 (atualmente, Decreto nº 11.558/2023). Trata-se de instituição de natureza consultiva, tendo como finalidade avaliar uma lista de políticas públicas previamente selecionadas, que são financiadas por gastos diretos ou por política de subsídios. Ao avaliar as políticas selecionadas anualmente a partir de Programas Finalísticos do Plano Plurianual Anual, tem-se a integração do ciclo orçamentário por meio da conexão entre a avaliação e o planejamento. Ademais, os resultados das avaliações e de suas recomendações darão informações e suporte ao restante do ciclo orçamentário, ou seja, ao controle e à execução financeira e orçamentária.

Sob a ótica orçamentária, as análises e avaliações das políticas públicas devem aferir não apenas a disponibilidade financeira como também o atendimento da legislação fiscal.

---

[10]  BRASIL. Casa Civil da Presidência da República/Instituto de Pesquisa Econômica Aplicada. Avaliação de políticas públicas: guia prático de análise ex ante. Brasília: Casa Civil da Presidência da República/ Ipea, 2018. v. 1. p. 11.

[11]  BRASIL. Casa Civil da Presidência da República/Instituto de Pesquisa Econômica Aplicada. *Avaliação de políticas públicas: guia prático de análise ex post. Brasília:* Casa Civil da Presidência da República/Ipea, *2018. v. 2. p. 20.*

Importante alerta[12] é no sentido de que, para reduzir a discrepância entre o planejamento, a formulação das políticas e a realidade, isto é, sua implementação e resultados, é necessário realizar atividades de monitoramento, avaliação e controle. Mensurar e analisar o desempenho com o intuito de gerenciar com maior eficiência os efeitos, produtos e resultados, em termos de desenvolvimento, é o objetivo geral dessas atividades. Os gestores de políticas e projetos devem desenvolver práticas de monitoramento, controle e avaliação, de modo que possam analisar a contribuição dos diferentes fatores para alcançar os resultados e, assim, melhorar estratégias, programas e outras atividades.

Portanto, a avaliação prévia da política pública, assim como a avaliação e o monitoramento ao longo da sua execução e também ao seu final, permitem ao gestor público identificar a eficácia e efetividade da política pública e benefício trazido para a população.

---

[12] BRASIL. Secretaria de Estado do Planejamento e Orçamento do Maranhão. Manual de critérios para a elaboração das políticas públicas. São Luís: Secretaria de Estado do Planejamento e Orçamento do Maranhão, 2019. p. 61.

# PARTE III

*Capítulo IX*

# GLOSSÁRIO DE CONCEITOS ORÇAMENTÁRIOS

O presente capítulo apresenta os principais termos e conceitos jurídicos, financeiros e contábeis utilizados na linguagem técnica do orçamento público.[1] Muitos deles já foram devidamente abordados ao longo desta obra, e o objetivo desta parte do livro é apenas o de facilitar a consulta direta e rápida ao leitor.

## A

**ABERTURA DE CRÉDITO ADICIONAL:** ato do Poder Executivo, editado por meio de decreto, determinando a disponibilidade do crédito orçamentário adicional, com base em lei orçamentária ou autorização legislativa específica.

**AÇÃO:** operação ou conjunto de operações das quais resultam produtos (bens ou serviços) que contribuem para atender ao objetivo de um programa, que podem ser classificadas como atividades, projetos ou operações especiais. É definida no orçamento por descrição e código, a partir da classificação funcional e programática. Incluem-se também no conceito de ação as trans-

ferências obrigatórias ou voluntárias a outros entes da Federação e a pessoas físicas e jurídicas, na forma de subsídios, subvenções, auxílios, contribuições, entre outros, e os financiamentos.

**AÇÃO GOVERNAMENTAL:** qualquer intervenção prevista em planos e orçamentos, programada ou realizada diretamente pelo governo ou em parceria com outras esferas ou poderes, inclusive com a iniciativa privada ou organizações não governamentais.

**AÇÃO ORÇAMENTÁRIA:** ações que integram os orçamentos anuais em que são alocados e executados recursos orçamentários. Podem ser projetos, atividades ou operações especiais.

**AÇÃO NÃO ORÇAMENTÁRIA:** ações que contribuem para o alcance do objetivo de determinado programa, mas não fazem parte da Lei Orçamentária Anual do ente. É o conjunto de intervenções de outras esferas de governo, do setor privado e de organizações da sociedade que contribui para a consecução de objetivo de Governo, cuja execução não depende de recursos orçamentários próprios.

**AÇÃO DE GESTÃO:** são os projetos e atividades vinculados aos programas de gestão, relacionados com atividade-meio e não ligados à atividade-fim da ação.

**AÇÃO FINALÍSTICA:** são os projetos e atividades vinculados aos programas relacionados com a atividade-fim da ação, ou seja, direcionada ao resultado.

---

[1]    Os termos e conceitos aqui apresentados foram extraídos de diversas fontes oficiais públicas, tais como manuais técnicos orçamentários disponibilizados por entidades públicas, dicionários especializados e glossários específicos, emitidos principalmente pela Secretaria do Tesouro Nacional, Secretarias de Fazenda estaduais e municipais, Tribunais de Contas, bem como constantes de sítios eletrônicos como os do Senado Federal e Portal da Transparência. Por terem sido individualmente adaptados e ajustados pelo autor e por não contemplarem ineditismo, além de serem dotados de notoriedade e publicidade, entende-se dispensada a indicação da fonte de referência específica e individualizada.

**AÇÃO TRANSVERSAL:** é aquela que, embora se enquadre na natureza de determinado programa, perpassa por outro programa, estando associada a mais de um deles, por ter aderência e por contribuir para a consecução dos seus objetivos.

**ACCOUNTABILITY:** trata-se da obrigação de prestação de contas e envolve a ideia de responsabilização e de transparência nos atos públicos. É o conjunto de processos que visam selecionar, organizar e disponibilizar as informações de interesse das partes interessadas, para fins de transparência e de prestação de contas.

**ADMINISTRAÇÃO DIRETA:** é constituída pelo conjunto de unidades e órgãos integrantes da estrutura administrativa dos Poderes de cada ente federativo, instituídos para o desempenho das atividades relativas às funções legislativa, executiva e judiciária. São organizações estatais desprovidas de personalidade jurídica própria, como ministérios, secretarias, tribunais etc. Inclui também os fundos especiais geridos por órgão da Administração Direta.

**ADMINISTRAÇÃO INDIRETA:** parte da Administração Pública que reúne as entidades públicas que possuem personalidade jurídica e patrimônio próprios, criadas por lei ou mediante sua autorização específica, voltada para a prestação de serviço público ou de interesse público, como as autarquias, as empresas públicas, as sociedades de economia mista e as fundações, embora sejam vinculadas ao ente federativo para fins de coordenação e controle.

**ADMINISTRADOR PÚBLICO:** servidor público ou mandatário, com poderes específicos para agir, deliberar e contrair obrigações em nome do ente público ao qual está vinculado, encarregado de gerir e realizar atos e negócios públicos.

**ALIENAÇÃO DE BENS:** significa transferir, passar para outrem o domínio de coisa ou o gozo de determinado bem. A alienação de bens pela Administração Pública deve ser feita, em regra, mediante processo de licitação.

**ALÍQUOTA:** valor fixo (específica) ou percentual (*ad valorem*) aplicado sobre determinada base de cálculo para fins de identificação do valor do tributo.

**ALOCAÇÃO DE RECURSOS:** destinação de recursos orçamentários para um órgão, enti-

dade, programa, ação ou qualquer fim específico, por meio de uma dotação específica do orçamento.

**ALTERAÇÕES ORÇAMENTÁRIAS:** são modificações nas dotações fixadas pela Lei Orçamentária Anual ou nas quotas mensais distribuídas pelo Decreto de execução, que podem ser das seguintes espécies: crédito suplementar; crédito especial; crédito extraordinário; crédito automático; reprogramação entre elementos; liberação de contingenciamento; antecipação de quotas; postergação de quotas; transposição de quotas.

**AMORTIZAÇÃO DA DÍVIDA:** extinção gradativa de um empréstimo público por meio de pagamento. Cada parcela de amortização é também conhecida como "principal da dívida".

**ANO FISCAL:** é o mesmo que exercício financeiro, iniciando-se em 1º de janeiro e terminando em 31 de dezembro de cada ano.

**ANTECIPAÇÃO DE RECEITA ORÇAMENTÁRIA (ARO):** é o processo pelo qual o tesouro público pode contrair uma dívida, antecipando uma determinada receita certa e específica prevista, a qual será liquidada quando efetivada a entrada do respectivo numerário.

**ANULAÇÃO DO EMPENHO:** é o cancelamento total ou parcial de importância empenhada, que deve ser justificado.

**ARRECADAÇÃO DE RECEITA:** é o estágio da receita pública, que envolve o regime orçamentário de caixa, e que resulta em registro contábil do ingresso de recursos pagos pelos contribuintes ou devedores, provenientes de receitas reconhecidas anteriormente ou no momento do recebimento.

**ATIVIDADE:** instrumento de programação orçamentária destinado a alcançar o objetivo de um programa, envolvendo um conjunto de operações que se realizam de modo contínuo e permanente das quais resulta um produto necessário para a manutenção da ação governamental.

**ATIVIDADE FINANCEIRA:** é uma das diversas funções instrumentais exercidas pelo Estado, destinada a prover o Estado com recursos financeiros suficientes para atender às necessidades públicas, envolvendo a *arrecadação*, a *gestão* e a *aplicação* desses recursos.

**ATIVO:** é o termo básico nos sistemas contábeis utilizado para expressar o conjunto de bens, valores, créditos, direitos e assemelhados que formam o patrimônio de uma instituição, em um determinado momento, avaliados pelos respectivos custos.

**ATIVO CIRCULANTE:** disponibilidades de numerário, recursos a receber, antecipações de despesa, bem como outros bens e direitos pendentes ou em circulação, realizáveis até o término do exercício seguinte.

**ATIVO PERMANENTE:** bens públicos, créditos e valores cuja mobilização ou alienação dependa de autorização legislativa.

**AUTÓGRAFO:** redação final de qualquer proposição aprovada pela Casa Legislativa e em condições de ser encaminhada ao chefe do Poder Executivo para a sanção ou veto. Significa também a autorização de despesa ou autorização legislativa para a realização de despesa, concedida por meio da lei orçamentária.

**AUTORIZAÇÃO: é o ato formal de** consentimento dado ao administrador para realizar determinada operação de receita ou de despesa pública.

**AUTORIZAÇÃO DE CRÉDITO:** é a atribuição de recursos conferida pela lei orçamentária ou lei específica em limite certo, para fim determinado e em favor de órgão, entidade ou fundo expressamente indicado.

**AUXÍLIO FINANCEIRO:** refere-se à ajuda pecuniária prestada pelo Poder Público, para fins diversos, geralmente com objetivos altruísticos.

**AVALIAÇÃO ORÇAMENTÁRIA:** é a apreciação sistemática, metodológica e objetiva do valor ou do mérito de uma ação governamental, antes, durante ou após a intervenção, quanto a sua concepção, execução e resultados, tendo como propósito determinar a pertinência, eficiência, eficácia, efetividade, o impacto e a sustentabilidade da intervenção.

**B**

**BALANÇO:** é o demonstrativo contábil que apresenta a situação do patrimônio da entidade pública em um dado momento, incluindo-se a relação de bens, créditos, dívidas e compromissos.

**BALANÇO FINANCEIRO-ORÇAMENTÁRIO:** é o demonstrativo em que se confrontam, num dado momento, as receitas por fontes e despesas orçamentárias por grupo de natureza, bem como os recebimentos e os pagamentos de natureza extraorçamentária, conjugados com os saldos em espécie provenientes do exercício anterior, e os que se transferem para o exercício seguinte, identificando-se se há saldo positivo (superávit), zero (equilíbrio), ou negativo (déficit).

**BALANÇO PATRIMONIAL:** é o demonstrativo contábil que apresenta, num dado momento, a situação estática do patrimônio da entidade pública em termos de ativo, passivo e patrimônio líquido.

**BASE DE CÁLCULO:** pode ser entendida como a expressão econômica do fato gerador sobre a qual incidirá a alíquota (específica ou *ad valorem*) do tributo a ser pago, determinando-se o valor devido. É o valor sobre o qual se calcula a incidência do tributo.

**BEM PÚBLICO:** todas as coisas – corpóreas ou incorpóreas, móveis ou imóveis, direitos ou créditos – que pertençam, a qualquer título, aos órgãos e entidades da Administração Pública. Classificam-se em: bens de uso comum do povo (podem ser usufruídos por todos, vedada a apropriação), bens de uso especial (de uso da Administração Pública) e bens dominiais (são disponíveis ou alienáveis a qualquer tempo).

**BENEFICIÁRIOS:** público-alvo diretamente beneficiado com a entrega dos produtos ou serviços originados de determinado programa orçamentário.

**BENEFÍCIO FISCAL:** trata-se de espécie de incentivo ou vantagem de natureza fiscal, em que normalmente há desoneração ou renúncia parcial ou total de receita pública em favor do particular. Decorrem, em geral, de isenções, anistias, remissões, subsídios e benefícios de natureza financeira, tributária e creditícia.

**BLOQUEIO ORÇAMENTÁRIO:** trata-se do contingenciamento de despesas públicas, por razões de natureza financeira, técnica ou legal.

**C**

**CAPACIDADE DE ENDIVIDAMENTO:** é o nível de comprometimento de recursos futuros por meio de empréstimos que é facultado a governos e instituições públicas.

**CATEGORIA ECONÔMICA:** é a classificação das receitas e despesas em operações correntes ou de capital, objetivando propiciar elementos para uma avaliação do efeito econômico das transações do setor público (arts. 11 e 12 da Lei nº 4.320/1964).

**CATEGORIA PROGRAMÁTICA:** forma como são agregadas e representadas as ações governamentais conforme os níveis de programação estabelecidos na matriz programática.

**CENTRO DE CUSTO:** representa a vinculação dos gastos com as unidades gestoras, que se formaliza com o armazenamento da informação do código do item de despesa com a unidade responsável e o respectivo montante.

**CICLO ORÇAMENTÁRIO:** período que envolve as fases orçamentárias: planejamento prévio, elaboração das propostas orçamentárias, apreciação legislativa, execução e acompanhamento, controle e avaliação, até o encerramento do exercício fiscal, quando, então, se inicia o ciclo seguinte.

**CIÊNCIA DAS FINANÇAS:** é o ramo do conhecimento que estuda os princípios e as leis reguladoras do exercício da atividade financeira estatal, sistematizando os fatos financeiros.

**CLASSIFICAÇÃO DAS CONTAS PÚBLICAS:** agrupamento das contas públicas segundo sua natureza ou espécie, organizados por uma metodologia própria, que permite a identificação individual e global dos montantes analisados para fins de planejamento, demonstração e controle.

**CLASSIFICAÇÃO DA DESPESA PÚBLICA:** é o agrupamento da despesa por categorias, com a finalidade de padronizar as informações que se deseja obter. Pode ser classificada por poder, função ou subfunção, por programa e por categoria econômica. O art. 12 da Lei nº 4.320/1964 a classifica nas seguintes categorias econômicas: despesas correntes e despesas de capital.

**CLASSIFICAÇÃO DA RECEITA PÚBLICA:** é o agrupamento da receita por categorias, com a finalidade de padronizar as informações que se deseja obter. Pode ser classificada por natureza ou fonte de recursos. O art. 11 da Lei nº 4.320/1964 classifica a receita pública nas seguintes categorias econômicas: receitas correntes e receitas de capital.

**CLASSIFICAÇÃO FUNCIONAL:** é o agrupamento das ações do governo em grandes áreas de sua atuação, para fins de planejamento, programação e orçamentação. Compreende as funções, representando o maior nível de agregação das ações do governo, que se desdobram em programas, projetos e atividades.

**CLASSIFICAÇÃO INSTITUCIONAL:** é o agrupamento dos recursos orçamentários em órgãos e unidades orçamentárias responsáveis pela execução.

**CLASSIFICAÇÃO PROGRAMÁTICA:** é o agrupamento dos recursos orçamentários segundo estrutura de programa, ação (projeto, atividade ou operação especial) e subtítulo (localizador do gasto), que visa identificar a finalidade da despesa pública, ou seja, em que e onde serão alocados os recursos.

**CLASSIFICAÇÃO ORÇAMENTÁRIA:** é a organização do orçamento público segundo critérios que permitem a identificação geral das receitas e despesas, para permitir que a Administração Pública possa gerenciar a execução orçamentária. Para a despesa pública, temos a classificação institucional, classificação funcional programática e de natureza da despesa. Para a receita pública, temos a classificação por categorias econômicas e por grupo de fontes.

**COBERTURA ORÇAMENTÁRIA:** é a dotação orçamentária destinada a atender as despesas, proveniente de lei orçamentária ou créditos adicionais.

**CÓDIGO ORÇAMENTÁRIO:** conjunto de dígitos utilizados para individualizar órgãos, instituições, classificações, fontes de recursos etc.

**CÓDIGO DE RECEITA ORÇAMENTÁRIA:** elemento numérico que visa identificar a origem do recurso segundo o que ocasionou o ingresso da receita nos cofres públicos. Representa o nível mais analítico da receita, visando auxiliar a elaboração de análises econômico-financeiras sobre a atuação estatal.

**COMISSÃO MISTA ORÇAMENTÁRIA:** é a comissão parlamentar que tem como finalidade examinar e emitir parecer sobre os projetos de leis orçamentárias (PPA, LDO e LOA), bem como acompanhar e fiscalizar a execução orçamentária.

**CONFORMIDADE CONTÁBIL:** é o registro promovido pelo órgão de contabilidade, certificando a legalidade do fato praticado e a sua adequada classificação contábil.

**CONTA CONTÁBIL:** é a expressão qualitativa e quantitativa de fatos de mesma natureza, evidenciando a composição, variação e estado do patrimônio, bem como de bens, direitos, obrigações e situações nele não compreendidos, mas que, direta ou indiretamente, possam vir a afetá-lo.

**CONTABILIDADE FINANCEIRA:** é a demonstração que registra todas as movimentações de ingressos (receitas) e dispêndios (despesas) de recursos financeiros realizados.

**CONTABILIDADE ORÇAMENTÁRIA:** é a demonstração dos registros de receitas e de despesas estimadas e as efetivamente realizadas, bem como as dotações disponíveis para a respectiva execução.

**CONTABILIDADE PATRIMONIAL:** é a demonstração que registra os bens, direitos e obrigações pertencentes aos entes públicos, inclusive os industriais.

**CONTABILIDADE PÚBLICA:** trata-se de uma ferramenta de gestão que contempla regras, demonstrações e análises para evidenciar os fatos ligados à administração orçamentária, financeira e patrimonial relativos à Administração Pública.

**CONVÊNIO:** trata-se do instrumento utilizado para formalização do acordo de vontades entre entidades do setor público e, ocasionalmente, entre entidades do setor público e instituições do setor privado, com vistas à realização de programas de trabalho ou de eventos de interesse recíproco, em regime de mútua cooperação.

**CONTINGENCIAMENTO:** é procedimento de bloqueio de gastos empregado pela administração pública para assegurar o equilíbrio orçamentário, sobretudo quando a arrecadação se realiza em montante menor que o estimado na lei orçamentária anual.

**CONTROLE EXTERNO:** é exercido pelo Poder Legislativo de cada ente, auxiliado pelo respectivo Tribunal de Contas.

**CONTROLE INTERNO:** é desempenhado pelo sistema de controle específico que cada Poder deverá ter dentro da sua própria estrutura.

**CONTROLE ORÇAMENTÁRIO:** envolve a correção de eventuais irregularidades encontradas na execução do orçamento público.

**CRÉDITO ORÇAMENTÁRIO:** são as dotações orçamentárias alocadas para um órgão, unidade, programa ou projeto, ou seja, são os valores previstos na lei orçamentária para a realização das despesas públicas. São as dotações de gastos. É o limite de recursos autorizados na lei orçamentária para realização de determinada despesa pública.

**CRÉDITO ORÇAMENTÁRIO ADICIONAL:** é o instrumento utilizado para alteração da lei orçamentária, com a finalidade de autorizar despesa não prevista ou insuficientemente dotada na lei orçamentária anual. Classifica-se em suplementar, especial e extraordinário.

**CRÉDITO ORÇAMENTÁRIO ESPECIAL:** é a modalidade de crédito adicional destinado a despesas para as quais não haja dotação orçamentária específica.

**CRÉDITO ORÇAMENTÁRIO EXTRAORDINÁRIO:** é a modalidade de crédito adicional destinado ao atendimento de despesas urgentes e imprevisíveis, como em caso de guerra, comoção interna ou calamidade pública, que pode ser aberto por medida provisória.

**CRÉDITO ORÇAMENTÁRIO SUPLEMENTAR:** é a modalidade de crédito adicional destinada ao reforço de dotação já existente no orçamento.

**CRONOGRAMA DE DESEMBOLSO FINANCEIRO:** é a programação do pagamento mensal das despesas, conforme decreto editado até 30 dias após a publicação da lei orçamentária, com base na previsão de ingressos dos recursos financeiros e nas datas de vencimento das obrigações relativas ao fornecimento de bens, locações, prestação de serviços, realização de obras e outras ações governamentais.

**CUSTEIO:** refere-se aos gastos relativos à manutenção das atividades administrativas, sobretudo aquelas relativas a pessoal, material de consumo e serviços.

## D

**DECRETO DE EXECUÇÃO ORÇAMENTÁRIA:** trata-se do instrumento, materializado em norma de natureza administrativa, editada pelo chefe do Poder Executivo, até 30 dias após a publicação da LOA, para estabelecer a programação da execução orçamentária, envolvendo definição de cotas orçamentárias e contingenciamentos. Permite que a realização dos gastos acompanhe a proporção de ingressos financeiros e grau arrecadatório, evitando-se desequilíbrio fiscal inesperado.

**DÉFICIT ORÇAMENTÁRIO:** é a situação financeira em que se verifica que a despesa é maior do que a receita. Há que se distinguir o déficit eventualmente previsto nas metas estabelecidas na LDO com o déficit que surge durante a execução orçamentária.

**DÉFICIT PRIMÁRIO:** é a situação financeira em que se verifica que a despesa é maior do que a receita, retirando-se os encargos financeiros embutidos no conjunto das despesas e das receitas.

**DESCENTRALIZAÇÃO DE CRÉDITO:** trata-se da transferência de dotações orçamentárias previstas na LOA de uma unidade orçamentária ou administrativa para outra. Consiste em atribuir às unidades gestoras a administração de dotações consignadas por meio de lei ou créditos adicionais a unidades orçamentárias, nas categorias de programação e nos valores fixados nos respectivos atos. A execução orçamentária poderá processar-se mediante a descentralização de créditos entre unidades gestoras de um mesmo órgão ou entre órgãos e entidades de estruturas diferentes. Já a *movimentação financeira* envolve os conceitos de: *cota*, que é o crédito colocado à disposição do órgão ou entidade, em conta, na instituição bancária credenciada como o agente financeiro do Tesouro; *repasse*, que é a distribuição pelo órgão ou entidade dos recursos financeiros correspondentes ao seu crédito, para utilização pelas unidades orçamentárias; *sub-repasse*, que é a descentralização interna de cota financeira entre Unidades Gestoras que pertencem à mesma estrutura administrativa.

**DESPESA (PÚBLICA):** trata-se do conjunto de gastos realizados pelo Estado no seu funcionamento, ou seja, da aplicação de recursos financeiros em bens e serviços destinados a satisfazer as necessidades coletivas previstas na LOA. Nada mais é do que a devida alocação das receitas públicas arrecadadas pelo Estado na sua atividade financeira.

**DESPESA CORRENTE:** trata-se da categoria econômica da despesa pública, que se caracteriza por ser contínua, rotineira ou periódica, que é realizada para fins de *custeio* de pessoal, material de consumo, serviços de terceiros e encargos sociais, e com as *transferências correntes* (valores transferidos a fundos, instituições privadas, e aqueles destinados ao pagamento de encargos de dívidas e sentenças judiciais). Este tipo de despesa não contribui diretamente para a formação ou aquisição de um bem patrimonial.

**DESPESA DE CAPITAL:** trata-se da categoria econômica da despesa pública que contribui diretamente para a formação ou aquisição de um bem patrimonial, a exemplo dos gastos com a execução de obras, a aquisição de instalações, equipamentos e material permanente, aquisição e subscrição de títulos representativos do capital de empresas ou entidades de qualquer natureza, bem como as amortizações de dívida e concessões de empréstimos.

**DESPESAS DE CUSTEIO:** são aqueles gastos necessários à prestação de serviços e à manutenção da ação da Administração como, por exemplo, o pagamento de pessoal, de material de consumo e a contratação de serviços de terceiros.

**DESPESAS DISCRICIONÁRIAS:** são aquelas que permitem ao gestor público flexibilidade quanto ao estabelecimento de seu montante, assim como quanto à oportunidade de sua execução.

**DESPESA EMPENHADA:** é aquela que já está formalmente reservada e comprometida para determinado gasto, porém, ainda não efetivada (dependente de liquidação).

**DESPESA ESPECIAL:** referem-se àqueles gastos que não possuem dotação orçamentária específica.

**DESPESA EXTRAORDINÁRIA:** que se realiza em situações imprevisíveis e, por isso, não possui uma receita pública própria, nem é contemplada no orçamento, como aquelas para guerra externa, calamidade pública ou comoção interna.

**DESPESA EXTRAORÇAMENTÁRIA:** são os pagamentos que não estão vinculados ao orçamento e por isso não dependem de autorização legislativa. Referem-se aos valores recebidos a título de receita extraorçamentária, por exemplo, a devolução de caução ou liquidação de operações de crédito por antecipação de receita.

**DESPESAS DE EXERCÍCIOS ANTERIORES:** são aquelas relativas a exercícios já encerrados, para as quais o orçamento respectivo consignava crédito próprio, com dotação suficiente para atendê-las, mas que não se tenham processado na época própria, bem como os restos a pagar com prescrição interrompida e os compromissos reconhecidos após o encerramento do exercício correspondente.

**DESPESA LIQUIDADA:** é a despesa já processada, ou seja, cujo empenho foi entregue ao credor, que por sua vez forneceu o bem ou serviço contratado, fato formalmente reconhecido pela administração pública.

**DESPESA OBRIGATÓRIA:** são aquelas nas quais o gestor público não possui discricionariedade quanto à determinação do seu montante, bem como ao momento de sua realização, por determinação legal ou constitucional. São obrigatórias tanto no momento de elaboração do orçamento quanto na sua execução.

**DESPESA ORÇAMENTÁRIA:** são as despesas cuja realização depende de autorização legislativa. São aquelas fixadas na LOA e realizadas por créditos orçamentários.

**DESPESA ORDINÁRIA:** são estáveis e rotineiras, constantes do orçamento público, tais como remuneração dos servidores públicos, pagamento de aposentadorias etc.

**DESVINCULAÇÃO DE RECEITAS (DRU, DRE, DRM):** é um mecanismo que permite ao governo (União, Estados e Municípios) desvincular de órgão, fundo ou despesa 30% do produto da arrecadação de alguns tributos e receitas públicas vinculadas por lei ou pela Constituição.

**DIREITO FINANCEIRO:** é o ramo do ordenamento jurídico que disciplina a atividade financeira do Estado.

**DIRETRIZES ORÇAMENTÁRIAS:** são as orientações ou linhas gerais de um plano, ou seja, os princípios que estruturam a conduta do governo, definindo a sua forma de atuação, prioridades, metas e objetivos.

**DÍVIDA ATIVA:** a inscrição em dívida ativa é a forma de reconhecimento de receitas públicas (tributária ou não tributária) já vencidas e ainda não efetivamente pagas ao ente estatal, mas que, diante da sua liquidez e da certeza da sua existência, e atendendo aos requisitos legais previstos, já podem ser contabilizadas como crédi-

tos a receber, gerando um acréscimo patrimonial para aquele ente público. Abrange atualização monetária, juros e multa de mora e demais encargos previstos em lei ou contrato. A Dívida Ativa integra o grupamento de Contas a Receber e constitui uma parcela do Ativo de grande destaque na estrutura patrimonial de qualquer órgão ou entidade pública.

**DÍVIDA PÚBLICA:** representa o somatório das obrigações do ente público perante todos os seus credores referentes aos empréstimos públicos contraídos no mercado interno ou externo, seja por meio dos contratos diretos com instituições financeiras ou demais credores, seja pela emissão de títulos, para financiar as despesas públicas não cobertas pelas receitas públicas ordinárias, especialmente as tributárias. Há quem inclua, também, no conceito de dívida pública as garantias prestadas pelo Estado, uma vez que estas podem se converter em obrigação.

**DÍVIDA PÚBLICA CONSOLIDADA:** é o montante total, apurado sem duplicidade, das obrigações financeiras do ente da Federação, assumidas em virtude de leis, contratos, convênios ou tratados e da realização de operações de crédito, para amortização em prazo superior a doze meses. É também denominada de dívida pública fundada.

**DÍVIDA PÚBLICA FLUTUANTE:** é aquela contraída a curto prazo, para atender às momentâneas necessidades de caixa, surgindo quando as receitas referentes à respectiva despesa ainda não tenham sido percebidas. Esta dívida caracteriza-se por não depender de autorização legislativa, somente podendo ser contraída internamente e por curto prazo, compreendendo, segundo o art. 92 da Lei nº 4.320/1964: I – os restos a pagar, excluídos os serviços da dívida; II – os serviços da dívida a pagar; III – os depósitos; IV – os débitos de tesouraria.

**DÍVIDA PÚBLICA MOBILIÁRIA:** é a dívida pública representada por títulos emitidos pela União, inclusive os do Banco Central do Brasil, Estados e Municípios.

**DÍVIDA PÚBLICA EXTERNA:** são os compromissos financeiros assumidos quando o local da captação dos recursos não é nacional, sendo normalmente celebrado com uma pessoa estrangeira, seja com outro país, com uma empresa estrangeira sediada no exterior ou em outro mercado financeiro que não o brasileiro.

Registre-se que essa classificação pode comportar não apenas o elemento territorial da captação dos recursos, mas também a nacionalidade da moeda, das partes ou do local de celebração do contrato.

**DÍVIDA PÚBLICA INTERNA:** são os compromissos financeiros assumidos quando credor e devedor encontram-se na mesma esfera territorial da captação dos recursos (em geral considerado no mesmo país, mas pode-se estender o conceito para se realizado dentro do território do próprio ente federativo: Estado ou Município).

**DOTAÇÃO:** é o limite de crédito orçamentário consignado na LOA para atender determinada despesa pública. É também denominada de "rubrica".

## E

**ELEMENTO DE DESPESA:** é a identificação do objeto de gasto, conforme a sua natureza. Trata-se do desdobramento da despesa com pessoal, material, serviços, obras e outros meios de que se serve a Administração Pública para a consecução dos seus fins. É facultado o desdobramento suplementar dos elementos para atendimento das necessidades de escrituração contábil e controle da execução.

**EMENDA PARLAMENTAR:** é a proposta, individual, de comissão ou de bancada, para alteração ou modificação do teor de um projeto de lei orçamentária. É o meio pelo qual o Poder Legislativo atua sobre o projeto de lei orçamentária anual, acrescentando, suprimindo ou modificando itens na programação proposta pelo Poder Executivo. As emendas podem ser de texto, de receita e de despesas e são apresentadas na Comissão Mista Orçamentária.

**EMPENHO:** é o primeiro estágio da despesa; trata-se de ato emanado de autoridade competente que cria para o Estado obrigação de pagamento pendente ou não de implemento de condição (art. 58, Lei nº 4.320/1964). É um documento emitido pela Administração Pública que confere ao credor o direito de exigir o pagamento devido naquele documento.

**ENCARGOS DA DÍVIDA PÚBLICA:** são os juros, acréscimos monetários, taxas e comissões que são pagos ou a pagar, decorrentes de financiamentos públicos internos ou externos.

**EQUILÍBRIO FISCAL:** é o princípio que recomenda que para toda despesa haja uma receita a financiá-la, a fim de evitar o surgimento de déficits orçamentários crescentes ou descontrolados, que possam prejudicar as contas públicas presentes e futuras.

**ESFERA ORÇAMENTÁRIA:** é a especificação da localização da dotação orçamentária, ou seja, se uma determinada despesa está inserida no orçamento fiscal (F), da seguridade social (S) ou de investimento das empresas estatais (I), conforme discriminado no § 5º do art. 165 da Constituição.

**ESTÁGIOS DA DESPESA:** são as seguintes etapas pelas quais a despesa pública passa: empenho, liquidação e pagamento.

**ESTÁGIOS DA RECEITA:** são as seguintes etapas pelas quais a receita pública passa: lançamento, arrecadação e recolhimento.

**ESTIMATIVA DE RECEITA:** é o cálculo realizado que visa determinar antecipadamente o volume de recursos que será arrecadado em um dado exercício financeiro, possibilitando uma programação orçamentária equilibrada e a elaboração da proposta de lei orçamentária anual.

**EXCESSO DE ARRECADAÇÃO:** é o saldo positivo (superavitário) das diferenças acumuladas mês a mês, entre a arrecadação prevista e a realizada.

**EXECUÇÃO ORÇAMENTÁRIA:** é a efetiva arrecadação das receitas públicas previstas e a realização das despesas públicas, pela utilização dos créditos consignados na LOA atribuídos às unidades orçamentárias para cada um dos programas, projetos e atividades estabelecidos no orçamento.

**EXECUÇÃO DA PROGRAMAÇÃO FINANCEIRA:** compreende um conjunto de atividades com o objetivo de ajustar o ritmo de execução do orçamento ao fluxo provável de recursos financeiros.

**EXERCÍCIO FINANCEIRO:** é o período correspondente à execução orçamentária, que no Brasil coincide com o ano civil (1º de janeiro a 31 de dezembro).

**EXTRAFISCALIDADE:** atividade financeira que tem como função primária a regulatória, ou seja, destinada a fomentar ou desestimular determinadas condutas da sociedade.

# PARTE III · Cap. IX · GLOSSÁRIO DE CONCEITOS ORÇAMENTÁRIOS | 241

## F

**FISCALIZAÇÃO ORÇAMENTÁRIA:** refere-se à certificação feita pelos órgãos competentes (Tribunal de Contas, Controladorias etc.) de que, na execução do orçamento, estejam sendo atendidos os princípios e as regras pertinentes, buscando-se identificar possíveis irregularidades.

**FONTE DE RECURSOS:** é a classificação da receita segundo a destinação legal dos recursos arrecadados. As fontes de recursos constituem-se de determinados agrupamentos de naturezas de receitas, atendendo a uma determinada regra de destinação legal, e servem para indicar como são financiadas as despesas orçamentárias. Entende-se por fonte de recursos a origem ou a procedência dos recursos que devem ser gastos com uma determinada finalidade. É necessário, portanto, individualizar esses recursos de modo a evidenciar sua aplicação segundo a determinação legal.

**FUNÇÃO:** é a classificação da despesa orçamentária que se destina a registrar a finalidade da realização da despesa. A função pode ser traduzida como o maior nível de agregação das diversas áreas de atuação do setor público. Está relacionada com a missão institucional fundamental do órgão executor, por exemplo, cultura, educação, saúde ou defesa.

**FUNDO:** é o conjunto de recursos financeiros, especialmente formado e individualizado, destinado a desenvolver um programa, uma ação ou atividade pública específica.

**FUNDOS DE PARTICIPAÇÃO:** são fundos que gerem e distribuem recursos advindos de parcela da arrecadação tributária da União (IR e IPI), para serem distribuídos aos Estados, Distrito Federal e Municípios (FPE e FPM), por previsão constitucional (art. 159), como instrumentos de repartição de receitas tributárias para garantir o equilíbrio financeiro no federalismo. Além destes, há também os Fundos Constitucionais de Financiamento do Norte, Nordeste e Centro-Oeste (FNO, FNE e FCO), previstos na alínea *c* do inc. I do art. 159 da Constituição.

**FUNDOS ESPECIAIS:** são recursos vinculados por lei para a realização de determinados objetivos, seja de política econômica, social ou administrativa, mediante dotações consignadas na Lei de Orçamento Anual, tais como FAT (Fundo de Amparo ao Trabalhador), FGTS (Fundo de Garantia por Tempo de Serviço), FCEP (Fundo de Combate e Erradicação da Pobreza), dentre outros.

## G

**GESTOR ORÇAMENTÁRIO:** designação atribuída a funcionário público, agente de empresa estatal ou comissão (colegiado) que tem o propósito de acompanhar a execução orçamentária e realizar atos relacionados ao orçamento público, podendo, inclusive, ter poderes de ordenador de despesa.

**GOVERNANÇA PÚBLICA:** é o conjunto de mecanismos de liderança, estratégia e controle postos em prática para avaliar, direcionar e monitorar a gestão, com vistas à condução de políticas públicas e à prestação de serviços de interesse da sociedade (art. 2º, inc. I, Decreto nº 9.203/2017). É pautada pelos seguintes princípios: a) capacidade de resposta; b) integridade; c) confiabilidade; d) melhoria regulatória; e) prestação de contas e responsabilidade; e f) transparência.

**GRUPO DE DESPESA:** é a agregação de elementos de despesa que apresentam características assemelhadas quanto à natureza operacional do gasto. Representa o segundo nível de agregação das despesas (o primeiro é Categoria Econômica). A classificação da despesa quanto à sua natureza compreende os grupamentos: 1 – Pessoal e encargos sociais; 2 – Juros e encargos da dívida; 3 – Outras Despesas Correntes; 4 – Investimentos; 5 – Inversões financeiras; 6 – Amortização da dívida; 7 – Reserva do RPPS; 8 – Reserva de Contingência. Os pagamentos relativos à dívida, separados em interna e externa, seja dos juros ou do principal, são subdivisões dos grupos 2 e 6 acima.

**GRUPO DE DESTINAÇÃO DA RECEITA:** é o agrupamento dos códigos de destinação da receita, segundo as similaridades das características dos códigos de destinação agrupados.

**GRUPO DE FONTE ORÇAMENTÁRIA:** é um agrupamento usado para identificar a origem ou procedência dos recursos que devem ser gastos para uma determinada finalidade, servindo para indicar como são financiadas as despesas orçamentárias. Seu agrupamento é necessário para evidenciar sua origem.

**GUIA DE RECEBIMENTO:** por meio deste documento realiza-se o pagamento da receita financeira, que faz parte do segundo estágio da receita: arrecadação.

## H

**HIPÓTESE CONDICIONANTE:** é um evento cuja ocorrência eventual modifica o curso de ações, processos, produtos ou resultados de um projeto orçamentário. Neste sentido, uma hipótese condicionante refere-se a um risco cujas consequências devem ser explicitadas no plano de projeto.

**HOMOLOGAÇÃO DE LICITAÇÃO:** a homologação de licitação é o último estágio do processo licitatório (etapa prévia da despesa pública), em que ocorre a deliberação da autoridade competente quanto à homologação e adjudicação do objeto da licitação. Com a finalização do processo de contratação e respectiva homologação, a Administração Pública deverá realizar o empenho da despesa, que consiste em deduzir do orçamento, na respectiva rubrica, o valor a ser pago ao particular contratado.

**HORIZONTE TEMPORAL:** identifica a natureza da duração de uma ação governamental em relação ao tempo de sua execução.

## I

**IDENTIFICADOR DE RESULTADO PRIMÁRIO:** tem como finalidade auxiliar a apuração do resultado primário previsto para o exercício financeiro. Esse resultado é uma meta fiscal que avalia se o governo está gastando mais do que arrecada. É a diferença entre as despesas e as receitas fiscais. São eles: (0) despesa financeira; (1) despesa primária obrigatória; (2) despesa primária discricionária; (3) despesa relativa ao Projeto Piloto de Investimentos Públicos; (4) despesas constantes do orçamento de investimentos das empresas estatais que não impactam o resultado primário.

**IMPACTO ORÇAMENTÁRIO:** é o instrumento pelo qual o gestor verificará o efeito que a execução de determinada despesa trará ao equilíbrio financeiro no exercício atual e nos anos seguintes. Por tratar de despesas que não foram incluídas no orçamento, sua inclusão deve ser aprovada no legislativo e, nesse momento, observando os procedimentos da boa gestão fiscal, o pedido deverá estar acompanhado da estimativa de impacto orçamentário-financeiro.

**IMPLEMENTAÇÃO DE PROGRAMAS:** é o processo estruturado que articula diversos tipos de recursos (materiais, humanos, financeiros, informacionais e institucionais) para a execução das metas físicas das ações que compõem o programa orçamentário e o alcance de seus objetivos.

**INCENTIVO FISCAL:** trata-se do estímulo que o setor público oferece ao setor privado, na forma de exonerações fiscais ou subsídios, visando fomentar ou alavancar determinado segmento ou projeto socioeconômico.

**INCORPORAÇÃO DE ATIVOS:** são as entradas de bens, créditos e valores classificados nas variações ativas resultantes ou independentes da execução orçamentária que afetam o patrimônio do ente público.

**INCORPORAÇÃO DE EMENDA:** trata-se de alteração do texto de proposta orçamentária em função de uma emenda parlamentar sancionada.

**INDICADOR DE DESEMPENHO:** parâmetro utilizado no processo de planejamento orçamentário, que permite verificar as mudanças ocorridas pela intervenção do governo – por meio de programas, ações ou políticas públicas – em determinada área ou segmento socioeconômico, demonstrando os resultados obtidos, para fins de avaliação.

**INGRESSOS PÚBLICOS:** são as importâncias em dinheiro, a qualquer título, recebidas pelos cofres públicos. Alguns entendem que nem todos os ingressos constituem receitas públicas, uma vez que alguns se caracterizam como temporários ou simples movimentos de fundos, isto é, não se incorporam ao patrimônio do Estado, uma vez que suas entradas se condicionam a uma restituição posterior.

**INVERSÕES FINANCEIRAS:** são as dotações destinadas à aquisição de imóveis ou bens de capital já em utilização, a títulos financeiros e à constituição ou aumento do capital de entidades ou empresas, inclusive às operações bancárias ou de seguros.

**INVESTIMENTO:** trata-se de grupo de natureza da despesa de capital que reúne aquelas relacionadas com planejamento e execução de

PARTE III · Cap. IX · GLOSSÁRIO DE CONCEITOS ORÇAMENTÁRIOS | **243**

obras, aquisição de imóveis e instalações, equipamentos e material permanente, constituição ou aumento de capital de empresas que não sejam de caráter comercial ou financeiro.

**ITEM DE EMPENHO:** identifica o bem que será adquirido ou o serviço que será prestado, relacionado a uma classificação orçamentária.

## J

**JANELA ORÇAMENTÁRIA:** é o termo utilizado para a destinação de recursos na lei orçamentária em valores significativamente inferiores aos custos das ações correspondentes, com a finalidade de facilitar futuras suplementações. Também pode ser considerada uma dotação simbólica.

**JUROS E ENCARGOS:** trata-se do grupo de natureza de despesa no qual são orçados o adimplemento de juros, comissões, dívida pública mobiliária e despesas com operações de crédito internas e externas. Juro propriamente dito é a taxa cobrada pelo credor de um empréstimo, usualmente expressa como uma taxa percentual anual do principal. Em outras palavras, os juros representam a rentabilidade paga ao investidor.

## K

**KEYNESIANISMO:** é escola econômica desenvolvida pelo economista John Maynard Keynes, que sustenta que o Estado deve assumir uma postura mais ativa e intervencionista – com aumento de gastos em geral e, sobretudo, de investimentos – para movimentar a economia e superar as insuficiências de demanda do setor privado, sem se preocupar momentaneamente com a austeridade e equilíbrio orçamentários. Propõe políticas fiscais orçamentárias de natureza compensatórias e de aumento de déficit público e dos gastos públicos como complemento ao consumo privado em períodos recessivos e de superávit para conter a inflação.

## L

**LEI DE DIRETRIZES ORÇAMENTÁRIAS:** é a lei orçamentária que tem o seu conteúdo voltado ao planejamento operacional do governo; compreenderá as metas e prioridades da Administração Pública, estabelecerá as diretrizes de política fiscal e respectivas metas, em consonância com trajetória sustentável da dívida pública, orientará a elaboração da lei orçamentária anual, disporá sobre as alterações na legislação tributária e estabelecerá a política de aplicação das agências financeiras oficiais de fomento (art. 165, § 2º, CF/1988).

**LEI DO PLANO PLURIANUAL:** é a lei orçamentária responsável pelo planejamento estratégico das ações estatais no médio prazo, influenciando a elaboração da lei de diretrizes orçamentárias (planejamento operacional) e da lei orçamentária anual (execução). Estabelecerá, de forma regionalizada, as diretrizes, objetivos e metas da Administração Pública para as despesas de capital e outras delas decorrentes e para as relativas aos programas de duração continuada (art. 165, § 1º, CF/1988).

**LEI ORÇAMENTÁRIA ANUAL:** é a lei orçamentária que se destina a possibilitar a execução dos planejamentos constantes na lei do plano plurianual e na lei de diretrizes orçamentárias, e engloba: I – o orçamento fiscal referente aos Poderes da União, seus fundos, órgãos e entidades da administração direta e indireta, inclusive fundações instituídas e mantidas pelo Poder Público; II – o orçamento de investimento das empresas em que a União, direta ou indiretamente, detenha a maioria do capital social com direito a voto; III – o orçamento da seguridade social, abrangendo todas as entidades e órgãos a ela vinculados, da administração direta ou indireta, bem como os fundos e fundações instituídos e mantidos pelo Poder Público (art. 165, § 5º, CF/1988). O mesmo se aplica para as esferas estaduais, distrital e municipal.

**LIBERAÇÃO DE COTAS:** é a transferência dos recursos financeiros do órgão central do sistema de programação financeira para os órgãos setoriais.

**LIBERALISMO ECONÔMICO:** escola econômica clássica, decorrente da teoria liberal do *laissez-faire*, que entende que o Estado não deve interferir na vida econômica, deixando a "mão invisível" das forças do mercado atuar em prol do indivíduo e da sociedade.

**LICITAÇÃO:** é o processo pelo qual o Poder Público adquire bens ou serviços, regido principalmente pela Lei nº 14.133/2021, sendo a etapa prévia ao processo de realização de uma despesa pública.

**LIMITE DE SAQUE:** trata-se da disponibilidade financeira da unidade gestora para a realização de pagamentos.

**LIMITE PRUDENCIAL:** indicativo equivalente a um "sinal de perigo", no percentual de 95% dos montantes máximos previstos na LRF para despesas de pessoal, de modo a, quando atingido, gerar efeito acautelatório e preventivo, trazendo vedações ao Poder ou órgão que houver incorrido no excesso.

**LIQUIDAÇÃO DE DESPESA:** trata-se do estágio da despesa pública, antecedente ao pagamento, que consiste na verificação do cumprimento da obrigação do contratado, ou seja, se houve a entrega do bem ou a prestação do serviço ao ente público. Consiste na verificação do direito adquirido pelo credor tendo por base os títulos e documentos comprobatórios do respectivo crédito (art. 63, Lei nº 4.320/1964).

## M

**MACRO-OBJETIVO:** trata-se do resultado que se pretende obter após a implementação das ações orçamentárias, objetivo previsto nos programas constantes na Lei do Plano Plurianual.

**MATRIZ PROGRAMÁTICA:** é a forma de organização do planejamento orçamentário de médio prazo, por meio da qual se relacionam a estrutura estratégica, os programas com seus compromissos e entregas setoriais.

**META FISCAL:** é o resultado que se espera obter com a execução orçamentária, de superávit ou de déficit e respectivo valor, prevista na LDO, sendo detalhada no Anexo de Metas Fiscais. São metas anuais estabelecidas, em valores correntes e constantes, relativas a receitas, despesas, resultados nominal e primário e montante da dívida pública, para o exercício a que se referirem e para os dois seguintes.

**META FÍSICA:** diversamente da meta fiscal, que se refere a montantes financeiros positivos ou negativos, a meta física se refere aos resul-

tados esperados nas ações governamentais, ou seja, a quantidade de um certo produto (bem ou serviço) entregue a sociedade por meio de uma determinada ação orçamentária, fixada para um certo período. Os objetivos e as metas devem estar em concordância com o propósito do programa orçamentário e suas respectivas ações, além de serem gerenciáveis, desafiadoras, exequíveis, com padrões de comparabilidade e de mensurabilidade, garantidos pelos indicadores.

**MODALIDADE DE APLICAÇÃO:** classificação da natureza da despesa que traduz a forma como os recursos serão aplicados pelos órgãos/entidades, podendo ser diretamente ou sob a forma de transferências a outras entidades públicas ou privadas que se encarregarão da execução das ações.

**MODIFICAÇÃO ORÇAMENTÁRIA:** é o conjunto de procedimentos previstos legalmente para a modificação da Lei Orçamentária Anual, tais como a abertura de créditos adicionais – suplementar, especial ou extraordinário, e as modificações intrassistema dos orçamentos, ou seja, as modificações quantitativas e/ou qualitativas autorizadas na LDO, passíveis de serem realizadas sem a exigência de publicação do ato modificativo.

## N

**NATUREZA DA DESPESA:** é composta pela categoria econômica, pelo grupo a que pertence a despesa, pela modalidade de sua aplicação e pelo objeto final de gasto, possibilitando tanto a informação macroeconômica sobre o efeito do gasto do setor público na economia, por meio das primeiras três divisões, quanto o controle gerencial do gasto, pelo elemento de despesa. Os arts. 12 e 13 da Lei nº 4.320/1964 tratam da classificação da despesa por categoria econômica e elementos.

**NECESSIDADE PÚBLICA:** uma série de bens e serviços públicos, que vão desde os anseios humanos mais básicos, como habitação, nutrição, lazer, educação, segurança, saúde, transporte, previdência, assistência social e justiça, até necessidades de ordem coletiva, como a proteção ao meio ambiente e ao patrimônio cultural.

**NÍVEL PROGRAMÁTICO:** define os níveis de estruturação do planejamento de médio prazo por meio do qual se relacionam a estrutura estratégica e as ações governamentais, tais como: Eixo Estruturante, Área Temática, Programa e Ação.

**NOTA DE CRÉDITO:** é o documento para a distribuição de crédito orçamentário da Unidade Orçamentária ou Unidade Gestora Orçamentária para suas Unidades de Despesa ou Unidades Gestoras Executoras.

**NOTA DE DOTAÇÃO:** registro de desdobramento, por plano interno e/ou fonte, quando detalhada, dos créditos previstos na Lei Orçamentária Anual, bem como a inclusão dos créditos nela não considerados.

**NOTA DE EMPENHO:** segundo o art. 61 da Lei nº 4.320/1964, trata-se do documento que é extraído para indicar o nome do credor, a representação e a importância da despesa, bem como a dedução desta do saldo da dotação própria. É o documento utilizado para registrar as operações que envolvem despesas orçamentárias realizadas pela Administração Pública, deduzindo-se do saldo da dotação própria. É registrado no momento da contratação do serviço, aquisição do material ou bem, obra e amortização da dívida, para formalizar o primeiro estágio da despesa orçamentária instituído como Empenho.

**NOTA DE LANÇAMENTO:** é o registro da apropriação/liquidação de receitas e despesas, bem como de outros eventos orçamentários.

## O

**OBJETO DE GASTO:** é o nível mais detalhado de classificação da natureza da despesa, sendo o mesmo que elemento de despesa.

**OPERAÇÃO DE CRÉDITO:** trata-se de empréstimo público contraído com credor nacional ou internacional. É o compromisso financeiro assumido em razão de mútuo, abertura de crédito, emissão e aceite de título, aquisição financiada de bens, recebimento antecipado de valores provenientes da venda a termo de bens e serviços, arrendamento mercantil e outras operações assemelhadas, inclusive com o uso de derivativos financeiros (art. 29, III, LRF).

**OPERAÇÃO DE CRÉDITO POR ANTECIPAÇÃO DE RECEITA:** é o empréstimo de curto prazo destinado a atender insuficiência de caixa durante o exercício financeiro.

**OPERAÇÃO ESPECIAL:** referem-se às despesas públicas que não contribuem para a manutenção das ações de governo, das quais não resulta um produto, e não geram contraprestação direta sob a forma de bens ou serviços, tais como: amortização, juros, encargos e rolagem da dívida contratual e mobiliária; pagamento de aposentadorias e pensões; transferências constitucionais ou legais por repartição de receita, cumprimento de sentenças etc.

**OPERAÇÃO INTRAORÇAMENTÁRIA:** é aquela realizada entre órgãos e demais entidades da Administração Pública integrantes dos Orçamentos Fiscal e da Seguridade Social do mesmo ente federativo. Não representam novas entradas de recursos nos cofres públicos do ente, mas apenas remanejamento de receitas entre seus órgãos.

**ORÇAMENTAÇÃO:** é o detalhamento dos programas e subprogramas constantes da programação de governo, em ações específicas materializadas nos projetos, atividades, subprojetos ou subatividades orçamentárias. Compreende, também, a especificação dos insumos materiais e recursos humanos necessários ao desenvolvimento dessas ações específicas, em conformidade com a classificação por objeto de gasto legalmente adotado.

**ORÇAMENTO AUTORIZATIVO:** é o modelo orçamentário que contém a previsão de receitas e a mera autorização das despesas, estando o Poder Público autorizado a executá-las, sem a obrigação do seu cumprimento na integralidade, ficando a cargo do gestor público a avaliação do interesse e da conveniência.

**ORÇAMENTO BASE ZERO:** é a abordagem orçamentária que não levava em consideração os gastos e investimentos anteriores, desconsiderando a base histórica orçamentária, em que cada despesa deveria ser considerada anualmente como uma nova iniciativa, sendo necessária a apresentação de sua justificação e revisão a cada ano.

**ORÇAMENTO CLÁSSICO:** é a abordagem orçamentária que materializava apenas um documento de previsão de receitas e identificação de despesas, classificando os gastos por unidades administrativas e elementos de despesas. Também conhecido como orçamento tradicional.

**ORÇAMENTO DE INVESTIMENTO:** engloba as empresas em que o Poder Público, direta ou indiretamente, detenha a maioria do capital social com direito a voto (empresas públicas e sociedade de economia mista) e que sejam consideradas não dependentes, ou seja, as empresas que não necessitam de recursos oriundos do orçamento fiscal para se manterem.

**ORÇAMENTO DA SEGURIDADE SOCIAL:** abrange, nas áreas de saúde, previdência e assistência social, todas as entidades e órgãos a ela vinculados, da administração direta ou indireta, bem como os fundos e fundações instituídos e mantidos pelo Poder Público. A razão da desvinculação das ações relativas a estas áreas de atuação, do orçamento fiscal para um orçamento específico – da seguridade social – é garantir que esses recursos não sejam desviados para qualquer outro fim. Visa, pois, conferir transparência à gestão da seguridade social.

**ORÇAMENTO DESEMPENHO:** é a abordagem orçamentária em que o gestor se preocupa com as realizações, com ênfase nos resultados, sem, todavia, adotar uma estrutura de planejamento.

**ORÇAMENTO FISCAL:** compreende toda a Administração Pública, direta e indireta (todos os Poderes, Ministério Público, Defensoria Pública, Tribunal de Contas, órgãos, fundos, autarquias, fundações públicas, empresas públicas, sociedades de economia mista), englobando a despesa e receita de todos esses entes para um exercício financeiro, exceto os investimentos de empresas estatais e as receitas e despesas relativas à seguridade social.

**ORÇAMENTO IMPOSITIVO:** é o sistema orçamentário que impõe ao Poder Público a obrigação de realizar todos os programas e as despesas previstas no seu texto, criando direitos subjetivos para o cidadão e deveres para o Estado.

**ORÇAMENTO INCREMENTAL:** é a abordagem orçamentária que realiza, essencialmente, acréscimos marginais em cada item de despesa, incorporando-os com os montantes anteriores, mantendo-se inalteradas as opções e prioridades ao longo do tempo.

**ORÇAMENTO PARTICIPATIVO:** é a modalidade de elaboração de propostas orçamentárias que envolvem a participação popular, por meio de sugestões de ações, programas ou políticas públicas.

**ORÇAMENTO PROGRAMA:** é a abordagem orçamentária atualmente adotada no Brasil pela Lei nº 4.320/1964, em que se trata de instrumento de planejamento que permite identificar os programas, os projetos e as atividades que se pretende realizar, além de estabelecer objetivos, metas, custos e resultados.

**ORÇAMENTO PÚBLICO:** trata-se de um documento de conteúdo econômico, político e jurídico, elaborado segundo as normas do Direito Financeiro e Orçamentário e conforme as técnicas contábeis e financeiras, que se materializa em leis originárias do Poder Executivo (LOA, LDO e PPA) analisadas, votadas e aprovadas regularmente pelo Poder Legislativo.

**ORDEM DE PAGAMENTO:** é o despacho exarado por autoridade competente, determinando que a despesa seja paga.

**ORDENADOR DE DESPESA:** é o ocupante de cargo público investido de autoridade para praticar atos que resultem na emissão de empenho, autorização de pagamento, suprimento ou dispêndio de recursos do setor público. Trata-se da pessoa que autoriza procedimentos de execução orçamentária, financeira ou administrativos que comprometem recursos públicos.

**ORGANISMO MULTILATERAL DE CRÉDITO:** trata-se da organização formada por mais de um país, que possui como um de seus objetivos a concessão de crédito a entidades nacionais e subnacionais, como o Fundo Monetário Internacional (FMI), Banco Mundial (BM), Banco Interamericano de Desenvolvimento (BID) etc.

## P

**PAGAMENTO:** último estágio da despesa pública. Caracteriza-se pela entrega de recursos financeiros ao credor da nota de empenho liquidada, seja em espécie, emissão de cheque ou por ordem bancária.

**PAGAMENTO TARDIO:** é o que ocorre em anos subsequentes aos que deveriam ter sido feitos. Relaciona-se com restos a pagar.

**PASSIVO:** são as contas relativas às obrigações, e evidencia as origens dos recursos aplicados no ativo, dividindo-se em passivo circulante, exigível de curto e longo prazos, resultados de exercícios futuros, patrimônio líquido e passivo compensado.

**PASSIVO CONTINGENTE:** é definido como uma obrigação financeira ou dívida cuja existência decorre de compromissos firmados pelo Governo em função de lei ou contrato e que dependem da ocorrência de um ou mais eventos futuros para gerar compromissos de pagamento, tais como aquelas que derivam de processos judiciais, operações de garantia etc.

**PATRIMÔNIO LÍQUIDO:** representa o valor residual dos ativos da entidade depois de deduzidos todos seus passivos. Integram o Patrimônio Líquido o patrimônio (no caso dos órgãos da administração direta) ou capital social (no caso das empresas estatais), as reservas de capital, os ajustes de avaliação patrimonial, as reservas de lucros, as ações em tesouraria, os resultados acumulados e outros desdobramentos do saldo patrimonial.

**PATRIMÔNIO PÚBLICO:** é o conjunto de bens de propriedade pública, colocado à disposição da coletividade.

**PESSOAL E ENCARGOS:** modalidades de despesa pública relativas ao pagamento pelo efetivo serviço exercido de cargo, emprego ou função no setor público, quer civil ou militar, ativo ou inativo, bem como as obrigações de responsabilidade do empregador público.

**PLANEJAMENTO ORÇAMENTÁRIO:** metodologia que impõe aos entes federativos o dever de projetar e controlar, a curto, médio e longo prazos, suas receitas e despesas, estabelecendo metas e objetivos a serem atingidos, dentro de um ciclo fiscal que une o PPA, a LDO e a LOA. Consiste em associar os números orçamentários às metas propostas e mensurar se estas foram alcançadas.

**PLANO DE CONTAS:** é a estruturação ordenada e sistematizada das contas utilizáveis numa entidade. Pode ser definido como a estrutura básica da escrituração contábil, formada por uma relação padronizada de contas contábeis, que permite o registro contábil dos atos e fatos praticados pela entidade de maneira padronizada e sistematizada, bem como a elaboração de relatórios gerenciais e demonstrações contábeis de acordo com as necessidades de informações dos usuários.

**PLANO GOVERNAMENTAL:** é o conjunto de diretrizes, temas e programas que se pretende realizar.

**POLÍTICA FISCAL:** trata-se do conjunto de ações governamentais que tem por objetivo promover determinado resultado socioeconômico. Reflete o conjunto de medidas pelas quais o Governo arrecada receitas e realiza despesas de modo a cumprir três funções: a estabilização macroeconômica, a redistribuição da renda e a alocação de recursos. A função estabilizadora consiste na promoção do crescimento econômico sustentado, com baixo desemprego e estabilidade de preços. A função redistributiva visa assegurar a distribuição equitativa da renda. Por fim, a função alocativa consiste no fornecimento eficiente de bens e serviços públicos, compensando as falhas de mercado.

**POLÍTICA PÚBLICA:** é o conjunto de decisões e diretrizes tomadas pelos governantes a respeito do que pretendem realizar em determinada área econômica ou social para atingir um resultado concreto, relacionado a um direito fundamental ou social previsto na Constituição. Materializa-se por planos, programas e ações governamentais.

**POLÍTICA MONETÁRIA:** conjunto de ações governamentais de controle do sistema bancário e monetário, com a finalidade de propiciar estabilidade para o valor da moeda, equilíbrio no balanço de pagamentos, pleno emprego e outros objetivos correlatos.

**PRECATÓRIO:** é a modalidade de despesa pública que representa o pagamento de sentença judicial transitada em julgado.

**PRINCÍPIO ORÇAMENTÁRIO:** são parâmetros que influenciam a elaboração dos projetos das leis orçamentárias e a posterior aprovação pelo Poder Legislativo, facilitam a interpretação pelos usuários e interessados, permitem sua execução de maneira mais ampla e eficaz e, finalmente, propiciam o exercício da fiscalização e controle pelas instituições competentes, inclusive pela sociedade.

**PRODUTO:** é o termo orçamentário que representa um bem ou serviço entregue à sociedade ou ao aparelho do Estado que resulta da execução de uma ação de uma entidade pública, relacionando-se com o objetivo do programa e com o objetivo específico da ação.

**PRODUTO INTERNO BRUTO (PIB):** é o valor agregado final, a preços de mercado, de todos os bens e produtos finais produzidos dentro do território de um país ou estado. O PIB *per capita* é o resultado da divisão do PIB pela respectiva população.

**PROCESSO ORÇAMENTÁRIO:** é o conjunto das funções que envolvem a elaboração, a execução e o controle do orçamento público.

**PROGRAMA:** categoria que articula um conjunto de ações orçamentárias e não orçamentárias suficientes para enfrentar um problema, devendo ser passível de aferição. São ações articuladas e coerentes, direcionadas ao atendimento de necessidades públicas. Materializa-se pelo desdobramento da classificação funcional programática, por meio do qual se faz a ligação entre os planos de longo e médio prazo aos orçamentos plurianuais e anuais, representando os meios e instrumentos de ação, organicamente articulados para o cumprimento das funções. Os programas, geralmente, representam os produtos finais da ação governamental.

**PROGRAMA FINALÍSTICO:** é o conjunto de ações que resulta em bens ou serviços destinados à sociedade.

**PROGRAMAÇÃO DA EXECUÇÃO ORÇAMENTÁRIA:** trata-se do detalhamento da execução física do programa de trabalho ao longo do exercício, tendo em conta as características, exigências e interdependência das ações, visando sua compatibilização com o fluxo da receita, a maximização dos resultados e a minimização dos desperdícios e ociosidade dos recursos. A contrapartida da programação física deve ser a programação financeira.

**PROGRAMAÇÃO FINANCEIRA:** envolve as atividades relativas ao orçamento de caixa, compreendendo a previsão do comportamento da receita, a consolidação dos cronogramas de desembolso e o estabelecimento do fluxo de caixa.

**PROPOSTA ORÇAMENTÁRIA:** é o projeto de lei orçamentária anual, encaminhado pelo Poder Executivo ao Poder Legislativo, que contempla a estimativa de receita e a fixação de despesa para um exercício, de acordo com as previsões da Lei de Diretrizes Orçamentárias e com a Lei do Plano Plurianual.

**PROVISÃO:** refere-se às descentralizações orçamentárias entre unidades gestoras pertencentes à estrutura administrativa de um mesmo órgão ou entidade. É a operação descentralizadora e disponibilizadora de crédito orçamentário, em que a unidade orçamentária de origem possibilita a realização de seus programas de trabalho por parte de unidade administrativa diretamente subordinada, ou por outras unidades orçamentárias ou administrativas não subordinadas, dentro de um mesmo ente.

## Q

**QUADRO DE COTAS ORÇAMENTÁRIAS:** demonstrativo periódico de cotas de despesa que cada unidade orçamentária está autorizada a utilizar, visando assegurar às unidades orçamentárias, em tempo útil, a soma de recursos necessários e suficientes à melhor execução do seu programa anual de trabalho, bem como para manter, durante o exercício, na medida do possível, o equilíbrio entre a receita arrecadada e a despesa realizada, de modo a reduzir ao mínimo eventuais insuficiências de tesouraria. O art. 47 da Lei nº 4.320/1964 estabelecia um quadro trimestral de cotas, mas a LRF prevê a execução mensal de desembolso (art. 8º) e o respectivo controle bimestral (art. 9º).

**QUADRO DE DETALHAMENTO DA DESPESA (QDD):** é um demonstrativo que revela toda a estrutura funcional programática do orçamento público. Detalha, operacionalmente, os projetos e atividades constantes da Lei Orçamentária Anual, especificando os elementos de despesa e respectivos desdobramentos. É o ponto de partida para a execução orçamentária.

**QUADROS ORÇAMENTÁRIOS CONSOLIDADOS:** demonstrativo anexos às leis orçamentárias anuais contendo a discriminação consolidada de receitas e despesas por fonte e categoria.

## R

**RECEITA (PÚBLICA):** são todos os recursos financeiros, definitivos ou transitórios nos cofres públicos, que se originaram do patrimônio estatal, do patrimônio particular, das transferências intergovernamentais e dos ingressos temporários, de que o Estado se utiliza para atender as necessidades públicas.

**RECEITA CORRENTE:** caracterizam-se pela estabilidade como fonte de recursos, e que apenas aumentam o patrimônio não duradouro do Estado, isto é, que se esgotam dentro do período anual. São as receitas tributárias, de contribuições, patrimonial, agropecuária, industrial, de serviços e outras e, ainda, as provenientes de recursos financeiros recebidos de outras pessoas de direito público ou privado, quando destinadas a atender despesas classificáveis em Despesas Correntes.

**RECEITA CORRENTE LÍQUIDA:** é o somatório das receitas tributárias, de contribuições, patrimoniais, industriais, agropecuárias, de serviços, transferências correntes e outras receitas também correntes, deduzidos: a) na União, os valores transferidos aos Estados e Municípios por determinação constitucional ou legal, e as contribuições mencionadas na alínea *a* do inc. I e no inc. II do art. 195, e no art. 239 da Constituição; b) nos Estados, as parcelas entregues aos Municípios por determinação constitucional; c) na União, nos Estados e nos Municípios, a contribuição dos servidores para o custeio do seu sistema de previdência e assistência social e as receitas provenientes da compensação financeira citada no § 9º do art. 201 da Constituição.

**RECEITAS DE CAPITAL:** caracterizam-se por serem eventuais, e que alteram o patrimônio duradouro do Estado, provenientes da realização de recursos financeiros oriundos de constituição de dívidas; da conversão, em espécie, de bens e direitos; os recursos recebidos de outras pessoas de direito público ou privado destinados a atender despesas classificáveis em Despesas de Capital e, ainda, o *superávit* do Orçamento Corrente.

**RECEITA DERIVADA:** é aquela que se origina do patrimônio da coletividade a partir do exercício do poder coativo de cobrança de que o Estado é dotado, prevalecendo o caráter da obrigatoriedade decorrente da soberania estatal.

**RECEITA EFETIVA:** é aquela em que a entrada de disponibilidade não gera obrigações correspondentes, alterando, portanto, a situação líquida patrimonial do respectivo ente público. São os acréscimos patrimoniais que não se originaram de uma diminuição do ativo ou de um aumento do passivo em contrapartida (p. ex., as receitas tributárias).

**RECEITA EXTRAORÇAMENTÁRIA:** decorre de duas situações cumulativas: a sua não previsão no orçamento e a necessidade de devolução de certos recursos que ingressaram temporariamente. Ou seja, caracteriza-se pela extemporaneidade ou transitoriedade nos orçamentos, sendo os valores provenientes de toda e qualquer arrecadação que não figure no orçamento e, consequentemente, toda arrecadação que não constitui renda do Estado.

**RECEITA FINANCEIRA:** são as rubricas: juros de títulos de renda, remuneração de depósitos bancários e outras receitas patrimoniais (estas últimas quando se referirem à renda de aplicações financeiras, especialmente de Fundos).

**RECEITA NÃO EFETIVA:** é aquela cujo ingresso não alterará a situação patrimonial líquida do ente público, pois gerará a denominada "mutação patrimonial", seja por diminuir o ativo, seja por aumentar o passivo. São as operações de crédito, a alienação de bens ou direitos ou o recebimento de créditos já contabilizados, como no caso do recebimento de um crédito inscrito em Dívida Ativa.

**RECEITA ORÇAMENTÁRIA:** é aquela incluída na lei orçamentária, prevendo um ingresso financeiro a ser aplicado nas atividades estatais. Representa todos os recursos financeiros que ingressam definitivamente ao longo do exercício fiscal e geram acréscimo patrimonial/financeiro estatal, destinados ao financiamento dos programas, ações e despesas públicas.

**RECEITA ORIGINÁRIA:** é aquela que provém essencialmente da exploração dos bens e rendas do Estado como se particular fosse, prevalecendo a voluntariedade.

**RECEITA ORDINÁRIA:** é aquela que se caracteriza pela regularidade e constância no ingresso aos cofres públicos.

**RECEITA PRÓPRIA:** aquelas arrecadadas pelas próprias entidades públicas em razão de sua atuação econômica no mercado. Essas receitas são aplicadas pelas próprias unidades geradoras.

**RECEITA VINCULADA:** é aquela que tem finalidade ou destinação específica previamente estabelecida na legislação vigente.

**RECOLHIMENTO:** é o ato pelo qual os agentes arrecadadores entregam ao Tesouro o produto da arrecadação, com remessa das receitas arrecadadas pelos agentes administrativos ou pelos bancos autorizados para crédito do Tesouro.

**REFINANCIAMENTO DA DÍVIDA PÚBLICA:** é a emissão de títulos ou a contratação de novo empréstimo para pagamento do principal, acrescido da atualização monetária.

**REGIME DE CAIXA:** é a modalidade de contabilização que considera, para a apuração do resultado do exercício, apenas os pagamentos e recebimentos ocorridos efetivamente no exercício.

**REGIME DE COMPETÊNCIA:** é a modalidade de contabilização que considera os fatos contábeis ocorridos durante o exercício para fins de apuração dos resultados, independente do seu recebimento (receitas) ou pagamento (custos e despesas) em moeda corrente.

**REGIME MISTO:** é a modalidade de contabilização que adota o regime de caixa para a receita e regime de competência para a despesa pública (art. 35, Lei nº 4.320/1964), ou seja, as receitas públicas são reconhecidas quando são recolhidas aos cofres públicos, por exemplo, no momento do pagamento de um tributo; já as despesas pertencem ao exercício financeiro em que são empenhadas, independentemente do efetivo dispêndio.

**RELATÓRIO RESUMIDO DA EXECUÇÃO ORÇAMENTÁRIA (RREO):** trata-se de um relatório bimestral composto de um *balanço orçamentário*, contendo as receitas e despesas por fonte, realizadas e a realizar, e ainda o respectivo saldo, e de um *demonstrativo da execução* das receitas realizadas e a realizar, e das despesas empenhada e liquidada.

**RELATÓRIO DE GESTÃO FISCAL (RGF):** trata-se de um relatório quadrimestral, que visa dar transparência fiscal, permitindo o controle, o monitoramento e a publicidade do cumprimento dos limites estabelecidos pela LRF em relação às Despesas com Pessoal, Dívida Consolidada Líquida, Concessão de Garantias e Contratação de Operações de Crédito, com a indicação das medidas corretivas adotadas ou a adotar, se ultrapassado qualquer dos limites, bem como contendo demonstrativos do montante das disponibilidades de caixa em 31 de dezembro e da inscrição em Restos a Pagar.

**REPARTIÇÃO DE RECEITA TRIBUTÁRIA:** prevista nos arts. 157 a 162 da Constituição Federal, é a destinação de parcela do produto da arrecadação da União e dos Estados à distribuição entre estes, o Distrito Federal e os Municípios, bem como aos Fundos de Participação (FPE e FPM) e para os programas de financiamento para o desenvolvimento regional. Trata-se de ferramenta redistributiva e de equilíbrio participativo entre os entes.

**REPASSE:** trata-se de descentralização externa de cota financeira entre Unidades Gestoras pertencentes a estrutura administrativa diferente, isto é, a importância que a unidade orçamentária transfere a outro órgão, estando associado ao destaque orçamentário.

**RESERVA DE CONTINGÊNCIA:** dotação regulamentada na LDO e prevista na LOA, não especificamente destinada a determinado órgão, unidade orçamentária, programa ou categoria econômica, cujos recursos serão utilizados para abertura de créditos adicionais, para um evento imprevisível, porém com probabilidade de ocorrer, caracterizado como riscos fiscais.

**RESERVA DE RECURSOS:** composta dos eventuais recursos provenientes da reestimativa das receitas, da Reserva de Contingência e outros definidos no Parecer Preliminar, deduzidos os recursos para atendimento de emendas individuais, de despesas obrigatórias e de outras despesas definidas naquele Parecer.

**RESTOS A PAGAR:** despesas empenhadas, mas não pagas, até 31 de dezembro, distinguindo-se as processadas das não processadas, assim consideradas, respectivamente, as despesas liquidadas e as não liquidadas.

**RESULTADO PRIMÁRIO:** é a diferença entre o total da receita e o total da despesa, excluídas, para ambos os totais, as parcelas relacionadas à dívida pública.

**RISCOS FISCAIS:** representam a possibilidade da ocorrência de eventos que venham a impactar negativamente as contas públicas, prejudicando o alcance dos resultados fiscais estabelecidos como objetivos e metas.

**RISCOS ORÇAMENTÁRIOS:** referem-se à possibilidade de as receitas previstas não se realizarem e/ou necessidade de execução de despesas inicialmente não fixadas ou orçadas a menor durante a execução do Orçamento.

**RUBRICA:** detalhamento da espécie de despesa.

## S

**SANÇÕES INSTITUCIONAIS:** são as penalidades de natureza financeira e atingem o próprio ente federativo, órgão ou poder que descumprir uma regra que lhe foi imposta. Essas punições consistem na suspensão das transferências voluntárias (exceto para a saúde, assistência social e educação), da contratação de operações de crédito e da obtenção de garantias.

**SANÇÕES PESSOAIS:** são as penalidades que recaem sobre o agente público que deu causa ao ato violador das regras da LRF, com sanções de natureza política (como a suspensão dos direitos políticos e a perda de cargo eletivo), administrativa (como a proibição de contratar com o Poder Público) e civil (como o pagamento de multas e restituição ao Erário), bem como penas de natureza criminal, que podem ensejar a restrição à liberdade.

**SALDO CONTÁBIL:** é o saldo corrente ou de um determinado dia ou mês de uma conta contábil para uma Unidade Gestora. Esse valor total de saldo pode ser detalhado por conta corrente, que é uma especificação, uma informação a mais do saldo da conta contábil.

**SERVIÇOS DA DÍVIDA:** compreende o pagamento de juros e amortizações de empréstimos públicos.

**SIAFI:** Sistema Integrado de Administração Financeira do Governo Federal, que permite o acompanhamento das atividades relacionadas com a administração financeira dos recursos da União, que centraliza ou uniformiza o processamento da execução orçamentária, recorrendo a técnicas de elaboração eletrônica de dados, com o envolvimento das unidades executoras e setoriais, sob a supervisão do Tesouro Nacional e resultando na integração dos procedimentos concernentes, essencialmente, à programação financeira, à contabilidade e à administração orçamentária. Há o correspondente no âmbito dos Estados e Municípios, cuja sigla é SIAFEM.

**SIOP:** Sistema Integrado de Planejamento e Orçamento, utilizado no processo de elaboração do orçamento, além de proporcionar a utilização de instrumentos tecnológicos mais modernos e garantir a participação mais ativa de todas as unidades do Sistema de Planejamento e Orçamento da União. Esse sistema substituiu o Sistema Integrado de Dados Orçamentários (SIDOR), gerenciado pela SOF, e o Sistema de Informações Gerenciais e de Planejamento (SIGPLAN).

**SISTEMA DE CONTAS:** é o conjunto de contas que registra ocorrências de características comuns a determinados atos administrativos. O sistema de contas na Administração Pública compreende o sistema orçamentário, financeiro, patrimonial e de compensação.

**SISTEMA DE CONTAS ORÇAMENTÁRIO:** registra a receita prevista e as previsões legais de despesa constantes da Lei Orçamentária Anual e dos créditos adicionais, demonstrando a despesa fixada e a realizada no exercício, bem como compara a receita prevista com a arrecadada. As fontes alimentadoras do sistema orçamentário são: os orçamentos e suas alterações, o caixa e atos administrativos.

**SISTEMA ORÇAMENTÁRIO:** compreende a estrutura que é integrada pelas organizações, recursos humanos, informações, tecnologia, regras e procedimentos, necessários ao cumprimento das funções definidas no processo orçamentário.

**SUBCATEGORIA ECONÔMICA DA RECEITA:** é o segundo nível do detalhamento da receita por natureza, tendo por objetivo identificar a origem das receitas quando ingressam no patrimônio público. No caso das receitas correntes, tal classificação serve para identificar se as receitas são compulsórias (tributos e contribuições), provenientes das atividades em que o Estado atua diretamente na produção (agropecuárias, industriais ou de prestação de serviços), da exploração do seu próprio patrimônio (patrimoniais), se provenientes de transferências destinadas ao atendimento de despesas correntes ou, ainda, de outros ingressos. No caso das receitas de capital, distinguem-se as provenientes de operações de crédito, da alienação de bens, da amortização dos empréstimos, das transferências destinadas ao atendimento de despesas de capital ou, ainda, de outros ingressos de capital.

**SUBFUNÇÃO:** representa o detalhamento ou uma partição da função (um nível de agregação inferior à função), visando agregar determinado subconjunto de despesas do setor público; identifica a natureza básica das ações que se aglutinam em torno das funções; as subfunções poderão ser combinadas com funções diferentes daquelas a que estão relacionadas.

**SUBREPASSE:** é a descentralização interna de cota financeira entre Unidades Gestoras pertencentes à mesma estrutura administrativa.

**SUBSÍDIO:** trata-se da oferta de recursos financeiros feita pelo governo às empresas para lhes aumentar a renda, abaixar os preços ou para estimular as exportações do país. Pode também ser concedido diretamente ao consumidor, a fim de que este se beneficie de preço mais reduzido do que aquele preço que, na ausência do subsídio, seria propiciado pelo mercado. Em termos orçamentários, caracteriza uma subvenção econômica.

**SUBVENÇÃO ECONÔMICA:** são as transferências destinadas a cobrir despesas de custeio das entidades beneficiadas que se destinem a empresas públicas ou privadas de caráter industrial, comercial, agrícola ou pastoril; pode tratar-se também da alocação de recursos destinada a cobrir a diferença entre os preços de mercado e os preços de revenda.

**SUBVENÇÃO SOCIAL:** são as transferências destinadas a cobrir despesas de custeio das entidades beneficiadas que se destinem a instituições públicas ou privadas de caráter assistencial ou cultural, sem finalidade lucrativa.

**SUPERÁVIT FINANCEIRO:** é a diferença positiva entre o ativo financeiro e o passivo financeiro, conjugando-se, ainda, os saldos dos créditos adicionais transferidos e as operações de crédito a eles vinculadas.

**SUPERÁVIT PRIMÁRIO:** resultado positivo entre receitas e despesas públicas, excluídos os encargos financeiros, tais como juros.

**SUPERÁVIT ORÇAMENTÁRIO:** ocorre quando a soma das receitas estimadas é maior que às das despesas orçamentárias previstas.

**SUPLEMENTAÇÃO ORÇAMENTÁRIA:** é o aumento de recursos por crédito adicional, para reforçar as dotações que já constam na lei orçamentária.

## T

**TÍTULOS DA DÍVIDA PÚBLICA:** títulos financeiros com variadas taxas de juros, métodos de atualização monetária e prazo de vencimento, utilizados como instrumentos de endividamento interno e externo.

**TRANSFERÊNCIAS CORRENTES:** são as dotações orçamentárias para despesas a que não corresponda contraprestação direta em bens ou serviços, inclusive para contribuições e subvenções destinadas a atenderem à manutenção de outras entidades de direito público ou privado, juros da dívida, entre outros.

**TRANSFERÊNCIA DE CAPITAL:** são as dotações orçamentárias para investimentos ou inversões financeiras que outras pessoas de direito público ou privado devam realizar, independentemente de contraprestação direta em bens ou serviços, constituindo essas transferências auxílios ou contribuições, segundo derivem diretamente da Lei de Orçamento ou de lei especialmente anterior, bem como as dotações para amortização da dívida pública.

**TRANSFERÊNCIAS CONSTITUCIONAIS:** são transferências previstas na Constituição Federal de parcelas das receitas federais arrecadadas pela União e que devem ser repassadas aos Estados, ao Distrito Federal e aos Municípios. O objetivo do repasse é amenizar as desigualdades regionais e promover o equilíbrio socioeconômico entre Estados e Municípios. Dentre as principais transferências da União para os Estados, o DF e os Municípios, previstas na Constituição, destacam-se: o Fundo de Participação dos Estados e do Distrito Federal (FPE); o Fundo de Participação dos Municípios (FPM); o Fundo de Manutenção e de Desenvolvimento do Ensino Fundamental e de Valorização do Magistério (FUNDEF); e o Imposto sobre a Propriedade Territorial Rural (ITR). Cabe registrar que a EC nº 105/2019 possibilitou que as emendas individuais impositivas destinem recursos para Estados, DF e Municípios por meio de transferência especial e de transferência com finalidade definida, cujos recursos são repassados diretamente ao ente federado beneficiado, independentemente de celebração de convênio ou de instrumento congênere (art. 166-A, CF/1988).

# PARTE III · Cap. IX · GLOSSÁRIO DE CONCEITOS ORÇAMENTÁRIOS | 253

**TRANSFERÊNCIAS DIRETAS AO CIDADÃO:** são as transferências de recursos financeiros repassados pela União diretamente ao cidadão que participa de programas específicos. Trata-se de benefício monetário mensal, sob a forma de transferência de renda diretamente à população-alvo do programa, como o Programa Auxílio Brasil.

**TRANSFERÊNCIA FUNDO A FUNDO:** caracteriza-se pelo repasse, por meio da descentralização, de recursos diretamente de fundos da esfera federal para fundos da esfera estadual, municipal e do Distrito Federal, dispensando a celebração de convênios. As transferências fundo a fundo são utilizadas nas áreas de assistência social e de saúde.

**TRANSFERÊNCIAS INTERGOVERNAMENTAIS:** são aquelas realizadas entre os diferentes níveis de governo, relativas à repartição das receitas tributárias transferidas de um ente diretamente para outro ou por meio de fundos de investimento ou de participação.

**TRANSFERÊNCIAS INTRAGOVERNAMENTAIS:** são as transferências feitas no âmbito da mesma esfera de governo, podendo ser a autarquias, fundações, fundos, empresas e a outras entidades autorizadas em legislação específica.

**TRANSFERÊNCIAS LEGAIS:** são as parcelas das receitas federais arrecadadas pela União, repassadas aos Estados, ao Distrito Federal e aos Municípios, previstas em leis específicas. Essas leis determinam a forma de habilitação, a transferência, a aplicação dos recursos e como deverá ocorrer a respectiva prestação de contas. Dentre as principais transferências da União para os Estados, o DF e os Municípios, previstas em leis, destacam-se: o Programa Nacional de Alimentação Escolar (PNAE), o Programa Nacional de Apoio ao Transporte do Escolar (PNATE), o Programa Dinheiro Direto na Escola (PDDE), o Programa de Apoio aos Sistemas de Ensino para Atendimento à Educação de Jovens e Adultos (PEJA), entre outros.

**TRANSFERÊNCIA VOLUNTÁRIA:** é a entrega de recursos correntes ou de capital a outro ente da Federação, a título de cooperação, auxílio ou assistência financeira, que não decorra de determinação constitucional ou legal ou se destine ao Sistema Único de Saúde.

**TRANSFERÊNCIAS AO SUS:** são as transferências destinadas ao Sistema Único de Saúde, tratadas separadamente por conta da relevância do assunto, por meio da celebração de convênios, de contratos de repasses e, principalmente, de transferências fundo a fundo. O SUS compreende todas as ações e serviços de saúde estatais das esferas federal, estadual, municipal e distrital, bem como os serviços privados de saúde contratados ou conveniados. Os valores são depositados diretamente do Fundo Nacional de Saúde aos fundos de saúde estaduais, municipais e do Distrito Federal. Os depósitos são feitos em contas individualizadas, isto é, específicas dos fundos.

## U

**UNIDADE ADMINISTRATIVA:** trata-se de unidade organizacional subordinada ou vinculada a órgão da Administração Pública, conforme sua estrutura organizacional. Segmento da Administração ao qual a lei orçamentária anual não consigna recursos diretamente e que depende de destaques ou provisões para executar seus programas de trabalho. É uma divisão interna de uma estrutura governamental e pode compartilhar do mesmo CNPJ do órgão ou entidade que lhes origina.

**UNIDADE GESTORA (UG):** trata-se da unidade orçamentária ou unidade administrativa investida do poder de gerir recursos orçamentários e financeiros próprios ou sob descentralização de créditos.

**UNIDADE ORÇAMENTÁRIA:** trata-se de entidade da Administração direta, inclusive fundo ou órgão autônomo, da Administração indireta (autarquia, fundação ou empresa estatal) em cujo nome a lei orçamentária ou crédito adicional consigna, expressamente, dotações com vistas à sua manutenção e à realização de um determinado programa de trabalho. Constituem desdobramentos dos órgãos orçamentários.

**UNIDADE GESTORA EXECUTORA (UGE):** é a unidade gestora que utiliza o crédito recebido da unidade gestora responsável. A unidade gestora que utiliza os seus próprios créditos passa a ser ao mesmo tempo unidade gestora executora e unidade gestora responsável.

**UNIDADE GESTORA RESPONSÁVEL (UGR):** trata-se da unidade gestora responsável pela realização de parte do programa de trabalho por ela descentralizado.

## V

**VALOR CONTINGENCIADO:** montante do orçamento que foi suspenso ou bloqueado de realização, por meio do decreto de execução orçamentária, para assegurar o equilíbrio orçamentário e atender ao preceito do art. 9º da LRF (limitação de empenho).

**VALOR EMPENHADO:** trata-se de valor do crédito orçamentário que se encontra comprometido no estágio de empenho, ou seja, que já obteve autorização de gasto.

**VALOR LIQUIDADO:** trata-se do valor de crédito orçamentário que se encontra comprometido no estágio de liquidação, ou seja, que já se encontra pronto para pagamento.

**VALOR REALIZADO:** trata-se do valor de crédito orçamentário que já se encontra pago.

# BIBLIOGRAFIA

ABRAHAM, Marcus. *Curso de direito financeiro brasileiro*. 7. ed. Rio de Janeiro: Forense, 2023.

ABRAHAM, Marcus. *Teoria dos gastos fundamentais*: orçamento público impositivo – da elaboração à execução. São Paulo: Almedina, 2021.

ABRAHAM, Marcus. *Lei de Responsabilidade Fiscal comentada*. 3. ed. Rio de Janeiro: Forense, 2020.

ABRAHAM, Marcus. *Raízes judaicas do direito*. Rio de Janeiro: Forense, 2020.

ABRAHAM, Marcus. Democracia e orçamento impositivo. *O Globo*, Rio de Janeiro, 2 mar. 2020.

ABRAHAM, Marcus. *As emendas constitucionais tributárias e os 20 anos da Constituição Federal de 1988*. São Paulo: Quartier Latin, 2009.

ABREU, Welles Matias de; GUIMARÃES, Daniela Rode. *Gestão do orçamento público*. Brasília: ENAP – Escola Nacional de Administração Pública, 2014.

AMATUCCI, Andrea. *El ordenamiento jurídico de la Hacienda Pública*. Trad. da 8. ed. Daniele Davide Panteghini. Direção Mauricio Alfredo Plazas Vega. Bogotá: Temis, 2008.

AÑOVEROS, Jaime García. Naturaleza jurídica del presupuesto. In: *Estudios en homenaje a Jordana de Pozas*. Madrid: Instituto de Estudios Políticos, 1962. t. III. v. 2.

ARAGÃO, Alexandre Santos de. *Curso de direito administrativo*. Rio de Janeiro: Forense, 2012.

BALEEIRO, Aliomar. *Uma introdução à ciência das finanças*. 17. ed. Rio de Janeiro: Forense, 2010.

BARCELLOS, Ana Paula de. Constitucionalização das políticas públicas em matéria de direitos fundamentais: o controle político-social e o controle jurídico no espaço democrático. *Revista de Direito do Estado*, n. 3, jul./set. 2006.

BARROSO, Luís Roberto. Da falta de efetividade à judicialização excessiva: direito à saúde, fornecimento gratuito de medicamentos e parâmetros para a atuação judicial. In: SARMENTO, Daniel; SOUZA NETO, Cláudio Pereira de (coord.). *Direitos sociais*: fundamentos, judicialização e direitos sociais em espécie. Rio de Janeiro: Lumen Juris, 2008.

BENETON, Marco Antonio Hatem. O plano plurianual, os contratos administrativos e a Teoria do Diálogo das Fontes: os exemplos de elos entre o direito financeiro e o direito administrativo. In: CONTI, José Maurício; SCAFF, Fernando Facury (coord.). *Orçamentos públicos e direito financeiro*. São Paulo: Revista dos Tribunais, 2011.

BEREIJO, Álvaro Rodríguez. *El presupuesto del Estado*. Madrid: Tecnos, 1970.

BIELSA, Rafael. *Compendio de derecho público constitucional, administrativo y fiscal*. Buenos Aires: Depalma, 1952.

BINENBOJM, Gustavo. *Uma teoria do direito administrativo*. 2. ed. Rio de Janeiro: Renovar, 2008.

BONAVIDES, Paulo. *Curso de direito constitucional*. 13. ed. São Paulo: Malheiros, 2003.

BRASIL. Ministério da Economia. Secretaria Especial de Fazenda. *Manual Técnico de Orçamento MTO 2022*. 15. ed. Brasília: Secretaria do Orçamento Federal, 2022.

BRASIL. Secretaria do Tesouro Nacional. *Manual de Demonstrativos Fiscais*: aplicado à União e aos Estados, Distrito Federal e Municípios. 13. ed. Brasília: Secretaria do Tesouro Nacional, Subsecretaria de Contabilidade Pública, Coordenação-Geral de Normas de Contabilidade Aplicadas à Federação, 2022.

BRASIL. Secretaria do Tesouro Nacional. *Manual de contabilidade aplicada ao setor público*. 9. ed. Brasília: Secretaria do Tesouro Nacional, 2021.

BRASIL. Ministério da Economia. *Manual Técnico do Plano Plurianual do Governo Federal 2020-2023*. Brasília: Ministério da Economia, 2019.

BRASIL. Secretaria de Estado do Planejamento e Orçamento do Maranhão. *Manual de critérios para a elaboração das políticas públicas*. São Luís: Secretaria de Estado do Planejamento e Orçamento do Maranhão, 2019.

BRASIL. Casa Civil da Presidência da República/Instituto de Pesquisa Econômica Aplicada. *Avaliação de políticas públicas*: guia prático de análise *ex ante*. Brasília: Casa Civil da Presidência da República/Ipea, 2018. v. 1.

BRASIL. Casa Civil da Presidência da República/Instituto de Pesquisa Econômica Aplicada. *Avaliação de políticas públicas*: guia prático de análise *ex post*. Brasília: Casa Civil da Presidência da República/Ipea, 2018. v. 2.

BRASIL. Ministério da Fazenda. Secretaria do Tesouro Nacional. *Receitas públicas*: manual de procedimentos: aplicado à União, Estados, Distrito Federal e Municípios. 4. ed. Brasília: Secretaria do Tesouro Nacional, Coordenação-Geral de Contabilidade, 2007.

BUCCI, Maria Paula Dallari. O conceito de política pública em direito. In: BUCCI, Maria Paula Dallari (org.). *Políticas públicas*: reflexões sobre o conceito jurídico. São Paulo: Saraiva, 2006.

BUJANDA, Fernando Sainz de. *Lecciones de derecho financiero*. 10. ed. Madrid: Universidad Complutense, 1993.

BURKHEAD, Jesse. *Orçamento público*. Trad. Margaret Costa. Rio de Janeiro: Fundação Getulio Vargas, 1971.

CAMPOS, Dejalma de. *Direito financeiro e orçamentário*. São Paulo: Atlas, 1995.

CAMPOS, Francisco. Orçamento – Natureza jurídica – Lei material e lei formal – Exposição e crítica da doutrina de Laband – Direito comparado – Elevação do Impôsto de Vendas e Consignações em São Paulo. *Revista de Direito Administrativo*, Rio de Janeiro, v. 14, 1948.

CANOTILHO, José Joaquim Gomes. *Direito constitucional*. 7. ed. Coimbra: Almedina, 2003.

CANOTILHO, José Joaquim Gomes. *Direito constitucional*. 6. ed. Coimbra: Almedina, 1993.

CANOTILHO, José Joaquim Gomes. A lei do orçamento na teoria da lei. *Boletim da Faculdade de Direito* – Estudos em homenagem ao Prof. Dr. J. J. Teixeira Ribeiro. Coimbra: Universidade de Coimbra, 1979.

CARVALHO FILHO, José dos Santos. *Manual de direito administrativo*. 24. ed. Rio de Janeiro: Lumen Juris, 2010.

CASANOVA, Gustavo J. Naveira de. *Finanzas públicas y derecho financiero*. 3. ed. Buenos Aires: Estudio, 2016.

CATARINO, João Ricardo. *Finanças públicas e direito financeiro*. 2. ed. Coimbra: Almedina, 2014.

COÊLHO, Sacha Calmon Navarro. *Curso de direito tributário brasileiro*. 15. ed. Rio de Janeiro: Forense, 2016.

CONTI, José Maurício. Comentários aos arts. 22 a 33. In: CONTI, José Maurício (coord.). *Orçamentos públicos*: a Lei 4.320/1964 comentada. 2. ed. São Paulo: Revista dos Tribunais, 2010.

CONTI, José Maurício. *A autonomia financeira do Poder Judiciário*. São Paulo: MP, 2006.

CONTI, José Maurício; RODRIGUES, Diogo Luiz Cordeiro. A instituição fiscal independente do Brasil em perspectiva comparada: em busca de virtudes e fragilidades. *Revista de Direito Brasileira*, Florianópolis, v. 27, n. 10, p. 70-91, set./dez. 2020.

CORTI, Horacio Guillermo. La naturaleza jurídica de la Ley del Presupuesto. In: VEGA, Mauricio Alfredo Plazas (coord.). *Del derecho de la Hacienda Pública al derecho tributario*: estudios en honor de Andrea Amatucci. Bogotá: Temis, 2011. v. III.

CORTI, Horacio Guillermo. *Derecho constitucional presupuestario*. 2. ed. Buenos Aires: Abeledo Perrot, 2001.

COSTA, Daniela Corrêa da *et al. Glossário de planejamento, orçamento e gestão*. Cuiabá: Secretaria de Estado de Saúde de Mato Grosso, 2010.

COX, Gary W.; DINCECCO, Mark. The Budgetary Origins of Fiscal-Military Prowess. *The Journal of Politics*, v. 83, n. 3, jul. 2021.

CRUZ, Flávio da. Comentários sobre a Reforma Orçamentária de 1988. *Revista de Contabilidade "Vista & Revista"*, v. 4, n. 1, fev. 1992.

DALLARI, Adilson de Abreu. Orçamento impositivo. *In:* CONTI, José Maurício; SCAFF, Fernando Facury (coord.). *Orçamentos públicos e direito financeiro*. São Paulo: Revista dos Tribunais, 2011.

DEODATO, Alberto. *Manual de ciência das finanças*. 13. ed. São Paulo: Saraiva, 1973.

DI PIETRO, Maria Sylvia Zanella. *Direito administrativo*. 25. ed. São Paulo: Atlas, 2012.

DUGUIT, Léon. *Traité de droit constitutionnel*. 2. ed. Paris: E. de Boccard, 1923. t. II.

DWORKIN, Ronald. *Levando os direitos a sério*. Trad. Nelson Boeira. São Paulo: Martins Fontes, 2002.

DWORKIN, Ronald. *Taking rights seriously*. Cambridge: Massachusetts: Harvard University Press, 1978.

ESPÍNDOLA, Ruy Samuel. *Conceito de princípios constitucionais*: elementos teóricos para uma formulação dogmática constitucionalmente adequada. 1. ed., 2. tir. São Paulo: Revista dos Tribunais, 1999.

FIGUEIREDO, Carlos Maurício *et al. Comentários à Lei de Responsabilidade Fiscal*. 2. ed. São Paulo: Revista dos Tribunais, 2001.

FIGUEIREDO, Carlos Maurício; NÓBREGA, Marcos. *Responsabilidade fiscal*: aspectos polêmicos. Belo Horizonte: Fórum, 2006.

FONROUGE, Carlos María Giuliani. *Derecho financiero*. 10. ed. Buenos Aires: La Ley, 2011. v. 1.

FRANCO, António L. de Sousa. *Finanças públicas e direito financeiro*. 4. ed. Coimbra: Almedina, 2008.

GADELHA, Sergio Ricardo de Brito. *Introdução ao orçamento público*: Módulo 4, Política Econômica e Programação Financeira. Brasília: ENAP – Escola Nacional de Administração Pública, 2017.

GALDINO, Flávio. *Introdução à Teoria dos Custos dos Direitos*: direitos não nascem em árvores. Rio de Janeiro: Lumen Juris, 2005.

GARCÍA, Eusebio González. *Introducción al derecho presupuestario* – concepto, evolución histórica y naturaleza jurídica. Madrid: Editorial de Derecho Financiero, 1973.

GIACOMONI, James. *Orçamento público*. 16. ed. São Paulo: Atlas, 2012.

GIACOMONI, James. *Orçamento público*. 15. ed. São Paulo: Atlas, 2010.

GRIZIOTTI, Benvenuto. *Primi elementi di scienza delle finanze*. Milano: Giuffrè, 1962.

GRIZIOTTI, Benvenuto. *Principios de ciencias de las finanzas*. Buenos Aires: Depalma, 1949.

HARADA, Kiyoshi. *Direito financeiro e tributário*. 21. ed. São Paulo: Atlas, 2012.

HATSELL, John. *Precedents of Proceedings in the House of Commons*. London: H. Hughs, for J. Dodsley, 1785. v. 3.

HOFSTEDE, G. H. *The Game of Budget Control*. New York: Routledge, 2001.

HURTADO, José Manuel Piernas y. *Tratado de Hacienda pública y examen de la española*. 4. ed. Madrid: Librería de Don Victoriano Suárez, 1891.

INGROSSO, Gustavo. *Diritto finanziario*. Napoli: Jovene, 1956.

IUDÍCIBUS, Sérgio (coord.). *Contabilidade introdutória*. 11. ed. São Paulo: Atlas, 2010.

JARACH, Dino. *Finanzas públicas y derecho tributario.* 4. ed. Buenos Aires: Abeledo Perrot, 2013.

JARDIM, António dos Santos Pereira. *Princípios de finanças.* Coimbra: Imprensa da Universidade, 1880.

JÈZE, Gaston. *Cours de science des finances et de législation financière française*: théorie générale du budget. 6. ed. Paris: Marcel Giard, 1922.

JUANO, Manuel de. *Curso de finanzas y derecho tributario.* Rosario: Molachino, 1964. t. III.

JUANO, Manuel de. *Curso de finanzas y derecho tributario*: Parte General. Rosario: Molachino, 1963. t. I.

LAGO, Miguel Ángel Martínez. *Lecciones de derecho financiero y tributario.* 11. ed. Madrid: Iustel, 2015.

LAGO, Miguel Ángel Martínez. *Ley de Presupuestos y Constitución.* Madrid: Trotta, 1998.

LAPATZA, José Juan Ferreiro. *Curso de derecho financiero español*: instituciones. 25. ed. Madrid: Marcial Pons, 2006.

LIMA, Edilberto Carlos Pontes. Avaliação de políticas públicas: um imperativo para o aperfeiçoamento do setor público. *Revista IBDAFT*, ano 1, v. II, jul./dez. 2020.

LIMA, Edilberto Carlos Pontes. *O STF e o equilíbrio federativo*: entre a descentralização e a inércia centralizadora. *Revista do Programa de Pós-Graduação em Direito da UFC*, v. 37.1, jan./jun. 2017.

LIMA, Edilberto Pontes. Algumas observações sobre orçamento impositivo. *Planejamento e Políticas Públicas – PPP*, n. 26, jun./dez. 2003.

LOWI, Theodore. Four Systems of Policy, Politics and Choice. *Public Administration Review*, v. 22, n. 4, p. 298-310, jul./ago. 1972.

LOWI, Theodore. American Business, Public Policy, Case Studies, and Political Theory. *World Politics*, v. XVI, p. 677-715, 1964.

LOWI, Theodore *et al.* Decision Making *vs.* Policy Making: Toward and Antidote for Technocracy. *Public Administration Review*, v. 30, n. 3, maio/jun. 1970.

MAJORANA, Angelo. *La legge del bilancio e i suoi effetti civili rispetto ai diritti dei terzi*: studio di diritto costituzionale privato. Catania: Tipografia di Adolfo Pausini, 1891.

MEIRELLES, Hely Lopes. *Direito municipal brasileiro.* 10. ed. São Paulo: Malheiros, 1998.

MELLO, Celso Antônio Bandeira de. *Discricionariedade e controle jurisdicional.* 2. ed. São Paulo: Malheiros, 2006.

MENDES, Gilmar Ferreira; COELHO, Inocêncio Mártires; BRANCO, Paulo Gustavo Gonet. *Curso de direito constitucional.* 4. ed. São Paulo: Saraiva, 2009.

MENDONÇA, Eduardo Bastos Furtado de. *A constitucionalização das finanças públicas no Brasil.* Rio de Janeiro: Renovar, 2010.

MILLAR, Fergus. *The Emperor in the Roman World.* London: Duckworth, 1977.

MONCADA, Luís S. Cabral de. *A problemática jurídica do planeamento económico.* Coimbra: Coimbra Editora, 1985.

MORATAL, Germán Orón. *La configuración constitucional del gasto público.* Madrid: Tecnos, 1995.

MORENO, Alejandro Menéndez. *Derecho financiero y tributario*: Parte General. 16. ed. Pamplona: Thomson Reuters, 2015.

MORTARA, Ludovico. *Commentario del codice e delle leggi di procedura civile.* Milano: F. Vallardi, 1908.

MYRBACH-RHEINFELD, Franz von. *Grundriss des Finanzrecht.* Trad. francesa *Précis de Droit Financière.* Paris: Giard et Briere, 1910.

NASCIMENTO, Carlos Valder do. Comentário ao art. 1º da LRF. In: MARTINS, Ives Gandra da Silva; NASCIMENTO, Carlos Valder do (org.). *Comentários à Lei de Responsabilidade Fiscal.* 6. ed. São Paulo: Saraiva, 2012.

NASCIMENTO, Carlos Valder do. *Finanças públicas e sistema constitucional orçamentário.* Rio de Janeiro: Forense, 1997.

NITTI, Francesco. *Princípios da ciência das finanças*. Rio de Janeiro: Atena, 1937. 2 v.

NOGUEIRA, Roberto Wagner Lima. *Direito financeiro e justiça tributária*. Rio de Janeiro: Lumen Juris, 2004.

OECD. *Draft Recommendation of the OECD Council on the Principles of Budgetary Governance*. Paris: OECD, 2014. Disponível em: https://www.oecd.org/gov/budgeting/Draft-Principles-Budgetary-
-Governance.pdf. Acesso em: 27 set. 2022.

OLIVEIRA, José Marcos Domingues de. O desvio de finalidade das contribuições e o seu controle tributário e orçamentário no direito brasileiro. In: OLIVEIRA, José Marcos Domingues de (coord.). *Direito tributário e políticas públicas*. Sao Paulo: MP, 2008.

OLIVEIRA, Regis Fernandes de. *Curso de direito financeiro*. 7. ed. São Paulo: Revista dos Tribunais, 2015.

OLIVEIRA, Regis Fernandes de. *Curso de direito financeiro*. 6. ed. São Paulo: Revista dos Tribunais, 2014.

OLIVEIRA, Rogério Sandoli de. Comentários aos arts. 40 a 46. In: CONTI, José Maurício (coord.). *Orçamentos públicos*: a Lei 4.320/1964 comentada. 2. ed. São Paulo: Revista dos Tribunais, 2010.

OLIVEIRA, Weder de. *Curso de responsabilidade fiscal*: direito, orçamento e finanças públicas. Belo Horizonte: Fórum, 2017.

OLIVEIRA, Weder de. *Lei de Diretrizes Orçamentárias*: gênese, funcionalidade e constitucionalidade – retomando as origens. Belo Horizonte: Fórum, 2017.

ORLANDO, Vittorio Emanuele. *Principii di diritto costituzionale*. Firenze: Barbèra, 1889.

ORTEGA, Juan Antonio Toscano. *Límites constitucionales al contenido material de las leyes de presupuestos del Estado*. Madrid: Congreso de los Diputados, 2005.

PALUDO, Augustinho Vicente. *Orçamento público, administração financeira e orçamentária e LRF*. 7. ed. São Paulo: Método, 2017.

PANCRAZI, Laurent. *Le principe de sincérité budgétaire*. Paris: L. Hartmann, 2012.

PASCUAL, José García. *Régimen jurídico del gasto público*: presupuestación, ejecución y control. 6. ed. Madrid: Boletín Oficial del Estado, 2014.

PERELMAN, Chaïm. *La lógica jurídica y la nueva retórica*. Madrid: Civitas, 1979.

PÉREZ, Adolfo Carretero. *Derecho financiero*. Madrid: Santillana, 1968.

PINHEIRO, Luís Felipe Valerim. Rumo ao orçamento impositivo. *In*: CONTI, José Maurício; SCAFF, Fernando Facury (coord.). *Orçamentos públicos e direito financeiro*. São Paulo: Revista dos Tribunais, 2011.

PIRES, José Santo Dal Bem; MOTTA, Walmir Francelino. A evolução histórica do orçamento público e sua importância para a sociedade. *Revista Enfoque*: Reflexão Contábil, v. 25, n. 2, p. 16-25, maio/ago. 2006.

QUERALT, Juan Martin *et al. Curso de derecho financiero y tributario*. 26. ed. Madrid: Tecnos, 2015.

RAWLS, John. *O liberalismo político*. Trad. Dinah de Abreu Azevedo. 2. ed. São Paulo: Ática, 2000.

ROYO, Fernando Pérez. *Derecho financiero y tributario*: Parte General. Madrid: Civitas, 1998.

SANCHES, Osvaldo Maldonado. O ciclo orçamentário: uma reavaliação à luz da Constituição de 1988. *In*: GIACOMONI, James; PAGNUSSAT, José Luiz (org.). *Planejamento e orçamento governamental*. Brasília: ENAP, 2006.

SCAFF, Fernando Facury. *Orçamento republicano e liberdade igual*. Belo Horizonte: Fórum, 2018.

SCAFF, Fernando Facury. Reserva do possível, mínimo existencial e direitos humanos. *Argumentum*, Revista de Direito, n. 6, 2006.

SECCHI, Leonardo. *Políticas públicas*: conceitos, esquemas de análise, casos práticos. 2. ed. São Paulo: Cengage Learning, 2014.

SILVA, Sebastião de Sant'Anna e. *Os princípios orçamentários*. Rio de Janeiro: Fundação Getulio Vargas, 1962.

SPAR, Karen. *Budget "Sequestration" and Selected Program Exemptions and Special Rules*. Washington, D.C.: Congressional Research Service, 2013.

TABOADA, Carlos Palao. *Derecho financiero y tributario*. 2. ed. Madrid: Colex, 1987.

TOLEDO JÚNIOR, Flávio C.; ROSSI, Sérgio Ciqueira de. *Lei de Responsabilidade Fiscal*: comentada artigo por artigo. 2. ed. São Paulo: NDJ, 2002.

TORRES, Heleno Taveira. *Direito constitucional financeiro*: teoria da constituição financeira. São Paulo: Revista dos Tribunais, 2014.

TORRES, Ricardo Lobo. *Curso de direito financeiro e tributário*. 18. ed. Rio de Janeiro: Renovar, 2011.

TORRES, Ricardo Lobo. Princípio da não afetação. In: TORRES, Ricardo Lobo; KATAOKA, Eduardo Takemi; GALDINO, Flávio (org.). *Dicionário de princípios jurídicos*. Rio de Janeiro: Elsevier, 2011.

TORRES, Ricardo Lobo. *Tratado de direito constitucional financeiro e tributário*: o orçamento na Constituição. 3. ed. Rio de Janeiro: Renovar, 2008. v. V.

TORRES, Ricardo Lobo. *O orçamento na Constituição*. Rio de Janeiro: Renovar, 1995.

TORRES, Ricardo Lobo. O mínimo existencial e os direitos fundamentais. *Revista de Direito Administrativo*, n. 177, jul./set. 1989.

TROTABAS, Louis. *Finances publiques*. Paris: Dalloz, 1964.

VASCONCELLOS, Alexandre. *Orçamento público para concursos*. Rio de Janeiro: Ferreira, 2007.

VEGA, Mauricio A. Plazas. *Derecho de la Hacienda Pública y derecho tributario*. Bogotá: Temis, 2006. t. I.

VIANA, Arizio de. *Orçamento brasileiro*. 2. ed. Rio de Janeiro: Edições Financeiras, 1950.

VILLEGAS, Héctor B. *Curso de finanzas, derecho financiero y tributario*. 9. ed. Buenos Aires: Astrea, Depalma, 2007.

VILLEGAS, Héctor B. *Manual de finanzas públicas*. Buenos Aires: Depalma, 2000.

VITAGLIANO, Gaetano. *Il contenuto giuridico della legge del bilancio*. Roma: Officine Tipografiche Italiane, 1910.

VON TRAPP, Lisa; LIENERT, Ian; WEHNER, Joachim. Principles for Independent Fiscal Institutions and Case Studies. *OECD Journal on Budgeting*, v. 15, n. 2, 2016.

WAMPLER, Brian. A difusão do orçamento participativo brasileiro: "boas práticas" devem ser promovidas? *Opinião Pública*, Campinas, v. 14, n. 1, 2008.

XAVIER, António Lobo. O orçamento como lei – Contributo para a compreensão de algumas especificidades do direito orçamental português. *Boletim de Ciências Económicas*, Coimbra, 1990.